Ehrhardt Schmidt

•

Vergangen ja, vergessen nein

D1698541

Ehrhardt Schmidt

Vergangen ja, vergessen nein

Jahrgang 1927 – verwurzelt im Mansfelder Land

FRIELING

Bibliografische Information der Deutschen Nationalbibliothek
Die Deutsche Nationalbibliothek verzeichnet diese Publikation in der Deutschen
Nationalbibliografie;
detaillierte bibliografische Daten sind im Internet über http://dnb.d-nb.de abrufbar.
© Frieling-Verlag Berlin • Eine Marke der Frieling & Huffmann GmbH & Co. KG
Rheinstraße 46, 12161 Berlin
Telefon: 0 30 / 76 69 99-0
www.frieling.de

ISBN 978-3-8280-3198-2
1. Auflage 2014
Umschlaggestaltung: Michael Reichmuth
Sämtliche Rechte vorbehalten
Printed in Germany

Einleitung

Ausgehend vom Titel des Buches „Vergangen ja – vergessen nein" möchte ich als Zeitzeuge beitragen, daß Erinnerungen bewahrt und Gedanken sowie Erkenntnisse an die nachfolgende Generation weitergegeben werden.

Meine geschilderten Erlebnisse, vom Zeitpunkt der Geburt 1927, im Dritten Reich und im Krieg, die Gefangenschaft in Rußland sowie das Leben und kritische Aufbegehren im sogenannten Arbeiter-und-Bauern-Staat sind eine Widerspiegelung der historischen Realitäten und sollen zur Wahrheitsfindung und Schlußfolgerung beitragen.

Die verwendeten Bilder und Dokumente sind aussagekräftige Belege. Darüber hinaus möchte ich meine schöne Heimat, das Mansfelder Land, welches noch durch die Halden des Bergbaus gezeichnet ist, der Öffentlichkeit näherbringen.

Die Grafen von Mansfeld waren Förderer des weit über 800 Jahre alten Kupferschieferbergbaus. Dadurch gab es Arbeit und Brot. Selbst die Eltern des großen Reformators Dr. M. Luther verließen aus diesen Gründen ihre Heimat in Thüringen. Sie siedelten sich in Eisleben, der Lutherstadt, an.

Der historische Verdienst der Grafen von Mansfeld wurde in der Vergangenheit kaum ins Blickfeld der Öffentlichkeit gebracht. Jahrhunderte später spricht man vom „Roten Mansfeld". Die Bergleute trotzten der Ausbeutung mit vielen Streikbewegungen. Die Kommunisten hatten dadurch hier leichtes Spiel.

Ein Höhepunkt der Aufstände gegen die Ausbeutung in der Neuzeit ist der Volksaufstand vom 17. Juni 1953. Es war gleichzeitig die einzige freie Wahl des Volkes in der 40jährigen Geschichte der DDR. Durch meine Teilnahme als Bergmann hatte ich mich und meine junge Familie in Gefahr gebracht. Vermutlich hatte eine damalige geheime Macht dies aus egoistischen Gründen noch verhindert.

Fazit: Die Würdigung der historischen Ereignisse darf nicht vergessen werden. Der frühe Aufstand gegen die zweite Diktatur war auch zugleich der erste innerhalb des roten Imperiums.

Es ist ein Datum neben den historischen Tagen im November 1989, welches der Nachwelt unbedingt erhalten werden muß.

Die geschichtliche Wahrheit ist nicht teilbar. Erinnern und Gedenken gehören zur Humanität und Demokratie.

Ehrhardt Schmidt
Dezember 2013

Vorbemerkungen

Wenige Tage vor dem 113. Geburtstag meines lieben Vaters will ich nun endlich das beginnen, was ich mir seit Jahren vorgenommen habe.

Im fast 83. Lebensjahr möchte ich einen Rückblick auf das Gewesene halten.

Ich erinnere mich an schöne Zeiten, aber auch an harte Jahre. Grob gesagt durchlebte ich drei Gesellschaftsordnungen unbewußt und auch bewußt.

1927, in meinem Geburtsjahr, war es die Weimarer Republik. Sie ging bald unter, weil ein Teil der Menschen unseres Landes sich für ein Sowjet-Deutschland einsetzte und die Oktoberrevolution der Sowjet-union 1917 als erstrebenswertes Ziel vor Augen hatte und der andere Teil sich für die nationalen Interessen Deutschlands einsetzte.

Deutschland hatte den Ersten Weltkrieg 1914–1918 verloren.

Um die Bündnistreue zu Österreich zu bewahren, beteiligte man sich am Krieg. Ursache des Krieges war die Ermordung des österreichischen Thronfolgers in Serbien.

Durch den Versailler Vertrag wurde Deutschland von den Siegermächten England, Frankreich und Amerika hart bestraft.

Der gesellschaftliche Umschwung wurde auch durch die Weltwirtschaftskrise und Inflation vorangetrieben.

Es formierte sich eine neue Gesellschaftsordnung.

Es war die Geburtsstunde des Dritten Reiches 1933.

Adolf Hitler, ein gebürtiger Österreicher, kam an die Macht.

Bis 1939, dem Beginn des Zweiten Weltkrieges, konnte Deutschland große volkswirtschaftliche Erfolge erzielen.

Es begann der Zweite Weltkrieg. Hier versagte die Politik Hitlers.

Nach dem Krieg begann die dritte gesellschaftliche Umwandlung.

Im Staat der Arbeiter und Bauern durchlebte ich die längste Zeit meines Lebens. Es gab Sorgen und Nöte, doch es war trotzdem der wichtigste und schönste Lebensabschnitt.

Es war die Zeit der Berufsfindung und Gründung unserer Familie, die Freude an der guten körperlichen und geistigen Entwicklung unserer Kinder und auch der Dankbarkeit unseren Eltern gegenüber.

Der vierte geschichtliche Abschnitt ist das Erleben in einem wiedervereinten Deutschland, welches sich wieder große Beliebtheit und Achtung in der Welt erworben hat.

Der kleine von mir geschilderte Abriß soll dazu beitragen, diese und jene Handlungsweisen besser zu verstehen.

Meine lieben Eltern wurden in der Kaiserzeit geboren, mein Vater 1897 und meine liebe Mutter 1906. Die Eltern meines Vaters stammen aus Thüringen, aus Niedergebra und Tilleda. Ich habe beide nicht kennengelernt. Mein Vater, der in Eisleben geboren wurde, war das jüngste Kind in der Familie. Er hatte drei Schwestern. Bereits 1917, als er Soldat war, starb sein Vater. Seit 1917 lebte also die Familie ohne Vater. Als ich drei Jahre alt war, verstarb die Großmutter. Bis zur Eheschließung meiner Eltern 1925 war er der wichtigste Ernährer der Familie. Daher hatte auch mein Vater keine Chance, einen Beruf zu erlernen, denn zu dieser Zeit mußte Lehrgeld bezahlt werden.

Er wurde Bergmann unter Tage, machte den Häuerschein und war somit Meister im Bergbau. Über 40 Jahre arbeitete er 800 Meter tief im Schacht.

Er war ein treusorgender Ehemann und sehr guter Familienvater. Die Liebe zu unserer Mutter war unverkennbar. Er war mir immer ein Vorbild. Unser Vater war sehr sportlich, naturliebend, musikalisch – er spielte mehrere Instrumente –, sehr gesellig und geachtet über die Grenzen von Eisleben hinaus.

Trotz des schweren bergmännischen Berufes wurde er 87 Jahre alt und überlebte unsere liebe Mutter um 14 Jahre.

Meine Eltern hatten 1925 geheiratet. Im gleichen Jahr wurde mein ältester Bruder Helmut geboren. Zwei Jahre später vergrößerte sich die Familie um meine Person.

Die Eltern meiner lieben Mutter lebten in Oberrißdorf. Sie besaßen dort ein Grundstück mit Wohnhaus, Stallungen und Scheune und darüber hinaus einige Hektar Ackerland. Sie hatten fünf Kinder zur Welt gebracht. Auch hier war unsere liebe Mutter das jüngste Kind. Es waren auch hier vier Mädel und ein Junge.

Von Beruf war mein Großvater Maurer. Er verdiente aber den Lebensunterhalt für sich und die Familie durch die Landwirtschaft. Drei oder vier Kühe, Schweine und Hühner und anderes gehörten dazu. Die Großmutter stammte aus Springe bei Hannover. Den norddeutschen Dialekt hat sie bis ins hohe Alter von 96 Jahren behalten. Der Großvater starb mit 91 Jahren.

Mein Vater und seine Schwestern, 1898

Im Haus lebten später die Kinder mit ihren Familien. Wir, mein Bruder Helmut und ich, wurden also auch im Elternhaus unserer Mutter geboren.

Selbst im hohen Alter scheute der Großvater nicht den Weg zu Fuß nach Eisleben, um uns zu besuchen. Meist trug er einen Tragekorb auf dem Rücken, um die in Eisleben gekaufte Ware nach Oberrißdorf zu transportieren.

Unsere Eltern halfen hin und wieder bei Erntearbeiten. Unser Vater verdiente das Geld auf dem Wolfschacht. Es waren aber neben der schweren bergmännischen Arbeit, Tag- und Mittagschicht, noch sieben Kilometer Wegestrecke zum Schacht und zurück zu bewältigen. Nach der Schicht warteten aber die Schwiegereltern schon mit bestimmten Aufgaben für den Schwiegersohn.

Dies konnte kein Dauerzustand sein, denn dies ging ja auch zu Lasten der jungen Familie, zumal diese auch inzwischen größer geworden war.

Das Wohnen und Helfen brachte sicher auch Vorteile. Es wurde die Miete gespart, und es gab auch Naturalien, wie Kartoffeln, Milch, Eier und andere Produkte. Diese Gaben konnten aber nicht so reich sein, da ja die Großeltern noch andere Kinder und Enkelkinder im Hause hatten.

Unsere Eltern suchten nun eine günstigere Wohngelegenheit in Eisleben. Sicher war hier die Wohnungsmiete höher als in Oberrißdorf. Aber es gab auch viele Vorteile für die gesamte Familie. Der Arbeitsweg, den nun unser Vater hatte, war jetzt etwas länger. Eine Teilstrecke konnte aber mit dem Bus gefahren werden. Später brachte das erworbene Fahrrad eine große Erleichterung.

Die Albrechtstraße in der Eisleber Neustadt war keine Durchgangsstraße. Sie war relativ breit, hatte gute gepflasterte Gehwege. Wir wohnten in der linken Häuserzeile. Es waren eingeschossige, zusammengebaute Häuser. Unsere Straße wurde nach dem Begründer der Neustadt und dem Erbauer des Augustinusklosters, dem Reformgrafen „Albrecht von Mansfeld", benannt.

Der Straßenname hatte auch die feudalfeindliche Zeit überstanden. Der Erbauer und Besitzer August Schade war der Großvater meines

Schulfreundes Rudi E. Vermutlich war er durch Spekulationen oder Lotteriegewinn zu seinem Vermögen gekommen. Am Ende der Straße befand sich das größte Haus, es sollte wohl ein Hotel werden. Es wurde im Volksmund die Wartburg genannt, weil der Bauherr August Schade sehr lange auf die Baugenehmigung warten mußte. Hinter dem Gebäude befanden sich eine große befestigte Freifläche, von uns als Plateau bezeichnet, und darunter eine Kegelbahn sowie Kolonnaden. Es war alles sehr komfortabel angelegt, hatte sich aber vermutlich nicht bezahlt gemacht, so daß diese Anlagen verfielen. Alle Gebäude waren aus roten Klinkern gebaut.

Die Albrechtstraße in der Lutherstadt, deren erstes Haus vor 100 Jahren erbaut worden ist. Der Reichtum der Backsteinmuster macht den Reiz dieser Straße aus, deren Name an den Grafen Albrecht von Mansfeld-Hinterort, deren Gründer der Eislebener Neustadt und Förderer der Reformation, erinnert. Teile des Schmucks sind freilich im Laufe der Zeit veroputzt worden oder verschwanden hinter Kunststoffverkleidungen. Doch immer noch läßt sich ahnen, wie ansehnlich die Straße früher einmal war. –
MZ-Fotos (2): Jürgen Lukascheck

Zu dieser Zeit, also um 1930, hatten die meisten Wohnungen in der Straße noch kein elektrisches Licht. Dies änderte sich, nachdem der Besitzer einige Häuser verkauft hatte. Nach Bitten unserer Eltern bekamen wir auch Strom. Also jahrelang waren Petroleumlampen gefragt. Unsere Wohnung befand sich halb unter dem Dach. Zwei Zimmer hatten teilweise eine schräge Zimmerdecke. Das Tageslicht kam durch ein kleines Klappfenster. Das Wohnzimmer besaß ein Giebelfenster. Die Wasserleitung befand sich auf dem Flur außerhalb der Wohnung und mußte mit einer anderen Familie geteilt werden. Das Klo befand sich im Keller und wurde von drei Familien genutzt.

Da alle Häuser auf dieser Straßenseite am Hang standen, gelangte man direkt auf den Hof. Von hier aus führte eine Treppe in den terrassenförmig angelegten kleinen Hausgarten, der uns aber nicht zur Verfügung stand. Auch das Spielen auf dem Hof war nicht erlaubt. Hierfür war die Straße da.

Unterhalb des Gartens, durch einen Grünstreifen getrennt, befand sich die Kasseler Straße. An der anderen Straßenseite fiel das Gelände zur „Bösen Sieben" steil ab.

Die Bezeichnung des Baches bezieht sich auf sieben Quellen, die den Bach speisen. Das Gelände stieg nun wieder an.

Unsere Fenster befanden sich nur auf der Südseite, wir hatten eine wunderbare Aussicht ins Gelände zur Hüneburg.

Die Hüneburg, eine schöne bewaldete Landschaft mit schönen Wanderwegen, konnte man als Naherholungsgebiet für Eisleben und anliegende Dörfer bezeichnen. Von unserer Wohnung aus konnte man die Menschen zu jeder Jahreszeit den Schlangenweg hinauf zur Hüneburg wandern sehen.

Oberhalb des Baches grenzte die Nutzfläche der Gärtnerei Dockhorn an, und anschließend, durch einen Weg getrennt, befand sich einer unserer Lieblingsplätze. Sonntags machte sich die Familie, mit Decken und Freßkorb bewaffnet, auf den Weg. Hier machten wir Spiele, turnten mit dem Vater. Oft balancierte er mich auf den Händen oder Füßen rücklings im Grase liegend.

Später suchten wir Kinder den Platz allein auf. Er war ja nur zirka 300 Meter Luftlinie von unserer Wohnung entfernt und konnte von den Eltern gut eingesehen werden. Die Verständigung klappte durch Pfiffe, Handzeichen oder auch Winken.

Es gab natürlich für unsere Familie noch mehr Lieblingsplätze, die wir je nach Zeit aufsuchten. Da wäre der Schmetterlingsplatz zu nennen, wegen der Vielzahl der Falter von uns so genannt, oder auch der Hahnekamp, an dessen Grund sich ein Ausflugslokal befand.

Hier konnte man im Freien sitzen und sich bei Spielen, beim Schaukeln oder Karussellfahren vergnügen. Zu Kaffee und Kuchen oder Brötchen mit Würstchen gab es Musik und Gesang. Aber meist hatte unsere liebe Mutter Verpflegung mitgenommen. Abends ging es dann frohgelaunt wieder Richtung Heimat.

Obwohl unsere Eltern keine Kirchgänger waren, so waren doch beide, aber vor allem unsere Mutter, eine gute Christin. Unser Vater sagte, der liebe Gott ist überall, und da braucht man nicht in die Kirche. Nein, es gab keine Gebete, zumindest nicht laut oder sichtbar. Im Kleinkindalter allerdings wurde ein Gebet im Bett, welches ich mit meinem Bruder teilte, gesprochen: „Ich bin klein, mein Herz ist rein, soll niemand drin wohnen als Jesus allein."

Zu uns kam an Weihnachten regelmäßig der Weihnachtsmann, und hier wurde folgendes Gedicht aufgesagt: „Lieber guter Weihnachtsmann, sieh mich nicht so böse an, stecke deine Rute ein, ich will immer schön artig sein."

Dann wurde der Weihnachtsmann umarmt, und er bekam ein Küßchen. Ich erinnere mich noch gut, daß ich ihm meinen Kuß auf die Larve gedrückt habe.

Unser Vater war ein guter Weihnachtsmann, der schon mal in die Stube stolperte oder andere Scherze einbaute.

Das ging so ungefähr bis 1937. Neben Süßigkeiten, Nüssen und Äpfeln gab es noch ein kleines Auto oder einen kleinen feuerspuckenden Panzer. Bekleidungsstücke, aber auch von der Mutter gestrickte Strümpfe oder Handschuhe fehlten nicht.

Sehr gerne erinnere ich mich an einen großen Pferdestall mit Tieren.

Den hatte mein guter Vater von einem ehemaligen Arbeitskameraden bauen lassen.

Der Industriestandort Eisleben. Bis Dezember rauchten oberhalb der Kasseler Straße die Schlote der Karl-Liebknecht-Hütte, die 1870 als Krughütte den Betrieb aufnahm. – Foto: Kurt Franke

Auch im Bleigießen versuchte sich unser Vater. In eine kleine Metalldose wurde eine Schneppe gebogen, und es wurden Bleistücke hineingetan. Diese Dose wurde dann in das Herdfeuer geschoben. Das flüssige Blei wurde dann in bereitgelegte Formen gegossen. So erhielten wir Bleisoldaten, Ulane oder Kürassiere zu Pferde.

Sehr sorgfältig wurde der Christbaum, so nannten wir ihn, hergerichtet. Zweige wurden neu eingesetzt, und jeder Lamettafaden wurde einzeln aufgehängt. Pfennigstücke, bunte Kugeln und Kerzen wurden sehr sorgfältig im Tannenbaum verteilt. Besonders die Süßigkeiten verschwanden nach und nach.

Weihnachtslieder durften nicht fehlen. Dazu spielte unser Vater auf der Ziehharmonika oder Mundorgel.

Die geschenkten Spiele wurden ausprobiert. Gab es bunte Spielfiguren dazu, nahm ich immer die rotgefärbten. Ich nahm die Farbe deswegen, weil es die Farbe der Arbeiterklasse ist. Denn wir befanden uns ja im „roten Mansfeld".

Aber wieder zurück in die Albrechtstraße. Unweit unserer Wohnung lebte in der Borngasse eine Zigeunerfamilie. Auf ihrem Grundstück hielten sie einige Tiere, auch Affen und einen Tanzbär.

Man verdiente sich damit zusätzlich Geld, wenn man mit den Vierbeinern durch die Straßen zog. Besonders der Tanzbär hatte mich Dreijährigen angezogen, so daß ich mich der bunten Schar anschloß und aus dem Blickwinkel meines älteren Bruders, der auf mich aufpassen sollte, verschwand. Ein plötzlich einsetzender starker Regen hatte die Schaulustigen zerstreut.

Ich gelangte an den sogenannten Michelsberg und hier, im Kindermund, an die Zuckertüte. Dies ist eine aus Beton geformte tütenförmige Röhre, aus welcher das Regenwasser der Oberstadt mit ziemlich starkem Gefälle in den breit betonierten Abfluß strömt. Aus einer Höhe von zirka drei Metern stürzt dann das Wasser in die Böse Sieben, und von hier geht es dann Richtung Süßer See.

Vermutlich bin ich auf der glitschigen Betonfläche ausgerutscht, und das Wasser hat mich ungefähr 50 Meter weit mitgerissen. Der Kriegsinvalide Herr Bendix, der meinen schnellen Abgang sah, konnte mich noch rechtzeitig vor dem Absturz in die Böse Sieben bewahren.

Ich kann mich nicht an das Geschilderte erinnern. Fest steht, daß meine Eltern in Sorge waren und eine Suchaktion starteten. Sie konnten erfahren, daß ein Beinamputierter einen kleinen Jungen vorm Ertrinken gerettet hat. Sie fanden mich dann in der Wohnung meines Retters, mit einer Tasse heißer Milch beschäftigt. Alle waren froh, daß dieser Vorfall einen glücklichen Ausgang gefunden hatte.

Mein Bruder, der sehr verspielt war, hatte, statt auf mich aufzupassen, sich mit seinem Spielfreund beschäftigt. Klaus K. war der Sohn des Kreisleiters der NSDAP. Diese Familie wohnte zwei Häuser von unserer Wohnung entfernt in der Wartburg.

Eine andere Begebenheit aus dieser Zeit ist mir noch vom Erzählen meiner Eltern gegenwärtig.

Hier spielte der Affe Lilli eine Rolle. Er war wieder einmal ausgebüxt und hatte unsere Straße als Ziel gewählt. Allerdings hielt er sich auf den Dächern der Häuser auf und trieb Schabernack. Unsere Mutter, die in der Küche unter der geöffneten Dachluke beschäftigt war, erschrak fast zu Tode, als Lillis behaarter Arm nach ihr durchs geöffnete Fenster griff.

Ich schmecke fast das in Pergamentpapier gewickelte braune Bohnerwachs, das ich als Naschkatze für Pflaumenmus hielt. Bohnerwachs wurde damals zur Pflege des Holzfußbodens gebraucht und wurde auch lose verkauft.

Eisleben um das Jahr 1920, vielleicht auch noch früher. Der Fotograf hat den Blick von der Klippe über die Böse Sieben zur Andreaskirche festgehalten. Rechts haben einige Leser die ehemalige Fleischerei Scholz erkannt. Der Bach war ein Tummelplatz für Kinder am Rande der Stadt. Denn hier endete vor dem Jahr 1910 die Bebauung, das Areal wirkt fast ländlich. – MZ-Repro: Jürgen Lukascheck

Artur M. war nicht nur unser Händler, sondern auch Schützenkönig der Neustädter Schützen. Auf dem Schützenplatz unweit unserer Straße fanden regelmäßig Schützenfeste statt. Neben der Tanzfläche unter der Linde gab es viele Möglichkeiten der Belustigung für jung und alt. Ein Höhepunkt für uns Kinder waren immer die Umzüge. Eisleben hatte mehrere Schützenvereine und darüber hinaus ein breites Vereinsleben. Es fanden regelmäßig Herbstmärkte auf dem Klosterplatz und vor allem der Wiesenmarkt statt. Hier gab es die Große Wiese und die Kleine Wiese. Diese Volksfeste zählten mit zu den drittgrößten in Deutschland. Das Kettenkarussell, die Luftschaukel und die Wurfbuden bereiteten mir viel Freude. An Süßigkeiten war es der Honigmann mit dem türkischen Honig, der so fest an den Zähnen hing, daß man die Finger benötigte, um ihn dorthin zu bugsieren, wo er hingehörte. Ein Süßchen, Kochwurst vom Pferd, fehlte aber auch nicht. Vor dem Heimweg von der Wiese wurden traditionell gebrannte Mandeln, Kokosflocken, Bücklinge und eine Kokosnuß gekauft. Zu Hause angekommen, mußten dann der Bohrer und das Beil angesetzt werden, um die Nuß zum Verspeisen öffnen zu können.

Unser Vater gehörte dem Eisleber Turnverein „Ludwig Jahn" an. Die Turnhalle befand sich in der Kleinen Zeißingstraße. Auch wir, mein Bruder und ich, beteiligten uns in der Kinder-Sportgruppe.

Am 12. Februar, Adolf Hitler war bereits an die Macht gekommen, fand in der Turnhalle eine Veranstaltung statt. An diesem Tage marschierte aber auch eine SA-Marschkolonne durch die Straßen der Stadt und auch den Breiten Weg entlang, vorbei am Hauseingang zur Turnhalle. In diesem Haus befand sich aber auch das Büro der KPD. Nach meiner Vorstellung heute zu urteilen, wurden die SA-Leute von dort provoziert. Ein SA-Mann, Paul Berg, wurde erschossen. Nach Auslegung in der DDR-Zeit wäre der Schütze in den Reihen der SA-Leute zu finden gewesen. Daraufhin stürmten die SA-Männer in die Turnhalle, wo es nicht nur zu Handgemengen gekommen war. Drei Sportler fanden dabei den Tod.

Einem Funktionär der KPD, Bernhard Koenen, soll dabei mit einem

Feldspaten der Schädel eingeschlagen worden sein, wobei ein Auge verlorenging.

Tatsache ist aber auch hier, daß ihm das Auge bei seinen Klassenbrüdern in der Sowjetunion ausgeschlagen wurde. Max Hoelz, ein kommunistischer Revolutionär, fand, wie auch andere Klassengenossen, welche zur Schulung in der SU waren, durch Stalins Henker den Tod.

Vermutlich hatten die deutschen Genossen eine andere Vorstellung vom Kommunismus.

Den am Eisleber Blutsonntag umgekommenen Sportlern setzte man in der DDR-Zeit ein symbolisches Denkmal. Straßen, Schulen und Betriebe wurden nach ihnen benannt. Eine bronzene Büste von B. Koenen steht heute noch unweit der damaligen Kreisleitung der SED. Das Gebäude wurde im Volksmund „Palazzo Protzo" genannt.

Ob es eine Vorsehung, eine Ahnung oder gar Wissen bezüglich des Überfalls der SA auf die Turnhalle gegeben hat, kann nur vermutet werden.

Wir, das heißt mein Vater mit uns, waren an diesem Tage, obwohl angeblich eine Kinderveranstaltung stattfinden sollte, nicht in der Turnhalle.

Unsere Mutter befand sich an diesem Tage bei unseren Großeltern in Oberrißdorf, und der Vater durfte demzufolge Kindermädchen spielen. Ich war zu dieser Zeit fast sechs Jahre alt und mein Bruder acht Jahre.

An dieser Stelle muß ich erwähnen, daß unser Vater nie Angehöriger einer Partei war, obwohl uns die Kommunisten näherstanden als die NSDAP.

Denn das Mansfelder Land, mit der überwiegend bergmännischen Bevölkerung, war „rot", wie auch die Kumpel im Ruhrgebiet.

Ich erinnere mich noch gut an den 30. Januar 1933. Es war der Tag der Machtergreifung und auch der Beginn des Dritten Reiches. Neben uns in der Albrechtstraße wohnte die kinderreiche Familie A. Kohl. Er hatte in das geöffnete Fenster seiner Wohnung das Radio gestellt, damit alle Nachbarn die Übertragung des historischen Ereignisses miterleben konnten. Herr Kohl war Krankenpfleger im Knappschaftskrankenhaus, welches einen Steinwurf von unserer Wohnung entfernt stand.

Kohls bauten um 1936 ihr Landhaus in der Nähe der „Preußischen Kühle". Zum Dachstuhlbau bat er unseren Vater um Mithilfe, die ihm auch gewährt wurde.

Sehr oft besuchten wir unsere Großeltern in Oberrißdorf. Dies geschah in den ersten Jahren meist zu Fuß, aber auch oft mit dem Handwagen. Es war ein wunderschöner Weg, der sich etwa fünf Kilometer erstreckte. Es ging an der Bergschänke, einem Ausfluglokal, am Goldbach mit seinem glasklaren Wasser und drei alten Wassermühlen vorbei. Kurz vor dem Fischteich in Oberrißdorf befand sich noch die dritte, gängige Mühle.

Wenn diese in Betrieb war, rumorte es im Erdreich schon vor dem Sichtbarwerden derselben. Dann ging es am Teich entlang, welcher immer von dem weißen Federvieh bevölkert war, die Hohle hinauf bis zum Elternhaus unserer lieben Mutter, aber auch unserem Geburtshaus.

Mit dem Fahrrad war die Strecke von zirka sechs Kilometern schneller zurückgelegt. An den Rädern hatte unser Vater Kindersitze angebracht. Heimwärts ging es dann die etwas längere Strecke, aber dafür chausseeflotter.

Als wir, mein Bruder und ich, noch im Beifahreralter waren, fuhren wir oft in die Natur. Ein bleibendes Erlebnis war die Fahrt zu den Pfingstburschen nach Ahlsdorf, zum Pfingstfest. Die Bewohner der Grunddörfer sprechen aber nur vom Dreckschweinfest.

Beeindruckend war, als die weiß gekleideten Treiber mit bunten Bändern an den Hüten mit ihren Peitschen die halbnackten Dreckschweine aus dem Walde trieben. Symbolisch sollte das Vertreiben des Winters durch den Frühling zum Ausdruck gebracht werden. Die Häuser in den Dörfern sind dann immer mit Birken geschmückt.

Selbst in der DDR-Zeit war es nicht gelungen, diesen alten germanischen Brauch zu unterbinden, der eben mit Hallo und Peitschenknallen begangen wurde.

Wir hatten eine schöne Kindheit und konnten uns dank der Liebe und Mühe, die wir von unseren lieben Eltern erfuhren, körperlich und geistig gut entwickeln, wenn auch das Geld nicht immer in ausreichendem Maße zur Verfügung stand.

Ostern 1934 begann für mich durch den Schulbeginn ein neuer Lebensabschnitt. Eingeschult wurde ich in die Knaben-Volksschule in der Grabenstraße, neben der Bösen Sieben.

Leider existiert das Bild von der Einschulung nicht mehr. In einen Matrosenanzug gekleidet, mit der blauen Schülermütze bedeckt und in den Händen die große Zuckertüte haltend, war ich konterfeit. Der Schulranzen auf dem Rücken war nicht sichtbar, dafür aber die Anhängsel, Lappen und Schwamm. Das Reinigungsgerät hing an einem Faden, welcher an der Schiefertafel befestigt war.

Geschrieben wurde mit bleistiftstarken Schieferstiften. Da diese leicht brachen, gab es auch einen Schieferkasten dazu.

Zur Schulausrüstung gehörte damals auch die Rechenmaschine.

In einem Gestell befinden sich zehn waagerecht übereinander angeordnete Drähte mit je zehn bunten Kugeln, die man hin- und herschieben kann. Dadurch wurde das Erlernen der Rechenfertigkeiten erleichtert.

Übrigens findet diese „Maschine" als Hilfsmittel noch heute in Rußland Verwendung.

Der Unterricht in den Klassenstufen eins bis vier begann nach der üblichen Begrüßung mit einem Volkslied. In den oberen Klassen wurde nur wie üblich gegrüßt. Der Gruß bestand nie aus „Heil Hitler".

Meine Lieblingsfächer waren Rechnen, Lesen, Musik und natürlich Turnen. Schönschreiben war nicht mein Fall.

Zum Sportunterricht ging es im Gleichschritt und mit Gesang durch die Straßen zur Turnhalle auf dem Klosterplatz. Das machte uns allen viel Spaß, und wir waren stolz darauf. In den großen Pausen, jeweils nach zwei Stunden, konnte man für fünf Pfennige eine Flasche Milch oder Kakao beim Hausmeister kaufen.

1934 gab es aber in unserer Familie noch zwei weitere Höhepunkte.

Wir bekamen eine neue Wohnung in der neu erbauten Arbeitersiedlung, Danziger Straße 16. Sie bestand aus Wohnküche, Wohnzimmer, Schlafzimmer und einer Bodenkammer, dem Kinderzimmer.

Es gab jetzt fließendes Wasser in der Küche und dem Spülklo, welches sich selbstverständlich auch in der Wohnung befand. Außerdem besaß die Küche einen eingebauten Speiseschrank.

Es gab einen Trockenboden und auch Keller für Kartoffeln, Kohlen und anderes. Die Waschküche teilten sich die Eltern mit den Nachbarn, welche die Wohnung im Erdgeschoß besaßen.

Das war die Familie Ernst R. Er arbeitete auf der Hütte und gehörte auch der SA an. Jede Familie besaß einen kleinen Hausgarten von ungefähr 120 Quadratmeter.

Der zweite, noch größere Höhepunkt in unserer Familie war der Zuwachs. Am 3. September 1934 wurde das dritte und jüngste Familienmitglied, Rudolf, geboren. Es war wieder kein Mädel geworden, wie von den Eltern erhofft, dafür wuchsen ihm lange blonde Locken, worüber sich jedes Mädel hätte freuen können.

Mein älterer Bruder und ich bekamen nun ein eignes Zimmer, die Bodenkammer. Ungefähr ein Drittel der Zimmerdecke war schräg. Dafür hatten wir aber auch ein schönes großes Fenster am Giebel des Hauses. Das Bett mußten wir uns anfänglich teilen. Wir hatten eine wunderbare Aussicht über die Stadt. Bei Schlechtwetter beschäftigte ich mich hin und wieder mit Zeichnen. Die Marktkirche, welche ich oft zeichnete, war ein schönes Motiv.

Vom Giebelfenster aus blickten wir in Richtung Süden über eine Gartenanlage. Hier führte auch unsere noch nicht ganz fertiggestellte Straße entlang.

Vom Wohnzimmer aus konnten wir das Grundstück der ehemaligen „Preußischen Mühle" sehen. Darauf stand aber nur noch ein von Bäumen und Sträuchern umgebenes ebenerdiges Wohnhaus. Es wurde noch von einem sehr alten Ehepaar bewohnt. Die Bäume hatten es mir besonders angetan. Durch unser Spielen wurden die Bewohner nicht gestört, da das Grundstück ziemlich groß war.

Bald aber waren die alten Leute ausgezogen.

Wir alle waren froh über das neue Zuhause. Vor unserer Wohnungstür hatte unser Vater einen großgerahmten Spruch an die Wand gehängt. Er lautete: „Ein fröhlich Herz, ein friedlich Haus, das macht das Glück des Lebens aus."

Ein Drittel der Korridortür war verglast. Es gab keine Klinke mehr, sondern einen Drehknauf, und es gab natürlich auch eine Klingel, aber nur durch Drehen konnte man den Klingelton erzeugen. Später gab es natürlich eine elektrische Klingel. All diese Veränderungen waren für uns Kinder damals Neuland.

Beim Hausbau hatte man auch Gasleitungen verlegt. Es fehlten für die Abnehmer nur die Gaszähler. Nachdem diese installiert waren, konnte, nachdem eine Münze eingeworfen wurde, Gas für die Geräte bezogen werden.

Da das Geld knapp war, denn zu dieser Zeit war meist der Vater der alleinige Ernährer, wurde sehr sparsam mit dem Gasverbrauch umgegangen.

Nachdem unsere Eltern die laufenden finanziellen Belastungen, vor allem beim Tischler, geleistet hatten, konnte an den Kauf eines Radios Marke „Mende" gedacht werden. Das Gehäuse des Rundfunkgerätes war wie die Möbel aus dunkel gebeizter Buche.

Zu dieser Zeit gab es auch den Volksempfänger, der im Volksmund „Goebbelsschnauze" genannt wurde. Der kostete 35 Mark. Goebbels war im Dritten Reich Propagandaminister. Für einen guten Empfang war die Antenne sehr wichtig, auch für den teuren „Mende". In unserem Garten, zirka 30 Meter vom Haus entfernt, befand sich der etwa acht Meter hohe Antennenmast. Von hier aus gingen die Drähte in das Haus. In der Wohnung war die Litze im Winkel zwischen Wand und Zimmerdecke installiert.

Sehr beliebt war damals das Wunschkonzert. Nun stand aber auch dem Empfang des Boxkampfes, Schmeling gegen Louis aus Amerika, nichts mehr im Wege. Besonders mein Vater war ein großer Boxanhänger, aber auch ich schaute mir den Kampf im Morgengrauen mit an.

Der Schulweg war jetzt etwas kürzer. Bei trockenem Wetter konnte ich die Abkürzung über den Acker nehmen. Denn diese Fläche, die an die Hausgärten reichte, war noch nicht bebaut.

Sehr oft balancierte ich, den Schulranzen auf dem Rücken, auf den Spitzen der hölzernen Lattenzäune entlang. Das machte mir Spaß, denn nur selten mußte ich mit einem Sprung von dem zirka anderthalb Meter hohen Zaun abspringen.

Im Sportunterricht machte mir der Rundlauf Freude. Und besonders dann, wenn der Sportlehrer sich mit angehängt hatte. Das Sportgerät ist in der Turnhalle unter der Decke montiert. Es ist ein sich drehendes Rad, an welchem vier Paar Taue, ähnlich wie eine Strickleiter, hängen. Es können nur jeweils vier Schüler gleichzeitig, durch Im-Kreis-Laufen, das Gerät in Bewegung setzen.

Je schneller der Rundlauf, um so steiler wird die Schräglage. Im gleichen Rhythmus stößt man sich mit den Füßen vom Boden ab und schwebt dann eben in Schräglage in der Luft. Zweck der Übung ist das Dehnen des gesamten Körpers. Auch das Klettern an den Tauen war mein Spezialgebiet und hier vor allem die Wettkämpfe, wenn noch andere Hindernisse zu überwinden waren.

Laufen, Werfen, Springen, aber auch Ballspiele waren meine Welt. Zu unseren Spielen auf der Straße gehörte aber auch Hockey. Und wenn kein Ball aufzutreiben war, mußte eine alte Blechbüchse herhalten, die Krücke vom Vater mußte als Schläger zweckentfremdet werden. Die Spiele wie Treibeball, Völkerball, Wettlaufen und Versteckspielen fanden auf der Straße statt. Es kam damals selten ein Fahrzeug vorbei, vorwiegend Pferdegespanne. Das waren zum Beispiel der Kohlenwagen oder der Leichenwagen, aber es konnte auch der Eiswagen sein, denn damals hatte kaum jemand einen Kühlschrank, oder zur besonderen Freude der Kinder das Pferdegespann, welches „Bubarsch" für die Durstigen geladen hatte. Bubarsch war ein dünnes, malzartiges Getränk.

Bei uns größeren Kindern war auch Patscheck beliebt. Zwei Parteien ermittelten den Sieger. Die Spielgeräte bestanden aus einem etwa 50 Zentimetern langen Holzknüppel und einer von uns so genannten Hinne. Das ist ein rundes, etwa 15 Zentimeter langes Holzstück, welches an beiden Enden etwas angespitzt war. Durch einen Schlag darauf wurde es zu einem Fluggerät und mußte gefangen werden. Jetzt bestand die Aufgabe darin, den Schlagstock durch Werfen mit der Hinne zu treffen. Gelang dies, kam die andere Partei dran. Gezählt wurden die Versuche. Wurde der Schlagstock durch einen Wurf nicht getroffen, wurde die Hinne, wie beim Schlagball, wieder zum Flugobjekt. Die zurückgelegte Flugstrecke wurde durch Schrittmaß ermittelt.

Ein anderes Spiel möchte ich auch noch erwähnen, das Schlangenstechen. Dies konnte man nur auf glattem, festem Erdboden. Mit einem Messer wurden zwei parallel laufende Linien im Abstand von zirka zehn Zentimetern in den Erdboden geritzt. Diese wurden dann durch Striche verbunden, so daß ein schmales Gitter entstand.

Jetzt fehlte nur noch der Kopf am Ende, welcher eine Zahl erhielt. Das Messer wurde so geworfen, daß es innerhalb eines Faches steckte, ohne eine der Linien berührt zu haben. Gelang das bis zum „Kopf der Schlange", wurde die Zahl gutgeschrieben. Gelang dies nicht, kam der nächste Mitspieler dran.

Dann gab es noch das Landstechen. Eine geometrische Figur wurde ebenso in den Erdboden geritzt. Jetzt wurde mit dem Messer aus einem bestimmten Abstand so in die Fläche geworfen, daß das Messer im Boden steckenblieb. Der Einstich wurde zu beiden Seiten verlängert. Wer den größten Flächeninhalt erzielt hatte, war Sieger. Ein beliebtes Laufspiel war das Kullern mit einem Rad. Meist mußte eine Fahrradfelge herhalten. Durch Schläge mit einem Stock wurde das Rad zum Kullern gebracht. Das machte besonderen Spaß, wenn es mit lauten Geräuschen über das Straßenpflaster holperte.

Die Kinder wohlhabender Eltern hatten natürlich einen buntbemalten Holzreifen, welcher beim Kullern keine Geräusche verursachte. Auch die Räder des Kinderwagens fanden bei diesen Spielen Verwendung, erforderten aber mehr Geschick. So wurde ein Stock durch das Achsloch geschoben, welcher zu beiden Seiten gleich lang herausragte und festsitzend sein mußte. Mit einem längeren Stock wurden nun die beiden Enden am Rad im Wechsel geschoben.

Beim Kurven lenkte man das Rad nur an einer Seite.

Für die erstrebenswerten Laufräder benötigte man ein Kinderwagenrad und einen geraden, etwa fünf Millimeter starken Draht, welcher eine Länge von etwa einem Meter haben mußte. Das eine Ende wurde durch das Achsloch geschoben und winklig umgebogen. Das andere Endstück bog man zum besseren Halten und Führen rund.

Das Laufen mit diesem Gefährt machte deshalb besondere Freude, weil man gut Kurven und auch bergan fahren konnte.

Ich erinnere mich noch sehr gut daran, als unser Vater eines Tages, von der Arbeit kommend, an seinem Fahrrad einen langen, eingepackten Gegenstand angebunden hatte. Was konnte das wohl sein?

Zu unser aller Freude, bis auf die Sorgenmiene unserer lieben Mutter, war es ein Luftgewehr, Marke „Diana". Unser Vater war ein sehr guter Schütze. Wir, mein Bruder und ich, waren bemüht, ihm nachzueifern. Auf dem Hausboden wurden die Schießwettkämpfe ausgetragen. Es gab immer ein besonderes Hallo, wenn die bunten Bolzen im „Schwarzen" saßen. Als Fangscheibe diente eine Bleiplatte.

Mit Diabolo haben wir auf Scheiben geschossen, welche im Kugelfang steckten. Wir durften nur unter Aufsicht unseres Vaters schießen. Auf die Einhaltung der Sicherheit wurde streng geachtet.

Das Geld für das Luftgewehr verdiente unser Vater, neben seiner schweren Tätigkeit auf dem Schacht, durch zusätzliche Beschäftigungen.

So kassierte er zum Beispiel für die „Volksfürsorge", eine Versicherungsanstalt, die Beiträge von den Versicherten.

Darüber hinaus wurde ein Vertrag mit einem Zeitschriftenvertrieb abgeschlossen. Es wurden Zeitschriften wie Frankfurter Illustrierte, Berliner Illustrierte, Grüne Post und die Wehrmacht ausgetragen, aber auch Romanhefte wie Kelterromane wurden den Abonnenten angeboten und verkauft. Der Belieferungskreis war ziemlich weiträumig. Von der Eisleber Neustadt bis zu Orten im damaligen Mansfeldersee- und Gebirgskreis erstreckte sich die Zustellung.

Wöchentlich wurde das Paket mit den Zeitschriften vom Bahnhof abgeholt.

Es war für mich selbstverständlich, daß ich Aufträge, die ich von meinen Eltern erhielt, erfüllte, wenn dadurch auch hin und wieder das Spielen zu kurz kam. Das Zeitungsaustragen sah ich als sportliche Tätigkeit. So bekam ich auch meist Aufträge, irgendwelche Einkäufe beim Fleischer und so weiter zu tätigen. Mein älterer Bruder kam oft glimpflich davon. Er war schon damals ein ruhiger Vertreter, der gerne allein spielte oder oft stundenlang auf dem Klo schmökerte. Er mußte meist gerufen werden.

Unsere Eltern hatten sich nun auch eine hölzerne Bottich-Waschmaschine nebst Wringmaschine geleistet. Diese waren im Waschraum stationiert. Zum maschinellen Betrieb fehlte der Motor. Also mußte der Waschvorgang durch Drehen des Schwungrades bewerkstelligt werden. Für diese Tätigkeiten wurden auch wir herangezogen.

Wenn mein Bruder an der Reihe war, hielt er auch sitzend in der einen Hand das spannend geschriebene Heft, und mit der anderen Hand bediente er das Schwungrad. Dabei litt meist der Waschvorgang, weil der eingebaute Quirl sich kaum drehte. Die Lektüre hatte ihn zu sehr abgelenkt. Erst ein Ruf unserer Mutter oder auch vom Vater: „Helmut, schlaf nicht ein!" war nötig, um wieder Schwung in die Sache zu bringen. Dies wiederholte sich mehrmals.

Bei mir war es nun so, daß die Kurbel zu schnell gedreht wurde, so daß der Seifenschaum aus dem Waschbottich quoll. Ich mußte oft den langsameren Gang einlegen.

Die Wringmaschine mußte ja auch von Hand betrieben werden. Die nassen Wäschestücke wurden von der Mutter zwischen die Walzen gelegt, und diese zogen durch die drehende Bewegung die Stücke durch, so daß diese ausgewrungen entnommen werden konnten.

Heute kennt man vielleicht hin und wieder die Heißmangel. Eine „Wäscherolle" dagegen dürfte heute ein Museumsstück sein. In der Wäscherolle wurden die Wäschestücke geglättet. Man mußte sich vom Betreiber einen Termin geben lassen, unter Angabe der Inanspruchnahme bezüglich Zeit wurde dann auch das Entgelt berechnet. Anfänglich mußte die Rolle auch durch Muskelkraft in Bewegung gesetzt werden, aber es gab auch schon moderne Maschinen, die mit Motor betrieben wurden. Der Arbeitsgang der Rolle blieb dabei unverändert.

Fast jeder Haushalt besaß zu dieser Zeit einen Handwagen. Dieser wurde dringend gebraucht. Wir holten damals von den Großeltern aus Oberrißdorf Kartoffeln, Möhren, aber auch Dung für den Garten. Ich benötigte ihn, um die „Pferdesemmeln", die ich von der Straße aufgesammelt hatte, zu transportieren. Er wurde benötigt, um vom Kohlenhändler Kohle oder auch Brennholz zu holen. Aber auch die Brennrückstände mußten zum Aschenplatz gefahren werden, und der befand sich meist am Ende des Ortes. Auch hierfür mußte eine Gebühr bezahlt werden. Baumstümpfe wurden im Wald von Bischofrode mit Hammer und Keil bearbeitet, und das abgespaltete Holz mußte transportiert werden. Alles per pedes und mit dem Handwagen. Nach so einer Tätigkeit im Wald stellte ich zu Hause fest, daß mir ein vom Stahlkeil abgesprungener Grat in den Oberschenkel eingedrungen war. Im Eifer des Gefechts hatte ich das nicht wahrgenommen. Übrigens sitzt der Stahlsplitter immer noch dort fest.

Unsere liebe Mutter, die mit den vier Männern ihre Arbeit hatte, brachte es fertig, daß regelmäßig zum Wochenende Kuchen auf dem Tisch stand. Darüber hinaus zählten zum Haushalt ja noch der Rex, ein sehr wachsamer, hübscher Mischlingshund, unser Wellensittich und für eine etwas kürzere Zeit eine weiße Maus. Auch diese Mitbewohner mußten versorgt werden.

Viel Fleiß und Liebe schenkte sie dem neu erworbenen Schrebergarten. Es wurde gesät, geerntet, eingekocht beziehungsweise eingelegt.

Unser Keller war immer gut mit Wintervorrat bestückt.

Aber all das genügte nicht. Es wurde eine Arbeit beim Bäcker angenommen. Mit einem Korb auf dem Rücken und einem Handkorb wurden Brötchen ausgetragen und Gebäck an den Kunden verkauft. Durch die fleißige zusätzliche Tätigkeit konnte der Tisch noch reichlicher gedeckt werden.

An den Wochenenden, wenn es besonders viel zu tun gab, half ich mit. Ich trug den Handkorb, oder ich holte aus der Bäckerei Nachschub, damit immer eine gute Auswahl in den Körben vorhanden war. Es konnte doch schon mal vorkommen, dass aus irgendwelchen Gründen kein Frühstück zur Schule mitgenommen wurde. Die besorgte Mutter richtete das so ein, daß ich zur großen Pause nachfassen konnte. Meist war es dann ein Martinshörnchen, welches ich besonders gern aß.

Die Pausenschnitten, die wir mitbekamen, waren kernig. Sehr oft mit Schmalz bestrichen, aber auch mit Harzer Käse belegt. Rührei oder Speckbelag zählten natürlich auch dazu.

Beim Hausmeister konnte man eine Flasche Milch oder Kakao kaufen. Damit wurde das Festmahl abgerundet.

Die Familie Paul Schmidt, links ich

Nach dem Absolvieren der vierten Klasse in der Knabenvolksschule zählte ich auch zu den „Auserwählten", welche in die Lutherschule umgesetzt wurden. Die Schule besaß nur vier Klassenräume, eben für die Klassen 5 bis 8. Die Klassen waren gemischt. Mädchen und Jungen wurden in einem Klassenverband unterrichtet. Für mich, der aus einer „Jungenfamilie" kam und auch keine Mädchen zu meinen Spielfreunden zählte, war dies eine ganz neue Situation. Man fand doch dieses und jenes Mädel als Zehnjähriger sehr nett, aber im Umgang mit dem anderen Geschlecht war man zum Teil „gehemmt".

Die Schüler der Luther-Schule kamen alle aus einem protestantischen Elternhaus und erhielten eine besondere Förderung, da es ihnen finanziell nicht vergönnt war, trotz guter schulischer Leistung, eine Mittel- oder Oberschule zu besuchen. Auch im Dritten Reich mußte für die genannten Schulen gezahlt werden.

Eine nazistische Atmosphäre mit „Heil Hitler" oder „Führer, das geloben wir" hat es in meiner Schulzeit und erst recht nicht in der Lutherschule gegeben. Es war auch keine religiöse Schule, obwohl diese auf Anraten des großen Reformators Martin Luther, dem Sohn unserer Stadt, damals ins Leben gerufen wurde.

Es gehörte zwar zur Tradition unserer Schule, Luthers zu gedenken und ihm zu danken. Das Lutherdenkmal in Eisleben auf dem Marktplatz wurde zu besonderen Anlässen von den Schülern geschmückt, und die Kurrende, die, in schwarze Umhänge gehüllt und mit schwarzen Schirmmützen bedeckt, singend durch die Straßen zog, sorgte für die notwendige feierliche Stimmung. Unsere Schule besaß auch eine Musikgruppe. In den außerschulischen Übungsstunden, die bei gutem Wetter in der grünen Schlucht stattfanden, bemühte ich mich, Mitglied zu werden und das Trommeln zu erlernen.

Trommler wollte ich werden, wie mein Vater bei den Soldaten. Er war aber nicht nur Trommler, sondern auch Tambour, welcher in einem Musikzug eine sehr wichtige Aufgabe zu erfüllen hat.

Die Eltern und Honoratioren der Stadt wurden zu schulischen Veranstaltungen eingeladen. So konnte ich auch in der Sportgruppe meine Fertigkeiten zeigen und demonstrieren, was wir gelernt hatten.

Luther-Schule 1939. 2. Reihe von rechts der Autor (außen)

Ich erinnere mich an die schönen Weihnachtsfeiern der Schule, die im Saal des Gasthauses „Zum Weißen Roß" mit den eingeladenen Eltern stattfanden. Ich hatte das Radfahren auf dem Damenrad meiner Mutter bereits gelernt, und somit konnte ich auch an den Radtouren zum „Süßen See" teilnehmen.

Ich erinnere mich an die schönen Klassenfahrten, die wir mit dem Zug nach Stolberg oder der größten Höhle Deutschlands, der Heimkehle, gemacht haben.

In den Sommerferien 1939 konnte ich an der Kinderlandverschickung teilnehmen. Mein Vater brachte mich mit der Eisenbahn bis Ringleben bei Artern. Hier erwartete mich schon der Bauer Pikborn mit dem Pferdegespann. Es war die erste Trennung von meinen Lieben. Schweren Herzens fuhr ich nun ohne meinen lieben Vater mit einem Fremden in etwas Unbekanntes.

Es begann nun für mich in einem neuen Umfeld das Leben in einer fremden Familie auf einem großen Bauernhof.

Ich erinnere mich auch noch gut an den rotbäckigen, untersetzten Landwirt. Das Ehepaar hatte schon erwachsene Kinder. Zwei Söhne waren bei den Soldaten. Im Haus lebte noch eine etwa 35jährige Tochter. Ihr Schlafzimmer wurde mir zugeteilt. Es roch nach Veilchenduft.

Die Mahlzeiten wurden in der großen, geräumigen Küche eingenommen. Ich lernte Speisen kennen, die mir bis dato fremd waren. Ich denke hier zum Beispiel an die sogenannte Pfanne, ein echt thüringisches Gericht. Das war eine breiige, helle Masse, sicher mit vielen Eiern durchsetzt, die in einem Schaffen in der Backröhre gebacken wurde. Auf dem Teller wackelte es wie Pudding. Salate aus jungen Brennesseln oder aus Sauerampfer sowie Löwenzahnblättern kamen oft auf den Tisch.

Mit großem Eifer sammelte ich die Eier im Hühnerstall. Die jungen Gänse oder Enten wurden mir zum Hüten anvertraut.

Dabei machte ich die Bekanntschaft mit einem hübschen dunkelhaarigen und braungebrannten Mädel. Das leuchtende rote Kopftuch zeigte mir immer an, wo es sich in dem ungefähr 50 Meter entfernten Garten befand. Mir fehlte aber der Mut, um mit der Schönen ins Gespräch zu kommen. Deswegen war es nur eine entfernte Bekanntschaft. Oft fuhr ich mit auf das Feld und durfte hier auf die Pferde aufpassen.

Mehr Abwechslung brachte die Fahrt mit dem Fahrrad nach Bad Frankenhausen.

Hier besuchte ich mit einem Erwachsenen und zwei oder drei Kindern das Solebad. Nach dem Verlassen des Wassers bildete sich auf der Hautfläche eine helle Schicht. Das war die Sole oder das Salz, welches man vom Körper abstreichen konnte.

Ein anderes im Gedächtnis hängengebliebenes Ereignis war mein Beisein beim sogenannten „Natursprung" des Zuchtbullen auf die zu deckende Färse. Als die Körper aufeinanderprallten, wich ich unwillkürlich mehrere Meter weiter weg vom Platz der Besamung.

Seit langer Zeit gibt es ja auch bei den Tieren die künstliche Befruchtung, um Nachkommen zu zeugen.

Vor diesem Ereignis hatte ich mitbekommen, wie die Frau zum Bauern sagte: „Du willst wohl den Jungen mitnehmen?" Die Antwort lautete: „Das kann der Junge doch ruhig sehen."

Ich wußte also nicht, daß wir die Färse auf einen anderen Bauernhof zur Deckstation bringen mußten. Den Dorfkindern waren vermutlich solche Vorgänge nicht fremd.

Besonders nah ist mir dort in Esperstedt das Ereignis vom 1. September 1939 geblieben. Es war der Tag des Kriegsbeginns, leider der Tag, der Deutschland und mit ihm Millionen von Menschen in den Abgrund riß.

Über die Folgen und über die Veränderungen, die der Kriegsbeginn mit sich brachte, machte man sich als zwölfjähriger Junge keine Gedanken. Man hatte zwar bereits mitbekommen, daß die Auslandsdeutschen, besonders in Polen und in Danzig, Mißhandlungen ausgesetzt waren, um sie aus ihrer angestammten Heimat zu vertreiben. Man schreckte selbst vor Morden nicht zurück, wie die Blutsonntage von Bromberg, Lemberg und auch Thorn beweisen.

Die Mißachtung und Nichteinhaltung der Beschlüsse des Versailler Vertrages durch Polen wurde von den Westmächten gebilligt. Darüber hinaus gaben diese den Polen Gewißheit, daß, wenn es zu Konflikten mit Deutschland käme, Beistand geleistet werde. Deutschland war, trotz Auferlegung härtester Maßnahmen, die im Schandvertrag von Versailles fixiert waren, trotz der großen Weltwirtschaftskrise und Inflation zu Ansehen und Achtung in der Welt gekommen. Das Dritte Reich war zu mächtig geworden. Das durfte so nicht weitergehen.

So erklärten Frankreich und England sofort nach dem 1. September Deutschland den Krieg. Die Politiker dieser Länder hatten erreicht, wonach sie strebten. Daß Deutschland den Krieg begonnen hatte, ist eine Tatsache. Es muß aber an dieser Stelle auch zum Ausdruck kommen, welche Meinung zu Kriegsbeginn ein israelischer Diplomat vertritt. Er wurde von einem internationalen Journalisten bezüglich Kriegsschuld seines Landes gegenüber Palästina befragt.

Der Fragesteller bekam folgende Antwort: „Nicht der ist schuld, der den ersten Schuß abfeuert, sondern derjenige, der den Anlaß dazu gegeben hat."

Freispruch für Israel, Schuldspruch für Deutschland; obwohl den Anlaß dazu eindeutig Polen gegeben hatte.

Die Lutherschule hörte 1939 auf zu existieren. Das Schulgebäude wurde als Lazarett gebraucht. Wir Schüler wurden dann wieder in der Knabenvolksschule unterrichtet. Später kamen die Jungen aus der Katholischen Schule auch zu uns. Die Mädchen, auch die Schülerinnen der Katholischen Schule, hatten am Nachmittag Unterricht, denn auch hier mußten die Schulgebäude umfunktioniert werden.

Die Dächer dieser Schulen wurden mit einem großen roten Kreuz gekennzeichnet.

Für die Schüler der siebten und achten Klassen kamen außerschulisch andere Aufgaben dazu. Es war das freiwillige Schrott- und Papiersammeln. Eine Kontrolle über die Beteiligung wurde nicht durchgeführt. In der Saison wurden wir zu Feldarbeiten herangezogen. Rüben verziehen, Bohnen pflücken oder Steine vom Feld lesen und Unkraut ziehen waren die Hauptbeschäftigungen. Die bäuerlichen Betriebe fuhren mit ihren Traktoren oder Pferdegespannen vor, und ab ging es auf die Felder der Umgebung. Auf dem Acker wurden wir in den Pausen gut verpflegt. Es gab Semmeln, belegte Schnitten, Gebäck, zum Mittag auch Suppe. Getränke gab es natürlich auch. Es wurde aber auch eine saubere Arbeit verlangt. Es gab einen Aufseher, der sehr darauf geachtet hat.

Der schönste Augenblick war natürlich der Feierabend, und wenn man den Lohn bekam. Da wurden vor Freude Luftsprünge und Überschläge vollführt. Es kam aber auch vor, daß die Löhnung auf den Gutshöfen erfolgte. Frohgemut ging es dann wieder Richtung Heimat.

Mir machte die Arbeit Spaß, und so beschlossen wir, mein Bruder und ich, auch an den Nachmittagen zu gehen und Geld für einen Fahrradkauf zu sparen. Als wir nun das Geld für das erste Rad erarbeitet hatten, es war selbstverständlich für den älteren Bruder, war für ihn die Sache erledigt. Er streikte.

Ich ging diesbezüglich leer aus. Das heißt, meine Eltern steuerten Geld bei, um die Gerechtigkeit wieder herzustellen.

Mein Fahrrad wurde beim Trödler gekauft. Es war ein Rennrad und hatte tatsächlich Holzfelgen. Ich glaube, es kostete 15 Mark.

Ich hatte nun einen Renner. Demzufolge sauste ich mit dem Ding, auch gefährliche Strecken fahrend, durch die Landschaft.

Da meine lieben Eltern verständlicherweise um meine Gesundheit besorgt waren, währte meine Freude mit dem Rad nicht lange.

Es wurde aber doch bald Abhilfe geschaffen, denn mein Vater kaufte sich ein neues NSU-Rad. Die ganze Familie, außer dem jüngsten Bruder, der noch „Beifahrer" war, war nun fahrbereit und fahrtüchtig. Mein Vater machte mit mir auch größere Radtouren, zum Beispiel nach Halberstadt zur Tante, aber auch nach Halle/Saale, um nur die größeren Strecken zu erwähnen.

Aber auch der Süße See war ein gern angesteuertes Ziel unserer Familie. Oft schwamm unser Vater weit in den See hinaus, und da es auch sehr flache Stellen dort gab, konnte er uns dies durch Zeichen mitteilen.

Ich habe das Schwimmen eher gelernt als mein Bruder.

Unser Vater hatte eine große, längliche Weißblechbüchse, die er vom Kolonialwarenhändler besorgt hatte, verschließen lassen. Zur Aufnahme von zwei Riemen mußten auch zwei Ösen angelötet werden.

Nun war die Schwimmtrommel fertig. Sie wurde auf den Rücken geschnallt und war somit eine Schwimmhilfe, die man zu dieser Zeit öfters in den Freibädern sehen konnte.

Hier am See gab es viele Obstplantagen. Diese reichten fast bis an den See. Mundraub bot sich somit an. Und doch hielten wir uns nicht immer daran. Wir unternahmen Extratouren, um an der Obsternte teilzunehmen. Mit Taschen und Rucksäcken ausgerüstet, brachten wir, mein Vater und ich, manchen Zentner Obst nach Hause.

Bis unsere Gepäckstücke aber voll waren, floß mancher Tropfen Schweiß in die Augen. Auch klopfte das Herz besonders schnell, denn diese heimlichen Obsternten waren recht abenteuerlich. Die Plantagen wurden von Aufsehern bewacht, die irgendwo aus ihren Verstecken beobachteten. Deshalb mußte unsere Ernte schnell, ruhig und umsichtig eingebracht werden. Dadurch bekam unsere liebe Mutter noch zusätzliche Arbeit. Es wurde Apfelmus gekocht, Birnen, Pflaumen und

Aprikosen wurden konserviert. Darüber hinaus hatte mein Vater Stellagen im Keller für das Lagerobst, Birnen und Äpfel, gebaut.

Aber auch unter unseren Betten in der Bodenkammer lagerte das Obst sowie auch ein Säckchen mit Erbsen.

Mit den Rädern fuhr die ganze Familie in die Landschaft. Meist war schon bekannt, wo man Erbsen angebaut hatte und wo man auch später, nach der Ernte, Erbsen lesen konnte. Hier bekamen wir Kinder Blechbüchsen, damit das Lesegut darin gut rasselte. Das gab uns Ansporn, noch fleißiger den Buckel krumm zu machen.

Und dennoch war es mühevoll, bis eine Konservendose gefüllt war. Vorsichtiger mußte man beim Ernten von Mohnkapseln sein. Aber der Gedanke an den herrlichen Mohnkuchen beflügelte auch hier die illegale Arbeit. Damals wurde in unserer Gegend noch viel Mohn angebaut.

Diese Unternehmungen waren eine große Bereicherung unseres Speiseplanes. Wunderbar schmeckte die Birnen-Kartoffel-Suppe, aber auch die „Bemmen", mit Apfelmus bestrichen. Es gab wohl kaum ein Wochenende ohne selbstgebackenen Kuchen. Oft balancierte ich denselben in die Bäckerei zum Backen, immer auf dem Kopf. Schlagsahne zum Obstkuchen gab es kaum. Sahne wurde in der Molkerei für zehn Pfennige nur als Qualitätsverbesserung für den Quark gekauft.

Dieser kam bei uns sehr oft auf den Tisch nach dem Motto: Quark macht stark.

Nachdem Kartoffeln und Obst im Herbst eingelagert waren, mußte für die Feuerung gesorgt werden. Briketts wurden beim Kohlenhandel bestellt. Da die Kohlen mit dem Pferdegespann angeliefert wurden, bestellte man, mit Angabe der Länge, eine Rutsche. Diese reichte dann vom Pferdewagen bis in das Kellerloch, was eine erhebliche Arbeitserleichterung darstellte. Hier wurden die von uns Kindern auf die Rutsche gelegten Briketts vom Vater im Keller abgenommen und gestapelt.

Nun konnte der Winter kommen. Für das Spielen auf der Straße oder der „Grünen Schlucht" oder auch auf der „Hüneburg" blieb dennoch viel Zeit. Das Werfen gehörte mit zu meinen sportlichen Stärken. Und doch gab es einen Unfall, an den ich mich nur ungern erinnere.

Leser sucht Hinweise auf jüdische Mitschüler

262.

Schulkasse besuchte in Eisleben die Knabenvolksschule. Erinnerungen an einst bekannte Kaufhäuser.

EISLEBEN/MZ – Unser Leser Ehrhardt Schmidt aus der Lutherstadt Eisleben schickte uns folgenden interessanter Leserbrief:

„Vor einiger Zeit wurde in der MZ auf der Lokalseite über Judenfeindlichkeit in Eisleben berichtet. Anlass zu dieser politischen Äußerung gab der Diebstahl eines Schildes vom Gebäude der ehemaligen Synagoge in der Lutherstraße. Warum muss auch hier, wie so oft, fälschlich gleich eine politische Auslegung herhalten? (Genauso falsch und schädlich – weil unwahr – wäre es gewesen, wenn man den Diebstahl der Gedenktafel: „17. Juni 1953" auch so bewertet hätte. Schmiereereien und Beschädigungen gleich welcher Art und von wem rufen immer Ärger und auch Zorn bei der Bevölkerung hervor. Die Zerstörungssüchtigen lassen sich auch nicht durch an sie gerichtete Appelle oder Ermahnungen von ihrem schändlichen Tun abhalten. Hier helfen vermutlich nur strengere Maßnahmen, um den Vandalismus Einhalt zu gebieten.

Eine Judenfeindlichkeit, auch wenn man zurückblickt, hat es wohl in unserer Stadt nie gegeben. Auch die zynisch bezeichnete „Kristallnacht" am 11. November 1938 konnte an den Verhaltensweisen der Bevölkerung zu ihren Mitmenschen kaum etwas ändern. Negative Wahrnehmungen sind in unserer Familie nicht bekannt gewesen. Viele kleine Geschäfte, aber vor allem die Kaufhäuser Goldstein und Rosenthal hatten einen großen Zuspruch nicht nur der Eislebener.

Ein hölzerner Kinderkleiderbügel mit der Aufschrift „Siegfried Rosenthal, Eisleben Markt 55" befindet sich auch heute noch in meinem Besitz. Durch nazistische Maßnahmen wurden dann leider ein jähes Ende der guten Einkaufsquellen herbeigeführt. Vor meinem älteren Bruder erbat ich zum

Wer weiß etwas über die jüdischen Mitschüler in dieser Klasse?   FOTO: REPRO

Zwecke der Nachforschung sein Klassenfoto aus dem Jahr 1940. Auf dem abgebildeten Foto sind auch mehrere jüdische Mitschüler zu erkennen. Leider kann er die Namen mit Sicherheit nicht mehr nennen. Es könnten die Klassenkameraden Graumann und Brathel, in der zweiten Reihe von rechts sein. Klassenlehrer der achten Klasse der Knabenvolksschule war Herr Beßler. Wie am Abzeichen zu erkennen, war er NSDAP-Mitglied.

An keinem Bekleidungsstück der Abgangsschüler konnte ich ein Abzeichen des „Deutschen Jungvolkes" erkennen. Die meisten Schüler dieser Klasse kamen aus Bergarbeiterfamilien. Es waren aber auch Schüler aus Gewerbetreibenden Familien dabei. Nazifreundlich waren die Menschen des Mansfelder Landes nie. Vielleicht ist es möglich durch die Veröffentlichung des Klassenfotos noch Einzelheiten über die jüdischen Mitschüler zu erfahren."

Anmerkung der Redaktion: Mit der Aktion „Stolpersteine" soll an jene jüdischen Familien erinnert werden, die vertrieben wurden oder ungekommen sind.

Mein Spielkamerad verlor dadurch einige Zähne, es hätte aber noch schlimmer ausgehen können.

Mit einem Schistock machten wir Zielwerfen nach einem Baumstamm. Es wurde im Wechsel geworfen. „Werner", rief ich, „geh mehr zur Seite!" Antwort: „Ehrhardt, du triffst doch." Aber diesmal wurde der Stamm nicht voll getroffen, so daß der mit einer Stahlspitze versehene „Speer" zur Seite abglitt und meinem Spielkameraden die Schneidezähne ausschlug.

Mir läuft heute noch eine Gänsehaut über den Rücken, wenn ich daran denke.

Zu zweit beschäftigten wir uns oft mit „Kopfball". Wir ließen uns aber auch hin und wieder von der „Muse" küssen. Besonders Rudi sang sehr gerne mit Hingabe „Guten Abend, schön' Abend" und so weiter. Er hatte es vermutlich von seiner älteren Schwester öfters gehört. Scherzlieder wurden gesungen und Verse dazu getüftelt so z. B.: „In Bayern wächst das Sauerkraut, die Welt ist kugelrund", des weiteren: „Wir ham zu Haus 'ne Mutschekuh, Junge, du bist wohl dumm, der bind mer ahms die Schnauze zu, Junge, du bist wohl dumm. Und einmal hamers ganz vergessen, da hat's 'nen Zentner Koks gefressen, Junge … Refrain: … juppheidi, juppheida …" und so weiter, oder: „Der Bäcker steht vorm Hackeklotz, und aus der Nase quillt der R…, juppheidi, juppheida", und so fort.

Wir sangen aber auch, ohne ein schlechtes Gewissen zu haben: „Zwei Juden saßen auf einer Bank, der eine roch, und der andere stank", und dann wieder: „Juppheidi, juppheida."

Nach der Melodie „In Bayern wächst das Sauerkraut" sangen wir aber auch: „Wir bilden ein' Idioten-Club und laden dazu ein, bei uns ist jeder gern gesehn, nur doof muß er sein. Doof ist die Parole, getreu bis in den Tod, und wer bei uns am doofsten ist, wird Oberidiot."

Von den nazistischen Parolen: „Die Juden sind unser Unglück", oder ähnlich, nahmen wir keine Notiz und hatten auch keine Vorstellung, warum das so sein sollte.

In Eisleben gab es auch 1938 die sogenannte Kristallnacht. Ich erinnere mich, daß die Schaufensterscheibe eines jüdischen Geschäftes mit einem Hakenkreuz beschmiert war. In der damaligen Funkstraße bewohnte die jüdische Familie Graumann eine Villa.

Sie hatten, wie auch andere jüdische Familien, die gebotenen Möglichkeiten zur Ausreise wahrgenommen. Auf dem Gehweg lagen noch Dinge, die der Familie nicht wert waren, mitgenommen zu werden.

Unser Vater machte uns Kinder darauf aufmerksam, und er betonte: „Daß ihr nichts mitnehmt, was da liegt …" Ich bekam zu Hause keine Schimpfe, denn ich hatte für meinen kleinen, damals vierjährigen Bruder ein Ladegeschirr, mit Glöckchen bestückt, an mich genommen. Er sollte dadurch schneller das Laufen lernen.

Unsere Eltern kauften damals, vor allem Konfektion, nur bei den Juden Rosendahl. Der Vater bekam meist, wenn wir das Geschäft betraten, nach höflicher Begrüßung eine Zigarre geschenkt. Gern rauchte mein Vater einen Stumpen der Marke „Schneehase". Er war ein Gelegenheitsraucher und ließ sich damit von meiner Mutter gern mal überraschen.

Rosendahls nahmen die Möglichkeiten auch in Anspruch, Deutschland zu verlassen. Das war 1938. Ein Kleiderbügel der Firma ist noch in unserem Besitz.

Aber nicht alle Juden haben die Möglichkeit des Ausreisens in Anspruch genommen. Auf einem Klassenfoto meines älteren Bruders aus dem Jahr 1940 sind noch zwei jüdische Mitschüler erkennbar. Wegen einer Erkrankung kann sich mein Bruder nicht mehr mit Bestimmtheit an die Namen erinnern.

Die Judenvertreibung oder auch Vernichtung ist keine Erfindung der Nazis. Bereits im 13. Jahrhundert hat die Vertreibung aus England begonnen. Und 100 Jahre später geschah das gleiche in Frankreich und etwas später in Spanien und Portugal.

Aus Rußland und Polen setzte später eine Judenwanderung nach Deutschland ein. Hier konnte noch jeder nach seiner Fasson selig werden, wie die Geschichte Deutschlands belegt. Auch die Hugenotten, die wegen ihres Glaubens verfolgt und aus Frankreich vertrieben wurden, fanden in Deutschland eine neue Heimat.

Ich möchte aber auf dieses Thema nicht weiter eingehen.

Unsere Familie war deutsch-national eingestellt. Zu den Braunhemden hielten wir Abstand. Es gab bei uns kein Hitlerbild, wie auch in vielen anderen Familien, und es gab keine Hakenkreuzfahne. Bei bestimmten gesellschaftlichen Anlässen hißten wir die blauweiße Fahne von Eisleben, denn das sind unsere Farben.

Die Fahne hatte unsere Mutter für uns genäht, und wir hißten diese, damit sie gut sichtbar war, aus dem Giebelfenster unserer Bodenkammer. Sie hatte eine ungefähre Größe von einem Quadratmeter. Sie war nicht zu übersehen.

Auch der eingeführte Hitlergruß wurde von uns allen grundsätzlich umgangen. Wir grüßten so, wie wir es gelernt hatten.

Unser Vater wechselte auch eines Tages den eingerahmten Wandspruch vor unserer Wohnungstür. Es hieß nun nicht mehr: „Ein fröhlich Herz, ein friedlich Haus, das macht das Glück des Lebens aus!" Jetzt konnte jeder Besucher lesen: „Grüß Gott, tritt ein, bring Glück herein!"

In unserer Doppelhaushälfte, unter uns, wohnte die Familie R.

Ernst zeigte sich oft in seiner SA-Uniform. Er gehörte der NSDAP an, obwohl seine Frau aus einer erzkatholischen Gegend Deutschlands stammte.

Mein Vater (vorne in der Mitte)

Wir, mein Bruder und ich, aber auch unsere Freunde, gehörten weder dem Deutschen Jungvolk (DJ) oder später, ab dem 14. Lebensjahr, der Hitlerjugend (HJ) an. Der Staat war damals natürlich auch daran interessiert, daß die Kinder und Jugendlichen im Geiste des Nationalismus beeinflußt und erzogen wurden.

Nach Aussagen meines jüngeren Bruders war unser Vater wegen der Nichtteilnahme seiner Söhne in den benannten Organisationen angesprochen worden. Ihm wurde vorgeworfen, seine Kinder im kommunistischen Sinne zu erziehen. Die Antwort unseres Vaters war kurz und deutlich: „Ich kann meine Jungs nicht zwingen, wenn sie keine Lust dazu haben!"

Gewiß wurde mal ein sogenanntes Freßfest oder eine Weihnachtsfeier besucht. Wir ließen uns auch Kakao und Kuchen schmecken, fühlten uns aber als „Nichtuniformierte" unwohl und verließen sehr schnell die Veranstaltungen. Eine fand im Saal des „Goldenen Schiffes" statt und die andere in der „Loge", dem späteren HJ-Heim. Wir ließen uns nicht gerne kommandieren. Interessierte Jugendliche hatten in der HJ Gelegenheit, sich Fertigkeiten und Kenntnisse in der Marine-Flieger-Motor-HJ anzueignen oder auch funktechnische Kenntnisse zu erwerben. Folgende Begebenheit habe ich noch gut in Erinnerung: Unsere Truppe, bestehend aus sechs oder sieben „Männeken, verprügelten am hellichten Tage einen uniformierten Jungvolk-Zug, bestehend aus zirka 20 gleichaltrigen Pimpfen, der Richtung Wimmelburg, in der Kasseler Straße, von uns provoziert wurde. Wir lockten den Trupp in unsere bekannten „Gefilde" in der Nähe der Hüneburg, und da begann der Kampf. Siegreich wurde die Schlacht geschlagen, und die Pimpfe mußten Fersengeld zahlen. Es war im Herbst. Als „Waffen" dienten aus der Erde gezogene Sonnenblumenstengel und als „Wurfgeschosse" Bündel von Getreidestoppeln.

Sehr gut erinnere ich mich auch an den Schlag ins Gesicht, den mein Bruder von einem HJ-Mitglied bekam, weil die im Marschblock getragene Fahne nicht von ihm gegrüßt wurde. Die Hakenkreuzfahne, sollte durch Erheben des rechten Armes zum Hitlergruß geehrt werden.

Da ich gerne Fußball spielte, meldete ich mich bei der Spielvereinigung Eisleben. Das Vereinslokal befand sich in Eisleben in der Halleschen Straße, in der Gaststätte „Zur Gambrinushalle".

Da unser Verein auf dem Sportplatz noch keine Umkleidekabinen hatte, zogen wir unsere Sportkleidung im Vereinslokal an und gingen die Strecke von etwa einem Kilometer zum Platz. Unsere Vereinsfarben waren Schwarz/Rot. Schwarze Turnhose und schwarzrotgestreifte Trikots. Die Sportler der Spielvereinigung kamen fast alle aus der Arbeiterklasse. Demzufolge besaß der Verein auch wenig finanzielle Mittel, um die Sportbekleidung zur Verfügung zu stellen. Zunächst fehlten mir Fußballschuhe. Woher nehmen? Schließlich bekam ich ein getragenes Paar, aber für meine etwas größer geratenen Füße etwas zu klein. Dafür hatten diese aber ein Paar Stahlkappen, wie man sie heute bei Arbeitsschutzschuhen trägt. Die Stutzenstrümpfe hat meine Mutter zusammengeflickt. Ein Paar schwarze wollene Strümpfe wurden etwas gekürzt und mit roter Wolle auf das richtige Maß gebracht. Ein getragenes Trikot konnte ich erhalten. Nun hatte ich aber noch keinen Sportausweis, der zum Mitspielen gegen andere Mannschaften notwendig war.

Hier gab es eine Klausel. Sportausweise bekam nur der, welcher Mitglied beim Jungvolk war.

Die Geschäftsstelle der Organisation befand sich in unserem Ort auf dem damals so genannten „Albert-Schlageter-Plan". Im Volksmund nannte man diese Stelle den „Bann". Der Bann 266 ist eine Organisationsform und umfaßte neben Eisleben den Mansfelder See- und Gebirgskreis. Der Bannführer war meist ein aus dem Heeresdienst entlassener Wehrmachtsangehöriger und jetzt wieder in HJ-Uniform.

Ich mußte mich also in die Höhle des Löwen bemühen und mein Anliegen vortragen. Da ich mich vor dem Hitlergruß drückte, wurde ich des Zimmers verwiesen. Da muß ich eine für den Bannführer ärgerliche Bemerkung gemacht haben, so daß er mir an den Kragen wollte, was ihm – er hetzte die Treppe im Haus hinunter und folgte mir bis auf die Straße – natürlich nicht gelang.

Tage später nahm ich. meinen ganzen Mut zusammen und ging zähneknirschend, aber doch den Zerknirschten spielend wieder zu ihm.

Aber mein lässiger Hitlergruß wurde nicht akzeptiert, so daß ich wieder fluchtartig das Büro verlassen mußte.

Mein Wille war stark, und mutig oder auch rotzfrech konnte ich auch sein. Jetzt konnte ich den Bannführer mit einem zackigen Hitlergruß und meiner gespielten Reue zufriedenstellen.

Eine sportliche Auszeichnung für mich bestand darin, daß ich in die Bannauswahl berufen wurde und den Bann 266 in Halle gegen den dortigen Bann mit vertreten konnte. Es war im Winter, und wir verloren das Fußballspiel. Die hallische Auswahl ging als Sieger vom Platz. Ich erinnere mich auch noch an eine sportliche Veranstaltung des DJ und hier besonders an die Disziplin Werfen.

Ich hatte das Gerät weit über die abgemessene Strecke geworfen. Auch im Keulenweitwurf konnte ich gute Ergebnisse in meiner Altersklasse erzielen.

Wenn ich meine farbig abgesetzten ledernen Turnschuhe trug und die Tormannmütze auf dem Kopf hatte, fühlte ich mich immer wie ein guter Sportler. Ich bekam meist derartige Geburtstagsgeschenke. Von meiner Taufpatin bekam ich mal einen silbernen Totenkopfring zum Geburtstag. Sehr gefreut habe ich mich auch immer über einen schönen bunten Dahlienstrauß und eine Tafel Schokolade.

Wir Kinder bekamen von unseren Eltern kein Taschengeld. Derartige Ansprüche stellte keiner von uns dreien. Wir erhielten das, was wir brauchten, und damit waren wir zufrieden.

Ich verdiente mir allerdings gerne etwas. In einer Gärtnerei bekam ich Gelegenheit dazu. Der alte Gärtnermeister Dockhorn freute sich darüber, denn ich hatte im Schuleinsatz in der Saison schon bei ihm gearbeitet. So saß ich also nach getaner Arbeit in der Kaffeepause als einziger Junge neben den erwachsenen Arbeitskräften. Meist gab es gratis Fettstullen und Gemüse wie Kohlrabi, Möhren, Gurke oder auch Tomaten zum Knabbern dazu.

Wenn es zu den Äckern in der „Goldenen Aue" ging, fuhren wir mit dem Pferdegespann. Meist konnte ich außerhalb des Stadtgebietes auf dem Pferde reiten.

Von meinem verdienten Geld kaufte ich mir für fünf Mark einen „Brockhaus". Das ist auch heute noch mein besonderer Schatz.

Doch ich verdiente schon damals gerne Geld.

Eine weitere Einnahmequelle hatte ich durch das Koffertragen erschlossen. Vorwiegend blühte das „Geschäft" in der Vorweihnachtszeit. Da gab es die meisten Reisenden. Aber auf dem Bahnhof befanden sich noch andere „Kofferträger". Das war zum Beispiel „Kuchen-Karli", auch „Lachtaube" genannt. Ferner bot „Koffer-Kutti" seine Hilfe an. Das waren junge, aber zum Teil gesundheitlich geschädigte Männer.

Der richtige Dienstmann, mit so einer Beschriftung an seiner Schirmmütze, war Herr K. In den Augen der Kofferträger ein Ekel. Durch sein bloßes Erscheinen vertrieb er die „Kofferhungrigen".

Wir bezogen dann abseits des Bahnhofs Stellung und boten hier unsere Hilfe an. Nachdem der Dienstmann sich ein leichtes Pferdegespann zugelegt hatte, erschien er eines Tages mit seiner nun erworbenen Taxe. Da konnten wir natürlich nicht mithalten.

Von meinem Verdienst ließ mir mein Vater beim Böttcher, einem ehemaligen Arbeitskollegen, ein Paar 2,10 Meter lange Schier aus Esche anfertigen. Die Rutschis, die ich bis dahin hatte, waren doch was für kleine Kinder. Es mußten also recht lange Schier sein. Ich hatte natürlich Mühe, die langen und auch schweren Bretter zu beherrschen. Mein lieber Vater hatte auch Freude daran, wenn er sah, wie ich in der „Grünen Schlucht" die Hänge hinuntersauste. Auf der Hüneburg wurde der Aufsprunghang an der Schanze zur Abfahrt genutzt. Zum Springen reichte aber mein Mut nicht.

Aber auch andere Schiläufer mieden die Schanze, da der Anlaufhang zu flach und auch kurz war.

Viel Freude hatte ich bei den Schiwanderungen durch den herrlich zugeschneiten Winterwald. Meist legte ich an den Wochenenden Strecken von 20 und mehr Kilometern zurück. Die Touren unternahm ich allein, da meine Freunde sich lieber mit ihren Schlitten vergnügten.

Natürlich bereiteten mir das Schlittenfahren und das Schlittschuhlaufen auch Freude und Vergnügen.

Es stand jetzt auch nichts mehr im Wege, zum Zustellen der Zeitschriften im Winter die Schier unterzuschnallen. So mußten auch Abonnenten im Nachbarort Wimmelburg beliefert werden. Da man

Vater hat die Marseillaise am offenen Fenster gespielt

Nicht ungefährliche Sympatiebekundung mit Akkordeon

Beim Spielen auf dem Helftaer Sportplatz sahen wir Kinder oft Franzosen, die sich hier, kaum bewacht, fast frei bewegen konnten, um sich von den Mühen der Arbeitswoche zu erholen. Gewiss wurde ein bestimmter Abstand zu den Gefangenen eingehalten. Aber dennoch erkannten wir bald ihre Freundlichkeit, wenn wir sie bei ihren Tätigkeiten beobachteten.

In einigen Eisleber Straßen konnte man französischen Kriegsgefangenen begegnen. Diese waren meist unbewacht und gingen bestimmten Tätigkeiten nach. Wir wohnten damals in der Danziger Straße, der heutigen Fritz-Wenk-Straße. Hier sahen wir oft Franzosen, die einen Handwagen zogen. Sie holten das Essen aus der Küche des Altenheimes in der jetzigen Breitscheid-Straße oder auch die Paketpost von der Bahn. Dies geschah meist ohne Bewachung. Die französischen Kriegsgefangenen waren dem Umstand entsprechend sauber gekleidet und hinterließen in ihren Uniformen einen gepflegten Eindruck. Mein Vater, der im ersten Weltkrieg Kriegsgefangener in Frankreich war, hatte zu ihnen ein besonderes Verhältnis. So erfreute er oft die an unserem Haus vorbei marschierenden Franzosen mit ihrer Nationalhymne, welche er auf seiner Mundharmonika oder dem Zerrwanst spielte. Dies geschah bei weit geöffnetem Fenster. Er selbst hielt sich dabei verdeckt im Hintergrund des Zimmers auf.

Wohlwollend wurden diese Klänge von den Franzosen aufgenommen. Militärisch grüßend wurde zu unseren Fenstern heraufgeschaut, auch wenn die Musik nicht erklang oder die Fenster verschlossen waren. Diese Sympathiebekundungen waren damals nicht ungefährlich.

Erhardt Schmidt, Eisleben

45

Klassenfoto von 1939. Es zeigt die 5. Klasse der Eislebener Lutherschule, die damals in der Kleinen Rammtorstaße beheimatet war. Das Haus dient heute als Kindergarten. Foto: Privat

Helftas Schule wurde nach Erdsenkungen 1972 durch einen Neubau ersetzt.

bekanntlich beim Schilaufen warm wird, hatte ich auch nicht gemerkt, daß mein rechtes Ohr angefroren war. Eine alte Frau, die erste Kundin im Ort, machte mich darauf aufmerksam: „Junge, was hast du denn mit deinen Ohren gemacht? Die sind ja erfroren."

Das war in der Tat nicht angenehm. Ich hatte Angst, daß mir speziell das rechte Ohr abbricht. Zu Hause angelangt, wurde es nach einem alten Hausrezept ganz vorsichtig mit Schnee behandelt. Frostschutzsalbe wurde aufgetragen, das angefrorene Ohr wurde in Watte gepackt, und ein Tuch wurde mir um den Kopf geschlungen. So mußte ich natürlich auch zur Schule gehen. Unser Klassenlehrer, Herr Simon, setzte mich neben den Etagenofen im Klassenzimmer. Nun sah ich aus wie Großmütterchen. Gehänselt hatte mich niemand. Das geschah im letzten, dem achten Schuljahr.

Wenn es zur großen Pause auf den Schulhof ging, wurden einige, meist ältere, Lehrer mit Schneebällen beworfen. Das fand ich sehr schlecht und auch feige.

Da seit 1939 die Lebensmittel rationiert waren, kaufte ich mir öfters bei „Fisch Hendrich" Sauerkraut oder eine saure Gurke, denn mit diesem Angebot wurde das Sortiment bereichert.

Das Kriegsgeschehen verfolgten wir am Radio. Oft folgten Sondermeldungen, die durch akustische Signale angekündigt wurden.

Auch im Stadtgebiet sah man jetzt mehr Landser, zum Teil Urlauber oder auch verwundete Soldaten.

Französische Kriegsgefangene zählten ebenfalls zum Stadtbild.

Unweit unserer Straße, in der Turnhalle und im Saal des danebenliegenden Restaurants „Zum Weißen Roß", waren sie untergebracht.

Ein Teil von ihnen wurde vom Altersheim beköstigt. Denn täglich kamen die Essenholer, drei oder auch vier, mit dem Handwagen unsere Straße entlang und dicht an unserer Wohnung vorbei.

Man vermutete nicht, daß es Kriegsgefangene waren. Sauber und ordentlich gekleidet mit dem schiefsitzenden Käppi auf dem Kopf.

Selten war ein Wachposten dabei. Ein älterer Soldat war es dann, mit umgehängtem Gewehr.

Neben Essenskübeln waren auch hin und wieder Pakete aufgeladen, die vom Bahnhof mit abgeholt waren.

Da uns dies aufgefallen war, sagte eines Tages unser Vater: „Ich werde den Franzosen mal ein Ständchen auf der Mundharmonika spielen, wenn sie wieder vorbeigehen. Ihr müßt mir nur sagen, wenn sie unweit unseres Hauses sind." Das Wohnzimmerfenster wurde weit geöffnet, damit das „Ständchen" auch gut zu hören war.

Hinter den Gardinen im Schlafzimmer stehend, konnten wir das gut beobachten und unserem Vater das Signal geben. Er spielte dann die französische Nationalhymne. Verwundert suchten die Augen der Kriegsgefangenen den Ort, aus dem die Hymne drang. Sie sahen das geöffnete Fenster.

Dieses Erlebnis mußte sich innerhalb des Lagers herumgesprochen haben. Es waren nicht immer die gleichen Franzosen mit dem Handwagen. Die Hymne wurde auch nicht immer gespielt. Und trotzdem, wenn die Essenholer vorbeikamen, wurde militärisch exakt der nicht sichtbare Musiker gegrüßt.

Unsere liebe Mutter hatte Angst, daß die Ehrenbezeugung für uns eventuell Folgen haben könnte. Allerdings kannten zu dieser Zeit nur wenige Menschen die „Marseillaise" unseres damaligen Todfeindes.

Da unser Vater im Ersten Weltkrieg als Kriegsgefangener der Amerikaner in Frankreich war, kannte er die Melodie aus dem Effeff. Wie er erzählte, gehörte die Kriegsgefangenzeit mit zu den schönsten Erlebnissen in seiner Militärzeit. Im Zweiten Weltkrieg wurde er nicht eingezogen, weil er in einem kriegswichtigen Betrieb arbeitete.

Besonderes Mitleid hatte er mit den russischen Kriegsgefangenen, die mit ihm unter Tage die schwere bergmännische Arbeit verrichten mußten.

Wenn wir zu dieser Zeit auch nicht immer übermäßig viel Lebensmittel für uns zur Verfügung hatten, so zweigte unser Vater doch dieses und jenes Stück Brot oder ein paar Kartoffeln und Zwiebeln für seine russischen Arbeitskameraden ab. Ihm war aber auch bekannt, daß bei einem Verrat mit einer empfindlichen Strafe zu rechnen war. Es ging aber alles gut.

M - Z Lokalredaktion   Ehrhardt Schmidt
Sangerhäuser Straße 1 - 3   Schiller Str. 7
06295 Lutherstadt Eisleben   06295 L.-Eisleben

                                         L.- Eisleben, 20.01.02

Betrifft: MZ-Rätselfoto vom 19.01.02

Dieser ehemalige Luftschutzbunker befindet sich unweit des Alten-
und Pflegeheimes zwischen der Geschwister Scholl - und Feldstraße.

Derselbe wurde in den Jahren 1942/43 vermutlich unter der Bauauf-
sicht der Baufirma Arnold aus Eisleben, von russischen Kriegsgefangenen gebaut.

Die Gefangenen in ihren mausgrauen Uniformen steckend wurden auch
an der Arbeitsstelle verpflegt.

Teile der Eisleber Bevölkerung waren unter vorgehaltener Hand darüber
empört, daß die Kriegsgefangenen Suppe aus Rübenblättern und Pferdefleisch u.a. bestehend als Nahrung bekamen.

Ich habe damals als fünfzehn bzw. sechzehnjähriger Jugendlicher
nicht ahnen können,daß ich zwei Jahre später auch in alten und
abgetragenen Militärklamotten (russischen) stecken würde und in
fast vierjähriger russischer Kriegsgefangenschaft von Rübenblatt-
suppe mit Pferdefleisch nur träumen konnte.

Nach 1945 wurden am Bunker bauliche Veränderungen vorgenommen, denn
er sollte nun vom gegenüber-liegenden Altersheim u.a. als Kartof-
felkeller genützt werden.

Gegenwärtig ist der Eingangsbereich wohl zugemauert.

                    Mit freundlichem Gruß

49

Eines Tages brachte unser Vater ein Geschenk von der Arbeit mit nach Hause. Die Russen hatten aus Dankbarkeit ein solches gefertigt und wurden von uns allen bewundert. Es war in der Tat ein kleines Kunstwerk. Es war aus gepreßten Strohhalmen, durch Erhitzen farbig gestaltet, zu einem ovalen Körbchen geflochten. Es war mit Stoff innen ausgestaltet und auch mit einem klappbaren Deckel versehen. Es war ein Schmuckkörbchen für „die Frau", und es stand gut sichtbar auf dem Radio im Wohnzimmer.

Beim Zeitschriftenaustragen im Winter konnte ich an einem trüben, nebligen Tag durch Zufall eine Kolonne Kriegsgefangene, vermutlich Serben, beim Arbeiten an einem Bahngleis sehen. Es war am Stadtrand von Eisleben. Diese in ihre erdfarbenen Mäntel gehüllten Gestalten bewegten mein Inneres stark, so daß ich dieses Bild bis zum heutigen Tag nicht vergessen habe. Diese Kolonne wurde durch Wachposten mit aufgepflanztem Bajonett schärfer bewacht.

Unweit des Stadtparks waren russische Kriegsgefangene beim Ausbau eines Luftschutzbunkers beschäftigt. Ein Teil der Eisleber Bevölkerung hatte erfahren, daß die Gefangenen auch mit Pferdefleisch und Rübenblättern verpflegt werden. Das löste natürlich, hinter vorgehaltener Hand, Empörung aus.

Am gleichen Tage sah ich in der Nähe des Altersheimes zwei ältere, dunkelgekleidete Herren vorübergehen. Es waren zwei Juden, welche den Judenstern an die Bekleidung geheftet trugen.

Der gelbe, etwa handflächengroße Judenstern mußte von der jüdischen Bevölkerung getragen werden.

Nach wie vor besuchten wir die Verwandtschaft in Helfta. Das ging aber nur am Wochenende. Der Weg führte am Verkaufskiosk der Waffelfabrik Fricke vorbei. Bis zur Rationierung konnten wir regelmäßig eine Tüte Waffelbruch für 25 Pfennige kaufen.

Das versüßte den Marsch. Aber da es nun die Lebensmittel auf Lebensmittelkarten gab, war das vorbei.

Dafür bekamen wir Kinder von der Tante in Helfta oft eine dicke Stulle mit Fett bestrichen, mit viel Salz darauf. Das „Zuviel" wurde abgeschüttelt. Die Familie war aber nicht vollzählig. Der Onkel fehlte.

Er übte die Tätigkeit eines Hausmeisters in der Schule aus, wo die kinderreiche Familie auch wohnte. Darüber hinaus war er Mitglied der NSDAP.

Es hatte sich folgendes zugetragen: In einem Büroraum der Schule wurden die Lebensmittelkarten aufbewahrt. Monatlich wurden die Zuteilungen in diesem Raum für die Bevölkerung des Ortes ausgegeben.

Da der Onkel als Parteimitglied eine Vertrauensperson war und somit auch Zugang zu dem Büro hatte, konnte er der Versuchung nicht widerstehen, hin und wieder einige Lebensmittelkarten oder auch Bezugsscheine an sich zu nehmen. Die siebenköpfige Familie, und hier vor allem die Kinder, hatten oft Hunger, aber auch Appetit auf dieses und jenes. Es ist nicht auszuschließen, daß auch die Tante diesbezüglich an die Familie ihres Bruders gedacht hat und den Onkel deshalb zur Tat der Unterschlagung verleitete.

Fakt ist, der Onkel wurde inhaftiert, wovon wir Kinder selbstverständlich nie etwas erfahren haben.

Ich habe bis zum heutigen Tag nicht erfahren, wie hoch die Strafe war.

Erst vor einiger Zeit bot sich die Gelegenheit, mit meiner Nichte Marianne einige Worte darüber zu wechseln und auch zu fragen.

Die Unterschlagung der Marken wäre nie herausgekommen, wenn es keine Denunzianten gegeben hätte. Vermutlich war die Person in der gegenüberliegenden Fleischerei beschäftigt.

Dem Personal war aufgefallen, daß die Familie R. sich trotz Rationierung gut mit Fleischwaren versorgen konnte. Es kann sein, daß die Tante beim Einkaufen unvorsichtig geworden war. Also, aus dieser Ecke kam auf alle Fälle die Denunziation.

Wir Kinder tobten damals gerne im Kellergang der Schule, aber auch auf dem Schulhof umher.

Die Turnhalle der Schule wurde als Gefangenenlager genutzt.

Die französischen Kriegsgefangenen konnten sich hier frei bewegen. Kein Stacheldraht oder eine andere Begrenzung schränkte ihre Bewegungsfreiheit ein, wie wir feststellen konnten. So nahmen wir Kinder hin und wieder Kontakt durch Gruß oder Gestik auf.

Einen Wachposten, den es sicher auch gegeben hat, haben wir nie zu Gesicht bekommen. Die Gefangenen arbeiteten bei den Bauern in der Landwirtschaft und sahen gut und gepflegt aus.

Fotoaufnahmen aus den Lagern, die in unserer Tageszeitung veröffentlicht wurden, bringen das auch deutlich zum Ausdruck.

Unseren Eltern gelang es endlich, es muß 1940 gewesen sein, einen Schrebergarten in der Größe von etwa 200 Quadratmeter in „Kamerun"1, zu erwerben. Die Nachfrage nach Gärten war in der damaligen Zeit sehr groß, da man durch den Anbau von Obst und Gemüse den Tisch reicher decken konnte. Unsere Mutter war darüber besonders froh. Aber auch die Arbeit im Garten erfüllte sie gerne, da die gärtnerischen Tätigkeiten ihr nicht fremd waren. Da unser Vater hier auf Neuland stieß, er aber sehr naturlieb und fleißig war, wurden wir mit zusätzlichen gesunden Vitaminen noch besser versorgt. Die kleinen Erträge aus dem Hausgarten waren nicht weiter erwähnenswert.

Die Möhren habe ich gern gegessen. Dadurch konnten sich diese auch nicht zur vollen Größe entwickeln. Mir hat die Gartenarbeit Spaß gemacht, und ich denke, daß die Eltern auch meine Tätigkeiten geschätzt haben.

Mit dem Handwagen wurden aufgesammelte „Pferdeäpfel" für das Erdbeerbeet transportiert. Von der Malzfabrik wurde zur Verschönerung des Gartenweges graue Asche gefahren. Diesen Gedanken hatte mein Vater geäußert. Wir alle freuten uns dann über die gelungene Arbeit.

Um die Arbeit unserer guten Mutter zu erleichtern, kauften wir, mein Bruder und ich, eine Bohnenschnippelmaschine. Das war nicht nach ihrem Geschmack, da sie die grünen Bohnen, die zum Einkochen bestimmt waren, mit der Hand schneller schnippeln konnte. Die Maschine durften wir wieder zum Händler zurückbringen.

Der Garten war aber nicht nur zum Arbeiten erworben worden. Er sollte neben Erträgen unsere Freizeit bereichern. Und hier boten sich gute Gelegenheiten, vor allem auch mit dem Luftgewehr.

Das Gewehr wurde grundsätzlich in den Garten mitgenommen.

---

1 *Ortsteil von Eisleben, etwas abgelegen*

Spatzen durften sich in unserer Nähe nicht blicken lassen. Es geschah aber dennoch, daß versehentlich eine Meise ihr Leben lassen mußte. Unser Vater hat fast geweint, weil ihm das Mißgeschick passiert war.

Ungefähr hundert Meter von unserem Garten entfernt hatte ein Bekannter unseres Vaters sein Grundstück. Er wurde in der Gartensparte „Trallala" genannt. Der Grund, warum er diesen Spitznamen hatte, war mir nicht bekannt.

Vermutlich gehört es zur Tradition der Bergleute, wie ich vor einigen Jahrzehnten, als ich Bergmann war, beobachten konnte.

Aber zurück zur Gartenarbeit des Drallala. Er sang leise gerne vor sich hin, und statt Text hörte man eben das „Drallala".

Unser Vater, als guter Schütze, knallte ihm bei passender Gelegenheit aus dem Hinterhalt einen Luftgewehrgruß auf den Allerwertesten. Voll Verwunderung ob des Stiches suchte er nach der Ursache.

Aber auch sein Eimer, den er irgendwo im Garten stehen hatte, war hin und wieder das Zielobjekt und gab somit ein kurzes blechernes Geräusch von sich, was ihn vermutlich erschreckte.

Eines Tages erhielten meine Eltern den Bescheid, die Volksgasmasken für unsere Familie abzuholen. Dieselben wurden dann sofort von uns anprobiert. Nun, es war kein Vergnügen, die Maske, die über den Kopf gezogen werden mußte, längere Zeit dort zu belassen.

Es war eine Vorsichtsmaßnahme, die im Dritten Reich erachtet wurde, um das Volk zu schützen.

Der Engländer hatte in seinen Eroberungskriegen vor der Anwendung des Gases nicht zurückgeschreckt.

Denn inzwischen hatten die Engländer den Bombenkrieg als erste eröffnet, was den historischen Tatsachen entspricht und von wahrheitstreuen Historikern belegt wird.

Die Sirenen erklangen jetzt öfters. Meist kamen die Briten mit ihrer Bombenlast am Abend. Erst wurde ein fernes Brummen wahrgenommen, welches dann immer stärker wurde. Wenn sich das Brummen wieder entfernte, konnte man aufatmen. Sehr oft konnte man am Himmel die abgeworfenen Lichtsignale oder Lichtzeichen in der Ferne beobachten, und das war meist in Richtung Halle der Fall.

Im Volksmund nannte man die Markierungszeichen der Engländer „Christbäume". Auf den Böden der Häuser befanden sich Feuerlösch-geräte, Feuerpritschen, Wasser und Sand, um eventuelle Brände schnell löschen zu können. All das wurde vom Luftschutz organisiert und auch kontrolliert.

Bomben fielen nicht auf Eisleben. Dafür wurde aber inzwischen das Lied „Bomben, Bomben auf Engeland" durch das Radio bekannt und auch in den Organisationen des Dritten Reiches gespielt und gesungen.

Heimlich, zu später Stunde, kam ein uns Kindern nicht bekannter Mann zu uns. Wir Kinder hatten das trotzdem mitbekommen. Später erfuhren wir, wer es war und warum er überhaupt kam.

Es war J. A., und er kam, um mit meinem Vater Feindsender abzu-hören. Das war selbstverständlich verboten, und wenn es sich herum-gesprochen hätte, wäre diese Sache sehr böse ausgegangen. Aber dies ging dank Umsichtigkeit und Vorsicht gut ab.

Mein achtes Schuljahr ging dem Ende zu. Die Konfirmation stand bevor. Im Gemeindehaus der Petri-Paul-Kirche, Luthers Tauf- und unserer Hochzeitskirche, besuchte ich einige Konfirmationsstun-den.

Dann wurde ich konfirmiert. Der dritte Lebensabschnitt nach Kind-heit und Schulzeit, die Lehrzeit stand nun bevor.

Erwähnenswert ist, daß ab der achten Klasse in der Schule nicht mehr die deutschen Schriftzeichen verwendet wurden, sondern die lateini-schen Schriftzeichen. Es fand auch hier eine Reform statt.

Natürlich hatte man sich in der Schulzeit Gedanken bezüglich Er-lernens eines Berufes gemacht. Schornsteinfeger, Zimmermann oder Kaufmann. Auf keinen Fall wird unser Sohn Bergmann. Den letztge-nannten Beruf hatte man meinem Vater vorgeschlagen: „Warum wird Ihr Sohn nicht Bergmann wie Sie?"

Es gab in Eisleben einige kaufmännische Lehrstellen. Zum „Herings-bändiger", wie man volkstümlich zum Lebensmittelhändler sagte, hatte ich keine Neigung. Diese Branche sagte mir nicht zu.

Die Eisenwarenhandlungen am Ort waren versorgt. Nun standen Sangerhausen oder Halle zur Wahl. Wir, meine Eltern und ich, entschieden uns für Halle/Saale.

So begann ich nach der Vorstellung bei der Firma Georg Temme, Eisenwaren, Werkzeuge, Öfen, Herde sowie Haushaltsartikel, Ostern 1942 meine dreijährige Lehrzeit als Eisenwarenhändler.

Somit fuhr ich täglich, außer sonntags, mit dem Zug um 5.50 Uhr ab Eisleben und war gegen 20.45 Uhr wieder zu Hause, wenn es keine Verspätung aus unterschiedlichen Gründen gab. Damals wurde die Strecke, es gab acht Haltestationen, in 90 Minuten zurückgelegt. Wie schon angemerkt, gab es Verspätungen durch Zugausfälle, Fliegeralarm und so weiter. Es kam aber auch vor, daß im Winter der Zug in den Schneewehen steckenblieb und einige Kilometer zu Fuß zurückgelegt werden mußten. Also war die Freizeit sehr knapp bemessen. Aus diesem Grunde mußte ich auch auf das Fußballspielen verzichten, was mir sehr leid tat.

Einmal wöchentlich wurde die Kaufmännische Berufsschule, auch in Halle, besucht. Da konnte ich meist mit dem sehr überfüllten Eilzug 14.10 Uhr zurückfahren.

Besitzer der Firma war Frau Margarete Temme. Es war eine alleinstehende ältere Dame, die gelegentlich mit ihrem Hund in das Geschäft kam. Ihr Sohn war bei der Wehrmacht.

Der Lehrbetrieb wurde vom Geschäftsführer, Herrn Janßen, geleitet.

Im Büro verrichtete eine ältere Buchhalterin die notwendigen Aufgaben, an ihrer Seite ein weiblicher Bürolehrling.

Ferner gab es einen Kaufmannsgehilfen, einen Zweijährigen Lehrling und mich als Einjährigen. Zu meiner Berufskleidung zählten immer Schlips und Kragen sowie ein von der Mutter gekaufter Kittel, vom Betrieb gestellt: das Staubtuch, der Zollstock, die Schieblehre, Schreibgerät und das Arbeitsheft. Lehrberichte mußten geschrieben und vom Geschäftsführer abgezeichnet werten. Die wichtigsten Fächer waren die Buchhaltung beziehungsweise -führung und die Warenkunde, wobei mir das Letztgenannte mehr Interesse abverlangte.

Die Geschäftszeit war von acht bis 13 Uhr und von 15 bis 19 Uhr. Ich durfte 20 Minuten eher gehen, damit ich meinen Zug um 19.10 Uhr noch bekam. Die Lehrstelle befand sich unweit des Hauptbahnhofs von Halle/Saale.

Nach den notwendigen Einweisungen durch den Lehrherrn konnte ich mich selbständig in den Lagerräumen, aber auch im Verkaufsraum beschäftigen. Bei der Erledigung von Kundenaufträgen wurde ich mit einbezogen. Gab es das nicht, wurde das Staubtuch bewegt. Es machte mir Spaß. Man konnte immer neue Erkenntnisse erhalten und auch Fertigkeiten entwickeln.

Zu meiner Arbeit außerhalb der Lehrfirma zählte auch das Zustellen von Waren. Hierfür gab es ein Geschäftsrad. An dem vorderen Rahmen des Fahrrads war ein eiserner Korb befestigt zur Aufnahme von leichteren Artikeln. An der Querstange war das Firmenschild montiert.

Es fuhr sich sehr schwer. Aber auch ein Tafelwagen gehörte zu meinen Arbeitsmitteln. Der wurde benötigt, um vom Güterbahnhof Sendungen abzuholen. Oft waren es schwere Kisten mit Eisenwaren.

Ich hatte aber die Technik der Fortbewegung von Kisten und Öfen schnell erlernt. Durch das Kanten-hin-und-her-Wippen ließen sich solche Lasten gut bewegen. Aber auch der Wagen mußte bewegt werden. Hin und wieder half dann ein schon alter Hausmeister oder aber der andere Lehrling.

Für den ganzen Tag mußte Verpflegung mitgenommen werden.

Das war in dieser Zeit nicht immer einfach und wird daher meiner lieben Mutter oft Kopfzerbrechen bereitet haben.

Es mußte also ein Paket Schnitten täglich zubereitet werden.

Die Mittagszeit verbrachte ich meist auf dem nahegelegenen Bahnhof, in den Wartesälen zweiter oder dritter Klasse. Bei günstiger Witterung hielt ich mich auf den Bahnsteigen auf. Es war kurzweilig, da es immer etwas Interessantes zu sehen gab.

Die vielen Menschen, die von einem zum anderen Bahnsteig hasteten. Das viele Militär. Verwundete Soldaten, Ritterkreuzträger oder Soldaten mit anderen Auszeichnungen. Dienstmänner, Bahnpolizei, und nicht zu vergessen die Schwestern des „Roten Kreuzes" oder aber auch der Mutterhilfe und so weiter. Wenn die Wehrmachtsstreife erschien, sie wurden im Volksmund als „Kettenhunde" bezeichnet, gab es immer ein Aufsehen. Sie kontrollierten Urlaubsscheine der Wehrmachtsangehörigen aller Waffengattungen, achteten auf korrektes Verhalten des Militärs und leiteten auch Hilfsmaßnahmen ein. Erkennbar war die Streife am aufgesetzten Stahlhelm in Wehrmachtsuniform und einem an einer Kette befestigten blanken Schild, welches vor der Brust hing.

Auf bestimmten Bahnsteigen, es waren damals fünf und sechs, waren oft Waggons für Inhaftierte am Zug angehängt. Hier sah ich auch die ersten Inhaftierten in ihrer Häftlingskleidung. Ein unangenehmes Gefühl machte sich dann im Körper besonders breit, wenn den Häftlingen Handschellen angelegt oder sie aneinandergekettet waren.

Das Ein- und Aussteigen konnte man nur aus größerer Entfernung beobachten, da besondere Zugänge zu den Bahnsteigen führten. Eine eventuelle Kontaktaufnahme mit anderen Menschen war unmöglich.

Nach einiger Zeit hatte sich eine Fahrgemeinschaft gebildet.

Aber die Lehrbetriebe der Bekannten befanden sich alle im Zentrum der Stadt. Ich hatte dadurch niemanden, mit dem ich gemeinsam die Mittagszeit teilen konnte. Zum „Quatschen" hätte es immer etwas gegeben.

So ist mir zum Beispiel auch heute noch ein Vierzeiler im Gedächtnis geblieben, der aber auch nur von einem Vertrauten stammen konnte:

„Komm, lieber Führer, sei unser Gast,
und gib, was du uns versprochen hast.
Nicht Pellkartoffeln und nicht Hering,
sondern was du frißt und Hermann Göring!"

Wenn ich während meiner Mittagszeit im Wartesaal saß, oder mich dort aufhielt, sah ich immer noch besonders einen älteren, kleingewachsenen, aber behenden Ober, in seiner dunklen Dienstkleidung steckend, wie er im überfüllten Wartesaal von einem Tisch zum anderen sauste. Eine kleine Schere baumelte am Faden seiner Kleidung. Das war ein ganz wichtiges Arbeitsgerät, welches er zum Abschnippeln von Lebensmittelmarken benötigte. Meist waren es sicher Fettmarken, die für eine bestellte Brühe oder Suppe herhalten mußten. Sehr oft wurde seine Arbeit durch Gepäckstücke, die in den Gängen standen, erschwert.

Meine Kenntnisse und Fertigkeiten konnte ich durch das Auspacken und Sortieren der Gegenstände in den Lagerräumen erweitern. Unzählige Sorten von Nägeln und Schrauben, Beschlägen, Drähten, Litzen und Bänder. Werkzeuge in einer Vielfalt. Hammer, Zangen, Bohrer, Sägen für unterschiedliche Berufszweige erweiterten meinen Horizont. Dazu Haushaltsgeräte, Porzellan, Steingut, Gläser, Emaille, Besteck, Messer und Scheren, Bimssteine. Auch hier ließe sich die Reihe der Aufzählung fortsetzen. Öfen, Herde, Zubehör, Schamotte u. a.

Der Eisenwarenhandel umfaßt das größte Sortiment von Gegenständen und Dingen, die Menschen für ihre Tätigkeiten benötigen.

Durch den Krieg waren aber auch inzwischen Engpässe im Angebot entstanden.

Ein großer Kundenandrang war dann zu verzeichnen, wenn es zum Beispiel Konservendosen und Deckel oder Einweckgläser und Gummiringe wieder zu kaufen gab. Diese Artikel wurden vor allem im Herbst benötigt, um das Erntegut aus dem Garten oder das Schlachtgut aus dem Kaninchenstall konservieren zu können.

Zu uns kamen viele Kunden auch aus dem ländlichen Umfeld, da das Geschäft sehr günstig zu erreichen war.

Um den Kunden die Möglichkeit zu geben, die Konservendosen verschließen zu können, gab es auch im Geschäft einen Konservendosen-Verschlußapparat.

Nach erfolgter Einweisung wurde mir die notwendige Arbeit übertragen. Mit diesem Gerät wurden aber auch, vor neuem Gebrauch der Dosen, dieselben durch Glattschneiden und Umbördeln hergerichtet, damit der Deckel die notwendige Auflage bekam. Bei den neuen Büchsen war diese Vorbereitung nicht nötig.

Die Maschine wurde per Handbetrieb und einige notwendige Handgriffe in Bewegung gesetzt.

Bei dieser Arbeit lief mir oft das Wasser im Munde zusammen, denn das Einmachgut bestand aus köstlichen Früchten, aber auch aus Wurst,

Fleisch oder Schmalz. Meist waren es weibliche Kunden, welche das Gut zum Verschließen brachten.

Das Geschäft hatte sich durch diesen Kundendienst eine weitere Einnahmequelle geschaffen.

Für mich gab es auch mal ein paar Groschen von den Kunden für schnelles und gutes Verschließen der Dosen.

Bald stand ich hinter dem Ladentisch. Das Drehen von Tüten aus Zeitungspapier oder das maßgerechte Abreißen von Packpapier hatte ich schnell im Griff. Der Verkauf machte mir Spaß.

Wenn es um spezielle fachliche Probleme ging, erbat ich Unterstützung beim Geschäftsführer oder dem Gehilfen. Nachdem der Verkaufspreis von mir errechnet war, wurde vom Geschäftsführer oder der Inhaberin nach meinem Ruf „Kasse bitte!" das Geld in Empfang genommen.

Zur Dekoration der Schaufenster wurde ich bald herangezogen. Meine Ausgestaltung wurde meist ohne Veränderung akzeptiert. Ich hatte an dieser Beschäftigung auch Freude, aber das „Zurschaustellen" wurde immer schwieriger, da die Artikel oft fehlten.

Auch wurde ich niemals befragt, warum ich beim Begrüßen der Kunden den Hitlergruß grundsätzlich umging.

Im zweiten Lehrjahr, es gab jetzt nicht mehr 15 Mark Lehrlingsentgelt, sondern 20 Mark im Monat, war es mal zu einer Meinungsverschiedenheit zwischen dem Geschäftsführer und mir gekommen. Ich kann den Anlaß hierfür auch nicht mehr benennen. Aber im Gedächtnis ist die Ermahnung von ihm: „... und dann werde ich auch sagen, daß Sie nie mit ‚Heil Hitler' grüßen", hängengeblieben.

Er hat es nicht getan. Mir war auch nicht entgangen, daß die drei Erwachsenen Hitleranhänger gewesen waren.

Das Thema Flakhelfer paßt auch in diese Zeit. Hier gab es, angeregt durch einen Schulfreund aus Halle, eine kurze „Gastrolle" bei einer Flakeinheit, die in der „Diemnitzer Heide" ihre Stellungen hatte. Einige Übungen an der 8,8-cm-Flugzeugabwehrkanone habe ich als Richtkanonier absolviert. Da ich aber ein Auswärtiger war, der nicht immer zur Verfügung stehen konnte, war dies nur eine kurze Begebenheit. Die Abenteuerlust konnte nicht voll befriedigt werden.

Abenteuer anderer Art erlebte ich mit meinen Freunden auf der täglichen Bahnfahrt. Von Eisleben bis Oberröblingen am See war ich meist allein in einem Zugabteil. Dann stiegen die ersten Freunde zu. Der eine lernte bei der Firma Kr. in Halle und der andere in einem Lebensmittelladen am Steintor. In Teutschental und Eisdorf stiegen ein paar Mädel ein, die von uns schon immer sehnsüchtigst erwartet wurden. Wir alle legten Wert darauf, daß kein Fremder zustieg. Aus diesem Grunde wurde die Klinke der Abteiltür mit dem Fuß festgeklemmt, damit niemand dieselbe öffnen konnte. Das Zusammensein mit den Mädels, leider nur immer für kurze Zeit, das waren die schönsten Minuten der ganzen Fahrerei. Besonders schön war es, wenn man sich schlafend stellte und den Kopf zur lieblichen Seite fallen ließ und den Duft des anderen Geschlechts wahrnehmen konnte. Nein, zum Kuscheln kam es nicht, der Körperkontakt, die Wärme und, wie erwähnt, der Duft der Mädels wurde von mir, sicher auch von den anderen, als sehr angenehm empfunden. Es war schon ein besonders schönes Gefühl, wenn man den Arm um die auserwählte Schöne legen konnte. Aber die Fahrt im Beisein der Mitfahrerinnen war immer nur kurz.

Am Abend auf der Rückfahrt war es ähnlich. Enttäuscht war man, wenn aus irgendwelchen Gründen die Erwarteten nicht erschienen.

Ich hatte die längste Strecke im Zug zurückzulegen. Selten fuhr ein Mädel bis Erdeborn mit. Sie war sportlich groß und gebräunt, aber die Nase in ihrem Gesicht war viel zu groß.

Aber als Fahrbegleitung war es doch angenehm, wenn es auch nur zu einer spärlichen Unterhaltung kam. Aber es war ein Mensch in der Nähe, denn der Arbeiterzug war inzwischen fast menschenleer geworden. Die Waggons dieses Leuna-Zuges hatten nur zwei durch eine Tür getrennte Abteile.

Frühmorgens zogen die Maschinen Waggons mit mehreren Abteilen.

Bei diesen Personenwaggons konnte der Schaffner während der Fahrt von außen auf einem Laufbrett in die einzelnen unterschiedlich großen Abteile gelangen, um die Fahrkartenkontrolle durchzuführen.

Zum Öffnen oder Schließen der Türen einschließlich Toiletten oder zur Regulierung von Licht oder Heizung benötigte der Zugbegleiter einen Vierkant- oder Dreikantschlüssel, den es nicht für alle Interessierten im Handel zu kaufen gab.

Da unsere Firma auch bestimmte Betriebsabteilungen der Deutschen Reichsbahn belieferte, waren solche Drücker auch für mich zugänglich.

Dadurch konnten wir uns manchen „Spaß" erlauben, der den müden Leuna-Arbeitern, die sich nach ihrer Schicht auf der Heimfahrt durch Kartenspielen etwas entspannen wollten, sicher viel Ärgernis bereitete. Hin und wieder drehten wir den Leuten das Waggon- oder Abteillicht aus. Ein Fluchen und Schimpfen setzte ein, weil angenommen wurde, es bestände Fliegeralarm. Aber wir wollten doch auch unseren Spaß im Dunkeln haben.

An eine Begebenheit denke ich mit Schrecken. Mein Leichtsinn, während der Fahrt, außen auf dem Laufbrett balancierend und mich an den Haltestangen festhaltend, von einem Abteil in das andere zu gelangen, hätte mich bald das Leben gekostet. Bevor ich aber in das andere Abteil gelangte, vollführte ich lebensgefährliche Turnübungen.

Ich schwang mich hin und her im Fahrtwind und streckte das Hinterteil weit hinaus.

Einem glücklichen Umstand war es zu verdanken, daß ich nicht gegen einen neben der Strecke stehenden Strommast geknallt bin. Denn ich hatte nicht daran gedacht, daß auf diesem Streckenabschnitt die Masten dicht am Gleisbett standen. Der tödliche Aufprall war mir gottlob erspart geblieben.

Diesen Streckenabschnitt habe ich mir bei Tageslicht später während der Vorbeifahrt noch einmal angeschaut und über meinen fabrizierten Leichtsinn den Kopf geschüttelt.

An ein anderes Ereignis, welches nicht lebensbedrohend war und doch sehr unangenehm und bedrohlich hätte ausgehen können, war die Begegnung mit der Bahnpolizei.

Wie bereits geschildert, haben wir durch Zuhalten der Abteiltür auf der Fahrt nach Halle ein Zusteigen anderer Personen verhindert Diese mußten nun ein anderes Abteil suchen, wo man glaubte, auch freie Sitzplätze entdeckt zu haben.

Ich, 16 Jahre alt

Sicher haben diese Fahrgäste ihrem Ärger bei den Bahnangestellten Luft gemacht. Das Ergebnis für uns bestand darin, daß wir beim Aussteigen in Halle von der Bahnpolizei in Empfang genommen wurden. Die Personalien wurden notiert und eine Ermahnung ausgesprochen. Wir waren der Meinung, daß unsere „Jugendstreiche" somit abgehakt werden konnten.

Um Spaß zu haben, hatten wir uns aber noch eine Ferkelei ausgedacht. So wurde aus dem Automaten mit der Aufschrift „Männer, schützt Eure Gesundheit" nach Einwurf von 50 Pfennig der Gummi entnommen und über die Türklinke des Abteils gezogen. Hierdurch brauchten wir die Tür nicht zuzuhalten.

Diese harmlose, doch ekelhafte Methode fand natürlich nur Anwendung, wenn die Mädels nicht anwesend waren, und das war sehr selten Unsere Truppe war wegen unterschiedlicher Arbeits- und Schulzeiten nicht immer vollständig anwesend. Es kam auch vor, daß die Mädels Zigaretten auf der Heimfahrt anboten: „Ehrhardt, rauch doch mal eine", aber den Gefallen habe ich ihnen nie getan.

Von den Mädels rauchte auch niemand.

Tabakwaren gab es nur auf die Raucherkarte zu kaufen, auch Tabak war rationiert. Sicher konnten die Mädels in ihrer Lehrstelle mal eine Schachtel „abzweigen".

Wenige Tage nach unserem Empfang durch die Bahnpolizei bekam mein Vater eine Vorladung, mit mir in der Dienststelle der Bahnpolizei in Halle/Saale zu erscheinen. Diese befand sich unweit meiner Lehrstelle, die aber auch von dem Vergehen unterrichtet worden war.

Ein Beamter in Zivil kam sofort auf mich zu, drehte mein Revers vom Jackett und schaute, ob sich darunter das Zeichen der „Edelweißgruppe" befand. Wir Lehrlinge hatten davon Kenntnis, daß es in Halle eine solche verbotene Gruppierung von Jugendlichen gab.

Aber keiner von uns war Mitglied dieser Organisation. Es blieb auch hier bei einer Verwarnung, und das Ganze wurde als grober Jugendstreich zu den Akten gelegt. Wenn aber die „abendlichen Streiche" im Leuna-Zug der Institution auch bekannt gewesen wären, hätten diese Vergehen eine andere Wertung erfahren.

Im Lehrbetrieb, der nun von meinem Vater mit mir aufgesucht wurde, gab es vom Lehrherrn keine negativen Bewertungen meiner Tätigkeiten.

Ich erwarb vom ehemaligen Gehilfen, welcher inzwischen bei der SS war und seine ehemalige Arbeitsstelle besuchte, einen Revolver. Der Besitz von Waffen ohne Genehmigung war nicht erlaubt. Als mein Vater davon erfuhr, mußte ich die „Nullachter" sofort zurückgeben, denn der illegale Besitz war, wie erwähnt, strafbar.

Mein Glücksgefühl, im Besitz einer Waffe zu sein, währte nur kurze Zeit.

Ich ahnte nicht, daß ich bald eine „Einberufung" in ein Wehrertüchtigungslager bekommen würde. Vom Vorhandensein so einer Einrichtung hatte man noch nichts gehört. Helbra, so hieß der Ort der Ertüchtigung. Die Unterkunft befand sich im HJ-Heim. Verwundert waren wir alle schon, denn ich war ja kein Mitglied der Hitlerjugend. Ich vermute, daß die Delegierung von der Kaufmännischen Berufsschule in Halle/Saale betrieben wurde.

Die Teilnehmerzahl des Durchgangs, welcher in der Ferienzeit im Sommer 1943 stattfand und acht bis 14 Tage dauerte, schätze ich auf zirka 250 Jugendliche. Es waren alles Jungs. Wie ich später erfuhr, gehörte auch Genscher, der ehemalige Außenminister, der in Reideburg bei Halle 1927 geboren wurde, dazu. Ich sah kein bekanntes Gesicht. Zu den Jugendlichen konnte ich auch kein besonders freundschaftliches Verhältnis entwickeln. Daß alle HJler waren, glaube ich nicht.

Es ging recht militärisch zu, was durch Stimmgewalt und im Befehlston durch die Ausbilder an uns herangetragen wurde.

Die Ausbilder könnten ehemalige Wehrmachtsangehörige oder auch HJ-Funktionäre gewesen sein.

Die Zimmer waren mit drei oder auch vier Jugendlichen belegt.

Der große Saal des Gebäudes war mit einer großen Hakenkreuzfahne geschmückt. Die Fahne wirkte auf mich wie ein rotes Tuch. Ich fühlte mich nicht wohl, was wahrscheinlich auch durch die Uniform verstärkt wurde. Die Einrichtung des Saals bestand aus langen Tischreihen und Stühlen. Hier wurden auch die Mahlzeiten eingenommen.

D i e n s t p l a n   RAD-Abt 4/22

für Freitag, den 27. Oktober 1944

Losung: Gneisenau
v.D.:   Htf. Schlicht
vD.:   Vm. Polney
Wache: 3/22

6,00	Wecken, anschl. Frühsport
6,10 - 6,30	Bettenbau, Waschen, Anziehen
6,35 - 7,00	1.Frühstück
7,05 - 7,15	Revierreinigen
7,20 - 7,25	Anzugsappell
7,30	Morgenappell
7,40 - 8,30	Dienstunterricht: Ostfm. Hake: "Dienststraf- und Beschwerdeordn."
8,40 - 10,00	Ordnungsübungen: Einzelausbildung Antretübungen im Trupp, Marschübungen in der Abteilung
10,00- 10,30	2. Frühstück
10,35 - 12,15	Wehrausbildung: 1.u.2.Zug: 1.Verpassen d.Gasmasker 2. Unterricht über Pflege und Handhabung der Gasmaske (im Wechsel) 3.u.4.Zug: (im Wechsel je 45 Min) 1.Wiederhol.Schießausbildung prakt. auf Stationen 1 - 10 2. Verwendung der Zeltbahn
12,30 - 13,15	Mittagessen
13,20 - 14,20	Bettruhe
14,30 - 15,30	Leibeserziehung:Laufen, Körperschule mit Geräten, Spiele
15,45 - 16,30	Dienstunterricht: Benehmen gegenüber Führer: a) in der Unterkunft b) in der Öffentlichkeit
16,40 - 17,30	Putzen u.Flicken, dabei: Verpassen von Mänteln
17,30 - 18,00	Appell
18,10	Befehlsausgabe, anschl.Postverteil.
18,30	Abendbrot, danach Freizeit
1,30	Zapfenstreich

Ostfm. u. Abt.Führer

RAD, Danzig

Die Ausbildung oder Ertüchtigung fand hauptsächlich in der Natur oder auf dem Sportplatz statt. Schießübungen mit dem KK-Gewehr wurden im Schützenhaus, am Schießstand, durchgeführt. Zuvor wurden wir in Gruppen eingeteilt.

Als mich mein guter Vater besuchte, um mal nach dem Rechten zu sehen, waren wir gerade mit dem sogenannten „Maskenball" beschäftigt. Reine Schikane, das Wechseln der Klamotten nach Zeit. Mein Vater, der die Übungen mitbekam, schüttelte nur den Kopf. Seine Meinung war: „… schlimmer als beim Militär", und er wußte, wovon er sprach.

Viel Zeit wurde für die körperliche Ertüchtigung eingeplant. Hier ging es vor allem um Ausdauer und Kraftschulung. Ich nahm dies von der sportlichen Seite. Das Zurechtfinden in der Natur mit und ohne Hilfsmittel, Kartenlesen, das Festlegen von Marschzahlen und das Beschreiben von Punkten und Zielen in der Natur und so weiter gehörten zur Ausbildung. Nachtübungen wurden natürlich auch nicht vergessen. Dazu kamen die sportlichen Wettkämpfe, Handgranatenweit- und -zielwurf. Spiele mit dem Ball gab es weniger.

Allem vorausgegangen waren die Ordnungsübungen, antreten, ausrichten, abzählen, wenden, kehrt und die Marschübungen in Kolonne, Reih und Glied sowie Linie.

Auch das Kommando „Hinlegen, auf, hinlegen" und so fort wurde nicht vergessen. Ausgang gab es nicht. Wir waren auch oft so bedient, daß wir keine Lust mehr darauf hatten.

An den letzten sportlichen Höhepunkt erinnere ich mich noch sehr gut. Das war ein Wettlauf aller Teilnehmer des Lagers. Start war am Heim, dann bis zum Zentrum des Ortes und zurück zum Ausgangspunkt.

Die Laufstrecke auf Straßenpflaster und das Gelände fallend beziehungsweise steigend. Wegen nicht richtiger Krafteinteilung war mir die Puste fast ausgegangen, wodurch ich nur als dritter Sieger am Ziel ankam. Aber man kann nicht immer Sieger sein, wenn der Wille auch vorhanden ist.

Während des Abschlußappells wurden die Leistungen bekanntgegeben. Ich erhielt das HJ-Abzeichen in Silber. Richtig muß es heißen

HJ-Leistungsabzeichen. Ich heftete das an den Wandbehang unserer Küche zu Hause.

Die Amerikaner, die nach dem 8. Mai 1945 die Wohnung der Eltern beschlagnahmt hatten, fanden es vermutlich interessant und ließen es mitgehen.

Das zweite Lehrjahr ging dem Ende zu. Im Winterhalbjahr hatte ich oft nach Feierabend die Schwimmhalle am Lehrort besucht.

Es waren zwei räumlich getrennte Schwimmbecken. Das eine Becken war für die Damen bestimmt und das andere für die männlichen Badegäste. Ich legte hier die Prüfung für das Totenkopfschwimmen ab. Die einzelnen Disziplinen waren: 90 Minuten Ausdauerschwimmen, Streckenschwimmen nach Zeit, das Tauchen nach Zeit sowie das Streckentauchen, Rettungsschwimmen in Kleidung und Sprung vom Dreimeterbrett.

Das schwarze Totenkopfabzeichen war aus Stoff und wurde auf die Badehose genäht. Darauf war ich auch stolz, weil das die höchste Schwimmauszeichnung war.

Ein drittes Lehrjahr, wie im Lehrvertrag festgelegt, gab es für mich nicht mehr.

Es kam die Einberufung zum Reichsarbeitsdienst (RAD) im Mai 1944. Ich hatte mich in Danzig-Oliva bei der RAD-Abteilung 2/25 einzufinden. Mit meinem Köfferchen in der Hand und einem auf Streichholzlänge geschnittenen Haarschopf machte ich mich auf den Weg zu dieser Einheit.

Es war ein Barackenlager am Ortsrand und sehr schön gelegen.

Die Küche und der Speisesaal waren in einem steinernen Flachbau untergebracht. Ganz in der Nähe befand sich der zum Lager gehörende Sportplatz. Auf ihm verbrachte ich viele Freistunden.

Ich übte mich im Streckenlanglauf meist allein. 20 und 25 Runden waren fast immer das Ziel.

An das Lagergelände grenzte das aus roten Klinkern gebaute Krankenhaus. In einem nur für den RAD bestimmten Teil des Gebäudes befanden sich die sanitären Einrichtungen. Das Stadion von Danzig-Oliva befand sich auch in der Nähe unseres Lagers.

Auf dem Appellplatz fand die Einteilung in Züge und Gruppen statt. Ich gehörte, ausgehend von meiner Körpergröße, zum ersten Zug, erste Gruppe. Anschließend fand die Einweisung in die Unterkünfte statt.

Dann ging es zur Kleiderkammer, wo wir die Uniform und die Arbeitskleidung in Empfang nahmen. Die Schirmmütze nannten nicht nur die RAD-Leute „Arsch mit Ohren". Sie wurde aber nur bei besonderen Anlässen getragen. Außerdem gab es noch das Käppi, oder auch Schiffchen genannt.

Nun konnte man sich mit der Braut der Arbeitsmänner anfreunden. Mein Spaten, nicht ansehenswert, war total verrostet. Ich mußte viel Mühe anwenden, damit ich mich darin spiegeln konnte.

Dazu gab es Putzmittel, und diese bestanden aus Sand, Wasser und einem Stück Ziegelstein.

Die Verwendung der Aluschüsseln, die an der Wand hingen, wurden erklärt. Es waren unsere Waschschüsseln. Nach Dienstschluß wurden sie zum Wasserholen aus dem Krankenhaus benötigt. Dann stellte jeder Arbeitsmann seine gefüllte Schüssel auf die Erde vor der Baracke. Damit jeder seine sanitäre Einrichtung wiedererkennt, wurden diese in Reihe und Glied ausgerichtet abgestellt.

Nach dem Wecken um sechs Uhr ging es nur mit Turnhose und Sportschuhen bekleidet zum Frühsport und anschließend zum Waschplatz zur Körperpflege.

Nun erfolgte die Unterweisung auf den Zimmern. Auf den Bettenbau wurde viel Wert gelegt. Die abgelegten Kleidungsstücke wurden akkurat zu einem Paket gefaltet auf den Hocker gepackt. Ebenso die Bekleidungs- und Wäschestücke im Spind.

Ein Stubenältester wurde bestimmt und der Stubendienst eingeteilt, nachdem die Punkte der Stubenordnung erläutert waren.

Beim Erscheinen eines Vorgesetzten im Zimmer mußte nach dem Ruf „Achtung!" die Meldung erfolgen.

Leider erlebte ich auch hier auf unserem Zimmer Kameradendiebstahl. Ich hatte meine Taschenuhr, die während des Dienstes nicht getragen werden durfte, unter die Bettdecke meiner Liegestatt gelegt.

Vermutlich war dadurch der Bettenbau nicht korrekt geworden, denn die Zimmer wurden ja täglich kontrolliert.

Neben der Grundausbildung, Ordnungsübungen, Marschieren und so weiter wurde die Handhabung des Spatens beim „Exerzieren", „Griffekloppen", geübt.

Eine besondere Augenweide sind die Spatengriffe mit den blankgeputzten, blinkenden Spaten. Sehr oft wurde unser Zug zu besonderen Anlässen eingesetzt. Der gleiche Spaten wurde auch zum Arbeiten benutzt. Beim Ausheben von Splitterschutzgräben in der Parkanlage fand ich übrigens einen silbernen „Danziger Gulden" aus dem Jahre 1921, der sich auch heute noch in meinem Besitz befindet.

Die Handhabung des Spatens bei der Arbeit wurde demonstriert.

Man achtete besonders darauf, daß es keine einseitige Belastung gibt. Deshalb gab es auch den Befehl: „Wechselt den Spaten!"

Das heißt, nicht der Spaten wurde gewechselt, sondern die Griff- und Körperhaltung. Wenn also der linke Fuß vorn stand und die rechte Hand den Spatengriff hielt, so war es jetzt durch das Wechseln natürlich beim Arbeiten die andere Körperpartie, die belastet wurde. Auch auf das Gleiten des Spatenstiels in der Hand, hier also beim Schaufeln, wurde Wert gelegt.

Beim abendlichen Appell, der von unserem Unterfeldmeister abgehalten wurde, stellte er bei der Kleiderkontrolle fest, daß ich keine Unterhose trug. Durch ein Löchlein in der Hose lugte das blanke Fleisch.

Nach einer kurzen Standpauke und dem Befehl, mich mit der Marschausrüstung beim Vormann zu melden, war für ihn die Angelegenheit erledigt. Aber nicht für mich.

Mit Marschgepäck, Stahlhelm, Gasmaske, Gewehr, Brotbeutel und Eßgeschirr sowie dem Sturmrucksack auf dem Rücken wurde ich dermaßen behandelt, daß mir vor Wut die Tränen unter der Maske in den Augen standen. Die einzelnen Kommandos zu nennen möchte ich mir sparen. Beliebt waren ja solche Sprüche: „Ich mache dich so fertig, daß dir das Wasser im Ar... kocht!" So und ähnlich lauteten die „Sprüche" einiger „Vorbilder".

RAD Männer vor dem Ausgang

Dann durfte ich an mehreren Tagen in meiner Freizeit die Tischplatten im Speisesaal mit einem Ziegelstein weiß scheuern.

Dadurch entwickelte sich die Freundschaft zu einem gleichaltrigen „Küchenbullen". Er war ein typischer Westpreuße: groß, schlank und blond, mit einer ruhigen, sympathischen Ausstrahlung.

Er stammte aus Elbing, einer Stadt unweit von Danzig.

Die Verpflegung war ziemlich mager. Mittags und abends kam eine Schüssel mit Speisen auf den Tisch. Ob es Suppe oder Kartoffeln waren, ich konnte keine heiße Nahrung essen. Dadurch kam ich meist zu kurz und mußte ungesättigt bleiben. Schnitten und Zubrot waren portioniert, da gab es auch keinen sogenannten Nachschlag.

Hin und wieder schob mir mein Freund etwas Eßbares zu. Mal ein Stück Semmel oder Kuchen, mal Trockenobst, auch mal Tomaten.

Die Tomaten waren einmal unsere Wegzehrung bei einem Abstecher zu dem berühmten Badeort Zoppot. Am Strand liegend verspeisten wir die Früchte. Es war besser als nichts, zumal der Appetit durch das Baden bekanntlich zunimmt. Ich unternahm einen etwas längeren Schwimmausflug. Ein auf Reede vor Anker gegangenes Schiff hatte mich wie ein Magnet angezogen. Rückwärts blickend war der Strand kaum sichtbar. Aber an das Schiff, wie mir schien, war ich auch nicht näher herangekommen. Da ich plötzlich einen Krampf bekam und dadurch nur ein Bein zum Schwimmen gebrauchen konnte, trat ich wieder den Rückzug an. Nach kurzer Zeit hatte sich der Krampf gelöst, und ich konnte wieder normal schwimmen.

Von dem weltberühmten Badeort Zoppot habe ich leider aus Zeitmangel nicht viel sehen können. Bekannt geblieben ist mir der „Zoppoter Badejunge", das ist eine Käsesorte dort gewesen.

Ausgang gab es bei guter Führung am Wochenende. Es wurde darauf hingewiesen, daß die Stadt Danzig nur in Gruppen besucht werden durfte, da mit polnischen Partisanen zu rechnen war.

Danzig war eine rein deutsche Stadt mit zirka 98 Prozent deutscher Bevölkerung. Aber begünstigt durch den Versailler Vertrag und ohne Einschreiten des Völkerbundes wegen der Nichteinhaltung des Vertrags durch Polen, versuchten sich diese schon seit 1919 in der Stadt festzusetzen.

In einem Kaufhaus hatte ich Gelegenheit, ein Selbstporträt anzufertigen. Es ist das einzige Bild, welches mich an die RAD-Zeit in Danzig erinnert.

Im Volksmund war ein Lied über den Reichsarbeitsdienst nicht unbekannt. Es gab aber nur einen kurzen Text, der folgendermaßen lautete: „25 Pfennige ist der Reinverdienst, ein jeder muß zum Arbeitsdienst und dann zum Militär."

Das stimmte nur zum Teil, weil nicht alle jungen Menschen beim Arbeitsdienst waren. Auch mein älterer Bruder hatte keine „Chance", aber er und andere hatten dadurch nicht viel versäumt. Anfänglich betrug die RAD-Zeit sechs Monate. Später waren es dann nur drei Monate, wie bei mir.

Nach meiner Entlassung im August 1944 wurde ich vier Tage nach meinem 17. Geburtstag zur Kriegsmarine eingezogen. Voraussetzung für einen Beruf bei der Handelsmarine war die Ableistung des Dienstes bei der Kriegsmarine. Aus diesem Grunde hatte ich mich für viereinhalb Jahre freiwillig gemeldet und konnte mich dadurch den eventuellen Werbungen der Waffen-SS entziehen.

Die 10 Gebote für die Kriegsführung

Soldaten der deutschen Wehrmacht hatten bis zum letzten Kriegstag in ihrem Soldbuch folgende „10 Gebote für die Kriegsführung des deutschen Soldaten":

1. Der deutsche Soldat kämpft ritterlich für den Sieg seines Volkes. Grausamkeiten und nutzlose Zerstörung sind seiner unwürdig.

2. Der Kämpfer muß uniformiert oder mit einem besonders eingeführten weithin sichtbaren Abzeichen versehen sein. Kämpfen in Zivilkleidung ohne ein solches Abzeichen ist verboten.

3. Es darf kein Gegner getötet werden, der sich ergibt, auch nicht der Freischärler und der Spion. Diese erhalten ihre gerechte Strafe durch die Gerichte.

4. Kriegsgefangene dürfen nicht mißhandelt oder beleidigt werden. Waffen, Pläne und Aufzeichnungen sind abzunehmen. Von ihrer Habe darf sonst nichts weggenommen werden.

5. Dumdum-Geschosse sind verboten. Geschosse dürfen auch nicht in solche umgestaltet werden.

6. Das Rote Kreuz ist unverletzlich. Verwundete Gegner sind menschlich zu behandeln. Sanitätspersonal und Feldgeistliche dürfen in ihrer ärztlichen und seelsorgerischen Tätigkeit nicht gehindert werden.

7. Die Zivilbevölkerung ist unverletzlich. Der Soldat darf nicht plündern oder mutwillig zerstören. Geschichtliche Denkmäler und Gebäude, die dem Gottesdienst, der Kunstwissenschaft oder der Wohltätigkeit dienen, sind zu achten. Natural- und Dienstleistungen von der Bevölkerung dürfen auf Befehl von Vorgesetzten gegen Entschädigung beansprucht werden.

8. Neutrales Gebiet darf weder durch Betreten oder Überfliegen noch durch Beschießen in die Kriegshandlungen einbezogen werden.

9. Gerät ein deutscher Soldat in Gefangenschaft, so muß er auf Befragen seinen Namen und Dienstgrad angeben. Unter keinen Umständen darf er über Zugehörigkeit zu seinem Truppenteil und über militärische, politische und wirtschaftliche Verhält-

nisse auf der deutschen Seite aussagen. Weder durch Versprechungen noch durch Drohungen darf er sich dazu verleiten lassen.

10. Zuwiderhandlungen gegen die vorstehenden Befehle in Dienstsachen sind strafbar. Verstöße des Feindes gegen die unter 1 bis 8 angeführten Sätze sind zu melden. Vergeltungsmaßnahmen sind nur auf Befehl der höheren Truppenführung zulässig.

Anmerkung: Ein deutscher Soldat, der in Feindesland eine Frau vergewaltigte, kam sofort vor das Kriegsgericht. In den meisten Fällen war das Urteil Todesstrafe oder Strafkolonie.

Am 16. August 1944 hatte ich mich beim „Zweiten Admiral der Ostsee, vierte Stabsabteilung" in Kiel-Eckernförde einzufinden.

Unterwegs auf der Bahnfahrt dorthin sah ich eine Kolonne Strafgefangener an der Bahnstrecke arbeiten. Das versetzte mich in eine bedrückende Stimmung.

In der Kaserne angekommen, fand eine Eignungsuntersuchung statt. Meine Einheit war in Baracken abseits der Kaserne untergebracht.

Im Zimmer standen dreistöckige Betten. Die oberste Pritsche gehörte mir. Es kam kaum zu einer militärischen Ausbildung. Sehr oft mußten wir wegen des Fliegeralarms in die Splitterschutzgräben flüchten. Glücklicherweise erhielten wir keine Treffer. Dafür hatte ich mir meinen Magen verdorben. In der Suppe, die wir mittags bekamen, befand sich immer viel fettes Fleisch. Daraufhin war mein Magen in den Streik getreten. Kaum hatte ich meinen Schlafplatz erstiegen, mußte ich schon wieder flitzen, um das Örtchen zu erreichen. Es war eine ruhrartige Mageninfektion, die ich mir eingehandelt hatte. Dazu kamen die häufigen Luftangriffe, die immer ein Getöse und Krachen auslösten.

Wir waren glücklich, als uns mitgeteilt wurde, daß wir in Dänemark zum Einsatz kommen sollen. Bald ging es dann auch ab mit dem Zug, an Kopenhagen vorbei. Zu meiner besseren Orientierung hatte ich aus dem Abteil eine Karte von der Wand abgelöst.

Wenn ich mich richtig erinnere und die Karte richtig gelesen hatte, hieß der Ort Nyköbing. Nachdem wir hier ausgestiegen waren, wurde unsere etwa 30 Mann starke Gruppe mit einem Mannschaftswagen auf eine kilometerlange Halbinsel gefahren. Am Ende angelangt, befand sich hier eine Batterie der Küstenartillerie.

Die Geschützrohre ragten aus den Bunkerbefestigungen. Es waren 15er, schwedische Schnellfeuerkanonen. Ein Geschütz wurde von 15 Kanonieren bedient.

Eingewiesen wurden wir in Holzbaracken. Es war alles tipptopp sauber, fast gemütlich. Ich lernte Spind, Back, Feudel und andere seemännische Bezeichnungen kennen. Mit Wasser beim „Reinschiff" der Stube durfte nicht gespart werden. Der Bottich wurde geleert und der Feudel geschwungen.

Es gab sehr gute Verpflegung. Wöchentlich einmal kam der dänische Konditor mit seinem von einem Schimmel gezogenen Verkaufswagen und brachte leckere Sachen in die Stellung. Aber leider mußten wir meist zusehen, wie die schmackhaften, auch mit Schlagsahne versehenen Gebäckstücke in die Körbe der Stammbesetzung wanderten. Auch ich bekam später, wenn es Sold gegeben hatte, die Gelegenheit zum Einkauf. Ich dachte an die Verpflegungssituation in Deutschland, und hier besonders an meine lieben Eltern.

Das Päckchen, in dem sich Schmalz befand, hatten meine Eltern tatsächlich in Empfang nehmen können.

Der Dienst hier bei der Küstenartillerie war hart. Bei der Ausbildung am Geschütz mußte jeder Handgriff und jeder Schritt geübt und noch mal geübt werden. Es kam aber auch hier zu keinem Feuergefecht.

Dafür erhielten wir bei der Geländeübung heftig „Feuer". Es ging die Dünen hoch und hinunter und hoch und … Man konnte den Eindruck gewinnen, daß die dort stationierten Ausbilder sich durch Kommandobrüllen und Schikane Abwechslung verschaffen wollten. Wenn ich „Sonderbehandlung" bekam, ließ ich mich nicht aus meinem Bewegungsrhythmus bringen. Beim Handgranatenweit- und -zielwurf mußte die Leistung doch anerkannt werden, was auch zum Ausdruck gebracht wurde: „Schmidt, das hätte ich Ihnen gar nicht zugetraut!"

Bei Marschübungen plötzlich: „Flieger von links, von rechts", „Achtung, von vorn" und mit „Auf und nieder", „Marsch, marsch" und so weiter und so fort wurden wir in Trab gehalten. Dazu durften wir aber auch das Singen nicht vergessen. Es sollte immer besonders laut und lauter sein. Und wenn es nicht klappte, kamen die Flieger oder Feuer von vorn. Der scharfe Wind, der hier am Meer wehte, fegte auch die Laute, obwohl sie noch nicht ganz aus dem Munde waren, hinweg.

In der Freizeit gab es allerdings so gut wie keine Abwechslung. Meist war das Wetter sonnig und glasklar. Dann ging es an den Strand, der natürlich nur für uns zur Verfügung stand.

Zum Trocknen und Sonnen mußte man sich in eine Mulde legen, da, wie erwähnt, immer ein kühler und heftiger Wind wehte.

Es gab also hier auf der Halbinsel, außer beim Konditor, keine Gelegenheit, Kontakt mit der Bevölkerung aufzunehmen, obwohl mehr als 20 000 dänische Frauen aus allen sozialen Schichten freundschaftliche Beziehungen zu deutschen Soldaten hatten.

Eine Ausnahme bildete der Marsch unserer Gruppe mit dem Ausbilder zum Fotografen des Ortes.

Um „schmuck" auszusehen, hatten wir unsere olivgrauen Ausgangsuniformen angezogen. Das Paßbild, welches wir für den Wehrpaß noch nicht hatten, sollte proper gelingen.

Wir trugen keine blaue Marinekleidung. Die Farbe unserer Uniformen wich um einige Nuancen vom Feldgrau ab. Die Knöpfe daran hatten einen eingestanzten Anker. Das Tuch war, wie mir schien, kräftiger.

Da nicht alle zur gleichen Zeit in das Atelier konnten, mußte im Verkaufsraum gewartet werden. Ich ließ mich hier von der Auslage gut getroffener Bilder verleiten und nahm das Bild einer dänischen Schönheit im langen weißen Kleid, etwa gleichaltrig, an mich. Es hatte die Größe einer Postkarte und paßte gut in meine Brieftasche.

Eines Nachts gab es Alarm. In der Stadt Nyköbing sei eine Widerstandsgruppe zu bekämpfen. Statt einer Waffe bekam ich Handgranaten ausgehändigt, da man meine Fertigkeiten diesbezüglich kannte. Mit dem Mannschaftswagen waren wir schnell im Ort. Es fiel kein Schuß, und ich behielt natürlich auch die Wurfgeschosse.

Es war vermutlich eine nächtliche Übung, um keine Schläfrigkeit aufkommen zulassen. Den seemännischen Weckruf frühmorgens konnten wir zu unserem Leidwesen nicht lange genießen. Er lautete: „Reise, reise, nach alter Seemannsweise, aufstehen! Ein jeder weckt den Nebenmann, der Letzte stößt sich selber an, reise, reise!" Wir hatten zwar einige maritime Eindrücke in der Ausbildungszeit gewinnen können, aber hauptsächlich wurden wir infanteristisch ausgebildet.

So ausgerüstet wurden wir, da wir keine Feindberührung hatten, nach der relativ kurzen Ausbildung mit dem Fährschiff nach Deutschland zurückverfrachtet.

Das neue Ziel hieß Schwerin in Mecklenburg. In der Freiherr-von-Fritsch-Kaserne wurden wir untergebracht. Die ersten Nächte verbrachten wir in einem großen Saal auf Stroh. Meine Eltern hatten inzwischen Kenntnis vom Stellungswechsel erhalten und tauchten unverhofft bei mir auf. In diesem Saal unter dem Dach war ein Kommen und Gehen. Nicht ahnend, daß etwas gestohlen werden könnte, ließen meine Eltern einige Dinge auf meiner Strohschütte. Und während unserer gemeinsamen Abwesenheit hatte sich schon ein Dieb bereichert. Die Enttäuschung war selbstverständlich sehr groß.

Schweren Herzens nahmen wir nach dem kurzen Besuch voneinander Abschied. Niemand wußte, gibt es ein Wiedersehen, gibt es überhaupt, und wann, ein Wiedersehen der ganzen Familie? Denn es war ja Krieg. Würde man die Heimat so wiedersehen, wie man diese verlassen hatte? Große Fragezeichen!

In der Kaserne war bespannte Artillerie untergebracht. Die Ausbildung fand jetzt an den Haubitzen statt. Mit den Pferden hatten wir nichts zu tun.

Unsere Gruppe hatte inzwischen in der Etage der Kaserne einige Zimmer belegen können. Meine Zuteilung an Rauchware tauschte ich bei älteren Soldaten, die auf dem gleichen Flur lagen, gegen Lebensmittel. Denn die Verpflegung war hier auch sehr mies, und Appetit war auch immer vorhanden.

In der Freizeit beschäftigten sich die Landser überwiegend mit Kartenspielen. Hier lernte auch ich das Glücksspiel „17 und 4" kennen. Gespielt wurde um den Sold, Tabak oder eben Lebensmittel. Die Rauch-

Ich in Dänemark

ware war auch hier rationiert, und es gab pro Tag nur eine begrenzte Menge davon.

Mit der Nahkampfausbildung wurden wir auch beschäftigt. Um den Ausbilder, der sich einen Partner aus der im Kreis sitzenden Gruppe herausgefischt hatte, gut sehen zu können, wurden lange Hälse gemacht. Ich erinnere mich besonders mit Schmunzeln im Gesicht an eine Ausbildungsstunde. Circa 30 zu Unterweisende saßen im Kreis, wie bereits erwähnt, auf dem Fußboden. Der Lehrer, in diesem Fall ein Feldwebel, schätzte die Truppe ab und wählte einen Gegner. Die Wahl fiel auf mich. Vielleicht wegen meines Milchgesichtes, der fehlenden Bartstoppeln.

Kurzum, es gelang ihm nicht, mich mit seinen Griffen unschädlich oder kampfunfähig auf den Boden zu werfen. Sicher haben sich einige „Schüler" das Lachen und die Freude darüber verkniffen. Der „Widerstand", den ich beim „Kämpfer" entfacht hatte, brachte mir keine Nachteile, aber auch keine Vorteile ein.

Das Thema „Nummer eins" nahm in den Gesprächen der Landser einen besonderen Platz ein. Da konnte ich nur hin und wieder zuhören und mir meine eigenen Gedanken machen.

In mir reifte dann doch mal der Plan, nachdem ich von einer Adresse Kenntnis bekommen hatte, dieselbe anzusteuern. Ich hatte als etwas älterer 17jähriger noch keine Beziehungen zum anderen Geschlecht.

Mein Mut, diesen Schritt zu gehen, wurde durch den baldigen Fronteinsatz gestärkt. Gegen Kasse kam es dann zur erträumten und gewünschten Verbindung. Mir war es dann, nach erlangter Freiheit, als 21jährigem vergönnt, die ersten Liebesbeziehungen zu knüpfen. Die durch Arbeitsdienst- und Militärzeit und anschließende Kriegsgefangenschaft verordnete Enthaltsamkeit erstreckte sich über fünf Jahre.

Während dieser Zeit habe ich viele Leidensgefährten kennengelernt und natürlich an vielen Gesprächen teilgenommen, aber das Thema „Nummer eins" war, und hier vor allem in Gefangenschaft, das Essen.

Der Wunsch, sich endlich mal wieder richtig satt essen zu können, war das größte und lebenserhaltende Verlangen.

Inzwischen hatte ich meine Marine-Artillerie-Uniform eintauschen müssen. Ich bekam eine normale Landser-Uniform, worüber ich aber nicht traurig war, weil ich mich nicht mehr als Außenseiter, wegen des Unterschiedes, fühlen mußte.

Der Zeitpunkt des Einsatzes war herangereift. Die Aufteilung der Einheit hatte begonnen. Die Westfront, und vor allem die Ostfront, brauchte Nachschub. Mein Schicksal bestimmte: „… nach Ostland geht unser Ritt."

Unsere Einheit trug den Namen oder die Bezeichnung „Artilleriesturmkompanie".

Mit einem Güterzug ging es also Richtung Osten. Ich kann nicht mit Bestimmtheit den genauen Ort benennen, wo wir bei der Einfahrt in den Bahnhof Feuer aus der Stalinorgel bekamen. Vermutlich hatte die russische Aufklärung unseren Transportnachschub schon angekündigt. Durch die Bahnhofstation begünstigt, fanden wir in den Gebäuden Schutz. Auch ich konnte, mit einem Sprung durch ein geöffnetes Fenster, dem Beschuß entgehen. Die Feuertaufe durch die Stalinorgel hatte ich somit bestanden. Der ohrenbetäubende Krach und die große Splitterwirkung der serienmäßig abgefeuerten raketenähnlichen Geschosse erzeugten eine gefürchtete Wirkung. Eine große Sprengkraft wurde damit allerdings nicht erreicht, wie man bei den Einschlägen feststellen konnte. In der Waggonwand, wo ich gesessen hatte, waren durch die geöffnete Schiebetür Splitter in das Innere des Waggons gelangt und steckten dort.

Nachdem wir unsere Ausrüstung aus den Waggons geholt hatten, formierte sich die Einheit, und es ging im Eilmarsch aus dem Ort dem Feinde entgegen. Ich vermute, der Ort hieß Deutsch-Krone.

Wir durchquerten einige menschenleere Orte und Ansiedlungen.

Alles wie ausgestorben. Es war irgendwie bedrückend. Außer den Geräuschen des Marschierens kein Laut und kein Ton wie sonst üblich. Jeder war vermutlich mit seinen Gedanken bei sich selbst.

Ich scherte rechts aus und betrat ein ebenerdiges kleines Haus.

Es war nichts abgeschlossen. Ich wagte, eine Tür zu öffnen. Was ich da sah, verschlug mir fast den Atem.

Auf einem Bett lag, lang auf dem Rücken ausgestreckt, ein Gene-

in Schwerin

ralstäbler in voller Montur. Die breiten roten Streifen an der Hose, die Uniformjacke zugeknöpft, so daß man aber doch das Ritterkreuz erkennen konnte, ließen mich fast vor Ehrfurcht strammstehen. Ich tat dies aber nicht. Seine Schußwaffe, eine Pistole, lag gut sichtbar auf dem danebenstehenden Nachtschränkchen.

Ich hatte gehofft, durch einen Bewohner des Ortes einige Informationen zu erhalten. Durch den Anblick, den ich so eben erfuhr, hatte ich keinen Bedarf an einer Information mehr.

Wenn wir auch nicht mit Gesang durch den Ort marschierten, so dürften die Geräusche einer vorbeiziehenden Kolonne nicht zu überhören gewesen sein.

Was war also mit ihm? Schlief er, oder stellte er sich bloß schlafend? Hatte er sich wegen der aussichtslosen Lage bereits von seinem Posten entfernt, um sich im Elternhaus zu erschießen? Das muß man doch wohl verneinen, da ein Generalstabler so eine Kate nicht sein Elternhaus nennen kann.

War es ein getarnter Spion? Wenn ja, dann war die Tarnung gut gelungen. Auf alle Fälle dürfte das ruhige, umsichtige Verhalten von dem „Generalstabler" und mir das Beste in dieser Situation gewesen sein. Die Entdeckung, die ich gemacht hatte, behielt ich für mich.

Ich wurde zur nächtlichen Einquartierung in ein abseits gelegenes bäuerliches Gehöft kommandiert.

Eine alte Bäuerin und zwei Mädels waren die Gastgeber. Jedoch ließ die Müdigkeit kein Gespräch entstehen. Es gab ein richtiges Federbett nach langer Zeit.

Vielfach wurde ich gebeten, nicht wieder wegzugehen. Aber das ging nicht. Außerdem hätte ich die Bewohner des Gehöftes auch nicht schützen können. Der kleine Ort könnte Hasenheide gewesen sein.

Wenn man damals gewußt hätte, wie groß die Verbrechen der Russen, speziell den Mädchen und Frauen gegenüber, sein würden, ja, was hätte man da tun können oder müssen? Nur gut, daß man von den „Aufrufen Ilja Ehrenburgs" nichts wußte, der die Rotarmisten im Auftrage von *Stalin* zum Vergewaltigen und Morden aufrief und anstachelte.

Mehr als eine bedrückende Stimmung machte sich breit, als unserer Einheit Flüchtlingstrecks begegneten. Ein trauriger Anblick, die armen

Menschen, überwiegend Frauen mit Kindern und älteren Menschen, ihre Habseligkeiten auf Pferdewagen, Handwagen, aber auch Kinderwagen flüchtig verstaut.

Unverständlich war mir auch das Entgegenkommen von Wehrmachtsangehörigen.

Endlich hatten wir unser Ziel erreicht. Der Ort hieß Schneidemühle, in Pommern. Das Datum ist mir nicht bekannt, da wir meist zeitlos und auch orientierungslos marschiert sind. Es könnte Ende Oktober gewesen sein. Kurze Zeit später war der Ort eingeschlossen, wie wir erfuhren. Mit dem Flugzeug könnten allerdings noch Verwundete ausgeflogen worden sein.

Die Stadt wurde zur Festung erklärt. Für kurze Zeit waren wir in einer Schule untergekommen. Es war ein Sammelpunkt, wo auch warme Speisen aus der Feldküche gefaßt werden konnten. Letztmalig hatte es so etwas in Schwerin gegeben. Trockenkonserven oder sogenannte Trockenverpflegung konnte auch empfangen werden.

Für die Kampfgruppe gab es auch Schokolade, wie bestimmte Einheiten diese regelmäßig erhielten. Darüber hinaus bekam ich auch ein Paar Wintersocken. Vermutlich wurden die Depots im Ort langsam aufgelöst. Es muß die Vorweihnachtszeit gewesen sein.

Es herrschte eine bedrückende Stimmung, die von der Ungewißheit ausging. Es lag etwas in der Luft.

Ich wurde einer Gruppe zugeteilt, die am östlichen Stadtrand in einem Keller Quartier bezog. Unsere Waffe war eine sogenannte „Ratsch Bum". Deswegen so bezeichnet, weil der Einschlag des Geschosses vor dem Abschußknall erfolgte. Es war eine Panzerabwehrkanone, die von vier Kanonieren bedient wurde.

Als wir das Geschütz laden wollten, wurde festgestellt, daß die Granaten ein falsches Kaliber hatten. Das Geschütz war somit nicht einsatzfähig und wertlos. Es herrschte ein Durcheinander, alles war aufgeregt. Im Keller des Siedlungshauses befanden sich noch einige Zivilisten. Zur Stärkung wurde Alkohol gereicht. Ich ließ den angebotenen Trunk aus. Ein älterer Hauptmann, vermutlich der Reserve, ließ sich blicken und erwärmte sich durch den Alkohol.

Plötzlich Alarm. Russische Panzer sind auf der Straße Richtung Ort gesichtet wurden. Nachdem ich eine Panzerfaust erhalten hatte, wurde mir ein Loch direkt neben der Straße zugewiesen.

Ich harrte der Dinge, die da kommen sollten, Panzerfaust im Anschlag und schußbereit. Daß mir die Angst im Genick saß, muß ich nicht weiter erwähnen. Die Stellung in so einem Loch gleicht einer Todesfalle. Glücklicherweise konnte ich mit meiner nicht abgeschossenen Panzerfaust herausklettern. Die Panzer sind wieder abgedreht. Alarmstufe aufgehoben.

Man fand nun für mich eine andere Aufgabe. Ich wurde dem Hauptmann als eine Art Geleitschutz zugeteilt. Er war ja mit einer offenen Kutsche in die Außenstellung vorgefahren. Der kutschierende Soldat war ein Hiwi, das heißt ein „hilfswilliger Soldat". Diese gehörten in der Regel einer fremden Nation an, die aber auf deutscher Seite gegen die Russen kämpften. Oft waren es auch ehemalige Soldaten der Roten Armee.

Ich lernte somit die Unterkunft des Vorgesetzten kennen, wodurch ich aber keinen Vorteil hatte. Der Ort befand sich aber wohl im Zentrum der Stadt. Dadurch war auch ich aus der unmittelbaren Gefahrenzone des Stadtrandes geraten.

Quartier fand ich in einem Keller eines Geschäftshauses. Wir hausten hier zu viert. Alles ältere Soldaten. Im Keller hatten wir es uns bequem gemacht. Wir schliefen auf Daunendecken. Die Verpflegung bezogen wir aus den Kellern der geflüchteten Bewohner. Es gab alles in reicher Güte und Fülle. Ein organisiertes Grammophon sorgte für gute Musik bei Kerzenschein. Es gab ja kein elektrisches Licht und auch kein Wasser.

In diesem Raum lagerten auch Kisten, gefüllt mit Briefmarkenalben und Marken. Vermutlich konnten die Kisten nicht mehr abgeschickt werden.

Mit dem Brief, den ich von hier an meine lieben Eltern schrieb, hatte ich mehr Glück. Erst Monate beziehungsweise Jahre später konnte ich meinen Angehörigen ein Lebenszeichen aus russischer Kriegsgefangenschaft zukommen lassen.

Festung Schneidemühle, 06.02.1945

Meine lieben Eltern und kleiner Schimmel!
Heute will ich Euch, das heißt kann ich Euch endlich ein paar Zeilen schreiben. Mir geht es gut, was ich auch von Euch Lieben daheim hoffe. Wir haben endlich eine Adresse bekommen. Wie es heißt, geht Post heraus. Es kommt aber wenig herein. Ich bin schon froh, daß die Post herausgeht. Habt Ihr den ersten Brief von mir erhalten? Hoffentlich. Ihr habt Euch sicher Sorgen gemacht, liebe Eltern, aber ich bin noch der Alte geblieben.

Der Russe greift immer wieder vergeblich unsere Stellungen an.

Sein Artilleriebeschuß hat nachgelassen. Es heißt ja, daß eine Entlastung für die Besatzung von Schneidemühle im Anmarsch ist.

Wir wollen das Beste hoffen. Wir waren vor einigen Tagen noch fest eingeschlossen. Der Druck der Russen hat aber nachgelassen. Das Essen hier ist gut und reichlich. Ich habe eben meine Bratkartoffeln gegessen. Zu Mittag gab es Salzkartoffeln und Gänsebrust und Kirschen. Ja, liebe Eltern, Ihr staunt, was wir hier für Sachen vertilgen. Wir liegen nämlich hier am Stadtrand und haben uns in den Häusern eingenistet. Wir haben uns Betten besorgt und hausen in den Kellern. Wir leben meist von den Konserven der Bewohner, welche geflüchtet sind. Ich habe so viel gegessen, daß ich eine kleine Magenverstimmung habe. So schlimm ist es nun auch wieder nicht. Elektrisches Licht und Wasser gibt es nicht. Hier brennen eben den ganzen Tag die Kerzen. Darum müßt Ihr auch die Schrift entschuldigen – 1. das Licht und 2. keine richtige Unterlage. Aber gemütlich ist es trotzdem auch beim Kerzenschein. Wir haben uns ein nettes Grammophon organisiert, und da ist laufend Musik in unserem Keller. Frieren tun wir des Nachts nicht, weil wir auf Steppdecken liegen und uns mit Federbetten zudecken.

Draußen ballert die Artillerie des Iwans. Das Zentrum der Stadt hat der Russe zusammengeschossen.

Auch an der Westseite der Festung Schneidemühle sieht es toll aus, also bei uns hier. Sonst ist hier alles in Ordnung. Des Nachts müssen wir Wache stehen, wegen der Partisanen und Russen. Vor uns liegt aber noch die Infanterie. Es kommt manchmal vor, daß wir Alarm heben, weil der Iwan mit einigen Leuten durchgesickert ist. Am Tag haben wir dann etwas Unterricht und Waffenreinigen, das ist alles. Das Wetter hier ist auch nicht mehr so streng kalt. Das macht viel aus. Wie geht es nun Euch noch? Hoffentlich ist bei Euch noch alles in Ordnung. Wie sieht es mit den Tommys aus? Besuchen sie Euch noch öfters? Wo ist Helmut jetzt? Hoffentlich noch nicht an der Front! Hier wird auch viel Volkssturm eingesetzt. So, liebe Eltern und Rudolf, nun habe ich Euch einen ausführlichen Brief geschrieben. Hoffentlich kommt er durch. Ich bin nicht mehr am Geschütz. Ich mache mal dies, mal das. Jetzt wirke ich als Melder. Ich halte schon die Ohren steif. Macht Euch keine Sorgen. Das Schicksal läßt sich nicht bestimmen.

So, meine Lieben, das wäre für heute alles!

Die herzlichsten Grüße sendet Euch

Euer Ehrhardt

Auf ein gesundes Wiedersehen nach Kriegsende!

Ich wurde dann als Melder eingeteilt. Zur Verrichtung des Dienstes benutzte ich ein Fahrrad. Die Luftangriffe konnten wegen der Häufigkeit und fehlendem Strom nicht mehr akustisch angekündigt werden. Eine Luftabwehr gab es nicht mehr. Die feindlichen Bomber konnten in aller Ruhe ihre Bombenlast abwerfen, was ich oft gut beobachten konnte. Gefährlicher waren die Tiefflieger, weil diese schneller als der Schall waren.

Die wenigen Bewohner, hier vor allem ältere Frauen, kamen aus den schutzbietenden Kellern kaum an das Tageslicht. Auch ich mußte wachsam sein und Rettung in den Kellerräumen suchen. Meist wurde ich dann zum Bleiben aufgefordert: „Junge, bleib hier, wir verstecken dich!" wurde mir hin und wieder zugerufen.

Ich entschied mich, bei der Truppe zu bleiben, obwohl es schon drunter und drüber ging.

Ein Auftrag führte mich in die Kaserne. Ein Teil der Soldaten hielt sich im Schatten des Gebäudes auf. Wie ich mir später erklären konnte, ließen sich die tieffliegenden amerikanischen „Mustangs" besser beobachten. Sie überflogen das Kasernengelände mit hoher Geschwindigkeit. Niemand hinderte sie daran.

Aus einigen Fenstern des Gebäudes schossen ein paar mutige Soldaten mit ihren LMG (leichtes Maschinengewehr). Die amerikanischen Piloten machten sich den Spaß, da sie wußten, daß es keine ernsthafte Gefahr für sie war, immer wieder unverhofft das Objekt anzufliegen. Vermutlich sahen sie das von der sportlichen Seite.

Auch ich mußte mein sportliches Können in der Disziplin Laufen unter Beweis stellen. Beim Überqueren des Kasernenhofes war ich in das Visier eines tieffliegenden Jägers geraten, der mich mit einigen Maschinengewehrgarben bedachte. Der Beschuß konnte deswegen geschehen, weil diese Flugzeuge die Schallgeschwindigkeit unterschritten, weil sie plötzlich da waren.

Ich konnte also das rettende Gebäude erreichen, um zur Feldküche zu gelangen.

Ich konnte nicht länger in der Kaserne bleiben. Es waren nur Stunden. Ein neuer Marschbefehl lautete: „Stellungswechsel!"

Am Ortsrand von Schneidemühle, unweit einer Fernstraße und, wie wir später sahen, einer Siedlung, befand sich, in den Hang hineingebaut, ein großer Bunker. Vermutlich war es ein Luftschutzbunker. Jetzt diente er als Kommandozentrale, denn hier befand sich auch eine Funkzentrale. Auch das stellten wir später fest.

Vermutlich war es auch gegenwärtig ein Versorgungsplatz und eine Sammelstelle für Verwundete.

Hier sah ich die ersten erfrorenen und verwundeten Soldaten, noch festgeschnallt in den Muldenschlitten. Diese sahen wie Schweinetröge aus. Rot-Kreuz-Personal beziehungsweise Sanitäter waren nicht anwesend. Wie schon vermerkt, ging alles drunter und drüber.

Und doch fand sich nachts jemand, der uns in einem Waldabschnitt in die Schützenlöcher wies. Dieser Einsatz mußte natürlich lautlos über die Bühne gehen. Denn hier war der unsichtbare Frontabschnitt.

Unser Schützenloch war knietief und mit Ästen abgedeckt.

Unser Loch hatte Platz für zwei Schützen. Mein Kamerad war im

Festung Schneidemühl 6.2.45

Meine lieben Eltern und kleiner Schummel!

Heute will ich Euch das heißt kann ich Euch endlich
ein paar Zeilen schreiben. Uns geht es noch gut was
ich auch von Euch Lieben erhoffe hoffe. Wir haben
endlich eine Adresse bekommen. Wie es heißt geht
Post heraus es kommt aber wenig herein. Ich bin
schon froh daß die Post herausgeht. Habt Ihr den ersten
Brief von mir erhalten? Hoffentlich. Ihr habt Euch sicher
Sorgen gemacht liebe Eltern aber ich bin noch der alte
geblieben. Der Russe greift immer wieder vergeblich unsere
Stellungen an. Sein Artilleriebeschuß hat nach gelassen.
Es heißt ja daß eine Entlastung für die Besatzung
von Schneidemühl im Anmarsch ist. Wir wollen
das Beste hoffen. Wir waren vor einigen Tagen noch
fast eingeschlossen ....
gelassen. Das Essen hier ist gut und reichlich. Ich
habe eben meine Bratkartoffeln gegessen. Zum Mittag
gab es Salzkartoffeln mit Gänse-Brust und Kirschen.
Ja liebe Eltern Ihr glaubt was wir hier für Sachen
vertilgen. Wir liegen nämlich hier am Stadtrand und
haben uns in den Häusern eingenistet. Wir haben uns
Betten besorgt und hausen in den Kellern. Wir leben
meist nur von Konserven von den Bewohnern welche
geflüchtet sind. Ich habe soviel gegessen, daß ich eine
kleine Magenverstimmung habe. So schlimm ist es nun
auch wieder nicht. Elektrisches Licht und Wasser gibt
es nicht. Hier brennt eben den ganzen Tag die Kerzen.
Darum müßt Ihr auch die Schrift entschuldigen.
1. das Licht und 2. keine richtige Unterlage. Aber
gemütlich ist es trotzdem auch beim Kerzenschein.
Wir haben uns ein nettes Koffergrammophon organisiert
und das ist laufend dauernd in unserm Keller.
Treiben ..... wir des Nachts nicht weil wir

auf Sheppsbetten liegen und uns mit Federbetten zudecken
Draußen prasselt oder Artillerie des Iwan. Das Zentrum
der Stadt hat der Iwan zusammen geschossen. Auch an
der Westseite der Festung Schneidemühl sieht es
toll aus also bei uns hier. Sonst ist hier alles in
Ordnung. Des Nachts müssen wir Wache stehen wegen
der Partisanen und Russen. Vor uns liegt aber noch
die Infanterie. Es kommt manchmal vor das wir Alarm
haben weil der Iwan mit einigen Leuten durchgesickert
ist. Am Tag haben wir dann etwas Unterricht
und Waffenreinigen das ist alles. Das Wetter hier
ist auch nicht mehr so streng kalt. Das macht
viel aus. Wie geht es nun Euch nach? Hoffentlich ist
bei Euch noch alles in Ordnung? Wie steht es mit
den Tommi aus? Besucht er Euch noch öfters? Wo
ist Helmut jetzt? Hoffentlich noch nicht an der Front!
Hier wird auch viel Volkssturm eingesetzt. So liebe
Eltern und Rudolf nun hätte ich Euch einen
ausführlichen Brief geschrieben. Hoffentlich kommt er
durch. Ich bin nicht mehr am Geschoß. Ich mache mal
dies mal das. Jetzt wirke ich als Melder. Ich halte
schon die Ohren steif. Macht Euch keine Sorgen
Das Schicksal läßt sich nicht bestimmen.

So meine Lieben das wäre für heute alles!

Die herzlichsten Grüße sendet Euch Euer Erhard!

Auf ein gesundes Wiedersehen
nach Kriegsende!

also Tschöl

besten Mannesalter, ausgezeichnet mit dem „Verwundetenabzeichen" und dem sogenannten „Gefrierfleischorden". Auch befand sich an seiner Uniform das schwarzweißrote Bändchen des Eisernen Kreuzes.

Also mußte ich vermuten, ein Frontkämpfer, und bei ihm bist du gut aufgehoben. Ich bekam aber sehr bald den Eindruck, daß er ängstlicher war als ich. Das hatte aber wahrscheinlich mit seinen gemachten Erfahrungen und meiner Unerfahrenheit zu tun.

Die restlichen Kameraden, es konnten noch acht sein, waren in weiter entfernten Schützenlöchern untergekommen.

Dem Russen dürfte unser Einsatz nicht entgangen sein. Er überflog die Stellungen mit der „Lahmen Ente". Dieser sehr langsam fliegende Doppeldecker wurde für Beobachtungszwecke eingesetzt.

So konnten wir uns über Granatwerferbeschuß und „Segen von oben" nicht beklagen. Es war auch damit zu rechnen, daß Scharfschützen, im Wald getarnt, uns im Visier hatten und auf günstige Gelegenheiten warteten.

Am Tage konnten wir unsere Stellung nicht verlassen. Auch wir waren zum Warten verurteilt. Zwei Stunden Wache, dann wurde gewechselt. Proviantempfang war nur im Dunkeln möglich. Dem Stabsobergefreiten mutete ich nicht zu, daß er aus dem Loch kriecht und Proviant holt. Aufgrund meines Alters gelang mir das besser. Auch hierbei war mein guter Orientierungssinn unbezahlbar.

Wiederum war mir das Glück gut gesinnt. Ich war vom Essenholen gerade zurück ins schützende Loch gerutscht, als Granatwerferbeschuß einsetzte. Später stellten wir fest, daß in eine Konservendose ein Granatsplitter eingedrungen war, denn ich hatten den Proviant aufgrund des Feuerüberfalls nicht in das Loch befördern können. Bewaffnet waren wir mit Gewehren aus dem Beutegut. Keiner von uns hatte einen deutschen Karabiner. Ich war deshalb interessiert, ob die Flinte überhaupt einen Schuß aus dem Lauf bringt und wie die Zielgenauigkeit und Verläßlichkeit ist. Ich visierte einen Baumstamm Richtung des Feindes an und drückte ab. Ein ohrenbetäubender Knall, aber von einem Treffer keine Spur. Der Schuß hatte allerdings die Bewacher der anderen Seite auch munter gemacht.

Man hielt sich bedeckt und schickte den Beobachter.

Das Dröhnen des Motors kündigte den Beobachter an. Er flog sehr tief und kreise das Gebiet ab. Durch die Äste verdeckt, konnten wir das Flugzeug gut sehen. Er, der Beobachter, konnte dagegen nur vermuten. Ein deutscher Scharfschütze hätte den Vogel herunterschießen können. Aber es fiel kein Schuß aus irgendeinem Schützenloch. Wir hatten auch gar keine Ahnung, wie stark der Frontabschnitt war. Standen wir hier überhaupt von vornherein auf verlassenem Posten? Diesen Eindruck und die Ungewißheit, die man bekam, beunruhigte uns.

Ich faßte daher den Entschluß, mich zu informieren. Die Dunkelheit gab mir Schutz, und so nahm ich Verbindung zum Nachbarloch, das ich auch fand, auf.

Das Ergebnis war erschreckend. Bis auf drei besetzte Schützenlöcher waren alle verlassen. Man hatte sich vermutlich nach hinten abgesetzt, ohne uns zu informieren. Auch die Verpflegungsstelle war nicht mehr besetzt. Unser Entschluß stand fest: zurück zum Ausgangspunkt, dem Bunker.

Wie erwähnt waren wir ja nachts zum Einsatz gekommen. Also konnten wir auch nur im Dunkeln den Rückweg in Angriff nehmen.

Ich, der Jüngste der Gruppe, der sicher besonders aufmerksam den nächtlichen Einsatz verinnerlicht hatte, glaubte, den richtigen Rückzugsweg zu kennen. So schlich ich, vertraut von den Kameraden, als erster voneweg. Ein gespannter Draht im Gelände. Was hatte das zu bedeuten? Es wurde von der Truppe vermutet, daß hier Minen verlegt sind. Also im Gänsemarsch hinter mir her. Und es ging gut. Glücklich darüber, kamen wir unbeschadet am Bunker an. Aber was war das? Keine Menschenseele war zu sehen oder zu hören. Im schwachen Tageslicht, welches bis den Bunkereingang eindrang, konnte man zurückgelassene Gegenstände aller Art liegen sehen. Es mußte ein fluchtartiges Verlassen des Baues gegeben haben. Ich nahm eine Meldetasche an mich und stopfte sie mit Zigarettenschachteln voll. Unsere Gewehre stellten wir in eine Ecke des Funkraums. Hier war natürlich alles zerstört.

Im Dunkel des Ganges, hin und wieder von einem Streichholz erhellt, bewegten wir uns fast lautlos, tiefer in den Bunker hinein.

Ich war am Schluß der Gruppe. An der linken Seite befand sich eine durchgehende Bank. Auf der gegenüberliegenden Seite zweigte der Gang in einen Raum ab.

Die Dunkelheit erlaubte uns nicht zu erkennen, ob sich in diesem Raum irgendwelche Gegenstände befanden. Wir streckten uns auf dem Betonboden aus, nachdem wir beschlossen hatten, die Nacht abzuwarten und dann den weiteren Rückzug anzutreten.

Vermutlich hatte auch niemand eine Uhr, um den genauen Zeitpunkt bestimmen zu können. Wegen Übermüdung verschliefen wir gemeinsam die Nacht. Das stellten wir fest, als wir uns dem Ausgang näherten. Um uns besser orientieren zu können, wagten wir einen vorsichtigen Ausblick.

Mit Erschrecken stellten wir fest, daß auf der etwa hundert Meter entfernten Straße der russische Nachschub vorbeirollte.

Auf der Ladefläche der Lkws saßen auf Säcken und Kisten und anderen Dingen die Rotarmisten. Die Kapuzen ihrer Mäntel hatten sie über den Kopf gezogen und dösten so vor sich hin.

„Was nun?" war die Frage. Zurück ins Innere. So verschliefen wir auch die kommende Nacht und tauchten also wiederum bei Tageslicht am Eingang des Bunkers auf, zu unser aller Schrecken.

Da die Straße jetzt nicht befahren wurde, faßten zwei ältere Kameraden den Entschluß zu türmen. Ausgehend von der Sprache, waren die beiden sogenannte „Beutedeutsche". Ich verwende die Bezeichnung nicht gerne. Es waren Volksdeutsche.

Der frühe Ausbruch wurde ihnen vermutlich zum Verhängnis, denn kurze Zeit später hörte man Gewehrschüsse.

Also blieb nichts weiter übrig als das Verkriechen im Innern der Anlage.

Es kann am späten Nachmittag gewesen sein, als ich einen Lichtschein aus der entgegengesetzten Richtung des Bunkerganges wahrnahm. Der Lichtschein kam näher und näher. Was tun? Plötzlich erkannte ich, der ja am Eingang des Raumes lag und somit den Russen am nächsten war, daß zwei Rotarmisten, jeder mit einer Stallaterne in der Hand, in den fluchtartig liegengelassenen Klamotten nach Brauchbaren suchten.

Die Maschinenpistole und den Rucksack trugen sie unbekümmert auf dem Rücken. Wenn die näher kommen, treten sie auf uns, und das ist zu spät. Schon der Schreck hätte sie veranlaßt, zur Waffe zu greifen. Da erinnerte ich mich an die belehrenden Worte meines lieben Vaters: „Ergib dich!"

Und so sollte es auch geschehen. Ich durfte sie mit meinen Worten nicht erschrecken. Es mußte leise und langsam gesprochen werden: „Russki Kamerad, nicht schießen!"

Der Schreck saß den beiden Kriegern sicher auch im Genick. Zur Waffe greifen und Kommandos brüllen war eins. Sie konnten ja auch nicht erkennen, da der Gang einen Knick machte, wer ihnen gegenüberstand oder -lag. Sehr leicht hätte man anders von unserer Seite handeln können. Aber daran hat von uns vermutlich niemand gedacht, denn die Lage war nach Aussicht der Dinge für uns hoffnungslos.

Die Rotarmisten hielten mit ihren schußbereiten Maschinenpistolen guten Abstand zu uns.

Ich hatte mich als erster erhoben, ich konnte ja meinen Kameraden nicht sagen, was ich vorhatte bezüglich des Ergebens.

Also marschierte ich als erster mit erhobenen Händen aus dem Bunker.

Ich sah den Lauf eines Gewehrs auf mich gerichtet. Es war ein junger Rotarmist. Vielleicht wäre ich der erste Deutsche gewesen, den er vor seine Flinte gekriegt hätte.

Ein älterer Sergeant drückte ihm den Gewehrlauf nach unten, so daß er nicht abdrücken konnte. Er war mein Lebensretter.

Meine Stiefel gefielen ihm. Ich bekam dafür seine. Es waren deutsche Eisenbahnerstiefel. Ich erkannte sie an dem Filzschaft.

Es hatten sich aber inzwischen auch noch andere Russen eingefunden, um auch Beute zu machen. So wurde ich natürlich die Meldetasche mit Inhalt los. Man suchte nach Uhren und Ringen beim Filzen (Filzen = Durchsuchen). Meinen Taschenkamm nahm eine junge Rotarmistin an sich, wie auch andere Dinge des persönlichen Bedarfs. Auch Fotografien wurde ich los, bis auf ein Paßbild meiner lieben Mutter.

Der Sergeant brachte uns drei oder vier zur Sammelstelle. Da ich keine Mütze hatte, zeigte er auf eine am Straßenrand liegende Offiziers-mütze und gab mir zu verstehen, daß es besser sei, bei der Witterung eine Mütze zu tragen. Er wirkte auf mich wie ein väterlicher Freund. Vielleicht war sein Sohn auch beim Militär.

Wir wurden in ein Siedlungshaus gebracht. Hier war eine Kom.-Stelle untergekommen. Im Treppenhaus auf den Stiegen sitzend, warteten wir ab. Es gab ein kurzes Verhör. Dann bekamen wir einen Schlag Kascha, wie ich ihn in den folgenden Jahren der Gefangenschaft erträumte.

Nach dem kurzen Aufenthalt und der Vernehmung durch einen deutschsprachigen Offizier wurden wir, von zwei Posten bewacht, zur Sammelstelle geführt.

Auf dem Weg dorthin begegneten unserer Truppe drei jüngere Rot-armisten. Dem Verhalten nach waren sie angetrunken. Sie hatten sich kostümiert, grölten und torkelten durch die Straßen.

Auf dem Kopf trugen sie bunte Damenhüte mit Bändern und Schleier. SA-Ehrendolche, die eine ziemliche Länge hatten, baumelten an ihren Uniformen. Als unser Trupp von ihnen wahrgenommen wurde, ver-stärkten sie im Siegestaumel ihr Gehabe.

Sie hielten aber Abstand zu uns. Vermutlich sorgten in diesem Fall unsere Bewacher, wahrscheinlich auch Beschützer, vor Übergriffen sei-tens der „Helden".

Ausgehend von den hunderttausendfachen Vergewaltigungen deut-scher Mädchen und Frauen aller Altersklassen durch Angehörige der Sowjetarmee war anzunehmen, daß man auf Opfersuche war. Denn deutsche Frauen waren ja zu Freiwild erklärt worden. Es ist keine Le-gende, daß Ilja Ehrenburg unter anderem Flugblätter und Handzettel im Auftrage von Stalin verfaßte und veröffentlichen ließ, die zu solch unmenschlichen Taten und grausamen Morden aufriefen.

Unsere Bewacher hatten die Aufgabe, uns unbeschadet und voll-zählig in der Sammelstelle abzuliefern. Der Auftrag war nicht ganz einfach. Unser Trupp wurde von marodierenden Polen angegriffen. Man schlug, trat und bespuckte uns. Mein Kamerad, der Stabsober-gefreite, wurde mit Schlägen eingedeckt. Ich kam unbeschadet davon. Die Polengruppe, die uns aggressiv begleitete, wurde immer größer und die Posten, trotz aufgepflanzter Bajonette, immer ängstlicher. Erst nachdem ein berittener Rotarmist erschienen war, änderte sich die Lage zu unseren Gunsten.

Endlich kamen wir am Ziel an. Es war eine Kirche, die als Auffang- oder Sammelstelle genutzt wurde. Hier in der Kirche fühlten wir uns sicherer, denn eine Vielzahl von Gefangenen befand sich schon hier. Das bedeutete mehr Zuversicht für unsere Lebenserhaltung. Zum Ausruhen und Kraftschöpfen suchte ich mir einen Liegeplatz zwischen den Kirchenbänken. Hier verlor ich auch meinen ehemaligen Kameraden aus den Augen.

Jeder war jetzt mit sich selbst beschäftigt. Die Sinne waren angespannt. Die Hoffnung, heimatliche Laute aus dem Stimmengewirr herauszuhören, erfüllte sich leider nicht.

Da mir bei der Gefangennahme alles abgenommen wurde, hatte ich weder Eßgeschirr noch Eßbesteck. Es war ratsam, etwas zu organisieren, damit man bei einer eventuellen Essensausgabe ein Behältnis besaß. Aber wo sollte ich in der Kirche suchen? Eine Blechbüchse hätte es schon getan. Aber hier gab es keine Konservendosen. Im Außengelände der Kirche fand ich endlich eine Kristallschale. Das war besser als nichts. Trinkbares oder auch Suppe konnte ich darin fassen.

Es gab viele Gerüche in der Luft. Es roch nach Schmutz, nach Brand, aber auch nach menschlichen Ausdünstungen. Besonders wach wurden die Gerüche aufgenommen, die uns verrieten, daß die Gulaschkanone beheizt wurde. Diese warme Luft wurde besonders aufgenommen, weil wir ableiten konnten, daß es bald Nahrung gäbe. Mittel zum Leben und auch zum Heilen.

Es dauerte aber immer allzulange, bis es soweit war. Und dann gab es vielleicht heißes Wasser oder auch einen Schlag dünne Wassersuppe. Vielleicht gab es auch ein Stück Brot oder ein paar Brocken Trockenbrot oder Trockenkartoffeln. Natürlich nicht alles zusammen auf einmal!

Wer keinen Topf, Geschirr oder Ähnliches hatte, ging leer aus, oder er nahm seine Mütze als Behälter.

Ich weiß auch nicht mehr, wie lange wir in der Kirche waren. Es können zwei, drei oder auch vier Nächte gewesen sein. Wir lebten zeitlos, wußten aber, daß es der Monat Februar und demzufolge kalt war.

Die Ungewißheit, was mit uns geschehen würde, war groß. Blieben wir in Deutschland, oder ging es ab nach Sibirien? Diese und jene Erlebnisberichte über die Behandlung deutscher Soldaten in Rußland verhießen nichts Gutes. Bloß nicht in russische Gefangenschaft geraten zu wollen, war daher allzu verständlich.

Die Sowjetunion hatte die Beschlüsse des „Internationalen Roten Kreuzes" bezüglich Behandlung, Verpflegung, Ort und Verweildauer von Kriegsgefangenen nicht anerkannt. Auch die „Genfer Konvention", die unter anderem die sofortige Entlassung von Kriegsgefangenen bei Beendigung der Kriegshandlungen verlangt, wurde nicht eingehalten.

Die Nichteinhaltung durch die Sowjetunion ist ein Verstoß gegen die Völkerrechtsbestimmungen.

Ein polnischer Offizier, ein Major, der auf der Westernplatte in deutsche Kriegsgefangenschaft geraten war, äußerte sich im Deutschland-Sender folgendermaßen: „Für einen Monat russische Kriegsgefangenschaft lieber drei Jahre deutsche Kriegsgefangenschaft." Vermutlich hatte er auch schon über die Wahrheit von Katyn etwas gewußt!

Man weiß auch heute, daß die letzten Gefangenen 1955 erst, dank Adenauers Forderungen in Moskau, in die ersehnte Freiheit entlassen wurden.

Eines Tages versammelten wir uns zum Abmarsch. Vermutlich wurde eine größere Marschkolonne zusammengestellt. Es ging durch die Straßen von Schneidemühle dem Stadtrand zu, wie man feststellen konnte. An Bäumen und Lichtleitungsmasten sah man aufgehängte Soldaten und Zivilisten. Einigen Gehängten hatte man beschriftete Schilder um den Hals gehängt. Alle trugen keine Schuhe oder Stiefel mehr. Diese hatte man ihnen von den Füßen gezogen. Die Straßen waren wie leergefegt. Keine Menschenseele, auch keine marodierenden Polen waren zu erblicken. Der Weg unserer Kolonne führte auf eine Fernstraße, in welche noch einige andere Straßen mündeten. Hier stießen wir auf eine unübersehbar lange graue Menschenschlange in Wartehaltung. Die Gefangenen, die hier in Fünfer- oder Sechserreihe standen oder in den Armen von Kameraden hingen – man wußte nicht, welchen Weg diese hinter sich hatten und wie lange sie dort standen –, sahen zum

Erbarmen aus: unvollständig und zerrissen die Bekleidung, viele ohne Schuhe oder Stiefel, ohne Kopfbedeckung, Lumpen um die Füße gewickelt. (Schuhwerk und Stiefel müssen in der Roten Armee Mangelware gewesen sein, denn ich wurde meine Stiefel auch sofort los!)

Auch Verwundete, die man an den schmutzigen oder notdürftig angelegten Verbänden erkennen konnte, befanden sich auch in der unübersehbar langen Menschenschlange und warteten auf den Befehl zum Abmarsch. Wann geht es los? Wo geht es hin? Wie verhalten sich die Wachposten? Nicht zu vergessen: Wann – oder gibt es überhaupt Verpflegung?

Was ging in den Köpfen der Gefangenen vor, die wie ich einen russischen Offizier und seinen koffertragenden Burschen aus einer Seitenstraße kommen sahen, wie sie sich uns näherten, der Bursche die Koffer abstellte, den hinter dem Gürtel steckenden Revolver griff und auf uns anlegte? Das beherzte, schnelle Eingreifen des Offiziers – er schlug seinem Untergebenen die Waffe aus der Hand – verhinderte vielleicht einen feigen Mord an einem Wehrlosen!

Dadurch konnte der Bursche sein Vorhaben nicht ausführen. Er mußte die Koffer wieder aufnehmen, und ab ging es.

Endlich setzte sich auch unsere graugrüne Menschenschlange in Bewegung, natürlich ausreichend bewacht. Gleichmütig und stur trotteten die Posten neben der Kolonne her. Sie waren in lange, erdfarbene Mäntel gehüllt. Auf dem Kopf trugen sie den Paschlik, die Wintermütze. Auf dem Rücken, durch einen Strick gehalten, ihr „Sturmgepäck", einen kleinen zusammengebundenen, fast gleichfarbigen Beutel oder Sack. In den Händen hielten sie das schußbereite Gewehr mit dem aufgesteckten dreikantigen spitzen Bajonett. Andere trugen ihre Waffen am Riemen über der Schulter.

Auch berittene Posten flankierten die Seiten der Marschkolonne. Ein Marschziel und die Dauer des Marsches waren uns nicht bekannt. Die Posten wußten das bestimmt auch nicht.

Nun kam es darauf an durchzuhalten, auch wenn die Füße wegen der zu kleinen Stiefel schmerzten. Da waren wir jungen „Krieger" doch etwas besser dran als die älteren Soldaten und auch Volkssturmmänner, die sich bestimmt auch in der Marschkolonne befanden. Noch schwerer hatten es selbstverständlich die Verletzten und Verwundeten. Schlapp und kaputt waren wohl die meisten! Wann hatte es zuletzt etwas Eßbares gegeben? Zurückbleiben, nicht weiterkönnen bedeutete den sicheren Tod durch einen sogenannten Gnadenschuß der Wachmannschaft. So schleppte man sich selbst, den Kameraden noch helfend, durch die winterliche Landschaft, für die man natürlich kaum einen Blick verwendete. Ich spürte meine Füße in den viel zu kleinen Eisenbahnerstiefeln nicht mehr.

Plötzlich kam das Kommando: „Alles an die Seite der Straße!" Der russische Nachschub, eine Autokolonne, kam uns entgegen.

Es waren geschlossene russische Mannschaftswagen neuer Bauart.

Im Innern des Kastenwagens war meist ein kleiner Kanonenofen installiert. Das Abzugsrohr ragte seitlich oder am Heck aus der geschlossenen Kabine. Das war eine besonders sinnvolle Einrichtung für die russischen klimatischen Verhältnisse.

Einige Rotarmisten hingen wie Affen außen an den Fahrzeugen und feuerten siegesbewußt und im Freudentaumel aus ihren Revolvern in die Masse der Deutschen. Vermutlich hatten diese „Krieger" noch keinen Feind aus der Nähe gesehen. Aber sie wollten ja als junge Rotarmisten auch „Helden" sein. Glücklicherweise wurde in meiner Nähe niemand getroffen.

Dafür knallte es hin und wieder hinter mir, vermutlich am Ende des Zuges. Der Grund dafür war allgemein bekannt. Wer nicht weiterkonnte, blieb auf der Strecke. Er bekam den sogenannten Gnadenschuß, wurde vom Leben in den Tod befördert, so daß die Quälerei ein Ende hatte. Mußte es aber erst so weit kommen, daß ein Gnadenschuß als letztes Mittel der Humanität Anwendung fand?

War es möglich, den Betroffenen Hilfe zu leisten, oder wollte das niemand? Leider muß das Letztgenannte angenommen werden, denn es galt ja, die Aufrufe des Sowjetpropagandisten Ehrenburg zu erfüllen, der im Auftrage von Stalin verbreitete: „… nur der ist ein guter Sowjetbürger und Held, der tötet … Nehmt den deutschen Frauen den Hochmut …"

Er stachelte die niedrigsten Instinkte der ihm propagandistisch millionenfach anvertrauten sowjetischen Soldaten an, mit den bekannten Folgen.

Wer nicht in das gleiche Horn stieß oder zur Menschlichkeit aufrief, wie zum Beispiel die sowjetischen Offiziere Solschenizyn und Kopelew, dem wurden härteste Strafen auferlegt. Alexander Solschenizyn, damals junger Hauptmann, wurde wegen seiner scharfen Kritik bezüglich der Ausschreitungen für acht Jahre in den Archipel Gulag verbannt.

Lew Kopelew, Parteimitglied und Nachrichtenoffizier in der Roten Armee, schildert in seinem Buch, die Greueltaten gegenüber den Deutschen und fordert, sie einzustellen, ohne Erfolg zu haben.

Das Verhalten der Offiziere waren Ausnahmen, und doch hat es sie gegeben, wie ich auch erleben durfte.

Zurückblickend kann ich mich nicht erinnern, wieviel Tage wir marschiert sind. Vermutlich waren es drei Tage und zwei Nächte.

Es gab auch keine Möglichkeiten für die Orientierung, kein Durchqueren von Ortschaften und so weiter …

Eine Nacht mußten wir in freiem Gelände zubringen. Diese war allerdings nicht lang, da wir stundenlang warten mußten, bis es etwas für den Hunger gab. Das Hungergefühl war ich aber nicht losgeworden. Es war nicht vorauszusehen, daß dieses Gefühl mich jahrelang begleiten würde.

Das Verlangen nach Essen wurde hin und wieder durch den Geruch von Holzfeuer in der Luft angeregt.

Die zweite Nacht konnte ich in einer Stallung auf dem nassen Ziegelfußboden neben dem Jaucheabfluß verbringen. Es war aber ein Dach über dem Kopf, und man war nicht ganz der winterlichen Temperatur ausgesetzt. Zum Erwärmen des Körpers gab es aber nichts. Wenn Vieh noch im Stall gewesen wäre, hätte man sich noch „wohler" fühlen können. Nicht alle konnten das Glück einer Behausung für diese Nacht „genießen".

Die Offiziersmütze hatte ich nach dem Rat älterer Leidensgenossen bald nicht mehr. Die Mütze hätte vermutlich bei Vernehmungen falsche Schlüsse auf die Vergangenheit meiner Person nahegelegt, die mir noch mehr Nachteile eingebracht hätten.

Zu dieser Zeit war mir nicht bekannt, daß es in dem sogenannten „klassenlosen" Staat, der Sowjetunion, doch große Unterschiede bezüglich der Klassifizierung der Menschen gab. So bildeten zum Beispiel die Offiziere eine besondere Rolle, besser gesagt Klasse, in der Roten Armee. Deshalb räumte man auch den deutschen Offizieren Vergünstigungen ein, auf die ich hier nicht weiter eingehen möchte.

Auch von meiner Kristallschüssel, die ich ja zum Empfang der „Köstlichkeiten" benötigt hatte, mußte ich mich trennen.

Aus der Not heraus und aus Mangel an Behältern ließen sich manche Mitgefangenen die „Nahrung" in die Mütze oder den Schapka kippen. Auch ich war auf die Hilfe meiner Kameraden angewiesen, die mir ihre Blechbüchse liehen. Das Empfangen der Nahrung zog sich immer über einen längeren Zeitraum hin. Die Schlange der Hungrigen war sehr lang, so daß die letzten oft in die „Röhre" geguckt haben.

Wenn es keine Kochmöglichkeiten gegeben hat, gab es „Trockenkost", wie ein paar Stückchen Trockenbrot oder Trockenkartoffeln.

Da bekamen die Kiefer nach längerer Zeit wieder mal „Arbeit". Endlich gelangten wir ans Ziel unseres Marsches. Es war die Stadt Posen, von 1815 bis 1918 Hauptstadt der preußischen Provinz Posen. Die deutsche Stadt wurde 1253 gegründet und nach 1918 aufgrund des Versailler-Vertrags Polen zugesprochen.

Über eine Million Deutsche wohnten in der Stadt.

In der Nähe des Güterbahnhofes konnte ich aus einem Sack, der mit Viehtrockenfutter gefüllt war, einige knochenharte, gelblich aussehende Brocken geschwind und unbemerkt an mich nehmen. Meine Zähne, die ich zu dieser Zeit noch vollständig im Mund hatte, benötigten viel Kraft, um das steinharte Zeug im Munde zu zerkleinern. Die Zähne, die Zunge, der ganze Mund waren dadurch gelb geworden.

Ich nehme rückblickend an, daß es sich um Maispellets, ein Kraftfutter für das Vieh, gehandelt hat.

Im Ort wimmelte es von Militär. An den Straßenkreuzungen sah ich die ersten sogenannten „Flintenweiber", die Maschinenpistole auf dem Rücken, in den erdfarbenen Militärpelzen steckend, stehen. Sie wurden hier als Verkehrsposten eingesetzt. Dabei wurden farbige Signalfähnchen als Richtungsweiser für den fließenden Verkehr verwendet. (In der deutschen Wehrmacht wurden die Frauen nicht an der Front eingesetzt und hatten mit Waffen auch nichts zu tun. Diese Soldatinnen fanden im Innendienst oder als Sanitäter Verwendung.)

Endlich gelangten wir in ein Lager. Es befand sich außerhalb der Ortschaft und bestand aus Holzbaracken. Beim Passieren des Tores wurden wir zahlenmäßig erfaßt. Mehrere russische Offiziere hatten damit zu tun. Außerdem gab es eine strenge Gesichtskontrolle. Bestimmte Personen wurden aus unserer Marschkolonne herausgeholt. Auf der Lagerstraße gab es dann wieder einmal einen längeren Aufenthalt. Das ewige Warten wurde so langsam zur Qual. Aber die Russen hatten es jetzt nicht eilig.

Dann wurde wieder abgezählt, und endlich ging es in die Baracke.

Die Normalbelegung meiner Stube dürfte mit vier bis sechs Leuten gut ausgelastet gewesen sein. Aber nicht in unserem Falle. In das Zimmer hatte man ungefähr 30 erwachsene Menschen hineingezwängt.

Im Raum befanden sich nur zwei Spinde. Diese wurden umgekippt und dienten als mehrstöckige Lagerstätte. Auf dem Holzfußboden lagen wir kreuz und quer. An den Wänden der Bude saßen die Zimmernachbarn. Am Tage ging das alles noch einigermaßen gut ab. Alle hatten das Bedürfnis zu ruhen, Kräfte zu sammeln. Aber nicht alle konnten liegen. Es hieß immer wieder noch dichter zusammenrücken.

Bei mir hatte sich eine ruhrähnliche Infektion eingestellt. Ich wußte nicht, wo ich mir die Erkrankung eingehandelt hatte.

Nachts gab es natürlich kein Licht in der Baracke, und im Dunkeln über die ausgestreckten Leiber und Gliedmaßen der müden und entkräfteten Menschen nach draußen zu gelangen, war eine Qual.

Es blieb nicht aus, daß man auf diesen und jenen Körper trat, was mit Fluchen, Schimpfen und Stöhnen zur Kenntnis gegeben wurde.

Es war ein nicht überschaubar großes ehemaliges Lager für Juden gewesen. Der Küchentrakt, wie auch das Sozialgebäude waren massiv gebaut. An Essensausgaben und an die „Kost" kann ich mich nicht erinnern. Vermutlich liegt es daran, weil es nichts Erinnernswertes gegeben hat. Eine Dunstwolke aus dem Küchentrakt verriet uns, daß rund um die Uhr Feuer unter den Kesseln loderten.

Während ein Teil der Lagerinsassen schlief, weil es Nacht war, wurden andere Hungrige zum „Essensempfang" aufgerufen.

Auf alle Fälle fühlte ich mich jetzt im Lager sicherer. Ich hatte den Krieg bis jetzt unverletzt und gut überstanden. Gewiß machte man sich Sorgen und Gedanken über die Lieben zu Hause.

War dort noch alles in Ordnung? Lebte mein älterer Bruder noch, der bei der Panzertruppe im Westen eingesetzt war? Wie würde es hier weitergehen? Es wurde gemunkelt, daß es nach Rußland ging!

War das eine sogenannte „Sch…hausparole", oder entsprach es der Wirklichkeit? Wenn nach Rußland, dann hoffentlich nicht nach Norden oder gar Sibirien … Ungewißheit auf der ganzen Linie! Dennoch bedrückte mich das, was aus mir würde, nicht sehr stark.

Ich sah in vielen Dingen ein Abenteuer. Das hing vermutlich mit meinem jugendlichen Alter von siebzehneinhalb Jahren zusammen.

Darüber hinaus dachte ich sehr oft an die lieben Worte meines Vaters, die Russen seien menschlicher, als die Nazis das behaupteten. In meiner Kindheit und Jugendzeit sympathisierte ich auch mehr mit den „Roten". Bis zu einer gewissen Zeit war das auch meine Lieblingsfarbe. Und doch mußte ich in der gegenwärtigen Lage mehr als nur einige Abstriche machen.

Endlich wurden Arbeitskommandos gebraucht und zusammengestellt.

Jeder Teilnehmer versprach sich hiervon gewisse Vorteile, nämlich etwas organisieren zu können.

Die Losung „Wer nicht arbeitet, braucht auch nicht zu essen" war ja inzwischen auch bekannt geworden. Oft gab es aber auch für Arbeitsbrigaden keinen zusätzlichen Schlag Wassersuppe oder 100 Gramm klitschiges Brot mehr. Aber es bestand immer die Hoffnung. Außerdem konnte man vielleicht auch etwas Eßbares bei einem Kommando abzweigen. Auch hier die Hoffnung …

An die Tatsache, daß man eventuell zu lebensgefährlichen Arbeiten herangezogen werden könnte, dachte ich nicht. Doch sollte ich auch so etwas kennenlernen. Rückblickend denke ich an die Lebensgefahr, in der ich mich befunden hatte.

Beim Zusammenstellen von Arbeitsbrigaden wurde von den Russen, wie ich auch in den kommenden Jahren feststellte, nie gesagt, welche Arbeiten zu verrichten sind.

So bestieg unser Kommando einen offenen Lkw neuerer Bauart. Wir waren zirka 20 bis 25 Plennys (Gefangene).

Wir fuhren zu einer alten Festungsanlage oberhalb des Flusses Warthe. Ungefähr zwölf Leute und der Posten kletterten vom Fahrzeug. Wir warteten.

Das Fahrzeug mit den restlichen Gefangenen fuhr davon. Wie geht's nun weiter? Vermutlich soll die Festungsanlage gesprengt werden, war die Meinung der Mitgefangenen. Also braucht man uns zum Transportieren von Munition und Sprengstoff.

Inzwischen rollte der erste Lkw mit der gefährlichen Fracht an. Kisten und Fässer wurden abgeladen und, zig Stufen hinunter, in einem großen Festungsraum, gestapelt.

Der Abstieg mit der schweren Last und dem starken Gefälle war schwierig und gefährlich, denn wir standen ja aufgrund des Hungerns auch nicht ganz fest auf der Erde, aber es ging glücklicherweise alles gut ab. Es zerbrach keine Kiste und kein Faß. Meist wurden Verladearbeiten auf dem Güterbahnhof verrichtet.

Aber auch hier in Posen blieben wir nur wenige Tage. Der Ort war ein Eisenbahnknotenpunkt und günstig zum Sammeln der Gefangenen, wegen der großen Lagerkapazitäten. Von hier aus führten Eisenbahnlinien in östliche und nordöstliche Richtung. Die Kriegsgefangenen behielt man nur so lange im Lager, bis die Transportstärke für eine Reise im Güterzug Richtung Osten erreicht war.

Eines Tages war es dann soweit. Antreten in Fünferreihen. Abzählen. Alles zog sich zeitlich sehr in die Länge. Warten, frieren und hungern. Wann geht es endlich los? Kein Gepäckstück belastete uns auf dem Weg zum Güterbahnhof. Der Güterzug stand mit geöffneten Schiebetüren für uns bereit. Die feldgraue Menschenmenge nahm neben den Waggons Aufstellung. Warten, abzählen. Nein, auf dem Weg bis hierher war kein Gefangener abhanden gekommen. Wie sollte das auch gehen? Jetzt wurden jeweils 50 oder 60 „Reisende" pro Waggon abgezählt und konnten in den Güterwagen klettern. Das war nicht immer für alle einfach. Besonders schwierig war es für Verwundete oder die älteren Menschen. Die „Liegeplätze" wurden von den guten Kletterern eingenommen. An die beiden Stirnseiten des Wagens hatte man jeweils eine Pritsche aus rohen Holzbrettern genagelt, so daß von Seitenwand zu Seitenwand eine zweistöckige Liege entstand. Es gab weder eine Strohschütte noch einen Strohsack, von Wolldecken ganz zu schweigen. Die wärmsten Plätze findet man bekanntlich in der oberen Etage. Aber der warme Mief wurde dabei gerne in Kauf genommen. Aus diesen Gründen waren diese Plätze besonders begehrt. Nicht alle fanden auf den vorgesehenen Liegeplätzen eine Möglichkeit, den strapazierten Körper auszustrecken. Selbst auf dem Boden des Waggons war der Platz sehr knapp.

Das Schlafen im Liegen war eben wegen der Enge nicht für alle gleichzeitig möglich. War es so gewollt, um der Kälte, die noch stärker werden würde, zu begegnen? Oder wollte man soviel wie möglich Menschenmaterial zur sogenannten Wiedergutmachung in das Innere der Sowjetunion holen? Dies dürfte wohl zutreffender sein als die Sorge um warme Plätze im Waggon!

Platz mußte aber auch sein, um die natürlichsten, einfachsten Triebe der Menschen zu befriedigen. Aus diesem Grunde hatte man eine kleine Öffnung in den Waggonboden geschnitten. Die Schiebetüren wurden sofort verriegelt. Auch die Luken an den Seitenwänden waren zugenagelt. Nur winzige Details von der Außenwelt gaben die Ritzen in den Schiebetüren frei.

Nach wiederum längerer Wartezeit, nach Grölen und Fluchen der Posten setzte sich der Gefangenentransportzug endlich in Bewegung Mit großer Anspannung und Eifer wurde versucht festzustellen, in welche Richtung wir transportiert werden. Deshalb war immer jemand am „Ausguck", um festzustellen, in welche Richtung wir transportiert würden. Das gelang am besten, wenn der Zug durch Orte oder über Brücken fuhr. Durch die Verringerung der Fahrgeschwindigkeit wurde unser Vorhaben begünstigt, aber nicht immer befriedigt. Wie viele Tage und Nächte wir im Zug verbracht haben, weiß ich nicht. Das Zeitgefühl war doch schon lange abhanden gekommen. Nicht selten stand der Zug für längere Zeit irgendwo auf freier Strecke. Warum das so war, durfte uns nicht interessieren.

Alles in allem war es eine sehr lange Fahrt.

Geöffnet wurde nur, wenn es Nahrung durch die spaltweit geöffnete Schiebetür gab, die uns zugeworfen wurde. Über die „Kost" habe ich mich schon mehrfach geäußert. Es wurde auch mal gestattet, daß ein Wasserholer von der Lokomotive mit einem Holzeimer warmes Wasser holte. Da kaum jemand mehr ein Gefäß hatte, ging der Holzeimer von Mund zu Mund. Es wurde streng darauf geachtet, daß jeder etwas davon bekam. Das klappte bis jetzt innerhalb unseres Waggons noch gut. Nicht nur Hunger, sondern Heißhunger hatten alle. Natürlich auch Durst, der für manche besonders schwer zu ertragen war.

Zusätzlich schwer hatten es die Männer, denen die Rauchware fehlte Ich erinnere mich noch genau an einen Raucher, der in seinen Taschen noch einige Krümel Tabak fand. Aus Mangel an Papier löste er von den rohen Birkenbrettern der Pritschen die Rinde, um an den darunterliegenden Bast, das hauchdünne Kambium, zu gelangen.

Ob es ihm gelang, weiß ich nicht, denn ich hatte seine Bemühungen nicht weiter verfolgt. Eine andere Frage war aber auch dann, woher Feuer zum Anstecken der Zigarette nehmen. Sicher hatte niemand mehr ein Feuerzeug oder Streichhölzer.

Nachdem der Zug wegen des breiteren Schienenstrangs auf die sogenannten Läufer gezogen war, fuhr man endlich weiter.

Die Späher hatten anhand des Lichteinfalls durch die Ritzen der Waggonwand die grobe Himmelsrichtung feststellen können.

Es ging in Richtung Osten, das war klar, aber ob es nördlich oder südlich ging, das war das, was alle stark interessierte.

Die Enttäuschung war groß. Es ging in nördliche Richtung.

Vielleicht würde diesbezüglich doch noch eine Wendung eintreten. Wer wußte es schon. Norden bedeutete Kälte, Süden, der Sonne entgegen, die erhoffte Wärme.

Es wurde kälter im Waggon. Insofern war es gut, daß wir im Waggon dicht an dicht liegen mußten und somit die Körperwärme besser nutzen konnten. Aus verständlichen Gründen drängte sich niemand an die Außenwände. Die mittleren und obersten Plätze im Waggon waren deshalb die „wärmsten" und begehrenswertesten.

Einige Leidensgenossen lutschten vorsichtig den Rauhreif von den Metallteilen, aus Mangel an Wasser.

Sehr oft hielt jetzt der Zug auf freier Strecke. Kommandorufe und Flüche ertönten. Vermutlich wurde jetzt frisches Menschenmaterial zum Auffüllen der Straf- oder Arbeitslager aus den Waggons getrieben. Abgesehen von dem erwähnten Gebrüll verlief das „Aussteigen" geräuschlos.

Irgendwann und irgendwo würde auch der Inhalt unseres Gefährts in die winterliche Landschaft entlassen und mit Gebrüll und den inzwischen bekannten Flüchen in ein Lager getrieben.

Der Ausguck glaubte den „Kreml-Turm" erkannt zu haben. Aber Moskau war nicht unser Ziel. Es ging weiter und jetzt stärker nach Nordost. Das bedrückte alle Kameraden, doch keiner konnte kneifen.

Es wurde rangiert. Vermutlich wurden die Lokomotiven gewechselt. Es ging weiter. Nach wie vor wurde die Fahrt unterbrochen, und die bekannten Geräusche konnten wieder gehört werden.

Eines Tages um die Mittagszeit hielt der Zug wieder auf freier Strecke.

Unser Waggon war jetzt an der Reihe. Wir wurden bereits erwartet und durch die Wachmannschaft angetrieben, den Waggon schnell zu verlassen. Im tiefen Schnee und herrlichen Winterwetter mußten wir neben der Eisenbahnstrecke Aufstellung nehmen. Es wurde wie üblich gezählt und noch mal gezählt. Dann setzte sofort das Filzen ein. Alle Habseligkeiten aus den Taschen mußte man vor sich legen.

Dann kam die Leibesvisitation dran. Auf Uhren waren die Rotarmisten besonders scharf. Aber wer hatte noch so etwas oder den Ehering? Diese Dinge, einschließlich Taschenkamm und Spiegel, Feuerzeug und Nähzeug und andere Dinge des persönlichen Bedarfs eines Mitteleuropäers, hatten schon lange den Besitzer gewechselt.

Dazu zählten aber auch Schuhwerk, Fellwesten, Pullover und andere Bekleidungsstücke. Begehrt waren auch Eßbestecke, Taschenmesser und auch das Eßgeschirr sowie die Feldflasche. Diese Stücke hatten Rotarmisten schon lange bei meiner Gefangennahme in Besitz gebracht. Meine Füße in den kleinen Eisenbahner-Halbstiefeln, die ich als Ersatz für meine Lederstiefel erhalten hatte, spürte ich schon lange nicht mehr. Auch der Frost hatte mit dafür gesorgt. Ich kann mich auch nicht mehr daran erinnern, wie ich diese „exquisiten" Stiefel losgeworden bin.

Nach all dieser Prozedur setzte sich unsere Kolonne in Bewegung. Stunden waren dabei wieder vergangen. Einige hundert Meter von der Bahnstrecke entfernt konnte man das Lager in der flachen, windigen Landschaft erkennen. Auf einem Knüppeldamm gelangten wir bis zum Lagertor. Eine hohe Palisadenwand verhinderte noch den Blick in das Innere. Neben dem Tor befand sich ein Hundezwinger, noch treffender bezeichnet, ein nicht überdachter Käfig.

Aus diesem kam eine winselnde, heimatliche, noch erkennbare Stimme: „Gebt mir doch eine Decke, werft mir doch eine Decke rein …"

Diesen verständlichen Wunsch konnte ihm niemand von uns erfüllen, denn wir hatten ja so ein wichtiges Utensil auch nicht.

Die Mundart, wenn jetzt auch kläglich, wimmernd, klang tatsächlich heimatlich. Der arme Ausgesperrte kam sicher aus Mitteldeutschland. Wie sich später herausstellte hieß er Walter J. und kam aus Ahlsdorf in der Nähe meiner Heimatstadt Eisleben.

Das gehörte doch schon zur Tradition: Wenn man in ein neues Umfeld kam, stellte man die Ohren besonders stark auf „Empfang", um Landsleute herauszufinden.

Bevor wir in das Lager gelangten, wurde aber erst noch mal geprüft, ob die Zahl der Gefangenen stimmte.

Das machten in diesem Fall wieder russische Offiziere. Die Ergebnisse wurden mit einer Scherbe auf ein Holzbrettchen gekratzt.

Das war für die hiesigen widrigen Verhältnisse, auch klimatisch gesehen, sehr praktisch, denn der Sturm blies das Merk- oder auch Rechenbrettchen nicht weg. Auch die Nässe konnte dadurch keinen Schaden anrichten.

Im Lager standen Blockhaushütten, die aus groben Holzstämmen gezimmert waren. An der Naturfarbe des Holzes konnte man erkennen, daß das Lager jahrzehntealt war. Denn wir befanden uns jetzt im sogenannten „Verbannungsgebiet von Wologda".

Um in die Hütte zu gelangen, stiegen wir einige Stufen hoch.

Die Holzhäuser, natürlich einstöckig, standen auf Pfählen. Also war es eine feuchte Gegend, in die wir transportiert worden waren. Die Holzpritschen in einem größeren Raum waren zweistöckig. An Mobiliar gab es einige Hocker. Es gab weder eine Strohschütte noch Decken. Die Belegungsstärke betrug zirka 20 Personen. Auf dem durchgehenden Holzgestell fand jeder seinen Platz. Ältere Kameraden zogen die unteren Plätze vor, mußten dafür aber in Kauf nehmen, daß durch die Ritzen der oberen Etage einiges herunterrieselte. Überall im Raum, an den Wänden, besonders aber an dem Pritschengestell, befanden sich Flecken. Ich fand noch keine plausible Erklärung für deren Herkunft. „Das sind Blutflecken von zerdrückten Wanzen", wurde ich aufgeklärt.

Bald lernte ich auch diese Parasiten in Aktion kennen. Sie sind besonders nachtaktiv, klettern aus Fugen, Ritzen, Spalten und lassen sich auch von der Zimmerdecke auf die menschlichen Opfer fallen, um diese anzuzapfen. Sie mögen frisches Blut von Menschen, und wir mit unserem Blut sorgten ungewollt für die Vermehrung.

Es kostete schon Überwindung, die mit Menschenblut gefüllten Wanzen mit den Daumen zu zerdrücken. Oft waren sie so vollgesaugt, daß durch den Daumendruck das Blut herausspritzte, und dies geschah mit einem leichten Geräusch. Eine zerquetschte Wanze verursachte einen echt widerlichen Gestank. Dies und anderes gehörte zum Alltäglichen.

Im Raum befand sich ein typischer gemauerter Ofen. Im kleinen Vorraum befanden sich primitives Feuerlöschgerät und Sand.

Alle Nissenhütten konnte man über einen Knüppeldamm erreichen. Streckenweise dienten aber auch Bohlen als Fußweg.

Arbeits- und Straflager befanden sich hauptsächlich in unwirtlichen Gebieten des Landes, den sogenannten Verbannungsgebieten.

Die Bevölkerung dieser Landstriche sollte dadurch erreicht werden. Es gab zirka 5000 solcher Lager, die auch wegen der geographischen und klimatischen Besonderheiten Vernichtungslager waren.

Das Gebiet um Sokol zählte zum Verbannungsgebiet von Wologda. Das Lager befand sich außerhalb der Stadt.

Nachdem wir die Hütten bezogen hatten und jeder seinen Schlafplatz auf der zweistöckigen Pritsche belegt hatte, gab es einen „Willkommenstrunk". Es waren ungefähr 100 Gramm grau-gelbliche Brühe, die in einem Weißblechbecher gereicht wurde.

Es sollte „Bierhefe" sein, welche die Lagerärztin uns „Neuen" zukommen ließ.

Später hatten wir uns auf dem Appellplatz einzufinden. Ein sowjetischer Offizier hielt eine Ansprache, welche von einem Deutschen übersetzt wurde.

„Kittler kaputt" waren seine zwei deutschen Worte und auf russisch rief er dann: „Skorre damoi!", was auf deutsch heißt: „Bald seid ihr zu Hause!"

Ein baldiges Kriegsende war in der Tat greifbar nahe. Glaubte der Offizier, daß der große Stalin sich an die Genfer Konventionen halten würde? Diese besagen nämlich unter anderem „... die sofortige Entlassung von Kriegsgefangenen bei Beendigung der Kriegshandlungen".

Stalin, der Weltrevolutionär und größte Diktator, der Millionen seiner eigenen Landsleute umbringen ließ, weshalb er von Historikern auch „Verdienter Mörder des Volkes" genannt wird, hielt sich natürlich nicht an völkerrechtliche Abkommen. So erhielten die letzten deutschen Kriegsgefangenen erst nach dem Besuch von Konrad Adenauer in Moskau im Jahr 1955 die lang ersehnte Freiheit; zirka 3,2 Millionen, die unter extrem schlechten Bedingungen leben und schwere Arbeiten verrichten mußten, hielt er zurück. Ungefähr zwei Millionen sind verhungert, erfroren oder durch eine Krankheit umgekommen.

Das Massensterben der deutschen Kriegsgefangenen in sowjetischer Hand soll auf erzürnte Rotarmisten und Rache zurückzuführen sein.

Es ist nicht zu erklären, warum nur bis höchstens zehn Prozent der 1941/42 in Gefangenschaft geratenen Soldaten überlebt haben.

Es gab also zu dieser Zeit keinen Grund, sich zu rächen. Darüber hinaus ist bekannt, daß 1944 in Ostpreußen Rotarmisten einfielen, die aus dem asiatischen Teil der SU stammten.

In der Mongolei oder in Kasachstan hat es aber keine Kriegshandlungen gegeben, um aus Rache im deutschen Lande morden zu müssen. Meist wurden keine Gefangenen gemacht. Daher haben sich in aussichtsloser Lage und bei Verwundungen deutsche Soldaten selbst erschossen, um nicht in die Hände bolschewistischer Mörder zu fallen, da sie wußten, was ihnen blühte. Es würde zu weit führen, wenn ich Einzelheiten von Grausamkeiten aufzählen würde.

Erinnert sei nur an Nemmersdorf in Ostpreußen, unweit des Geburtsortes meiner lieben Frau und lieben Mutter unserer drei Kinder.

Das von Moskau offiziell gebilligte Programm wurde aber glücklicherweise von einer Vielzahl von Offizieren und Soldaten unterlaufen. Die literarischen Werke von Solschenizyn und Kopelew bringen das deutlich zum Ausdruck.

Aber auch die Ermordung von 22 000 polnischen Offizieren und Intellektuellen 1940 in Katyn ist genausowenig Legende wie Nemmersdorf. Man versuchte, Deutschland damit zu belasten.

Im Lager wurden wir mehreren Befragungen und Verhören unterzogen. Man erhoffte sich durch diese Methode, Widersprüche und Unwahrheiten herausfiltern zu können. Besonders eindringlich und hart waren die Befragungen zum Einsatz der SS und selbstverständlich zur Mitgliedschaft in der Waffen-SS. Diese Truppe war eine Eliteeinheit. Deswegen war sie gefürchtet. Nicht wegen der Morde, wie oft behauptet wird.

Solche Elitetruppen gab es in allen Armeen der Welt, was auch heute noch so ist.

Mit großer Sorgfalt und Genauigkeit wurden unsere Achselhöhlen untersucht. Mir war erst danach bekannt geworden, daß die SS-Leute dort eine Tätowierung tragen. Ich weiß auch bis heute nicht, wie diese aussieht.

Die politische Kommandantur sowie das Krankenrevier hatten eigene Baracken.

Unser Gesundheitszustand wurde überprüft, nicht um eventuelle Krankheiten zu erkennen und zu heilen, sondern um die Arbeitskraft festzustellen. Es war also nur ein Betrachten des nackten Körpers durch eine Kommission. Alle steckten in einer Uniform.

Einige trugen darüber einen weißen Kittel. Besonderes Augenmerk wurde nach der Kehrtwendung den Gesäßbacken gewidmet.

Nach zirka sechs Monaten konnte ich – illegal – meinen Eltern ein erstes Lebenszeichen aus russischer Kriegsgefangenschaft senden.

Rußland, 1. August 1945

Meine lieben Eltern und meine lieben Brüder!

Ich hoffe doch, daß Ihr Lieben daheim meine Briefe aus Posen schon erhalten habt. Es ist doch nun schon eine ganze Weile her.

Ich kam am 16. Februar in Schneidemühle in Gefangenschaft.

Ich bin gesund aus dem Schlamassel herausgekommen und bin jetzt auch noch gesund und munter. Ich wünsche dies von Euch Lieben daheim auch.

Heinz Niederhausen, der das Glück hatte, mit dem ersten Transport zu fahren, ist nun schon in der Heimat.

Auch ich werde recht bald bei Euch Lieben sein, und dann erzähle ich es Euch vom Anfang bis zum Ende.

Wir lesen hier in der Zeitung „Freies Deutschland" so manchen Artikel über die Neuordnung und -regelung in der lieben Heimat und freuen uns schon immer auf die nächstfolgende Zeitung. Hoffentlich ist bei Euch Lieben alles noch so, wie ich es verlassen habe, und daß sie den lieben Papa nicht noch eingezogen haben und daß der liebe Helmut auch gesund und munter aus dem Elend gekommen ist, so daß wir uns in allernächster Zeit alle gesund und wohlbehalten wiedersehen, und dann drei Kreuze und mehr hinter den Krieg.

wir uns in aller nächster Zeit alle gesund
und wohlbehalten Wiedersehen, und dann 3 X und
mehr Kinder des Sieg. Ja, meine lieben Eltern
und Brüder das wäre nun alles was ich Euch
zu berichten hätte.

Nun viele tausend Grüße an Euch liebe Eltern
und Brüder, sowie Grüße an alle Verwandten
und Bekannten, und ein baldiges, gesundes,
und frohes Wiedersehen in der lieben Heimat!
Euer Sohn und Bruder Erhard!

Bleibt schön gesund und
macht Euch keine Sorgen.

Ja, meine lieben Eltern und Brüder, das wäre nun alles, was ich Euch zu berichten hätte.

Nun viele tausend Grüße an Euch, liebe Eltern und Brüder, sowie Grüße an alle Verwandten und Bekannten, und ein baldiges gesundes und frohes Wiedersehen in der lieben Heimat.

Euer Sohn und Bruder Ehrhardt

Bleibt schön gesund und macht Euch keine Sorgen.

Fiel die Betrachtung gut aus, das heißt: „Sein Gesäß war noch fest und fleischig", so gehörte er zur Arbeitsgruppe 1. Um das festzustellen, nahm der Betrachter auch seinen Tastsinn in Anspruch und kniff das Arbeitstier in die Gesäßbacken.

Es stand die Auswahl der Gruppen von 1 bis 4 zur Verfügung.

1 bedeutete: kann schwerste Arbeit verrichten

2: kann schwere Arbeit verrichten

3: kann arbeiten

4: kann leichte Arbeit verrichten

Dann gab es noch die sogenannten „OK-Leute". Sie wurden für Beschäftigungen im Lager eingesetzt.

Nicht arbeitsmäßig einsatzfähig waren die Dystrophiker. Das waren, physisch gesehen, die Schwächsten der Schwachen, sie hatten „kein Lot Fleisch" auf den Rippen und konnten sich kaum noch auf den Beinen halten.

Obwohl diese beiden letztgenannten Gruppen das Stadium des Verhungerns erreicht hatten, was eine Selbstaufzehrung aller inneren Organe und der Muskulatur bedeutete, wurden die Dystrophiker scherzhaft „Strohficker" genannt. Sie hatten aber auch auf ihren Pritschen weder Stroh noch Decken.

Die Zahl der halbverhungerten Menschen nahm mit der Zeit rapide zu.

Durch den grausamen Hunger und die unzureichende Ernährung stellten sich viele Erkrankungen ein. Darüber hinaus wurde der Gesundheitszustand durch schwere Arbeit, unzureichende Hygiene und extreme klimatische Verhältnisse stark belastet, ja ausgezehrt.

Vitamin- und Eisenmangel förderten die Ernährungskrankheiten. Das jahrelange Entbehren von Fleisch, Milch, Butter, Öl, Zucker, Obst und Gemüse begünstigte die Entwicklung von Hungerkrankheiten. Die ungenügende Flüssigkeitsaufnahme aktivierte den Prozeß. Diese Krankheiten äußerten sich durch geschwollene Beine, einen hochgradig aufgeschwemmten Leib, durch Unförmigkeit von Gesicht und Gliedmaßen sowie durch Abszesse und Furunkel am ganzen Körper. Darüber hinaus wurde der Körper durch Erfrierungen und Malaria sehr geschwächt. Das Vorhandensein von Ungeziefer wie Wanzen, Läuse, Flöhe und Mücken rundeten das Bild noch ab.

Zurück aber wieder zur „Fleischbeschau". Diese Prozedur mußten wir monatlich über uns ergehen lassen.

Wir standen alle stundenlang nackt, oft frierend, in einer Reihe auf den Flurgängen, bis das Theater begann. Natürlich auch bei eisigen Außentemperaturen.

Nach den sogenannten Leistungsbestimmungen wurden wir in Arbeitsbrigaden aufgeteilt.

Die Essensrationen wurden an die Brigaden ausgegeben und vom Essenholer von der Küche abgeholt. Dafür wurden nur Holzeimer verwendet. Der Brigadeleiter teilte die Portionen aus. Das nasse, oft klitschige Brot wurde ebenfalls vom Brigadier geschnitten.

Das Schneidwerkzeug war sehr primitiv. Man hatte einen starken Nagel oder Draht mit einem Stein flach „geschmiedet" und einen Holzgriff zugearbeitet. Alle Augen und Sinne waren angespannt, wenn diese fast heilig anmutende rituelle Handlung vollzogen wurde. Alle achteten auf Genauigkeit beim Abwiegen der Stücke.

Ein Provisorium war natürlich auch die Waage. Aber es klappte auch hiermit. Auch die Zuteilung des Kantenstückes vom Kastenbrot ging reihum, weil das Endstück vom Brot nicht so feucht war und etwas größer schien. Manche Portionen bestanden aus mehreren Stückchen. Es mußte ja austariert werden, damit es stimmte, denn es kam auf jede Brotkrume an.

Je nach Brotanlieferung wurde die Ration einmal pro Tag ausgegeben oder zweimal. Es kam nicht selten vor, daß aus Brotmangel Trockenprodukte aus dem Sack ausgegeben wurden. Tagesbrotausgabe demzufolge ohne Gewähr.

Bei der sogenannten „Suppenausgabe" war es auch so. Hier wurde besonders darauf geachtet, daß der Brigadier die Brühe tüchtig bewegte, bevor er sie verteilte. Das wiederholte sich bei jeder Portion, damit nicht einer das „Dicke" bekam und der andere das „Dünne". Von dicker Suppe, so wie ich es von meiner Mutter gewöhnt war, konnte man nicht sprechen. Hier im Lager war es Glückssache, wenn sich in einem Dreiviertelliter Wassersuppe ein normaler Eßlöffel voll Reis, Hirse oder Graupen, vielleicht auch „Kapuster" oder Fischgräten befand.

Als sogenannten Leckerbissen gab es einmal dazu Kascha. Das waren zirka drei normale Eßlöffel dichterer Suppe aus bereits genannten Produkten.

Der Brei war hin und wieder aus Hirse oder Soja. Selten wurden trockene Erbsen verarbeitet.

Einmal gab es Wasser und selbstgesuchte Brennesseln darin. Das war eine richtige „Vitaminspritze".

Die Nahrungszuteilungen des einzelnen Plennys richteten sich nach der Arbeitsleistung. Es galt hier das Prinzip: „Wer nicht arbeitet, braucht auch nicht zu essen."

Das Antreibungsprinzip wurde dennoch nicht immer eingehalten. Das heißt, der Fleißige oder Tüchtige bekam nicht immer das an Nahrung, was ihm versprochen wurde. Die zusätzlichen und erhofften 100 oder 200 Gramm Brot waren versprochen, das Versprechen wurde aber gebrochen. Wurde die „Norm", die Bezeichnung und Bedeutung lernte ich hier kennen, nicht erfüllt (100 Prozent), gab es weniger zu kauen.

Besonders schlecht wurden die Schwächsten der Schwachen „versorgt". Sie waren ja nun abgewirtschaftet, ausgebeutet und brauchten keine besondere Fürsorge. Wenn diese noch transportfähig gewesen wären, hätten sie auf einen Heimkehrertransport geschickt werden können.

Um dem Leiden der Gefangenschaft ein Ende zu bereiten, griffen einige Geschöpfe zur Selbsthilfe. Man ließ sich durch Betreten der Verbotszone erschießen, oder man versuchte, seine Arbeitskraft bewußt zu verschlechtern, um aus der Misere zu kommen.

Dazu benutzte man bestimmte Mittel, auf die ich hier nicht weiter eingehen möchte. Der Tabak spielt hierbei eine besondere Rolle. Selbstverstümmlung an der Front war der sogenannte Heimatschuß. Man opferte dafür eine Hand und wurde wehruntauglich.

Unsere Uniformen hatten wir schon in den ersten Tagen im Lager gegen alte, abgetragene russische Militärklamotten tauschen müssen. Unterhemd und Unterhose aus festem Leinen waren sehr kurz. Knöpfe gab es an der Wäsche nicht. Die Knöpfe wurden durch kleine Bändchen ersetzt. Oft waren diese nicht mehr vorhanden.

Um die für mich kurz geratene leinene Stiefelhose am Körper festzuhalten, gab es weder Hosenträger noch Riemen. Glück hatte derjenige, der ein Stück Bindfaden besaß. Mit einem Stück gefundenem Draht konnte ich meine Hose befestigen. Dann gab es das sogenannte „Russenhemd", die „Kimnastiorka", ohne Knöpfe für die Knopflöcher. Das Hemd wurde über der Hose getragen.

Statt Strümpfe, wie bei der deutschen Wehrmacht, gab es hier nur Lappen für die Füße. Jahrelang habe ich Fußlappen benutzen müssen, die aus Mangel an Wasser zum Waschen vor Schmutz standen. Wasser für die Körperpflege und eventuelle Reinigung der Sachen gab es kaum, und wenn, dann nicht ausreichend.

Für die Füße gab es Holzschuhe, natürlich auch schon abgelatscht. Das Obermaterial war aus Zeltstoff. Die längste Zeit trug ich abgetragene und durchgescheuerte, zu enge Filzstiefel. Selbst die Schäfte der Stiefel waren durch Abrieb sehr dünn.

Die Filzstiefel wurden von den meisten Russen hier im Winter wie zur wärmeren Jahreszeit getragen. Manchmal hatten sie Gummigaloschen übergestülpt.

Als Oberbekleidung gab es die Steppjacke für die wenigen warmen Monate und für den Winter einen abgetragenen, löchrigen dreiviertellangen „Militärpelz". Dieser war aus mehreren Fellstücken zusammengenäht. Für mich war auch dieses gute „Bekleidungsstück" viel zu kurz. Es reichte bei weitem nicht bis zum Knie.

Die Kopfbedeckung für den Sommer war das „Schiffchen" und im Winter der „Paschlik".

Für die Hände gab es Handschuhe, aber nicht zum Warmhalten derselben. Es waren Arbeitshandschuhe aus derbem, ledertuchähnlichem festen Stoff. Sie waren notwendig, damit zum Beispiel die Hände am Arbeitsgerät, wie der eisernen Brechstange u. a., nicht anfroren.

Nach einigen Wochen in diesem Lager wurden wir zu einer Waschanstalt geführt. Der sogenannte Gehweg bestand aus Holzbohlen und Brettern. Am Wegesrand, durch einen kleinen Vorgarten getrennt, standen die typischen russischen Holzhäuser, welche aus groben Stämmen gezimmert waren. Diese hatten nur ein Erdgeschoß und zwei kleine, farbig abgesetzte Fenster. Auf der Rückseite befand sich der Eingang. In den Fenstern standen oft einige verschlossene Gläser, in welchen sich grüne Tomaten befanden.

Der etwas höher gelegene Fahrweg war unbefestigt, aber glattgewalzt. Der andere Straßenrand war nicht bebaut.

In einiger Entfernung konnte man ein großes, ebenerdiges Gebäude erkennen. Es war ein Ziegelbau mit einem breiten Eingang. Die Vermutung, daß es sich hierbei um einen Waschstützpunkt des Ortes handelt, fanden wir bestätigt.

Das ganze Umfeld machte einen ländlichen Eindruck.

Unsere Gruppe, welche aus etwa 30 Mann bestand, wurde schon erwartet. Wir befanden uns in einem großen Raum. Der Fußboden bestand aus Backsteinen.

An der Stirnseite des Raumes stand eine „Desinfektionseinrichtung".

Unsere Bekleidung mußten wir ausziehen und auf einen Haufen werfen. An der Längsseite des Raumes standen große Holzfässer, die mit Wasser gefüllt waren. Davor standen lange, schmale Bänke, auf welchen die bekannten Holzeimer auf uns warteten. In einem abseits stehenden Gefäß befand sich Schmierseife, wie sie bei uns zu Hause für verschmutzte Arbeitskleidung benutzt wurde.

Es gab Wasser und Waschmittel, und der Körperpflege stand nichts mehr im Wege. Handtücher zum Abtrocknen gab es nicht, das besorgte die warme Waschhausluft.

Dem Ungeziefer, welches wir uns inzwischen eingehandelt hatten, wurde während unserer Waschtortur tüchtig eingeheizt. Die warmen Klamotten aus dem Kessel rochen nach Rauch. Angenehm für mich war es, daß diese warm waren und hoffentlich auch ungezieferfrei.

Unsere Körperpflege war aber noch nicht beendet.

Obwohl wir alle behaarten Körperteile gut mit Schmierseife behandelt hatten, mußten wir nun im wahrsten Sinne des Wortes Haare lassen.

Nach Anweisung des weiblichen Personals stiegen nacheinander immer zehn Nackedeis auf eine Bank. Die Prozedur konnte beginnen.

Die behaarten Körperstellen wurden nun nochmals, wegen „der Kultur", von den Frauen eingeschmiert. Dazu wurde natürlich das bekannte Waschmittel eingesetzt. Die Rasur konnte nun beginnen.

War das nun eine Niederträchtigkeit, der man die deutschen Soldaten planmäßig aussetzte, oder war das eine menschenfreundliche, landesübliche Geste hier unweit vom Ural?

Den Sklaven hat man im Altertum das Haupthaar geraubt! Das war für die Betroffenen eine Schändung.

In der russischen Armee waren alle „Muschkoten" kahlköpfig. Die Offiziere durften ihr Haupthaar behalten.

Den deutschen Offizieren wurde diesbezüglich in russischer Gefangenschaft auch kein Haar gekrümmt, das heißt, sie durften nicht „geschoren" werden. Gleiche Parallelen bestanden bezüglich der Verpflegung.

Hier galten andere Regelungen. Die Uniformen durften weiter getragen werden, und die Unterbringung war auch separat. Arbeiten konnten sie nach ihrem Gutdünken.

Wir durften unsere Klamotten, die nach der Dampf-Desinfektion wieder auf einen Haufen geworfen worden waren, aus demselben heraussuchen. Die noch warmen Sachen fand ich angenehm auf dem

Körper, und den angesengten Geruch der Bekleidungsstücke behielt ich lange in Erinnerung.

Wenn man mit einem Russen in Berührung kam, hörte man oft: „Kittler kaputt" und „Deutsche nix Kultura".

In unserem Lager wurde nun auch dem Ungeziefer der „Kampf" angesagt. Da es relativ kleine Räume waren, im Vergleich zu Barackensälen, wurden wir Insassen für einige Tage umquartiert.

Alle Fugen und Ritzen zwischen den Stämmen, an der Tür und den Fenstern wurden mit Lumpen und Papier zugestopft. Mit den Schwefeldämpfen wollte man der Seuchengefahr begegnen. Aber auch das Ungeziefer, insbesondere die Wanzen, sollten durch die Desinfektion bekämpft werden.

Wie wir nach Tagen feststellten, nachdem wir wieder eingezogen waren, mißlang das Unterfangen. Die Wanzen hatten sich tüchtig zur Wehr gesetzt. Sie waren jetzt aktiver als vor der Schwefelgasbehandlung. Durch die Schwefeldämpfe war das blutsaugende, widerlich stinkende Ungeziefer erst richtig munter geworden. Es kamen sehr viele Blutflecke von den ekelhaft stinkenden zerdrückten Wanzen hinzu.

Nach der Meinung aller Leidtragenden wäre das Abbrennen der Buden bezüglich Ungezieferbekämpfung die bessere Lösung gewesen.

Die arbeitsfähigen Gefangenen wurden in verschiedene Arbeitsbrigaden eingeteilt. Man nannte diese auch „Kommandos".

Ihnen gehörten, je nach Bedarf, mindestens zwölf Leute an.

Die Brigademitglieder wurden nach einer bestimmten Zeit, je nach Gesundheitszustand, ausgewechselt. Auch der Arbeitsplatz konnte von einem Tag zum anderen unterschiedlich sein. Jede Brigade hatte einen Brigadeleiter oder auch Brigadier.

Besonders gefragt waren die Handwerker. Die Russen nannten diese „Spezialisten". Ihr Arbeitsplatz war daher oft erstrebenswerter als zum Beispiel der eines „Rapotschniks", eines Arbeiters.

Auf einen pünktlichen Arbeitsbeginn wurde geachtet. Am Lagertor nahmen die Posten ihre Kommandos in Empfang. Die Arbeitszeit betrug zehn und auch zwölf Stunden. Wenn in dieser Zeit die Arbeit nicht geschafft wurde, zum Beispiel Entladen von Waggons oder Lastkähnen, so verlängerte sich die Arbeitszeit.

Hierbei wurde nicht immer von ökonomischen Gesichtspunkten ausgegangen. Oft waren Schikanen mit im Spiel. Es ist nicht selten vorgekommen, daß die Brigade, welche ihr Ziel erreicht hatte, anschließend noch Hilfeleistungen schwächeren Brigaden gegenüber erbringen mußte. Sonn- oder Feiertage fanden keine besondere Berücksichtigung. Die Arbeitsverrichtung stand immer an erster Stelle.

Jede Brigade hatte eine bestimmte Norm. Von der Erfüllung des Solls hing die Verpflegung ab. Die Begriffe Norm, Soll oder Wandzeitung waren mir bis zu diesem Zeitpunkt noch fremd.

An der sogenannten Wandzeitung, die im Lager einen bestimmten Platz hatte, wurde die Normerfüllung bekanntgegeben. Manipulationen blieben daher nicht aus. Die Gründe dafür waren oft unterschiedlich.

Durch eine zusätzliche, geringe Brotzuteilung sollte der Anreiz für Normerfüllungen Wirkung erzielen. Aber die Festlegung der Norm hing auch, wie wir feststellen konnten, von der Lust und Laune der Obrigkeit ab. Der Ausbeutungsgrad wurde durch solche Festlegungen verschärft.

Das Versprechen, die Mehrleistung zu honorieren, wurde oft nicht eingehalten. Für die Arbeitsleistungen gab es keine Kopeke in den Jahren meiner Tätigkeit dort. Der Lohn für die Leistung wurde durch geringe Produktzuteilungen, aber auch nur durch die Übererfüllung der Norm zugestanden.

Natürlich wurde auch in Schichten gearbeitet, und es kam vor, daß jemand aus bestimmten Gründen an seine bereits geleistete Schicht noch eine dranhängen mußte.

Dies bedeutete, daß derjenige, bis auf eine recht kurze Unterbrechung, 16 oder 20 Stunden am Tag leisten mußte.

Für die Organisation war der Barackenälteste verantwortlich.

Er hatte ein besonderes Verhältnis zur russischen Lagerkommandantur. Er besaß sein eigenes Zimmer und hatte seinen eigenen Hilfswilligen, und ein Hungergefühl wird er wohl auch nicht gekannt haben. Darüber hinaus hatte er noch einen sogenannten Lakaien, der die Stube und die Sachen des Ältesten in Ordnung hielt. Seine sogenannten „Mitarbeiter" taten das natürlich gerne, da immer einige zusätzliche Bissen für sie abfielen. Hier drehte sich eben vieles um das Essen und einen warmen Platz.

Der Barackenälteste setzte die nicht arbeitsfähigen OK-Leute für Reinigungsarbeiten in der Baracke und außerhalb derselben ein. Die Schlüssel zur sogenannten Kleiderkammer verwahrte er ebenso.

Daher konnte er sich nach seinen Vorstellungen gut kleiden, und wenn nicht, wurde ein Schneider beauftragt, die notwendigen Kleidungsstücke anzufertigen.

Für zusätzliche Essensportionen und Freistellung von Arbeitseinsätzen konnte er eben seinen Schneider und auch Friseur für sich oder, nach seinen Anordnungen, für andere arbeiten lassen.

Daß diesbezüglich mit den Russen eng zusammengearbeitet wurde, liegt auf der Hand. Auch ich habe erlebt, daß zum Beispiel ein Ofensetzer abkommandiert wurde, um in der städtischen Wohnung eines russischen Offiziers einen Ofen zu bauen.

Meist bekam man den „Allmächtigen", es konnte auch ein Offizier sein, nicht zu Gesicht, denn er hielt sich ja seinen Stab, um sich das Lagerleben so schön wie irgend möglich zu gestalten.

Aber dies ging auch nur alles auf Kosten der mittellosen und rechtlosen Gefangenen.

Jedes Lager besaß ein sogenanntes Krankenrevier, welches separat, also abseits stand. Die bettlägerigen Kranken waren in unterschiedlich großen Räumen untergebracht. Hier fand man selten mehrstöckige Pritschen. Eiserne Feldbetten, mit Matratzen oder Strohsäcken versehen, dienten als Lagerstätte. Hier gab es auch eine Zudecke. Bekleidet waren die Kranken mit der kurzen leinenen Unterwäsche, meist aber doch nur mit dem Hemd. Es war wohl jeder Kranke aus dem Selbsterhaltungstrieb heraus interessiert, recht lange im Krankenrevier bleiben zu können, trotz geringerer Kost. So ein Widerspruch. Gut über den Winter zu kommen, war das angestrebte Ziel. Fieberkranke hatten eine geringe Chance, aufgenommen zu werden. Hier halfen Findige nicht selten nach.

Erkältungskranken stand nur der eigene Urin zur Verfügung, um zum Beispiel Halsschmerzen loszuwerden. Hausmittel, wie ein Wollschal oder wollene Strümpfe, die man sich um den Hals schlingen konnte, gab es ja nicht. Salzwasser stand freilich auch nicht zur Verfügung, um damit gurgeln zu können.

Um Durchfall loszuwerden, welcher häufig auftrat, mußte man irgendwo und irgendwie Holzkohle auftreiben. Mit einer Portion war aber die kräftezehrende Erkrankung noch nicht gestoppt. Vielleicht konnte man von einem Kameraden aus dem Waldkommando Nachschub erhalten?

Wessen Gesicht oder andere Gliedmaßen bis zur Unförmigkeit durch Wasser aufgedunsen und aufgeplatzt waren, hatte auch Chancen, in das Krankenrevier zu kommen. Eine Garantie dafür gab es allerdings nicht.

Unter durch Wanzen, Läuse und Flöhe zerstochenen Körperteilen hatten wohl alle Plennys zu leiden. Auch Krätze und Ekzeme sowie Geschwüre, die sogenannten Hungerödeme, traten sehr oft auf.

Die Hungerödeme traten an den Körperteilen auf, wo noch etwas Substanz, also Fleisch, vorhanden war. So hatte ich zum Beispiel in beiden Oberschenkeln ein etwa zwei Euro großes und daumennageltiefes Loch mit nassem, eitrigem Ausfluß. Dafür gab es keinen Verband.

Die Gesäßbacken waren mit vielen kleinen Furunkeln überzogen. Schwarze teerhaltige Ichthyolsalbe gab es kaum, und wenn, dann wurde die stark riechende Salbe mit einem Spachtel aufgetragen. Ich habe so eine Behandlung nicht erhalten können.

Das Krankenrevier roch besonders stark nach Desinfektionsmittel, Karbolsäure und Chlor. Letzteres sehr stark vom Abtritt.

Diese „Seuche-Bekämpfungsmittel" verströmten aus offenen Gefäßen, die auf den Fluren standen, ihre Gase.

Im Verbandszimmer versahen einige deutsche Gehilfen ihren Dienst. Es gab auch nicht immer einen deutschen Arzt, welcher der russischen Ärztin zur Seite stand. Diese war auch nur stundenweise im Lager eingesetzt und auch nicht täglich anzutreffen.

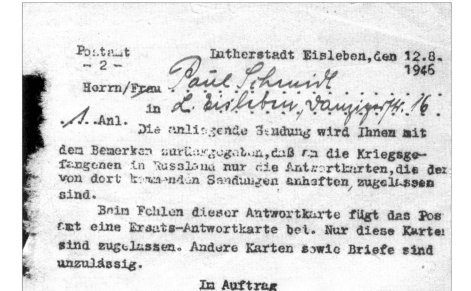

Postamt
– 2 –   Lutherstadt Eisleben, den 12.8.
                                                    1946
Herrn/Frau *Paul Schmidt*

    in *L. Eisleben, Danziger Str. 16.*

..1. .Anl. Die anliegende Sendung wird Ihnen mit
den Bemerken zurückgegeben, daß an die Kriegsgefangenen in Russland nur die Antwortkarten, die der
von dort kommenden Sendungen anheften, zugelassen
sind.
    Beim Fehlen dieser Antwortkarte fügt das Pos-
amt eine Ersatz-Antwortkarte bei. Nur diese Karten
sind zugelassen. Andere Karten sowie Briefe sind
unzulässig.

                    Im Auftrag

Absender: *Paul Schmidt*
                    Namen
⑲ *Eisleben-Lutherstadt*
        Postleitzahl — Wohnort
Danzigerstraße 16
Hausnummer — Gebäudeteil — Stockwerk

POSTKARTE

Kriegsgefangener

Erhard Schmidt

◯ *U.d.S.S.R-Rotes-Kreuz*
    Postfach 193/2
Straße — Hausnummer — Stockwerk oder Postschließfach-Nr.

3201 H.St.H. 11. 45. Nr. 10

Post verweigert Beförderung

124

Herzensliebster Sohn und Bruder Erhard!
Innige Sonntagsgrüße senden wir Dir u. sind in Gedanken bei Dir.
Was wirst Du im Moment jetzt tun? Gestern erhielten wir Deine Karte
vom 3.8. Unsere Freude war wie immer sehr groß. Besonders freut es
uns, daß Du noch gesund bist. Gott wird das an Dir gutmachen, was
ich an meinen ehemaligen russischen Kameraden, welche mit mir zusammen gearbeitet haben, Gutes getan habe. Ich habe mein Brot mit
ihnen geteilt, trotz strengsten Verbots. Zu Deinem 19. Geburtstage
senden wir Dir besonders herzl. Grüße und Küsse. Möge Gott Dir
Deine Gesundheit erhalten u. Dich so schnell wie möglich in Deine
Heimat, in unsere Mitte zurückkehren lassen. Dies wünschen wir Dir
von ganzem Herzen. Hatte Dir auf einer einfachen Postkarte schon mal
gratuliert, ist aber wieder zurückgekommen. Wir dürfen nur auf diesen
Karten schreiben. Deinen Freund in Erdeborn werden wir grüßen. Wir
sind alle noch gesund. Grüße von allen Verwandten. Es grüßen Dich
Eltern u. Brüder. Auf baldiges Wiedersehen.

Das Küchengebäude ähnelte einer Baracke, war aber massiv gebaut
und befand sich oft am Rand des Lagers. Am Kessel standen die
sogenannten Küchenbullen. Deutsche Köche oder auch solche, die
vom Lagerältesten ernannt wurden. Weibliches Personal gab es auch
hier nicht.
    Hin und wieder wurden OK-Leute zum Kartoffelschälen eingesetzt
oder abkommandiert.
    Das Schälen fand, wie ich es erlebt hatte, in einem von der Küche
entfernten Raum unter Aufsicht statt. Und doch gelang es, daß man
ein Stückchen „Rohkost" zwischen die Zähne bekam. Auch der Kau-
vorgang mußte unbemerkt geschehen, da man sonst die längste Zeit
Kartoffelschäler gewesen wäre. Einige ganz scharfe „Kontrolleure" gestatteten es, daß während dieser Tätigkeit gepfiffen werden konnte.
Diese Kontrollen waren notwendig, da sonst die Verpflegung der Honoratioren gefährdet gewesen wäre.
    Die Vorfreude auf das Kommando war meist größer als der persön-

liche Nutzen. Ich hatte in den Jahren der Gefangenschaft einmal das Glück, dabei gewesen zu sein. Aber man saß zumindest im Warmen. Ich erinnere mich an eine „Kartoffelkost", und das war im Hospital in Wologda. Die Mahlzeit bestand aus zirka fünf bis sechs walnußgroßen, schwarz gefrorenen Pellkartoffeln. Nein, es blieb auch keine Pelle auf dem Teller zurück.

Es versteht sich, daß die Lagerobrigkeit, einschließlich der russischen Kommandantur und Wachmannschaft, aus einem besonderen Kessel bekocht wurde.

Die Essenholer der Brigaden empfingen die Wassersuppe in den bekannten Holzeimern am Küchenschalter. Der Brigadier teilte die fett- und kraftlose Brühe unter tüchtigem Umrühren vor jeder Ration aus. Hier wurde von den Hungrigen genau darauf geachtet, daß keiner bevorteilt oder benachteiligt wurde. Es hätte ja sein können, daß jemand einige Kapusterblätter oder auch Fischgräten mehr bekommen hätte. Der Brigadeleiter wurde nicht extra beköstigt. Hin und wieder hatten wir ein „Zweigängemenü". Es bestand aus einem Dreiviertel-liter Wassersuppe und etwa drei gestrichenen Löffeln dünnem Brei oder „Kascha", wie er hier genannt wurde. Er bestand aus Reis, Hirse, Graupen oder Soja beziehungsweise Mehl. Daß alles fettlos war, muß nicht besonders erwähnt werden. Als Getränk gab es hier und da ge-färbtes und warmes Wasser. Der sogenannte Tee war geschmacklos, dafür aber rationiert.

Wasser stand nicht immer ausreichend zu Verfügung, obwohl die Gegend hier sehr wasserreich war. Es ist nicht selten vorgekommen, daß Wasser für die Küche aus den Flüssen geholt werden mußte.

Auch das war eine zusätzliche Belastung nach der verrichteten Arbeit.

Da gab es dann immer eine richtige kleine Völkerwanderung, denn alle wollten ja essen. Jedes verfügbare Gefäß wurde für den Wasser-transport genutzt, um die Kessel zu füllen.

Ein Eßbesteck wurde nicht gebraucht. Es war jedem selbst überlassen, ob er mit den Fingern aß, wie in der Steinzeit, oder wie ein Zivilisierter einen Holzlöffel benutzte. Hier aßen auch die normalen Sowjetbürger mit dem Holzlöffel, der steckte meist im Schaft des Filzstiefels. An uns Gefangene wurden keine Holzlöffel ausgegeben. Den mußte man sich selbst von einem „Spezialisten" für einen Kanten Brot als Zahlungsmittel fertigen lassen. Wenn der „Luxusartikel" nur einen Kanten Brot kostete, bedeutete das 24 Stunden Extra-Hunger. Je nach Appetit des Schnitzers konnte man den Preis auch abstottern, das heißt zum Beispiel eine halbe Tagesration Brot, später den Rest.

Es gab zirka 5000 Arbeitsvernichtungslager in der Sowjetunion Diese befanden sich hauptsächlich in klimatisch sehr ungünstigen geographischen Gebieten. So auch die Lager, die ich kennengelernt hatte. Diese befanden sich zwar im europäischen Teil der SU, zählten aber zu den berüchtigtsten Verbannungsgebieten um Wologda.

Es gab hier viel Wasser und Sumpf, demzufolge auch Malaria und kaum landwirtschaftliche Kulturen.

Bei ständig unzureichender Kost und bei Minustemperaturen zwischen 30 und 50 Grad unter null wurden auch wir Mitteleuropäer zum Arbeiten gezwungen.

Es fehlten den klimatischen Verhältnissen angepaßte Unterkünfte und Bekleidung sowie menschenwürdige ärztliche Betreuung und richtige medizinische Versorgung.

Darüber hinaus ließ man sich Methoden der Peinigung einfallen. Hierzu zählte zum Beispiel das plötzlich angeordnete Wechseln von einem gewohnten Umfeld in ein anderes. So wurden entstandene Freundschaften unter uns Plennys bewußt zerstört. Nennen möchte ich aber auch das meist stundenlange Stehen bei jeder Witterung auf dem Appellplatz. Die Plätze ähnelten dem Appellplatz des KZs Buchenwald auf dem Ettersberg bei Weimar.

Sichtbare Schwierigkeiten beim Zählen der Belegung durch die russischen Offiziere tauchten regelmäßig auf. Diese Handlungsweisen waren bewußt gesteuert, um noch größeren Unmut bei uns Plennys zu erzielen, was auch einer seelischen Folter entsprach.

Währenddessen wurden in den Baracken unsere „Habseligkeiten" auf den Pritschen gefilzt, durchsucht. Diese Tätigkeiten wurden von den Rotarmisten und dem Barackenältesten durchgeführt.

Im ersten Lager in Petschatkino/Sokol konnte man an den sogenannten Antifa-Schulungen teilnehmen. Besonderen Wert legte man auf die Teilnahme der deutschen Offiziere, die im Lager eine besondere Unterkunft hatten und auch besonders verpflegt wurden, obwohl sie zu Arbeiten nicht herangezogen wurden. Sie durften darüber hinaus Teile ihrer Uniform behalten und tragen, einschließlich der Auszeichnungen.

Ein einfacher Plenny hatte wenig Chancen, wie es auch bei mir der Fall war. Um eine Abwechslung in mein Dasein zu bringen, hatte ich an einigen Vorträgen teilgenommen. Die Vortragenden waren deutsche Offiziere, allerdings ohne deutsche Hoheitsabzeichen an ihren Uniformen. Man sah auch keine deutschen militärischen Auszeichnungen daran.

Da ich in meinem Elternhaus keine nazistische Erziehung erhalten hatte und mich auch keinem derartigen Verband anschloß, hielt ich einen Staat, in welchem Arbeiter und Bauern regieren, für erstrebenswert.

Hier in den Lagern wurden sogenannte Kaderschmieden aufgebaut und bereits wirksam. Mitstreiter für den Aufbau eines kommunistischen Staates nach sowjetischem Vorbild mußten gewonnen werden.

Die Aktivisten gehörten dem „Nationalkomitee Freies Deutschland" an und waren vermutlich in fast allen Kriegsgefangenenlagern tätig. Das Ziel hieß „Sowjetisierung Deutschlands".

Auserwählte, die also besonderes Vertrauen genossen, wurden mit diesem Auftrag eher aus der Gefangenschaft entlassen.

Diese Aktivisten haben in der Gefangenschaft gelebt, ohne Gefangene gewesen zu sein. Ihnen wurden alle möglichen Vergünstigungen zuerkannt, nach der altbekannten Methode „Mit Speck fängt man Mäuse".

Auf meine Anwesenheit legte man weniger Wert. Vielleicht lag das an meinem noch jugendlichen Alter, oder ich war nicht reif für so einen Auftrag.

Ich schloß daher das Kapitel, „Mitglied des Nationalkomitees Freies Deutschland" zu sein, ab.

Stalin, wie damals Lenin 1917, war nach wie vor bestrebt, ein Sowjet-Deutschland als Vasall herauszubilden, um die kommunistische Weltrevolution in Europa voranzutreiben.

Ein Bild in diesem Lager hat sich bei mir besonders eingeprägt.

Ich sehe heute noch die drei Plennys, denen die Flucht mißlang.

Diese drei hatte man zur Abschreckung angeprangert, denn sie knieten vor dem Brettertor. Außer der Hose hatte man ihnen die Kleidung genommen. Man hatte ihnen mit Teer ein brustgroßes Hakenkreuz auf den nackten Oberkörper geschmiert. Sie sahen zerschlagen und blutig aus. Die gefesselten Hände waren auf den Rücken geschnürt. Ein Bild zum Erbarmen. Zwei Flüchtlinge hatte man bereits erschossen. Was mit diesen Armen geschehen ist, entzieht sich meiner Kenntnis. Es gibt grausame Menschen. Vielleicht wurden sie noch wie im Mittelalter gefedert, denn geteert waren sie ja schon.

Die gesamte Lagerbelegung mußte an den Geschundenen vorbei und sich die Drohrede, mit entsprechender Gebärde, anhören und anschauen, die der Lagerkommandant über uns alle ergehen ließ.

Wie bereits erwähnt, waren die Lager so angelegt, daß eine Flucht fast unmöglich gelang.

Ich hatte in der Zeit meiner Gefangenschaft nie daran gedacht, eine Flucht zu planen und zu unternehmen.

Ich glaubte immer noch an ein gutes und baldiges Ende des Leidens und der Zwänge.

Aber erst wurde von uns Wiedergutmachung verlangt.

Mein Arbeitsplatz befand sich an einem sehr breiten und schiffbaren Strom, in der Nähe der Anlegestelle für Lastkähne.

Ich hatte die Aufgabe, die im Wasser liegenden zwei oder auch drei Meter langen Stämme mit Hilfe eines Bootshakens auf das umlaufende Band eines Elevators zu bugsieren. Die Arbeit war relativ leicht, verlangte aber eine gute Standfestigkeit auf einer schmalen Bohle, die mehrere Meter in den Strom hineinragte. Es verlangte aber auch ein gewisses Maß an Geschick, die Stämme zu treffen, heranzuziehen und auf den Elevator zu schieben. Das Band zog die Stämme zirka 50 Meter weit eine steile Hanglage empor. Die Stämme wurden vom Band auf eine Lore der Feldbahn geladen und zum Holzplatz geschoben. Hier wurden sie dann gestapelt.

Mit diesen Tätigkeiten waren die übrigen Mitglieder der Brigade beschäftigt.

Der Posten saß während dieser Zeit am wärmenden Feuer, denn es war Herbst. Er rauchte seine in Zeitungspapier gedrehte Machorka-Zigarette! Eine Zigarette im herkömmlichen Sinne war es aber nicht. Machorka ist ein Stengeltabak. Die Strünke wurden fein zerkleinert und waren hart krümelig. Aus Zeitungspapier wurde dann ein kleines Tütchen gedreht, und in dieses kam dann der „Tabak", der sich meist lose in der Hosentasche des Rauchers befand.

Das gefüllte Tütchen wurde dann so zugedreht, daß sich am Ende eine kleine Lunte zum Anzünden befand.

Mir machte meine Arbeit unten am Strom über dem Wasser auf einer Bohle stehend Spaß, zumal es hier mehr zu sehen und zu hören gab. Da der Strom schiffbar war, kamen oft größere Motorschiffe und auch Lastkähne vorbei, die mich besonders interessierten.

Eine Begebenheit ist mir besonders im Gedächtnis haften geblieben. Vom Bord eines Motorschiffs warf ein Matrose einen am Strick befestigten Eimer ins Wasser, zog ihn gefüllt wieder an Bord, setzte ihn an den Mund, um seinen Durst zu löschen. Das war für einen normalen Mitteleuropäer doch sehr ungewöhnlich, aber hier zählten eben diese Dinge zum Alltag.

Typisch russisch hörte sich auch der Gesang von Frauenstimmen an, welcher aus der Ferne zu mir drang. Ich verglich ihn damals schon mit „Indianergeschrei und Geheule".

Heimweh packte mich jedesmal, wenn vorüberziehende Eisenbahnzüge, die ich nur hören konnte, ihre Signale über den gewaltig breiten Strom erschallen ließen. Das gegenüberliegende Ufer konnte man kaum erkennen, so breit war der Fluß, dessen Namen ich leider nicht mit Bestimmtheit sagen kann, da es hier in der Landschaft viele gewaltige Wasserläufe gab.

Mit meiner Arbeit ging es eine Zeitlang ganz gut. Eines Tages aber verfehlte mein Bootshakenwurf das Ziel, so daß ich das Gleichgewicht verlor und in voller Montur kopfüber in das Wasser stürzte. Ich hatte dabei aber noch Glück, daß ich nicht unter die im Wasser liegenden Stämme geriet und von der Strömung mitgerissen wurde.

Pech für mich bestand allerdings darin, daß ich, nachdem ich mich wieder auf die Bohle retten konnte, in den nassen Klamotten eine ganze Schicht lang ausharren mußte. Da das Band leerlief, das heißt keine Stämme mehr oben ankamen, ging man den Grund suchen.

Der Posten hatte ein Einsehen mit meinem Mißgeschick und gestattete mir, mich zum Aufwärmen auf den warmen Motor des Elevators zu setzen, welcher in einer dunklen, zugigen Holzbude stand. Sehnsüchtig wartete ich auf den Feierabend. Wenn ich auch hier etwas Schutz vor der Kälte gefunden hatte, so konnte ich doch nicht so schnell zittern, wie ich fror.

Endlich war es soweit. Jeder Plenny packte sich einen Holzstamm für die Küche auf die Schultern, und ab ging es zurück ins Lager.

Meine Sachen mußten am Körper trocknen, denn sie konnten auch nicht getauscht oder gewechselt werden.

Wegen der Verschärfung des Frostes mußte die Arbeit am Fluß eingestellt werden.

Es erfolgte eine Verlegung ins Nebenlager. Unsere Unterkunft war jetzt ein altes, stillgelegtes, mehrstöckiges Fabrikgebäude.

In einer unübersichtlichen Produktionshalle hatte man entlang der Stirnseite eine zweistöckige durchgehende Pritsche gebaut.

Auf dieser ruhten zig Plennys, natürlich, wie gehabt, ohne Decken oder Strohsäcke. In der Mitte der Halle, hier war der Betonfußboden zirka einen Meter abgesenkt, befand sich ebenfalls ein Liegeplatz. Vor den Pritschen standen einige Holzbänke. Anderes Mobiliar gab es auch hier nicht. Da es keine Fenster gab, wurde die Halle spärlich elektrisch beleuchtet.

Dafür gab es aber eine Dampfheizung, die allerdings kaum Wärme lieferte.

Eine Luxusausstattung fanden wir in Form eines Waschraumes mit fließend kaltem Wasser vor.

Die Ambulanz befand sich an der anderen Seite, durch einen Gang getrennt, separat erreichbar.

Ebenso führte ein Gang in die Räume des Lagerältesten beziehungsweise der extra untergebrachten deutschen Offiziere.

Um in die Unterkunft zu gelangen, mußte man eine steile eiserne Außentreppe benutzen.

Im unteren Geschoß befand sich die Küche, wahrscheinlich auch die Heizung für das Gebäude. Die Essenholer mußten also bei jeder Witterung die steile Außentreppe benutzen, um die Essensrationen abholen zu können.

Die Essenholer der Brigaden hatten keine Privilegien. Das ging reihum. Es war eine Vertrauenssache, und wehe dem, der sich nicht beherrschen konnte beim Anblick der Rationen für seine ebenso hungrigen Kameraden, die er für sie in Empfang nahm. Kameradendiebstahl in so einer Gemeinschaft kam einem Selbstmord gleich. Ein solch trauriges Erlebnis habe ich auch erleben müssen. Zum Organisieren von Eßbarem waren wir mehr oder weniger gezwungen. So gelang es mir einmal, als Essenholer Vorteile daraus ziehen zu können.

Die Küche voller Dampf, so daß man fast den in der Reihe stehenden Vordermann kaum sehen konnte. Zu meiner Linken standen zwei große Tonnen mit gesalzenem Fisch. Es war mir gelungen, unbemerkt zwei große Salzfische an mich zu nehmen und sie unter meiner Kleidung verschwinden zu lassen. Die Salzfische wurden in einer stillen Ecke so verzehrt, wie sie waren, natürlich einschließlich der Gräten.

Mir gelang es auch mal, von einem älteren Plenny eine „Portion Pellkartoffelschalen" zu erbitten.

Vermutlich hatte er ein paar Knollen auf einem Kommando organisieren können. Später hatte ich auch die Stelle entdeckt, wo man hätte kochen können, wenn man …

Ein Dampfrohr aus der Heizung ragte durch die rückwärtige Außenwand des Gebäudes ins Freie. Hier wurden vermutlich die Kartoffeln in einem Beutel gegart. Natürlich inoffiziell.

Das Lager konnte man nur durch die Torwache verlassen, und dies nur in Begleitung der Postenführer, nach eingehender Kontrolle. Obwohl wir in einer steinernen Unterkunft hausten, gab es auch hier Ungeziefer en gros, und alle Sorten wollten unseren Lebenssaft saugen.

Ich habe mehrfach, um dem entgegenzuwirken, die Nächte auf einer schmalen Holzbank im Waschraum verbracht. Zuvor aber mußte ich um die Bank herum ständig für einen nassen Untergrund sorgen, denn Nässe haben die Wanzen nicht gerne. Zielgenau lassen sich diese

Blutsauger von der Zimmerdecke auf ihre Opfer fallen, und das vor allem im Dunkeln.

Später hatte ich einen Liegeplatz auf dem Betonfußboden in der Nähe eines Heizkörpers auf dem Gang eingenommen.

Mit dem Kopf lag ich unter der Heizung auf meinen Filzstiefeln.

Die Füße steckten in den Jackenärmeln und der Mantel diente als Zudecke. Zusammengerollt wie ein Igel, versuchte ich, die kalten Hände in den Achselhöhlen oder zwischen den Knien warm zu halten. Den „Schapka" behielt man schon wegen des Ungeziefers auf dem Kopf.

Die Plennys in diesem Lager hatten ganz unterschiedliche Arbeitsplätze. So zum Beispiel beim Straßenbau, dem Holzplatz, der Papierfabrik, oder sie waren einer Transportkolonne zugeteilt. Darüber hinaus waren die Spezialisten und auch die Handwerker für Privatarbeiten zuständig. Besonders Schneider, Schuhmacher, Ofensetzer und Maler waren sehr gefragt und wurden in den Offiziershaushalten beschäftigt. Da fiel schon mal etwas Eßbares oder Rauchbares, inklusive etwas Zeitungspapier, ab. Ein warmer Arbeitsplatz war darüber hinaus Gold wert.

Nun, diese Möglichkeiten hatte ich nicht. Ich wurde einer Straßenbaubrigade zugeteilt. Ein alter gehbehinderter Zivilist mit einer altertümlichen Flinte, vielleicht noch Vorderlader, nahm unsere Brigade in Empfang. Es ging Richtung Straße. Mit primitiven Arbeitsgeräten bewaffnet, wurden wir mit Planierungsarbeiten beschäftigt.

Eines Tages mußten wir unsere Arbeit unterbrechen, weil ein Trauerzug oder eine Trauergemeinschaft vorüberzog. Musikklänge aus einer Knopfharmonika hatten den Trauerzug angekündigt.

Ein Panjepferdchen zog einen flachen Wagen, auf dem ein offener Sarg mit dem darin liegenden Leichnam stand. Hinter dem Gefährt gingen die wehklagenden Hinterbliebenen.

Unser Posten war eine friedfertige, ruhige Person. Meist setzte er sich rauchenderweise abseits von uns und mischte sich in unsere Arbeit nicht ein. Die Gefangenen, die ebenfalls Tabak besaßen, konnten am Feuer beim Posten eine Rauchpause einlegen.

Die Nichtraucher mußten dagegen weiterarbeiten, um nicht zu frieren.

Ich faßte eines Tages, aus diesem Tatsachenbestand heraus, den Entschluß, auch ans wärmende Feuer zu kommen. Da ich keinen Tabak besaß, schnorrte ich den Posten an: „Paschalista Dowarisch, Machorka jest?" (Bitte, Genosse, hast du Tabak?) Und wenn es geklappt hatte, riß er ein Stück Zeitungspapier ab, das man doch zum „Drehen" brauchte, griff in die Tasche und krümelte den Machorka darauf. Das Drehen hatte ich mir schon mal abgeguckt.

Wenn die andächtig ausgeführte Dreharbeit gelungen war und es qualmen sollte, brauchte man ja auch noch Feuer. „Spitzki jest?" Zu deutsch: Hast du Feuer? Als höflicher Mensch sagte man: „Spasiwa Dowarisch."

Zum Anbrennen des Tabaks hätte ich mir ja einfach ein Stück Glut aus dem Feuer nehmen können, aber ich wollte das „russische Feuerzeug" auch kennenlernen.

Wer von den Russen besaß schon in dieser Zeit ein Feuerzeug oder Streichhölzer? Das konnten nach der Meinung der armen russischen Menschen nur Kapitalisten oder Natschalniks sein (Personen im gehobenen Stand, Parteifunktionäre und so weiter).

Vielleicht hat es diese Dinge auch in den Städten gegeben, aber hier im Verbannungsgebiet mußten sich die Menschen anderer Mittel bedienen, wie wir beobachten konnten.

Ich nenne die vier Teile, aus denen das „russische Feuerzeug" bestand:

1. eine kleine metallene Dose,
2. darin Moos oder Watte,
3. dazu ein Feuerstein, den man sich suchte, und dann
4. ein Stück Stahl, meist von einer abgebrochenen Feile.

Der Werdegang vom Funken zur Flamme beinhaltete fünf Arbeitsgänge:

1. Dose öffnen,
2. mit der Feile auf den Feuerstein schlagen, so daß

3. ein Funken in das Moos oder die Watte fällt,
4. den Funken sorgsam und vorsichtig anblasen und
5. leicht brennbares Material zur richtigen Zeit wiederum durch behutsames Blasen zum Brennen bringen.

Wer es geschickt bedient, kann damit auch bei stürmischem Wetter ein Feuer entzünden oder seine Zigarette anbrennen.

Ich, wie auch andere Plennys, lernten so das russische „Sturmfeuerzeug" kennen, und vor allem die Raucher waren bestrebt, ein solches in ihren Besitz zu bringen.

Mir war nach meiner ersten Machorka-Tüte so schwindlig geworden, daß ich mich zum Feierabend am Geländer der eisernen steilen Treppe des Lagers hochziehen mußte, um an meinen Liegeplatz zu gelangen.

Wo bekamen die Raucher den begehrten Machorka her? Rubel bekamen wir nicht für unsere Tätigkeiten, und nicht jeder Plenny kam mit der russischen Bevölkerung in Berührung. Hier hatten es die sogenannten Spezialisten besser. Sie waren es auch, die Machorka besorgen konnten und diesen an die Kameraden für einen Kanten Chleb (Brot) verkauften. Viele Raucher gingen davon aus, daß sie mit einem Stachan Machorka den Hunger besser in den Griff bekamen als mit einer Tagesration Brot und mehrere Tage etwas davon hatten. Ein Stachan ist die Benennung für eine Menge. Das Meßgerät ist ein einfaches Wasserglas. So wurde auch Produkte, wie ich später beobachten konnte, abgemessen.

Das Entfachen einer Flamme mit Hilfe einer Brille versetzt die Russen in Erstaunen. Sie fanden dafür auch keine Erklärung.

Wer besaß in Rußland schon eine Brille? Ich kann mich nicht daran erinnern, je eine „russische Brillenschlange" gesehen zu haben.

Da ich inzwischen so ein „Wunder" auf der Nase trug, der vorhergehende Besitzer brauchte diese nicht mehr, wurde ich als Kapitalist bezeichnet, zumal Aluminium als Notbehelf mit verarbeitet wurde.

Auch russische Menschen hatten kranke Augen. Ich glaubte bis zu diesem Zeitpunkt an das Gegenteil. Warum man keine Brillenträger sehen konnte, war nun auch geklärt.

Die Zunahme des Frostes verhinderte ein weiteres Arbeiten an der Straße, denn die Erde war so hart gefroren, daß sie nur mit Brechstangen aufgelockert werden konnte.

Wir wurden nun einer Transportkolonne zugeteilt. Auf einem riesigen ebenen Lagerplatz, ohne Strauch- oder Baumschutz unter freiem Himmel, rostete das Beute- oder Reparationsgut aus Deutschland vor sich hin, einzig mit einer Schnee- oder Eisdecke überzogen. Hier und da konnte man die Hersteller der Maschinen erkennen. Die Plünderung Deutschlands fand auch hier ihren Niederschlag und ging weit über die im Potsdamer Abkommen vereinbarten Reparationen hinaus. Ein Großteil der Güter aus „Stalins Beutezug" konnte wegen fehlender Voraussetzungen nicht verwendet werden, die aber in seinem besetzten Teil Deutschlands bitter fehlten.

Die Transportkolonne bestand aus zirka 50 Personen. Wir alle versuchten, ein Aggregat durch das Ziehen an einem Tau zu bewegen. Es half auch kein Kommando „Ras, twa, solli, ischo jelli", zu deutsch: „Eins, zwei, drei, alle zusammen!"

Das ging ohne Erfolg über einen längeren Zeitraum so. Die Kälte nahm trotz der Bewegungen zu. Es war eine sinnwidrige Tätigkeit. Vielleicht hatte aber auch die russische Kommandantur in Übereinstimmung mit deutschen Ärzten die Bewegung in der eisigen Kälte, bei minus 30 bis 50 Grad (es wurde jetzt nur vier Stunden gearbeitet) als Prophylaxe angeordnet.

Hatte man unserem Kommando nur bewußt Beschäftigung an der frischen Luft zur Abhärtung und Gesunderhaltung verordnet, oder sollten tatsächlich Arbeitsergebnisse erzielt werden? Wo lag der Sinn?

Ungefähr hundert Meter von unserem Arbeitsplatz entfernt stand ein kleines, massives Häuschen, welches die Größe einer Gartenlaube hatte Man sah den Qualm aus dem Schornstein steigen. Der Drang nach Wärme wurde dadurch noch gesteigert, und ich faßte den Entschluß, zum Aufwärmen dort hinzugehen. Auf meine Frage: „Wer kommt mit zum Aufwärmen?" fand sich niemand der frierenden Truppe bereit. So marschierte ich also allein dorthin.

Das Büro des Natschalniks wurde durch einen gemauerten Ofen

im Vorraum geheizt. Begierig sog ich die Wärme in meinem Körper auf. Nach einer kurzen Weile erschien der aufsichtshabende deutsche Offizier und veranlaßte den Natschalnik, mich mit einem Fußtritt aus dem Vorraum zu befördern.

Diesem angeforderten Rausschmiß konnte ich keinen Widerstand leisten. Dazu wäre ich auch nicht in der Lage gewesen. Dem deutschen Offizier allerdings versuchte ich im Freien an den Kragen zu gehen. Wir wälzten uns im Schnee, und wenn ich noch bei Kräften gewesen wäre, hätte ich diesen Halunken erwürgt.

Es war ein junger, mir unbekannter Offizier, denn wie bereits erwähnt, waren diese im Lager separat untergebracht und brauchten auch nicht zu arbeiten. Vermutlich hatte er sich, um Abwechslung zu haben, zum Kommando gemeldet.

Im sogenannten „klassenlosen Staat der SU" gab es viele Klassen.

Eine Losung in der DDR lautete: „Von der Sowjetunion lernen heißt siegen lernen." Deshalb bildeten sich im Laufe der Zeit, des Bestehens der kommunistischen Diktatur, auch im sogenannten Arbeiter-und-Bauern-Staat, viele Klassen mit spezifischen Unterschieden heraus.

Man machte auch hier in russischer Gefangenschaft Unterschiede in der Behandlung, Verpflegung und so weiter der Kriegsgefangenen. Jahrzehnte nach dem Vorfall mit dem jungen deutschen Offizier glaubte ich, daß er aus seiner Verantwortung heraus kein Halunke war, wie ich mich damals in meinem berechtigten Zorn geäußert hatte.

Wenn er meine menschlich verständliche Handlungsweise zur Meldung gebracht hätte, wären die Folgen für mich mit Sicherheit mehr als bitter gewesen.

Mir sind Fälle bekannt geworden, wo es unmenschliche Verhaltensweisen oder Denunziationen der Brigadeleiter oder aufsichtsführenden Personen ohne Pardon gegeben hat. Es drohte immer Sibirien …

Alles drehte sich meist um die sogenannte Normerfüllung bei zu verrichtenden Arbeiten. Davon hing die Größe der Brotration oder der Essenszuteilung ab.

Konnte sich nun ein Brigademitglied aus Kräftemangel oder anderen Gründen nicht ausreichend an der Normerfüllung beteiligen, galt er als Hemmschuh. Da der Leiter der Brigade seinen Posten aus egoistischen Gründen behalten wollte, erstattete er Meldung wegen des „Hemmschuhs“. Es gab natürlich auch mutige Brigadiere, welche die Höhe der vorgegebenen Norm beim Russen beklagten, natürlich ohne Erfolg. Mit dem Urteil „Arbeitsverweigerung“ war die Sache schnell abgetan.

Wenn sich die versklavten Plennys in einer Brigade einig waren, fanden sie in der Schicht meist Mittel, um einen gewollten Arbeitsunfall mit tödlichem Ausgang zu organisieren. Dies natürlich nur in den Fällen, wo die Antreiber von ihren maßlosen, unkameradschaftlichen Verhaltensweisen nicht abließen. Solche Vorfälle waren mir bekannt geworden. Der Russe durfte auf keinen Fall Kenntnis von dem wahren Sachverhalt bekommen.

Ich erkannte sehr bald, daß sich in der Not jeder selbst der Nächste ist. Erst in der Notsituation erkennt man den wahren Charakter eines Menschen.

Im normalen Leben trägt wohl fast jeder eine unsichtbare Maske, die, wie bereits erwähnt, in einer Notsituation verlorengeht.

Die ungewöhnlichen klimatischen Verhältnisse mit sehr strengen Frösten erforderten, um am Leben zu bleiben, besondere Verhaltensweisen und Einfallsreichtum, natürlich im beschränkten Maße.

Das hatten auch die Russen begriffen, denn sie brauchten ja die Menschen für die Planerfüllung. Dennoch mußte die Arbeitszeit verkürzt werden.

Ich habe auch in diesem Lager einige Male erlebt, daß vor dem Ausmarsch zur Arbeit, um Erfrierungen entgegenzuwirken, Frostschutzsalbe zur Verfügung gestellt wurde. Die aus einem Gefäß entnommene Substanz schmierte man sich in das Gesicht, welches trotz behelfsmäßig guter Verpackung immer frostgefährdet war.

Nach kurzer Zeit im Freien waren die Wimpern und auch Augenbrauen vereist. Auch der Hauch, der aus Mund oder Nase kam, vereiste an den schützenden Fetzen, die um den Hals und Kopf geschlungen waren.

Einige Plennys, die aus der Papierfabrik Papierbahnen hatten organisieren können, wickelten damit ihren Körper ein, so gut es ging. Hier vor allem die Brust, die Nierengegend und die Beine.

Der zusätzliche Kälteschutz war natürlich nicht jedem gegeben.

Ich zählte, wie die meisten anderen Gefangenen, die solch einen Kälteschutz nicht anwenden konnten, auch dazu. Mein Arbeitsplatz befand sich überwiegend in „Gottes freier Natur".

Der zusätzliche Kälteschutz war selbstverständlich illegal. Es gab keine wärmere Unterwäsche für den langen Winter. Nach wie vor bestand sie aus hartem und kaltem Leinenstoff. Knöpfe, wie gewohnt, gab es an dieser Wäsche nicht. Statt dessen fand man hier und da ein kurzes Bändchen zum Zubinden. Das Unterhemd bedeckte nicht einmal die Nierengegend, und die Unterhose ging gerade bis zur Wade. Die zu engen Filzstiefel, die ich trug, waren zu klein und an der Innenseite in Knöchelhöhe fast durchgescheuert, und demzufolge boten sie nur mäßigen Schutz vor Erfrierungen.

Die Füße steckten ja nicht in warmen Strümpfen. Dafür gab es Fußlappen, und diese reichten, wenn sie richtig gewickelt waren, auch nur bis kurz über die Knöchel.

Die „Kimnastjorka", das sogenannte Russenhemd, wurde zu jeder Jahreszeit getragen. Darüber trug man die Steppjacke, auch im Sommer, der hier aber nur kurz war.

Für den Winter gab es lediglich noch eine abgetragene, aus mehreren Flicken zusammengenähte Felljacke, die fast bis an das Knie reichte.

Alles abgetragene Klamotten aus dem Fundus der stolzen Roten Armee. (Die Zeitzeugen, die den Einmarsch der Russen erlebten, waren über die zerlumpten Uniformen der „Befreier" entsetzt.)

Die Wintermonate waren sehr hart und bedeuteten eine zusätzliche Belastung für unseren durch Hunger, Arbeit, Ungeziefer und Krankheit geschwächten Körper.

Am Knirschen des Schnees, welches durch das Gehen erzeugt wurde, konnten wir bald die ungefähren Minusgrade bestimmen.

Je heller und fast singend die Geräusche waren, um so kälter und frostiger war es.

Eines Tages, die Kommandos waren zum Ausmarsch zur Arbeit angetreten, erschien plötzlich eine Kommission, der mehrere höhere russische Offiziere angehörten. (Vermutlich hatte die russische Lagerleitung davon Kenntnis und Frostschutzsalbe ausgegeben.) Nachdem diese aus dem Fahrzeug ausgestiegen waren, wurde die Frage an uns gestellt, ob alles in Ordnung sei oder ob es auch Klagen gebe.

Nun, es gab viele Klagen, und in Ordnung war kaum etwas. Aber es wurde keine Klagewelle laut … Warum eigentlich? Hatte man Angst, wenn man sich wahrheitsgemäß beschwert hätte, daß die Folge gewesen wäre: „Ab nach Sibirien, wo es noch kälter und härter ist"? Würde es als Arbeitsverweigerung ausgelegt?

Die Furcht vor zusätzlichen eventuellen Gefahren verschloß aus diesen Gründen die Münder der Plennys …

Solche Gedanken hatte ich, als noch lebensunerfahrener junger Mensch, nicht. Ich war mir nicht bewußt, daß eine Klageführung, die vom Fragesteller nicht gern gehört wird und dessen Zorn hervorrufen könnte, mir unvorhergesehene Nachteile bringen würde.

Ich beklagte mich und brachte meine Beschwerde aus der versammelten Menge an. Den Grund dafür lieferten mir die zu kleinen und kaputten Filzstiefel.

Es erfolgte ein kurzer und knapper Befehl: „Dawei, nassat …", auf deutsch: „Schnell zurück ins Lager!"

Ich meldete mich, wie mir befohlen war, beim Lagerältesten, einem deutschen Offizier. Dieser belegte mich mit Schimpfworten, Drohungen und Vorwürfen: „Nur Ihrem jugendlichen Leichtsinn haben Sie es zu danken, daß ich Sie nicht zur Anzeige wegen Arbeitsverweigerung bringe."

Ob er mehr Angst um seinen Posten hatte und als Versager vom Russen seines Postens enthoben werden könnte, kann ich nur annehmen. Anders ist mir seine Verhaltensweise mir gegenüber nicht zu erklären. Vielleicht war er aber auch über den Vorfall, den ich vor Tagen mit dem Kolonnenführer in der Transportkolonne hatte, informiert. Auch dann hätte er keinen Grund gehabt, einen Landsmann zu verdammen oder zur Anzeige zu bringen.

Ich bekam natürlich keine anderen Filzstiefel. Mit den „bloche Bodinskis" mußte ich am nächsten Tag meine Schicht antreten.

Es vergingen nur wenige Tage nach meiner Klageführung, bis mir meine Ferse am linken Fuß erfroren war.

Meine Klageführung vor der russischen Kommission wurde vermutlich von derselben als mutige Tat eines Burschen gewertet und nicht weiter geahndet oder mit einer Strafe belegt.

Diese Erfrierung leitete ein neues Kapitel in der Geschichte meiner Kriegsgefangenschaft ein.

Zunächst wurde ich in das Krankenrevier eingeliefert. Die fast faustgroße Frostbeule oder Frostblase wurde geöffnet. Sie war voller Flüssigkeit. Vermutlich kam auch Wasser in den Beinen dazu. Mein allgemeiner Gesundheitszustand, plus Erfrierung, war sicher auch der Grund, mich in das Hospital abzuschieben.

Darüber war ich natürlich nicht böse. Ich erhoffte mir, dadurch gut über den Winter zu kommen.

Mit einem Transport ging es nach Wologda. Dies war auch die Bezeichnung für das hiesige Verbannungsgebiet. Sokol und Petschatkino gehörten „gottlob" der Vergangenheit an. Für immer?

Eine ehemalige Eisenbahnerschule aus der Zarenzeit diente jetzt als Hospital. Das Gebäude war zweistöckig. Es besaß ein gemauertes Fundament und der Oberbau war aus Holzbalken gezimmert. Während die Unterkünfte und Wirtschaftsbauten sowie Magazine in Sokol und Petschatkino Pfahlbauten waren, außer dem Fabrikgebäude, gab es hier ein festes Fundament.

Ob auch russische Zivilisten hier behandelt wurden, habe ich nicht herausgefunden.

Mir wurde ein Krankenzimmer im Erdgeschoß zugewiesen. Darin standen zwei doppelstöckige und vier einzelne metallene Feldbetten, die auch Matratzen hatten.

Es gab auch zwei dünne graue Decken, die wir in Mitteldeutschland als Pferdedecken verwenden. Vom Flur aus wurde das Zimmer beheizt.

Es roch stark nach Karbolsäure, einem Desinfektionsmittel, welches in einer Schüssel auf einem Hocker stand. Ein Tisch und einige Hocker waren das ganze Mobiliar. Gegessen wurde auf der Liegestatt.

Beißender Chlorgestank stand im Toilettenraum in der Luft. Es gab keine Wasserspülung, dafür wurde gechlort.

Auch im Waschraum gab es kein fließendes Wasser. An der Wand befanden sich kleine metallene Behälter, welche mit einem Stöpselverschluß am Boden des Gefäßes versehen waren. Aus den erst zu füllenden Gefäßen floß nur dann ein dünner Strahl Wasser, wenn der Stöpselverschluß angehoben wurde. Darunter befand sich eine etwas breitere Abflußrinne. Das Wasser mußte man vor dem Waschgang aus einer Tonne, die im Raum stand, holen. An warmes Wasser war allerdings nicht zu denken.

Täglich erschien eine Ärztin im Krankenzimmer. Die Frage an die Kranken lautete meist: „Kakdilla?" („Wie geht es?")

Darauf kam dann die Antwort: „Monoche slawi, polneu." („Sehr schwach, krank.") Dann gab es meist ein kleines, in weißes Papier gewickeltes Pülverchen, welches im Munde zwischen den Zähnen knirschte.

An eine Mittagsmahlzeit erinnere ich mich noch sehr gut. Sie bestand aus fünf oder sechs walnußgroßen, schwarzen, angefrorenen Pellkartoffeln. Die Schale ließ sich nicht lösen. Der Hunger nahm aber darauf keine Rücksicht. Zumindest war man hier im Hause nicht der sibirischen Kälte ausgesetzt, und das war sehr wichtig.

Da ich nicht mehr bettlägerig krank war, wurde ich zur Verrichtung kleinerer Arbeiten herangezogen.

Wenn die russischen Putzfrauen meine Hilfe benötigten, ertönten die Rufe: „Kabinettschik, iddi suda", das hieß: „Komm hierher." Meine Hilfe im oberen Bereich, wo die Frauen nicht hinlangen konnten, wurde also benötigt. Zur Verständigung diente die Zeichensprache.

Ich fühlte mich bis auf das Hungergefühl hier wohl und geborgen. Eventuelle Zuwendungen in Naturalien gab es von den Frauen nicht.

Ich unternahm auch keine Versuche, etwas Eßbares zu erbetteln, da sie ja vermutlich auch nicht genügend für sich hatten.

Wanzen störten hier nicht die Nachtruhe, und die Geräusche der schlafenden Mitbewohner kannte man ja schon lange.

An den Anblick der Toten, die über Nacht gestorben waren und auf dem Flur unter der Treppe abgelegt waren, gewöhnte man sich auch.

Die Zimmerbelegung war international. Von den Spaniern erlernte ich das Schachspielen. Figuren hatten sie zum Teil aus dem klitschigen Brot geformt, welches sie sich abgehungert hatten.

Über die Anwesenheit der Spanier in russischer Gefangenschaft hatte ich mich sehr gewundert. Ich wußte damals noch nicht, daß aus allen europäischen Ländern Freiwillige in den Reihen der deutschen Wehrmacht waren und auch kämpften.

An ein Gespräch mit den übrigen Zimmergenossen kann ich mich nicht erinnern, was wohl auch an der Vielsprachigkeit gelegen haben muß.

Nach einiger Zeit, die Sonne ließ sich schon sehen, stand also höher am Himmel, wurde ich zur Verrichtung von Außenarbeiten herangezogen.

Außer der Plennykleidung erhielt ich einen warmen, schon getragenen Pullover. Der ehemalige Besitzer benötigte denselben nicht mehr.

Die Arbeit an der frischen Luft machte ich trotz des Frostes jetzt gern. Ich war mein eigener Herr. Keine Normerfüllung wurde mir abverlangt, und die Essensrationen waren gesichert. Hier gab es übrigens Weißbrot, welches aber auch sehr klitschig war.

Ich dachte an meine lieben Eltern und an mein schönes Zuhause und stellte fest, daß man hier bei richtiger Ernährung und Kleidung auch gut über den Winter kommen kann.

Durch das Holzhacken und die gute Luft erlangte ich wieder bessere Konditionen.

Ich wurde einem Spezialisten als „Gehilfe" zugeteilt. Diese Person stammte, der Sprache nach zu urteilen, aus Bayern. Dem Alter nach zu urteilen, hätte er mein Vater sein können. Nun, sein Verhalten mir gegenüber war keinesfalls väterlich, was ich auch nicht erwartet hatte. Ob er zu der Sorte Bayern gehörte, welche die Norddeutschen als „Saupreußen" bezeichnen, oder ob es das egoistische Verhalten war? Ein gutes kameradschaftliches Verhältnis kam nicht zustande.

Die Arbeitsstellen befanden sich außerhalb des Hospitals, teils im Ort.

Die erste Tätigkeit, die ich mit ihm verrichten sollte, war das Weißen der Wände im Magazin mit Kalk.

In die Arbeit bezog er mich nicht ein und ließ mich am Eingang stehen. Es war aber nur eine Eintagsarbeit, die er allein verrichtete.

Natürlich steckte er den Kanten Brot, den er für die Arbeit bekam, für sich allein ein, denn er hatte ja auch nur allein gearbeitet. Hätte er mich in die Arbeit mit einbezogen, wäre vielleicht das Stück Brot, welches der russische Magaziner gab, kleiner für ihn ausgefallen.

Das egoistische, unkameradschaftliche Verhalten des „Vorarbeiters" trat auch beim nächsten Arbeitsauftrag auf.

In einer Offizierswohnung sollte ein gemauerter Ofen, denn solche befanden sich wohl in den meisten Wohnungen, repariert oder gesetzt werden. Werkzeug und Hilfsmittel durfte ich tragen. Dies aber nur bis vor die Wohnungstür in dem großen, mehrstöckigen Mietshaus. In die Wohnung nahm er mich nicht mit.

Im eisigen Treppenhaus, die Holzstiegen waren alle gefroren und mit Eis überzogen, durfte ich warten. Übrigens befanden sich die Abtritte der Bewohner außerhalb des Wohnhauses.

Nach Stunden des Wartens und Frierens ging es zurück in das Hospital. Vom Lohn, den er gewiß erhalten hatte, sah ich auch nichts.

Wenn die russische Bevölkerung auch wenig hatte, so zeigten sie sich doch dankbar. Es konnte ein Stück Brot, eine Zwiebel oder Kartoffel oder auch etwas Machorka und Zeitungspapier zum Drehen der Papirossy sein, was gegeben wurde.

In seinem Selbsterhaltungstrieb war dieser Mensch rücksichtslos gegenüber einem Leidensgenossen. In diesem Maße hatte ich, „Menschlichkeit" noch nicht erlebt. In der Not zeigt sich eben der andere Charakter eines Menschen. Da ist sich leider jeder selbst der Nächste, bis auf Ausnahmen, die es aber auch gibt.

Ich versuchte, Verhaltensweisen der Menschen im normalen Leben zu vergleichen, und kam zu dem Ergebnis, daß im alltäglichen Leben wohl fast jeder eine Maske trägt, die um so schneller fällt, je größer die Not ist. Philosophen glauben, im Menschen raubtierartige Züge zu erkennen. Wie recht sie haben …

Den Winter hatte ich nun gut im Hospital überstanden. Die Erfrierung war abgeheilt und nur noch durch eine bläuliche Verfärbung sichtbar. Körperlich hatte ich mich durch die Ruhe und „Geborgenheit" auch erholt. Einer Rückführung in das Arbeitslager stand damit nichts mehr im Wege.

Es ging also wieder zurück nach Sokol beziehungsweise Petschatkino. Hier aus diesem Lager hatte ich meinen lieben Eltern nach zirka sechs Monaten bereits ein illegales Lebenszeichen senden können. Der Überbringer, welcher nach Jahren der Gefangenschaft zu einem gesundheitlichen Wrack geworden war, durfte nun zurück in die Heimat. Der Eisleber Heinz N. hatte die Nachricht an meine Eltern in seinen Holzschuhen versteckt. Die Gefahr, daß diese beim abschließenden Filzen entdeckt werden könnte, nahm er ohne Zögern auf sich.

Wir alle waren Heinz sehr dankbar.

Einen offiziellen Kartengruß, der nur eine beschränkte Wortzahl haben durfte, erhielten die Eltern am 5.2.1946 von mir aus Rußland.

Jetzt ging es wieder auf die Suche, Landsleute aus der Heimat zu finden. Aus Eisleben traf ich einen ehemaligen Schulfreund, Heinz B., und aus Riethnordhausen Rudi H., einen Bauernsohn. Rudi versprach, wenn er eher nach Hause käme als ich, würde er meinen lieben Eltern Nahrhaftes überbringen.

Eines Tages wurde wieder ein Heimkehrertransport zusammengestellt, und Rudi, der von der Hungerkrankheit Dystrophie stark gezeichnet war – er war stark aufgeschwemmt und hatte Wasser in den offenen Beinen – durfte nun nach Hause.

Nach meiner Heimkehr 1948 gab es keinen Rudi H. Er konnte sich nicht mehr lange der wiedergewonnenen Freiheit erfreuen.

Ich wurde wiederum einer Transportbrigade zugeteilt. Unsere Aufgabe bestand im Entladen von Lastkähnen. Im Laderaum der Kähne balancierten wir in unseren Holzschuhen auf den drei Meter langen Holzstämmen, die über die Bordwand gewuchtet werden mußten.

Es war nicht ungefährlich, die Stämme zu zweit aufzunehmen, über die Stämme zu klettern und bis an die Bordwand zu gelangen, um die Last auszustemmen, damit diese endlich über Bord geworfen werden konnte.

Die Holzstämme mußten so aufgenommen werden, daß eine Schräge, eine Art Treppe entstand, um aus der Tiefe des Lastkahns an den Rand der Bordwand zu gelangen. Das war auf dem wackligen Untergrund mit der Last und den Holzschuhen an den Füßen nicht ganz ungefährlich. Auch das Über-Bord-Werfen der Holzstämme mußte mit Kommando geschehen, das heißt, der Stamm mußte von uns Trägern mit gleichem Druck abgeworfen werden. Die Gefahr bestand aber auch durch plötzliches Abrollen der liegenden Stämme. Der Gefahr durch Sprung zur Seite zu entgehen, war dann fast unmöglich. Den langersehnten Feierabend gab es erst, wenn die sogenannte Norm geschafft war. Das konnte der aufsichtsführende Russe nach seinem Belieben ausdehnen.

Aber auch Steine wurden aus den Lastkähnen entladen. Eine Verladerampe existierte hier nicht. Auch Kräne, die man zum Be- oder Entladen benutzt, waren hier nicht zu sehen. Die Anlegestelle war mehr als primitiv.

Die aus dem Kahn über die Bordwand auf das Festland geworfenen Steinbrocken mußten nun abtransportiert werden. Darin bestand meine Aufgabe.

Bei dieser Arbeit lernte ich die „russische Schiebkarre" kennen. Auf zwei im Abstand von zirka 80 Zentimetern parallel laufenden hochkantige Bretter waren auch Bretter quer genagelt, so daß eine etwa zwei Meter lange Trage entstand. Auf diese Ladefläche wurden dann die schweren Gesteinsbrocken gerollt oder gekantet. Vermutlich war es uranhaltiges Erzgestein.

Die Last auf der Trage wurde nun zu zweit aufgehoben und im gleichen Schrittrhythmus über Bohlen laufend weggeschleppt.

Auch diese Arbeit erforderte Kraft, Geschick und Gleichklang in den Bewegungsabläufen. Diese Tätigkeit ähnelte einer Fließbandarbeit, da die Lastträger sich hintereinander bewegen mußten. Stockte aus irgendeinem Grund ein Trägerpaar, gab es einen Stau, der durch das Warten wiederum mehr Kraft kostete. Ein Abstellen der Trage auf den wippenden und wackligen schmalen Bohlen war schlecht möglich.

Auf meinen Schultern habe ich unzählige Holzstämme schleppen müssen. Dies auch auf dem Holzplatz beim Entladen von Waggons.

Die Stämme wurden bis zum Lagerplatz getragen und dort gestapelt. Der Natschalnik prüfte mit dem Maß die Normerfüllung.

Meine lieben Eltern und Brüder!
Bin gesund, munter. Seit März keine Post. Hoffe alles beim alten. Leider zu meinem 20. nicht daheim. Wann?
Ich weiß nicht! Alles Gute zum Geburtstag Rudolfs.
Die herzlichsten Grüße von Eurem Sohn und Bruder Ehrhardt

Feierabend war dann, wenn die Waggons entladen waren. Dadurch entstand bei uns Plennys immer der Zwang, schnell und schneller zu arbeiten, um in das Lager zu gelangen, da ja dort der Freßnapf stand. Da die Küche Holz zum Feuern brauchte, mußte sich jeder noch einen Holzstamm auf die Schultern laden und bis ins Lager zur Küche schleppen. Erst dann hatte man Feierabend und konnte seine verwanzte Holzpritsche in Anspruch nehmen.

Die Arbeiten mit dem Holz waren verhältnismäßig sauber. Besonders schlecht sah es damit aus, wenn Zement aus den Waggons entladen werden mußte. Oft waren die Säcke geplatzt, und der Zement lag lose in den Waggons. Nach der Arbeit, das heißt auch hier, wenn der zugeteilte Waggon von einer Brigade geleert war, hatte man das Ende der Schicht erreicht.

Es gab die Früh- und Mittagsschicht. Es ist nicht selten vorgekommen, daß man auch nachts zur Arbeit herangezogen wurde, auch dann, wenn man zum Beispiel seine Tagesschicht vollbracht hatte.

In Rußland, so wie ich es dort kennengelernt hatte, nannte sich jeder Schlosser zum Beispiel Ingenieur. Sein Werkzeug war der Schlosserhammer und ein Meißel. Damit reparierte er die Maschinen, wie Haspeln und so weiter, auf dem Holzplatz. Schraubenschlüssel habe ich nie in den Händen eines russischen Spezialisten gesehen. Vermutlich waren diese noch nicht bis in das Verbannungsgebiet hier gelangt.

Besonders beeindruckt war ich von den Fertigkeiten der Zimmerleute. Das Werkzeug, nämlich das Beil, trug jeder bei sich. Es steckte hinter dem Gürtel am Körper. Mit einer verblüffenden Geschwindigkeit wurde nur mit dem Beil aus einem Stamm ein Kantholz gehauen. Mit einer Überkopfsäge wurden dann aus den Kanthölzern, per Hand natürlich, Bretter oder Bohlen geschnitten.

Auf einem zirka zwei Meter hohen Gestell lag das Kantholz zum Bearbeiten. Darauf und darunter stand je ein Arbeiter. Eine lange Schrotsäge wurde nun per Hand herunter- und hochgezogen, um das Holz längs zu schneiden. Eine sehr kräftezehrende Tätigkeit, die ich nicht verrichten mußte. Ein Sägegatter habe ich auf diesem Holzplatz auch nicht gesehen oder entdecken können.

Mir wurde die leichte Arbeit zugeteilt, Dachschindeln zu schneiden oder zu hacken. Auch hierfür gab es keine Hilfsmittel, so daß die Schindeln eine unterschiedliche Dicke erhielten.

Der Natschalnik auf dem Holzplatz hatte die Brigademitglieder zu verschiedenen Arbeiten eingeteilt. Ich hatte bei der Schindelarbeit keine Norm zu erfüllen, vielleicht wegen meines jugendlichen Alters. Sonst wurde darauf keine Rücksicht genommen.

Allgemein kann man sagen, daß die russischen Arbeiter ihre Arbeit mit sehr primitiven Werkzeugen verrichten mußten. Sie kannten es ja nicht anders.

Als ehemaliger Eisenwarenlehrling der sich in der Warenkunde auch mit Werkzeugen gut auskannte, fiel mir das bald auf.

So war zum Beispiel der „Lopadko", von unserem Standpunkt aus betrachtet, weder Spaten noch Schippe oder Schaufel. Dieses Arbeitsgerät, mit einem langen, geraden Stiel versehen, wurde zum Abstechen der Erde und zum Schaufeln benutzt. Es war also keine richtige Schaufel und kein richtiger Spaten im herkömmlichen Sinne. In Deutschland können die Arbeiter je nach Tätigkeit ihr Werkzeug wählen. Die Anzahl der verschiedenen Schaufeln – es sind wenigstens fünf verschiedene

Sorten, ebenso verhält es sich mit den Spaten – erleichtert dadurch den Werktätigen die Arbeit.

So habe ich auch bei der Verrichtung von Erdarbeiten nie eine Kreuzhacke gesehen. Hierfür gab es nur die Brechstange, mit der das feste Erdreich gelockert werden konnte.

In diesem Winter hatte ich auch die Aufgabe, Brennholz für die Dampfloks zu spalten. Deshalb befand sich mein Arbeitsplatz unmittelbar neben einer Eisenbahnstrecke. Hier lagerten auf einen Haufen geworfene ein Meter lange Holzstämme. Damit diese in der Feuerung besser brannten, mußten sie gespalten werden. Als Werkzeug erhielt ich einen Vorschlaghammer und einen Meißel.

Diese Arbeit war aber unter den extremen Witterungsbedingungen sehr schwierig, da die Holzstämme so hart gefroren waren, daß ich keinen Keil in das Holz schlagen konnte. Außerdem fehlte mir für diese Arbeit die Erfahrung. Eine Arbeitsunterweisung gab es ja nicht.

So stand ich frierend und den Feierabend herbeisehnend an der freien, ungeschützten Bahnstrecke. Aufsichtspersonen waren nicht zu sehen. Diese hatten sich vermutlich in eine warme Ecke verkrochen. Aber wo konnte ich Schutz vor der Kälte erhalten?

Zu meinem persönlichen Inventar gehörte inzwischen ein etwa zehn Zentimeter kleiner metallener Kamm. Den hat ein Handwerker für mich aus einem etwa drei Millimeter starken Nirostastahl geschnitten. Da die Glatze der Vergangenheit angehörte und ich mich wieder meines heranwachsenden Haarschopfes erfreuen konnte, war die Anschaffung nötig. Der Preis, den ich für das gute Stück zu zahlen hatte, war ein Kanten Chleb, die Tagesration Brot.

Meine liebe Mutter verwendete denselben später, um unseren Mischlingshund Rex zu pflegen. Aus einem stärkeren Drahtstück versuchte ich, mit Hilfe eines Steines ein Schneidewerkzeug zu schmieden. Ein Aststück als Griff verbesserte die Handhabung meines „Messers".

Da meine Arbeitskraft inzwischen wieder gemindert war, wurde ich bei der monatlich stattfindenden „Fleischbeschau" von der sogenannten Ärztekommission, die aus Russen bestand, in eine niedrigere Arbeitsgruppe eingestuft. Ich war wieder einmal ein OK-Mann, der für leichtere Arbeiten innerhalb des Lagers noch geeignet war.

Ich wurde zum „Kaschafahren" eingeteilt. Normalerweise freute sich jeder Plenny, wenn seine Portion Kascha größer geworden war. Kascha, zu deutsch Brei, wurde aus Soja, Grieß, Graupen, Sago, Reis oder Kartoffeln hergestellt. Brei aus Gemüse hat es in den Jahren nie gegeben.

Unter Kaschafahren versteht man, die Fäkalien aus den Sickergruben der Aborte der einzelnen Baracken herauszuholen und wegzufahren. Dazu wurde ein langstieliges Schöpfgerät benötigt und ein Transportmittel, und das war ein Kastenwagen.

Mit Schwung, damit die Brühe im Schöpfgefäß blieb, mußte der Inhalt genau über der Öffnung des Kastens geleert werden. Das war nicht ganz einfach, da der Kastenwagen eine Höhe von zirka zwei Metern hatte. Ungeschickt und kraftlos durfte man für diese Tätigkeit nicht sein, da man sich selbst vollgekleckert und bespritzt hätte. Dennoch war es unvermeidlich, daß Tropfen im Gesicht, auf den Händen und den Klamotten landeten. Der Wagen hatte eine Länge von ungefähr zweieinhalb bis drei Metern. Er war nicht lenkbar, das heißt, er mußte von Hand in die gewünschte Richtung gedreht werden. Sechs oder acht Plennys waren notwendig, um den Kaschawagen von der Stelle zu bewegen, zwei Schöpfer schoben den Sch…kasten von hinten.

Unweit des Lagers gab es eine schmale Ackerfläche. Das Gelände war hier etwas abschüssig und der Boden dadurch trockener, als es die übrigen Flächen wegen der vielen Wasserläufe hier waren.

Diese Ackerfläche wurde mit den Fäkalien gedüngt. Kohlstrünke steckten noch in der Erde, und ich versuchte, mit meinem „Messer" das Mark der Stränge herauszuarbeiten und zu verzehren, was zum Teil auch gelang.

Als Kind ließ ich mir immer von meiner guten Mutter, wenn es Kohlsuppe oder Blumenkohl gab, die knackigen und saftigen Markstücke zum Knabbern herausschneiden. Es schmeckte fast wie Kohlrabi. Weitere landwirtschaftliche Nutzflächen gab es hier in dieser Landschaft nicht, weil die ebenen Flächen durch den hohen Grundwasserspiegel meist sauer waren.

Auf einem späteren, weit abgelegenen Kommando fuhren wir an einzelnen Ackerflächen vorbei. Auffallend war hier, daß auf den Ackerflächen Wachbuden standen. Man hätte meinen können, daß die Feldfrüchte vor vierbeinigen Räubern geschützt werden mußten.

Wir bekamen aber bald eine andere Meinung, als wir einen mit Gewehr bewaffneten Posten auf einem Holzstapel sitzen sahen. Er bewachte den Holzstapel vor Menschen.

OK-Leute wurden auch in der Wäscherei des Lagers eingesetzt. Sie wurden dem Stammpersonal als Hilfe zugeteilt. So einen warmen Arbeitsplatz hatte ich nie.

Um etwas Sinn in die Freizeit zu bringen, bemühte ich mich, russische Wörter aufzuschreiben, um die Sprache besser zu verstehen. Aber aus Mangel an Papier und Bleistift blieb es leider nur ein Versuch, denn es mangelte ja an so vielen Dingen des alltäglichen Lebens.

Ab 1946 gestattete man uns, Nachrichten in die Heimat zu senden. Monatlich sollten wir eine vorgefertigte Doppelkarte erhalten.

In einigen Lagern durfte die Karte nur 35 Wörter haben, und in anderen Einrichtungen war man großzügiger und gestattete 112 Worte. Über Ort des Lagers, Verpflegung, Arbeit etc. durfte nichts geschrieben werden. Wenn man eine Karte erhielt, was aus bestimmten Gründen nicht immer zutreffen mußte, erhielt man im sogenannten Kulturraum Federhalter und Tinte. Der Inhalt auf den Karten wurde zensiert beziehungsweise kontrolliert.

Am 7.2.1946 erhielt ich die erste Antwortkarte von meinen lieben Eltern mit guter Nachricht.

Von der Deutschen Post in Eisleben wurden nur die Antwortkarten in die Sowjetunion befördert. Normale Postkarten oder gar Briefe wurden auf der Poststelle nicht angenommen. Sie wurden an den Absender mit Vermerk zurückgeschickt. Auch meine lieben Eltern hatten versucht, normale Poststücke an mich zu senden. Aber leider auch vergebens.

Auf der ersten Antwortkarte erhielt ich die freudige Nachricht, daß alle wohlauf seien und mein älterer Bruder, Helmut, sich durch Flucht bereits selbst aus der amerikanischen Gefangenschaft entlassen hatte.

Auch die englischen oder amerikanischen Bomber hatten ihre Bombenlast über meiner Heimatstadt nicht abgeworfen.

Auf der Antwortkarte vom 8.9.1946 brachte mein lieber Vater unter anderem zum Ausdruck: „Gott wird an Dir gutmachen, was ich an meinen ehemaligen russischen Arbeitskameraden, welche mit mir im Schacht unter Tage gearbeitet haben, Gutes getan habe. Ich habe mein Brot mit ihnen geteilt, trotz strengsten Verbots."

Wenn mein lieber Vater damals gewußt hätte, was den russischen Heimkehrern blühte, hätte er wahrscheinlich von der humanen Tat nichts geschrieben. Die russischen Soldaten, die in Gefangenschaft geraten waren, wurden zu Verrätern erklärt. Stalin ließ einen großen Teil erschießen und in den Gulag zur Zwangsarbeit, zum langsamen Sterben, deportieren.

Auch seinem Sohn blühte das gleiche Schicksal, obwohl ihm ein Angebot zwecks Gefangenentausch zugegangen war.

In deutscher Gefangenschaft bildete sich aber auch eine freiwillige russische Befreiungsarmee heraus. Die Kämpfer gegen die Rote Armee waren Antikommunisten, die unter der Diktatur von Stalin gelitten hatten, wie unter anderen die Kosaken und die Völker Kaukasiens.

Diese russischen Nationalverbände kämpften auf deutscher Seite.

Die bekannteste Armee wurde von General Wlassow geführt.

Es sei aber auch an dieser Stelle vermerkt, daß sich in russischer Kriegsgefangenschaft ehemalige Freiwillige aus rund 30 Nationen befanden, die an deutscher Seite gekämpft hatten.

In den verschiedenen Lagern waren sie separat untergebracht.

Sie hatten sich zur Kenntlichmachung Bändchen mit ihren Nationalfarben angesteckt, was mir aufgefallen war.

Am Ende des Krieges kämpften noch rund eine halbe Million freiwillige Europäer auf deutscher Seite gegen den Bolschewismus, um eine Bolschewisierung Europas zu verhindern.

Nach erfolgter Augenoperation kann ich nun am zweiten Tage des Jahres 2011 diese Arbeit fortsetzen.

Erinnert werde ich sehr oft, speziell in dieser Jahreszeit, an die uns sehr belastenden klimatischen Verhältnisse. Dem Frost konnte man, ausgehend von der miserablen Bekleidung, auch keine körperlichen Kräfte entgegensetzen. Die Hungerdystrophie, die eine Erscheinungsform vor allem in russischen Kriegsgefangenenlagern war, hatte die Widerstandskräfte aufgezehrt. Sie, diese Erscheinungsform, verursachte hauptsächlich das Massensterben.

Die Methoden der Peinigung, wie das stundenlange Stehen auf dem Appellplatz, und das bei jedem Wetter, hatte man inzwischen eingestellt.

Aber das Sterben ging weiter und fand nicht nur in den Hospitalen, Krankenrevieren und Krankenstuben statt, obwohl die Ausbeutung der Plennys durch die Zwangsarbeit auch an Schärfe nachgelassen hatte.

In den hölzernen Baracken waren Hunderte von Menschen untergebracht, und dies in einem Raum. Die mehrstöckigen Pritschen aus Holz waren Schlaf- und Aufenthaltsplatz zugleich. Tische, Stühle oder anderes Mobiliar gab es für die Gefangenen nicht. Auch die kärglichen Mahlzeiten wurden hier eingenommen.

Ein Plenny war mir dadurch aufgefallen, daß sein Erscheinen nach getaner Arbeit immer Mitgefangene anzog. Vermutlich konnte man bei ihm Eßbares bekommen. Er war wohl Brigadeleiter und arbeitete im Kapusterbunker außerhalb des Hauptlagers. Es gelang ihm sicher hin und wieder, ein paar Kartoffeln oder ein Stück Rübe oder Kohl durch die Wache zu schmuggeln. Kontrolliert wurde meist. Auffallend bei dem Rheinländer war seine Kopfbedeckung. Es muß wohl die Mütze eines italienischen Militärs gewesen sein. Auch sonst war er im Unterschied zu einem normalen Plenny warm gekleidet.

Eines Tages schrie er plötzlich in der Baracke nach Bohnenkaffee. Vermutlich hatte er eine Herzattacke bekommen. „Besorgt mir Bohnenkaffee, denn der hilft mir." Daß man in diesem Lager so etwas kaufen konnte, war mir nicht bewußt.

Er muß aber demzufolge auch Rubel besessen haben. Mir ist nicht bekannt gewesen, daß es je in einem Lager oder auf einen Kommando eine Arbeitslöhnung gegeben hätte. Aber ausgehend von seinen organisatorischen Möglichkeiten, konnte er in den Besitz von Zahlungsmitteln gelangt sein. Ob Jupp, so wurde er genannt, überlebt hat, ist mir nicht bekannt geworden.

Ich war einmal der glückliche Finder von einigen schwarz gefrorenen Kartoffeln auf der Lagerstraße, außerhalb des streng bewachten Zaunes, die einsam im Schnee lagen. Erst dachte ich, es sei Hundekot oder „Pferdeäppel". Nein, es waren tatsächlich ein paar erbärmliche, kleine Kartoffeln, die ich sofort in meiner Bekleidung verschwinden ließ. Entweder waren diese beim Transportieren zur Küche verlorengegangen, oder jemand hatte sie, vielleicht aufgrund einer zu erwartenden Gefahr, fallen lassen. Mir war es recht.

Zu dieser Zeit war mein Arbeitsplatz außerhalb des Haupttores. Daher konnte ich mich hier aufhalten. Ich war auf der Suche nach Brennmaterial für die Lagerwache. Dieselbe war in einem kleineren Blockhaus untergebracht. Man hatte mich mit dem Heizen des gemauerten Ofens beauftragt. Im Vorraum befand sich diese Feuerstelle, sie wurde auch hier mit Brennmaterial beschickt. Der Ofen war Bestandteil der trennenden Zimmerwand.

Im Wachraum hielten sich immer einige Posten auf, die mich auch kannten. Das Glück, etwas Eßbares zu organisieren oder zu finden, war mir nur einmal hold gewesen. Gerne dachte ich an die im Ofen gerösteten Kartoffeln.

Ich hatte mir auch die Freiheit genommen, den Vorratsbunker aufzusuchen. Aber selbst der Einblick in die große Speisekammer wurde mir nicht gestattet.

Da nicht ausreichend Brennmaterial vorhanden war, konnte ich auch nicht zufriedenstellend heizen. Mit Fluchen und Schimpfen machten sich dann die wachfreien Posten Luft. Sie hatten ja Stunden auf den zugigen, ungeschützten Wachtürmen verbringen müssen. Sie waren trotz ihrer Pelze durchgefroren.

Kurzerhand zerschlugen sie dann das Treppengeländer des Aufgangs zum Wachhaus. Aber der Vorrat reichte natürlich auch nicht lange, so daß auch ein Teil des Mobiliars zusammengetreten wurde.

Hatten sich nun durch die Zimmerwärme die Laune und die Gemütslage gebessert, versuchten sie mit mir Schabernack zu treiben.

Ihre Überlegenheit den Deutschen gegenüber mußten sie ja ausspielen, was ihnen natürlich bei den Rangeleien auch meist gelang. Außer dem älteren Postenführer, der aber nur zeitweise anwesend war, hatten die Rotarmisten ungefähr mein jugendliches Alter.

Die ersten „deutschen Feinde" hatten diese Bengels vermutlich erst hier im Lager, in ihrer Funktion als Bewacher, kennengelernt.

So sollte ich auch einmal mit einer Zahnbürste – wer weiß, wo sie diese herhatten – die Treppenstufen scheuern.

Ich hatte keinen Grund, mich zu beklagen. Dies hätte meine Lage auch nicht verbessert, und bei wem hätte ich mich beklagen können? Wir Gefangenen waren rechtlos und dem Sieger somit voll ausgeliefert.

Einen Teil des Winters konnte ich, durch meinen Arbeitsbereich begünstigt, im Warmen verbringen. Vermutlich hatte ein Denunziant, der sich innerhalb der Wachmannschaft befand, dem Vorgesetzten über die gemeinsamen „Späße" mit den Deutschen berichtet. Das waren ja unzulässige, strafbare Vergehen einiger Posten der Wachmannschaft! Das wäre ja bald eine Verbrüderung geworden.

Kurzerhand wurde mir innerhalb des Lagers eine andere Arbeit zugeteilt.

Die Tätigkeit in der Lagerwäscherei war auch nicht auf längere Zeit möglich. Vermutlich hatte es einen Personalausfall gegeben, den ich für eine gewisse Zeit auszufüllen hatte. Ich hatte aber eine warme Arbeitsstelle und konnte mich auch mit warmem Wasser waschen, wovon mein Körper in den Jahren der Gefangenschaft nur träumen konnte. Schmierseife zum Waschen entnahm ich aus einem Eimer. Zum Händewaschen mußte in der zurückliegenden Arbeitszeit hin und wieder die eigene Körperflüssigkeit benutzt werden. Aber auch zum Gurgeln benutzte ich meinen Urin. Dies natürlich bei Halsschmerzen.

Ungern nahmen die sogenannten Spezialisten neue „Mitarbeiter" in ihre Kommandos auf. Diese Kommandos gehörten fast zum Stammpersonal des Lagers. Sie verstanden es auch, die Vorgesetzten durch bestimmte „Gefälligkeiten" zu beeinflussen. Zum Stammpersonal gehörten Schneider, Friseure, Schuhmacher, Maler und andere.

Die Werkstätten befanden sich separat auf dem Lagergelände. Die russischen Offiziere ließen dort für sich und ihre Angehörigen arbeiten.

In der Schneiderwerkstatt wurden vor allem deutsche Militärsachen umgearbeitet.

Wenn wir Gefangenen nach dem Winter andere Sachen aus der Kleiderkammer erhielten, waren diese zum Teil noch zerrissen. Oft mußte Draht herhalten, damit man die Hose am Körper halten konnte. Knöpfe gab es keine. Strümpfe gab es hier nicht. Die Fußlappen, oft waren es nur unterschiedlich große Stoffetzen, standen aus Mangel an Waschgelegenheit vor Dreck. Taschentücher gab es hier natürlich auch nicht.

Es gab innerhalb des Lagers den sogenannten Innendienst wie auch einen Außendienst. Die anfallenden Arbeiten innerhalb und außerhalb des Lagers wurden von den sogenannten OK-Leuten erledigt.

Sie waren durch ihre Schwäche oder ihren Gesundheitszustand nur bedingt, das heißt für leichte Arbeit, verwendungsfähig.

Es gab aber auch Ausnahmen, wenn zum Beispiel, schwerpunktmäßig gesehen, bestimmte Arbeiten geleistet werden mußten. Dann wurden die Kranken ohne Pardon auch außerhalb des Lagers eingesetzt. Die Arbeitszeit wurde weder eingehalten noch Rücksicht auf Sonn- oder Feiertag genommen. Es ist auch vorgekommen, daß zwei Schichten hintereinander, also 16 Stunden, gearbeitet werden mußte.

In der Freizeit war man bestrebt, Landsleute aus der Menge herauszufinden. Aus diesem Grunde waren die Ohren immer auf heimatliche Laute eingestellt. Hatte man jemanden gefunden, war die Freude beiderseits groß. Dadurch wurden die heimatlichen Gefühle mit ihren Besonderheiten und Schönheiten in Erinnerung gebracht.

Hauptthema war allgemein das Essen. Dieses Thema hatten die Ostpreußen wie die Bayern, die Schwaben wie die Nordländer, die Sudeten wie die Sachsen und so weiter.

Davon wurde dann geträumt. Sicher gab es auch Landsleute, die aus bestimmten Gründen von diesem Thema überhaupt nichts hören oder wissen wollten.

Ich sehe auch noch heute vor meinem geistigen Auge einen Landsmann auf der oberen Pritsche sitzen, der seinen Kanten klitschiges, dunkles Brot auf einem Brettchen in Häppchen zerlegt hatte und aus einem kleinen Beutel genüßlich Salz auf die Bröckchen streute. Das anschließende langsame, genießende Kauen glich einer Zeremonie, einer feierlichen Handlung. Das Essen der gesalzenen Brotstückchen konnte man sich nur einmal am Tage leisten.

Salz war in dieser Zeit eine wertvolle Köstlichkeit, die nicht jeder Plenny besaß. Salz war auch ein Tauschobjekt. Die Salzstücke mußten erst durch Schlagen im Salzsäckchen zerkleinert werden. Wenn ich von mir ausgehe, dann muß ich sagen, so eine Zeremonie mit dem Kanten Brot konnte ich mir, sicher wie viele andere auch, nicht leisten. Sofort nach dem Brotempfang wurde der Kanten verschlungen.

Den Siersleber Landsmann traf ich nach Jahren wieder auf meiner Arbeitsstelle, der Hilfsschule in Eisleben. Es war mein Direktor Walter Cechini. An unser Treffen im russischen Gefangenenlager und die Zeremonie der Verspeisung des Brotes wollte er sich aber nicht erinnern: „Nein, Ehrhardt, das bin ich nicht gewesen." Er glaubte, für die „Verneinung" einen Grund zu haben, den ich als ehemaliger Leidensgenosse auch kenne und über den ich mich auch nicht weiter äußern möchte.

Mit der Suche nach Landsleuten war auch die Hoffnung verbunden, daß jemand ein Spezialist sein möge und durch seine Tätigkeit, die außerhalb des Lagers lag, Verbindungen zu privaten Russen aufnehmen konnte. Wenn seine Leistungen, die neben seiner hauptsächlichen Aufgabe verrichtet werden mußten, belohnt wurden, dann gab es meist Machorka, Zeitungspapier zum Drehen, Salz oder ein paar Kartoffeln. Diese Dinge wurden anschließend im Lager zum Beispiel gegen Brot eingetauscht.

Die Meinung der Raucher: „Von einem Stachan Machorka habe ich mehr als von einem Kanten Brot, der meinen Hunger sowieso nicht stillen kann", wird nur von dem akzeptiert, der sich selbst in einer ähnlichen Notlage befunden hat.

„Mit dem Machorka habe ich tagelang warmen Rauch, den ich einatmen kann, um damit das Hungergefühl zu unterdrücken."

Das sogenannte „russische Feuerzeug", welches aus dem Feuerstein, einem Stück Stahl und Moos oder Watte (aus der Steppjacke) bestand, lieferte den notwendigen Funken.

In der Menschenmasse der Baracke entdeckte ich einen Landsmann aus Wimmelburg, einem Vorort von Eisleben. Es war Ernst Söffker. Von Beruf war er Schneider. Ein sehr starker Raucher, wie ich feststellen konnte. Er nähte mir aus dem graublauen Uniformstoff der Luftwaffe eine Sportmütze. Die war mein ganzer Stolz.

Sportmützen im Lager konnten sich nur Funktionäre, kostenlos, leisten. Um die Mütze zu „bezahlen", konnte ich eine Zeitlang nur jeden zweiten Tag mein Stück Brot essen. Den sogenannten „Freundschaftsdienst" habe ich mit mehreren Tagesrationen Brot bezahlt.

Ich fühlte mich anläßlich seines Geburtstages verpflichtet, ihm etwas zu schenken. Das konnte natürlich nur eine Tagesration Brot sein, die ich mir vom Munde abgespart hatte.

Seine Heimat hat er aber nicht wiedersehen können, wie ich später bei einem Besuch der Familie in Wimmelburg erfahren mußte.

Viele sogenannte „Sch…hausparolen" gingen voraus, wenn ein Heimkehrertransport zusammengestellt wurde. Veränderungen im Lager, die vom Alltäglichen abwichen, wie zum Beispiel Klamottentausch aus der Kleiderkammer, andere Arbeitseinteilungen und Abläufe oder das Erscheinen noch nie gesehener russischer Offiziere im Lager, vielleicht auch Ausgabe von Kernseife für bestimmte Plennys, wurden mit großer Spannung beobachtet. Wann fällt endlich mein Name, bin ich diesmal mit dabei?

Doch auf die Erfüllung dieses Wunsches mußte noch monate- oder jahrelang gewartet werden! Besondere Niedergedrücktheit kam auf, wenn die Glücklichen zum Lagertor gerufen wurden zum Abmarsch Richtung Bahnhof.

Aber das Kontrollieren, Vergleichen der Listen und das Durchsuchen dauerte noch Stunden, bis die Abgänge endlich das Lager verlassen konnten.

Zerknirscht und noch mehr zermürbt, wie ein geprügelter Hund zieht man sich, mit seinen Gedanken beschäftigt, in die Baracke auf die Pritsche zurück. Eines Tages, wenn man überlebt, schlägt die Stunde der Freiheit auch für uns. Dann hat die Ungewißheit auch ein Ende.

Es gab einen Trost für mich. Nach den Zeilen meines lieben Vaters zu urteilen, war zu Hause alles noch in Ordnung. Hoffentlich würde ich es auch, in gegenwärtig nicht absehbarer Zeit, noch so antreffen …?

Ein neuer Abschnitt des Gefangenendaseins begann nun für mich. Ich wurde einem Arbeitskommando zugeteilt, welches das Lager verließ. Ziel, Dauer und Aufgabenbereich blieben mir und meinen Kameraden unbekannt.

Nachdem ein offener Lkw, es handelte sich um einen alten Sys, von uns mit in Kisten und Säcken verpackten Naturalien beladen worden war, stiegen wir, zirka acht Plennys, selbst darauf und suchten uns einen guten Platz. Ein Posten, nur ein Posten stieg zum Fahrer in das Fahrerhaus, und ab ging die Fuhre.

Da es inzwischen Frühjahr geworden war, machte uns die Fahrt auf der offenen Ladefläche nichts aus. Interessiert wurde die Landschaft beobachtet. Auf einem ungepflasterten Weg fuhren wir eine längere Zeit durch einen Wald. Es ging über Stock und Stein. Die Verschluß-haken der seitlichen langen Holzplanken des Fahrzeuges drohten sich aus der Verankerung zu lösen. In hockender Stellung, bei rasender Geschwindigkeit, hatte auch ich Mühe, ein Ausklinken der Verschlußteile durch mein Festhalten zu verhindern. Durch unser schnelles Handeln wurde verhindert, daß wir, einschließlich der Ladung, von der Ladefläche flogen.

Abwechslung brachte dann das Halten des Fahrzeuges, wenn sich ein Hindernis in den Weg stellte und somit die Durchfahrt unmöglich machte. Umgestürzte Bäume und Gräben mußten umfahren werden.

Wenn Brücken überquert wurden, mußten die losen Holzbohlen wieder richtig verlegt werden. Dann erst konnte die Fahrt fortgesetzt werden.

Endlich, nach stundenlanger Fahrt, tauchte eine kleine Ortschaft auf. Die Landschaft war jetzt schöner und abwechslungsreicher geworden. Auf einem Hügel stand der Rest einer Kirche.

Das Fahrzeug hielt unweit davon. Einige bewohnte Blockhäuser standen in der Nähe. Der Posten machte dort mit dem Fahrer einen Besuch. Wir blieben unbewacht. Wo wollten wir hier in der Einöde auch hin? Keiner von uns hatte vermutlich Fluchtgedanken. Ein paar Kameraden wollten das Warten durch Krähenfangen verkürzen. Diese flogen reichlich um den alten Kirchturm. Aus der zusätzlichen Nahrung war nichts geworden. Die Krähen waren immer schneller.

Nach einiger Zeit erschienen drei oder vier halbwüchsige russische Mädel, die sich unweit von uns auf einen dort stehenden Panjewagen setzten. Interessiert wurden wir Plennys aus der Ferne betrachtet. Dabei verzehrten sie, abwechselnd in die Taschen greifend, „russisches Konfekt". Auch wir hätten uns gerne daran beteiligt, wenn man auch immer nach einiger Zeit ausspucken mußte, wie uns auffiel.

Das sah alles so friedlich und zufriedenstellend aus, wie sich die Mädel beim „Naschen" von Sonnenblumenkernen benahmen. Aber natürlich, die Spelzen der Kerne mußten ausgespuckt werden.

Die Häuschen aus rohen Balken, das Umfeld, die erwachte Natur strahlten Ruhe und Frieden aus. Das war für uns, die wir die ganze Zeit fast nur „grau in grau" sahen, besonders angenehm, trotz unseres körperlichen und äußerlichen Zustandes.

Selbst die Luft war sauber und rein, nicht wie im Lager, wo es permanent nach Holzfeuer, Dünsten aus der Kochbaracke, gemischt mit Fäkaliengestank, und stellenweise nach Desinfektionsmittel roch. Aber die Fahrt Richtung Nordost ging weiter, wie uns der Stand der Sonne verriet.

Einige kleine Ansiedlungen, wo keine Menschenseele zu sehen war, durchfuhren wir. Nirgends sah man ein Geschäft mit Schaufenstern oder den Hinweis darauf. Wie nach längerem „Aufenthalt" im Freien festgestellt wurde, existierte so etwas in dieser Landschaft kaum. Die dortigen sogenannten Magazine konnte man als Fremder kaum erkennen.

Am Ziel, in der Nähe einer großen Molkerei, angekommen, hielt unser Fahrzeug. Die neue Wache nahm uns hier in Empfang. Untergebracht waren wir in einem ebenerdigen, kleineren Steinhäuschen. Es stand abseits vom Betriebsgelände und war von einem einfachen Drahtzaun umgeben. Es sah hier fast gemütlich aus, und wohler fühlte man sich auch im gesamten Umfeld.

Einige Plennys hatten uns auch erwartet und klärten uns über die bevorstehenden Arbeiten und andere Besonderheiten auf.

Unsere Arbeitsstelle befand sich in einer im Bau befindlichen größeren Halle am Rande des Molkereigeländes. Zumindest hatte man ein Dach über dem Kopf, wenn es hier und da auch tüchtig zugig war. Das Gelände fiel etwas ab und diente auch als Auslauf für riesengroße Schweinen, wie ich damals fand. Zumindest hatte ich zu Hause solche Prachtexemplare noch nie gesehen.

An der tiefsten Stelle des Geländes befand sich eine kleine Stallung. Alles befand sich natürlich innerhalb des Zaunes, welcher die Molkerei umschloß.

Ein Russe in Zivil, vermutlich der Bauleiter, machte uns mit dem Arbeitsauftrag bekannt. Ein bereits angefangenes Fundament sollte aus Beton in einem Arbeitsgang gegossen werden. Daher mußte rund um die Uhr in Schichten gearbeitet werden. Auf das Fundament sollte dann später ein Molkereiaggregat montiert werden. Uns Männeken hatte man demzufolge angefordert, um die Schichtarbeit durchführen zu können.

Wir, die Plennys, waren allgemein froh, wenn wir auf ein Kommando geschickt wurden. Meist war nicht bekannt, was einen dort erwartete. Auf eine bessere Verpflegung wurde spekuliert. Erfreuliches traf allerdings seltener ein. Es bestand aber hin und wieder die Gelegenheit, mit Russen in Verbindung zu treten und etwas zu „erhaschen". Aber meist hatten die zivilen Russen selbst nicht genug, wie man später erfahren mußte.

Die jetzige Verpflegung war tatsächlich etwas besser geworden.

Zum Sattessen reichte es aber dennoch nicht. Die Unterbringung war auch besser. Zu unserem Erstaunen gab es hier auch eine Decke zum Zudecken. So eine Wohltat hatte ich bis jetzt in keinem Lager erfahren können.

Arbeitsmäßig gesehen war ich zufrieden. Eine Betonmischmaschine gab es hier nicht. Es wurde, im Zeitalter der Technik, Handarbeit verlangt. Ein russischer Antreiber oder Aufseher ließ sich auch nicht blicken. Uns wurde voll vertraut das heißt auch, daß die von uns geleistete Arbeit geschätzt wurde.

Auf einer Zufahrtsstraße zur Molkerei konnte ich sehen, wie ein mächtiges „Ungetüm", vermutlich ein „Molkereiaggregat", bewegt wurde. Es dürfte die Maschine gewesen sein, für die das Fundament von uns gefertigt wurde. Eine große Zugmaschine war vorgespannt. Unter dem Aggregat lagen Rundhölzer, welche die Last zu tragen hatten. Diese wurden von einer Zahl Arbeiter im Wechsel hinter dem Maschinenteil weggenommen und zügig vorn untergeschoben. Die ganze Last lief also auf einer Art Rollen. Es war eine sehr zeitaufwendige und auch gefährliche Arbeit, die hier verrichtet wurde. Schwierig wurde es dann besonders, wenn eine Richtung verändert werden mußte.

Die Arbeitsweise könnte man mit dem Pyramidenbau in Ägypten vergleichen.

Später in der Heimat wurde bekannt, daß sowjetische Beutekommandos ganze Fabriken demontieren ließen, die in Richtung Osten verschwanden. Ein Großteil davon konnte wegen fehlender Voraussetzungen dort nicht verwendet werden. Die Maschinen, meist unter freiem Himmel stehend, verrotteten dann. Diese Beobachtung hatte ich schon vor längerer Zeit in den Jahren 1945/46 machen können. In der Gesamtwirtschaft der DDR später fehlten selbstverständlich diese Anlagen.

Der Raum in unserer neuen Unterkunft hatte auch Fenster. In diesen standen mehrere nach russischen Militärkochtöpfen aussehende Gefäße, die den „Alteingesessenen" gehörten. Jeder Topf faßte ungefähr zwei Liter. Sie waren mit „Dickmilch" gefüllt.

Die Quelle des jahrelangen Verlustes von Molkereiprodukten in russischer Gefangenschaft hatten wir „Neuen" bald entdeckt.

Sie sprudelte aus den Trögen des Schweinestalles. Wir konnten beobachten, daß während unserer Arbeitszeit täglich fast zur gleichen Zeit eine Russin, zwei Eimer tragend, in den Schweinestall ging. Um zum Stall zu gelangen, mußte sie einen längeren Hang, der zum Teil auch Stufen hatte, hinuntergehen.

Die riesigen Schweine wurden mit Restprodukten aus der Molkerei gemästet. Sich auch an den „Produkten" nicht zu mästen, aber den leeren Magen zu füllen, war ein verständlicher und verlockender Wunsch. Mir fehlte nun so ein Russentopf mit Henkel. Dem Spezialisten, der mir so ein Gefäß machte, mußte ich einige Tagesrationen Brot opfern. Dies bereute ich aber nicht.

Mit dem Pott bewaffnet, ging es nun bei passender Gelegenheit im Schnellgang, mit wachen, unruhigen Blicken, zum Schweinestall.

Flink wurde aus dem Trog beziehungsweise Faß die Molke mit den Restbeständen geschöpft und gierig erst mal der Bauch vollgeschlagen. Dann ging es im Laufschritt mit dem vollen Gefäß etwa 150 Meter zurück zur Arbeitsstelle, immer mit dem Blick in die Richtung, aus welcher eventuell Gefahr kommen könnte.

Glücklich und froh war man, wenn die Aktion, im wahrsten Sinne des Wortes, ein voller Erfolg war. Aus der Quelle konnte aber nur einmal am Tage geschöpft werden. Dies geschah aus Gründen der Sicherheit, um nicht entdeckt zu werden.

Durch diese zusätzliche „Verpflegung" fühlte man sich doch voller.

Im abgezäunten Gelände unserer Unterkunft konnten wir uns frei bewegen. Kein Wachposten störte uns dabei.

Mir ist eine Begebenheit noch gut in Erinnerung geblieben. Eines Tages kam eine junge russische Frau an den Zaun und bot ein Körbchen roter Preiselbeeren an. Als Gegenwert erbat sie sich ein Stück Seife. Daß die Plennys überhaupt Seife bekamen, hatte sich vermutlich bei der russischen Bevölkerung herumgesprochen. Tatsächlich bekamen wir hin und wieder ein Stück Kernseife. Dies geschah aber erst neuerdings. Das Kopfhaar durften wir jetzt auch behalten. Da in unserer Unterkunft auch fließendes Wasser aus der Wand kam, konnte man neben der Verbesserung der „Körperpflege" auch so viel Wasser trinken, wie man wollte.

Dies war in den Lagern nicht immer gegeben. Mancher Plenny, der dem Verdursten nahe war, schöpfte mit den Händen das stinkende Wasser aus den Feuerlöschbottichen.

Durch diese kleinen, aber nicht unwichtigen „Verbesserungen" hatte sich mein Gemütszustand erheblich gebessert.

Mir tat die junge Russin leid, da ich nicht helfen konnte. Mein winziges Stückchen Tonseife hatte ich wahrscheinlich schon verbraucht. Enttäuscht ging sie dann weg.

Ich hatte hier auch mal die Gelegenheit, einen Basar kennenzulernen, zumindest aus einiger Entfernung. Produkte aus der Landwirtschaft oder dem Garten sowie Beeren, Pilze, Sonnenblumenkerne und Hülsenfrüchte wurden hier angeboten, und natürlich den Machorka nicht zu vergessen. Als Maßbecher diente ein Wasserglas. Die Menge wurde mit „Stachan" bezeichnet.

So ein Treiben auf einem kleinen russischen Basar kannte ich nicht. Hier wurde gehandelt, gefeilscht, probiert, vielleicht auch geschmeckt.

Am Tisch eines russischen Bürgers oder Bauern, der die Milch seiner vielleicht einzigen Kuh verkaufen oder tauschen wollte, stand unter anderen eine junge Mutter. Mit dem einen Arm hielt sie ein Kleinkind, welches an der entblößten Brust saugte. Den Finger der anderen Hand tauchte sie in verschiedene aufgestellte Behälter oder Kannen. Jetzt, nachdem der Finger mit Milch benetzt war, wurde genau beobachtet, wie die Milch am Finger herunterlief und abtropfte. Fiel der Tropfen schnell ab, war die Milch mager oder gar gepanscht. Hielt sich die Milch länger, floß langsam ab, oder der Tropfen blieb am Finger hängen, war der Fettgehalt der Milch gut oder sogar sehr gut.

So einfach wurde hier die Qualität der Milch von der Bevölkerung unweit des Urals geprüft. Die Lebensumstände zwangen die Bevölkerung zu solchen oder ähnlichen Verfahren.

Piroggen gibt es vermutlich in ganz Rußland. Ich habe dort nie eine zu sehen bekommen. Die länglichen Pasteten, welche mit Fisch, Fleisch, Ei, Gemüse oder Beeren und Pilzen gefüllt sein können, wie ich später erfuhr, wurden lautstark von Hausfrauen angeboten und natürlich dementsprechend gepriesen. Alles sehr einfach und verlockend. Schnell wurde einem wieder bewußt, daß man ein Plenny war, dem nur das Leben gehörte, welches unter allen Umständen erhalten werden mußte.

Ein kleines Erlebnis, kaum nennenswert, war die Begegnung mit einem russischen Mädel im Betriebsgelände. Vermutlich war sie auch hier in der Molkerei beschäftigt. Zur Molkerei direkt hatten wir keinen Zutritt. Mir gefiel der Mut des Mädels, welches mich, einen deutschen Kriegsgefangenen, ansprach und mir ihr Paßbildchen schenkte. Ich weiß auch nicht, warum das geschah. Denn normalerweise war der Kontakt mit Plennys strafbar, was ich zu dieser Zeit auch nicht gewußt hatte. Waren hier in diesem Landesteil die Verbote nicht bekannt? Oder sah man hier großzügig darüber hinweg?

Diese kurze Begegnung mit einem Mädel gab es nur dieses eine Mal in den Jahren meiner Gefangenschaft. Leider ist mir das Bildchen von dem Mädel im Laufe der Zeit abhanden gekommen. Es hatte zwar keine weitere Bedeutung für mich, aber das Mädel mußte sich doch dabei etwas gedacht haben? Vielleicht war es auch eine Rußlanddeutsche? Noch nicht mal der Name war mir bekannt …

Mit der zusätzlichen Versorgung aus dem Schweinetrog ging es eine ganze Weile gut. Später, nach meiner Entlassung zu Hause, hatte ich allerdings die sogenannten Nachwehen. In einer Niere hatten sich Steine gebildet. Die Analyse derselben ergab, daß die Bestandteile von Molkereiprodukten stammten. Da es in den Jahren der Gefangenschaft nicht immer genügend Flüssigkeit gab, außer der Wassersuppe und etwas angewärmtem Wasser, hatten sich die Nieren, die wohl fast eingetrocknet waren, mit der Molke vollgesaugt.

Der Hunger damals war größer, und so dachte man auch nicht an etwaige Folgen. Der Hunger ließ solche Gedanken an eine etwaige gesundheitliche Schädigung auch nicht aufkommen.

Als ich nun eines Tages wieder an der Reihe war, die Quelle aufzusuchen, und dabei war, meinen Topf zu füllen, näherte sich im Laufschritt und dabei grölend die Schweinemagd. Vermutlich hatte sie sich auf die Lauer gelegt, um den Dieb zu fassen, der ihr Rubel und Talonmarken aus ihrer dort hängenden Jacke gestohlen hatte.

Dies erklärte sie laut und gestikulierend dem wachhabenden russischen Leutnant. Denn dorthin hatte ich mich ebenfalls im Laufschritt geflüchtet, um einer Begegnung mit der aufgebrachten Russin zu entgehen. Und es war gut, daß ich Reißaus genommen hatte. Die angeblich Bestohlene hätte vermutlich auf mich eingedroschen, was ich in dieser Situation sicherlich auch nicht zugelassen hätte. Dann wäre für mich die Geschichte, obwohl ich unschuldig war, böse ausgegangen.

Ich erklärte dem Leutnant natürlich meine Unschuld, wovon er wohl überzeugter war als vom angeblichen Diebstahl. Für ihn war es eine spaßige Angelegenheit. Ein deutscher Plenny reißt vor einer wütenden russischen Frau aus! Fakt ist, daß ich die Frau nicht bestohlen hatte. Dies hätte mein Ehrgefühl nicht zugelassen.

Ob ein Diebstahl überhaupt stattgefunden hatte, weiß ich nicht. Ich glaube auch nicht, daß einer meiner Kameraden die Frau bestohlen hatte. Oder doch? Denn alle bedienten sich ja abwechselnd an der Tränke im Stall.

Dennoch war ich der Leidtragende. Ich wurde aus der Brigade ausgeschlossen, und mir wurde ein anderer Arbeitsplatz zugeteilt.

Mit einem sogenannten Spannemann, einem jungen deutschen Offizier, wurde die Baumrinde von geschnittenen Stämmen geschält.

Für die Arbeit wurde uns beiden eine Norm vorgegeben. Was dachte sich mein Spannemann dabei, Sabotage zu betreiben und dafür auch mich zu gewinnen? Für diesen Zweck gab es von meiner Seite keine Zustimmung. Selbstmord zu begehen hatte ich keine Lust!

Diese Tätigkeit der Holzbearbeitung hier dauerte nicht lange. Mit einem Transport ging es leider zurück in ein Hauptlager.

Hier angekommen, wurde ich sofort festgenommen und in den Karzer gesperrt. Der Karzer, das Gefängnis, war in einem Erdbunker untergebracht. Neben dem Wachraum gab es eine mit Holzlatten vergitterte Zelle. Darin befand sich eine an die Wand gekettete Holzpritsche. Sie glich einem Lattenrost, was gut zu erkennen war, denn es lag weder eine Decke noch ein Strohsack darauf. Da es draußen recht warm war, empfand ich es als besonders kühl in dem Verlies. Es wurde mir nicht gestattet, die Pritsche von der Wand zum Sitzen oder Liegen herunterzuklappen.

Mir wurde aber auch bewußt, daß ich an diesem Tag meinen 20. Geburtstag im Karzer verbringen mußte. Eingesperrt hoch zwei!

Sollte das, was hier mit mir geschah, noch eine nachträgliche Strafe für das Vorkommnis in der Maurerbrigade der Molkerei sein?

Denn das lag ja nun doch schon einige Wochen zurück.

Trostlos war der Anblick der Zelle, und trostlos war mein Aufenthalt darin.

Wie lange muß ich hier schmoren? Warum, wofür und wie lange?

Bekomme ich einen Leidensgenossen in das Verlies, oder muß ich hier eine ungewisse Zeit allein verbringen?

Es gab einige Rätsel die ich nicht lösen konnte. Über den Karzeraufenthalt gab es nichts Gutes zu berichten. Verpflegung, Behandlung und Unterkunft waren, nach den Schilderungen, recht unterschiedlich. Aber immer stark belastend …

Doch welche Überraschung! Nach einigen Stunden im Arrest wurde ich wieder freigelassen. Es muß also eine Verwechslung gewesen sein, denn ich hatte ja in der Tat nichts verbrochen.

Ich hatte in der Zeit der Wehrertüchtigung im Reichsarbeitsdienst (RAD) bei der Kriegsmarine und später bei der Wehrmacht nie Bekanntschaft mit einer ähnlichen Einrichtung machen müssen.

Ich war frei, als Gefangener! Sofort wurde ich zum „Kaschafahren" abkommandiert.

Ich hatte ja schon eine gewisse Übung im Umgang mit dem langen Jaucheschöpfer, die Fäkalien aus der Sickergrube herauszuholen und dann mit Schwung in die Öffnung des Kastenwagens zu befördern. Das Schöpfgerät war zirka zwei Meter lang. Selbst bei einem geübten „Fäkalienschöpfer" war es unvermeidlich, daß Spritzer am Kopf, an den Händen und der Bekleidung landeten. Ich war jetzt dennoch froh, daß ich diese Arbeit, auch am 20. Geburtstag, leisten durfte.

Es war ein Trost in dieser Situation, daß es in der Welt Schlimmeres gab. Mit dem Ausgang der Schweinetroggeschichte mußte ich zufrieden sein und war es dann auch.

Wie so oft in der vergangenen Zeit meines Daseins hier in Rußland wurde mir in der Baracke mein Schlafplatz zugewiesen. An die anderen Gesichter, die mich nun umgaben, hatte ich mich schnell gewöhnt. Auch hier in dieser Gruppe oder Brigade war ich das jüngste Mitglied, was mir weder Vorteile noch Nachteile einbrachte.

In den ersten zwei Jahren meiner Gefangenschaft wurden ja die Brigaden innerhalb der verschiedenen Lager bewußt vom Russen auseinandergerissen. Dies geschah ohne Ankündigung. Die von der Arbeit heimkehrenden Mitglieder der Brigaden sahen ihre Pritsche von einem anderen Plenny belegt. Durch diese Auseinanderlegungen sollte verhindert werden, daß sich feindliche Gruppierungen bilden können, von denen eventuelle Gefahren ausgehen könnten, Sabotageakte zum Beispiel.

Den schikanösen Umlegungen ging stundenlanges Warten vor den Baracken voraus, und dies bei jeder Witterung. Die Zeit wurde vom Wachpersonal für das Filzen einzelner Plennys und das Durchsuchen der Schlafplätze genutzt.

In den Baracken war es jetzt im Sommer ziemlich heiß und noch stickiger. Trotzdem suchten besonders die Wanzen unser warmes Blut, besonders des Nachts. Auch das Hungergefühl war durch die Schlaflosigkeit noch stärker zu spüren. Zumindest brauchte man jetzt nicht zu frieren.

Aus den erwähnten Gründen suchten wir, ein Kamerad und ich, einen Platz zum Schlafen unter freiem Himmel im Lagergelände.

Hier draußen gab es wenigstens keine Wanzen. Die Luft war sauberer. Die störenden nächtlichen Geräusche, wie zum Beispiel das Schnarchen und die herrschende Unruhe, das Fluchen und Schimpfen der durch Wanzen gepeinigten Ruhebedürftigen, gab es hier draußen nicht.

Mit einem Teil unserer Klamotten deckten wir uns zu. Als Kopfunterlage dienten die Holzschuhe.

Leider konnten wir die Nachtruhe an der frischen Luft nur eine kurze Zeit genießen. Es wurde zunehmend frischer und kälter.

Wärmende Kleidung oder eine Decke besaßen wir ja nicht.

Nun ging es wieder der hier gefürchteten frostigen Jahreszeit entgegen.

Unwillkürlich denke ich an die Überwinterung im „Warmen" in den Jahren 1946/47 zurück. Im Plenny-Hospital in Woschega, etwa 140 Kilometer nördlich von Sokol gelegen, gab es sogar ein kleines Weihnachtsbäumchen, welches ich von meiner Lagerstatt aus sehen konnte. Das Weihnachtsfest, mit den wohl schönsten Fest- und Feiertagen im Jahr, ging dreimal von mir, und vermutlich auch von den anderen Mitgefangenen, fast unbemerkt vorüber.

Die Zeitvorstellungen und das Zeitgefühl waren hier unter diesen Umständen bei mir mangelhaft. Dort im Hospital gab es zusätzlich zur „Verpflegung" auch einen gestrichenen Eßlöffel voll Zucker, und dies täglich. (Von meinem Großvater hatte ich erfahren, daß Zucker eine wichtige Nervennahrung ist.)

In den anderen Lagern gab es so etwas kaum oder gar nicht. Daß es auch paarmal, man konnte es an den Fingern einer Hand abzählen, ungefähr einen gestrichenen Kaffeelöffel voll Kakaobutter gegeben hat, und das zusätzlich zur Tagesverpflegung, versetzte uns in Erstaunen. Aber hier im Hospital bekamen wir auch mal ein halbes Päckchen schwarzen Tabak und, welch ein Luxus, ein paar lose abgezählte Streichhölzer dazu. Eine Reibfläche dafür war nicht nötig.

Diese „Luxusartikel" dürften aus amerikanischen Militärbeständen gestammt haben. Ein gewisser Teil wurde vermutlich, nachdem sich die „Rote Armee" vollgesaugt hatte, in den Gulag und hier besonders in die Lazarette geliefert. Die Unterstützung der Amerikaner war also inzwischen bis fast hier an den Ural vorgedrungen.

Auch amerikanische Militärfahrzeuge sah man jetzt. Oft waren diese mit Weißkohlköpfen beladen. Das war mir aufgefallen, als ein russischer Unteroffizier mich und zwei andere Kameraden zu einem Arztbesuch in den Ort führte. Der Name der städtischen Siedlung ist mir nicht bekannt.

Auch an die ärztliche Untersuchung kann ich mich kaum erinnern. Es dürfte aber ein Augenarzt gewesen sein, der mir für meine erkrankten Augen zu einer vom vorherigen Träger nicht mehr benutzten Brille verhalf. Die Brille war aus mehreren Teilen zusammengeflickt. Die Bügel waren zum Beispiel aus Aluminiumdraht.

Ich war nun Brillenträger geworden.

Wie bereits schon mal erwähnt, sah ich damals in Rußland keinen Brillenträger. Ich glaubte fast, daß es mit den gesunden russischen Augen zusammenhing. Im Lager wurde ich wegen der Brille von den Posten als Kapitalist bezeichnet. Den Besitzer eines Fahrrades hätte man wahrscheinlich auch so eingestuft. Der Grund für das Fehlen dieser Sachen liegt in der damaligen Armut begründet. Viele Bewohner Mitteldeutschlands konnten sich in der Zeit der Besatzung durch die Rote Armee von der „Fahruntüchtigkeit" der Rotarmisten mit dem

Fahrrad überzeugen. Dies löste bei den versteckten Zuschauern viel Heiterkeit aus.

Was im Ort auffiel, war die Beschallung durch den Stadtfunk. Unaufhörlich quollen Töne aus den Lautsprechern, die an Masten befestigt waren. Den Privatbesitz von Radios wird es nur für eine bestimmte Kaste von Menschen gegeben haben. Denn solch eine streng abgeschlossene Menschengruppe gab es wohl in allen sogenannten klassenlosen Gesellschaften, mit der SU an der Spitze.

Der Posten genehmigte sich ein Glas „Biwo", welches er an einem Kiosk erstanden hatte. Freundlich prostete er uns zu, die wir etwas abseits standen. Einer Frau wurden von einer normal großen Schokoladentafel einige Stückchen verkauft. Der Preis dafür muß sehr hoch gewesen sein, sonst hätte sie vermutlich eine ganze Tafel erstanden.

Von der wiederholt beobachteten Armut der russischen Bevölkerung waren wir entsetzt. Immerhin waren seit Kriegsende fast drei Jahre vergangen, und das Beutegut aus Deutschland war riesengroß. Aber das reiche Rußland vernachlässigte seine Bürger.

Ich wurde einer Brigade zugeteilt, die Erdarbeiten zu verrichten hatte. Jedem Mitglied wurde ein Arbeitsplatz zugewiesen. Meine Aufgabe bestand darin, mit einer schweren und langen Eisenstange Vertiefungen im hart gefrorenen Erdreich auszustemmen. Diese Tätigkeit war sehr mühselig, ja sinnlos, da es kaum gelang, aus dem steinhart gefrorenen Boden kleine Erdbrocken zu lösen. Die klamm gefrorenen Sacktuchhandschuhe erschwerten darüber hinaus einen festen Zugriff der Brechstange. Und ohne Handschuhe hätte ich das Arbeitsgerät nicht anfassen können. Wenn ich es doch getan hätte, wäre vermutlich die Haut der warmen Hand am eiskalten Metall klebengeblieben. Diese Erkenntnis besaß ich schon seit meiner Kindheit.

Mit dem primitiven Arbeitsgerät konnte die Arbeitsnorm nicht erfüllt werden. Wegen der Nichterfüllung der Norm gab es natürlich dementsprechend kleinere Brotzuteilungen. Aber auch die Erschwernisse durch die klimatischen Besonderheiten fanden in der Berechnung der Norm keine Berücksichtigung. Weit besser wäre die Leistung gewesen, wenn eine einfache Kreuzhacke zur Verfügung gestanden hätte.

Aber solch ein Arbeitsinstrument habe ich in den Jahren meiner Gefangenschaft nie zu sehen bekommen, so daß ich annehmen muß, daß es hierzulande so etwas „Spezielles" zu dieser Zeit noch nicht gab.

Andere Plennys der Brigade hatten die Aufgabe, in die bereits vorhandenen Löcher hölzerne Pfähle zu setzen. Das taten sie auch. Da aber das steinhart gefrorene Erdreich, das neben den Löchern lag, nicht verwendet werden konnte, wurde Schnee zum Verfüllen verwendet. Anschließend wurde um den Pfosten herum uriniert, damit er im Eis feststand. Dies wurde mit Schmunzeln berichtet, und man freute sich über die Gesichter der Russen, wenn dann in der warmen Jahreszeit die Pfosten schräg in den Löchern standen beziehungsweise stehen würden.

Hier an diesem vor der Witterung ungeschützten Hang wurde tüchtig gefroren. Neidvoll blickte man auf eilig vorbeilaufenden „Rabotniks", die vermutlich auch in die Wärme wollten. Ihr Werkzeug, die Axt, steckte meist im Gürtel, und aus dem Schaft eines Filzstiefels ragte der Löffel. Nicht mehr aus Holz wie zu Beginn meiner Gefangenschaft, sondern, welch ein Fortschritt, aus Metall.

In der Nähe hier am Ortsrand muß sich eine Brotfabrik befunden haben. Denn täglich fuhr auf einem entfernten Weg das sogenannte „Brotauto" vorbei. Der Aufschrift „Chleb" am Kastenwagen war das zu entnehmen. Hin und wieder wehte uns der Wind die Gerüche von warmem Brot um die Nase. Welch ein verführerischer Duft …

Obwohl doch die russischen Menschen an die Kälte gewöhnt sein müßten, ließ sich an unserer Arbeitsstelle keine Aufsichtsperson oder Antreiber sehen. Auch unser bewaffneter Posten zog es vor, sich irgendwo ein warmes Plätzchen zu suchen. Er tauchte immer erst zum Feierabend auf.

Die unangenehmen belastenden Vorladungen und Verhöre im Lager durch die Politoffiziere gab es seit einiger Zeit nicht mehr. Obwohl ich nichts zu verbergen hatte und man mir auch nichts anhängen konnte, fiel das Aufatmen doch deutlicher aus.

Die wenigen Doppelkarten, die ich an meine lieben Eltern schicken durfte, wurden allerdings nach wie vor zensiert. Die von den verschiedenen Kommandanturen der einzelnen Lager genehmigten Wortzahlen waren unterschiedlich. Eine Zeitlang durften nur 25 Wörter als Nachricht geschrieben werden, und auch 90 Wörter durften es sein.

Aus meiner Heimat habe ich nicht alle Postsendungen erhalten.

Dies teilte ich demzufolge meist meinen bestimmt Verwunderten und sich Fragenden, wie das möglich sein konnte, mit.

Während meine Eltern die von mir erhaltenen Doppelkarten aufbewahrten, mußte ich diese von meinem lieben Vater geschriebenen Karten oft einer anderen Verwendung zuführen. Ich besaß auch kaum die Möglichkeit, die wenige erhaltene Post, denn es waren ja nur die Antwortkarten, aufzubewahren. Ich besaß allerdings zu dieser Zeit eine „Brieftasche". Dieselbe hatte mir jemand in solider Handarbeit aus dem Leder eines „Affen" gefertigt.

Der Tornister, der von den Soldaten der Wehrmacht getragen wurde, enthielt das Marschgepäck. Um den auf dem Rücken zu tragenden Tornister, der spaßhaft Affe genannt wurde, war eine Wolldecke geschlungen. Der Deckel des aufklappbaren Tornisters hatte einen Bezug aus Fell. Das war dann, bei einem Nachtlager irgendwo in der freien Natur, das „Kopfkissen".

Im Lager wurde hinter vorgehaltener Hand erzählt, daß eine Gruppe deutscher Plennys, im Lager waren „Vertreter" vieler Nationen, versucht hatte, in ein außerhalb der Lagerumzäunung stehendes Russenmagazin einzudringen. Das Ziel war klar, und der Antrieb zu dieser Handlungsweise war der ständige Begleiter, der Hunger.

Im Lager, hier Magazin genannt, lagerten die Naturalien für die Küche, aber auch vermutlich für das russische Personal.

Das Objekt, der hölzerne, einer Baracke ähnelnde Bau, stand auf dicken Holzstämmen. Die klimatischen und geologischen Besonderheiten verlangten hier eine solche Bauweise.

Darüber hinaus konnten „vierbeinige Räuber" sich nur schwerlich durch den hölzernen Fußboden und die aus dem gleichen Baumaterial bestehenden Wände fressen.

Die „Zweibeiner" allerdings konnten dadurch besser ihre Methode anwenden, um zum Erfolg zu kommen. Nachdem sie unter das Ob-

172

jekt gekrochen waren, müssen sie mit einem etwas dickeren Drahtende, der nun wie ein Bohrer gehandhabt wurde, den Fußboden
durchbohrt haben. Nicht nur der Durchbruch war gelungen. Das
Drahtende verfing sich auch in einem über der Bohrstelle befindlichen Zuckersack. Durch die Löcher konnte nun der Zucker zu den
Hungrigen rieseln. Die Freude über die süße Quelle war groß. Aber
wie lange konnte das gutgehen? Das Risiko, ertappt zu werden und
dadurch in Sibirien zu landen, wurde durch das Hungergefühl ver-
drängt.

Mir ist nicht bekannt geworden, wie die Geschichte ausgegangen ist.
Auf alle Fälle hieß es jetzt für die „Diebe" und eventuellen Mitwisser,
die Nerven zu behalten.

Wegen des starken Frostes, oder auch aus anderen Gründen, wurde
unsere Erdarbeit eingestellt. Ich wurde einer Brigade zugeteilt, die in
einem nahe gelegenen Industriegelände Transportarbeiten zu verrichten hatte. Ein Schienenstrang der Werksbahn endete hier in einer sehr
großen und unübersichtlichen offenen Werkhalle.

In ihr befanden sich mehrere gemauerte Werkstätten, zu denen ich
allerdings keinen Zutritt hatte. Vor der Kälte war man hier etwas ge-
schützter, obwohl es tüchtig Zugluft gab. Diese starken Luftströme
konnten den hier vorherrschenden stickigen Schwefelgestank trotzdem
nicht aus der Halle blasen. Der gesundheitsschädigende Geruch hatte
sich schon überall hier festgesetzt. Die Umwelt hatte bestimmt auch
unter der ungefilterten Luftbelastung sehr zu leiden.

Auch ich versuchte so oft wie möglich aus der stark geschwängerten
Luftströmung durch einen Ortswechsel zu flüchten.

Von der Ladefläche eines offenen Waggons mußte ich Gesteinsbrocken in Handarbeit entladen. Daß es sich um uranhaltiges Gestein gehandelt haben muß, ist mir erst nach Jahren durch meine Tätigkeit bei
der Wismut AG (russisches Unternehmen in der damaligen DDR) als
Schürfer und auch Lagerleiter bewußt geworden. Die Wismut-Arbeiter
wurden über die gesundheitsschädigende Gefahr im Ungewissen gelassen. Wenn Bodenproben genommen wurden und es im Geigerzähler
knisterte und knackte, waren wir erfreut.

Wir freuten uns über den Lohnzuschlag, den aber viele Wismut-Arbeiter mit ihrer Gesundheit bezahlen mußten. Die Bezeichnung Wismut hatte man zum Zwecke der Verschleierung bewußt gewählt.

Wo waren die übrigen Brigademitglieder geblieben? Ich befand mich allein am Waggon. Kein Mensch war zu sehen, weder ein Russe noch ein Deutscher.

Alle hatten einen anderen Arbeitsplatz bekommen, und ich wußte nicht, wo im Betriebsgelände. Es war, wie schon erwähnt, eine riesige Werkhalle mit unterschiedlich großen Werkstätten, Schuppen, Lagerräumen oder Magazinen. Sicher gab es auch irgendwo Sozialgebäude.

Da die Gelegenheit günstig war, entfernte ich mich von meiner Arbeitsstelle. Ich lenkte nun die Schritte auf meiner „Erkundungstour" zu einem Bau mit normal großer Eingangstür, der mir am nächsten stand. Als Plenny war man immer bestrebt, etwas zu organisieren, wenn die Gelegenheit günstig erschien, was einem in der Not helfen konnte. Und wenn es „nur" eine Stelle zum Aufwärmen war.

Die glaubte ich auch gefunden zu haben. Ich war in eine „Stalowa", einen Eßraum für russische Arbeiter, geraten. Diese nahmen ihre Mahlzeit ein, wie ich feststellen konnte. Von meinem Erscheinen nahmen sie keine erkennbare Notiz. Mein Erscheinungsbild, Wattejacke, Filzstiefel und Paschlik auf dem Kopf, ähnelte auch den ziemlich stark abgemagerten russischen Rabotniks.

Sie löffelten ihre dünne Wassersuppe, die sie am Schalter der Essensausgabe, nachdem die weibliche Küchenhilfe einen Eßlöffel in die Blechschüssel getan hatte, in Empfang nehmen konnten.

Die Hoffnung, daß es für mich auch eine heiße Wassersuppe gäbe, gab ich schnell auf. Nicht ein russischer Arbeiter lud mich ein oder teilte seine Mahlzeit mit mir. Vielleicht hatten sie mein jugendliches, hungriges Gesicht gar nicht wahrgenommen, und betteln wollte ich auch nicht.

Ob es einen sogenannten „Nachschlag" für sie gegeben hat? Das wäre mir in der kurzen Zeit meines dortigen Aufenthaltes sicher auch aufgefallen. Vermutlich hat es auf die Essensmarke nur eine Portion von zirka 0,7 Liter gegeben, plus einen Eßlöffel Sonnenblumenöl.

Ich stand neben der Luke der Essensausgabe und konnte in die Schüssel mit dem goldgelben Speiseöl sehen. Nein, ich war nicht enttäuscht, weil mir nichts angeboten worden war. Ich hatte auch nicht damit gerechnet. Schnell verließ ich diesen Raum wieder, ohne mich richtig aufgewärmt zu haben.

Den niedergedrückten Gefühlszustand in meiner mißlichen Lage versuchte ich, wie so oft, mit sogenanntem „Galgenhumor" zu unterdrücken und aufzuhellen. In noch heikleren Situationen, wenn der Blick von dem eisigen Sturm und dem Frost sowie den Tränen in den Augen verschleiert war, fing ich an zu singen. Ich sang mit schreiender Stimme das schöne Seemannslied in den Sturm: „Das kann doch einen Seemann nicht erschüttern, keine Angst, keine Angst Rosmarie! Wir lassen uns das Leben nicht verbittern ... Doch wenn der letzte Mast auch bricht, wir fürchten uns nicht!" Oder auch ein Teil des Liedes: „Es geht alles vorüber, es geht alles vorbei, auf jeden Dezember folgt wieder ein Mai ..." Auf diese Art und Weise habe ich mir selbst Mut zum Überstehen der Tiefpunkte im dortigen Dasein gemacht.

Aber auch im späteren Leben in der „Freiheit", wenn man mir aus parteipolitischen Gründen in meiner beruflichen Tätigkeit an den „Kragen" wollte, habe ich an meine Standhaftigkeit und den Überlebenswillen gedacht, den ich aufbringen mußte, um in Gefangenschaft nicht unterzugehen.

Aus dem Überleben in russischer Kriegsgefangenschaft mit den vielen fast unmenschlichen Belastungen habe ich Kraft und auch Mut geschöpft. Es war mehr als eine harte Schule, durch die ich dort gehen mußte. Sie hat mich ohne Militärzeit rund vier Jahre meiner Jugendzeit gekostet.

Die mangelhafte, unzureichende Versorgung und der harte Winter hatten meinem Körper wieder die Kräfte genommen. Es gab ja nur zirka einen Dreiviertelliter warme Wassersuppe. Dazu rund drei Eßlöffel mit etwas dickerer Suppe, hier als Kascha (Brei) bezeichnet, und einen Kanten Brot, zirka 350 Gramm, welches naß und klitschig und dadurch auch schwer war. Dazu gab es hin und wieder etwas warmes, ungesüßtes Wasser, hier als Tschai (Tee) bezeichnet. Auf diese Tagesration konnte nicht immer gehofft werden.

Auf diese Tagesration konnte man sich nicht immer verlassen.

Aus irgendwelchen Gründen kam es auch vor, daß statt der Tagesration, wie erwähnt, ein paar Bröckchen Hartbrot oder auch Dörrkartoffeln ausgegeben wurden. Vermutlich waren es Zulieferungen aus der amerikanischen Armee oder von den anderen Alliierten, die ein „Versorgungsloch" schließen mußten.

Es erübrigt sich aufzuzählen, was es nicht an den notwendigsten Mitteln zum Lebenserhalt in puncto Versorgung in den ganzen Jahren der Gefangenschaft für mich gegeben hat. Das „mich" erwähne ich deshalb, weil die deutschen Offiziere zum Beispiel andere Lebensmittelzuteilungen und darüber hinaus auch andere Vergünstigungen in Anspruch nehmen konnten. In der oft gepriesenen klassenlosen Gesellschaft in der UdSSR wurden in der Behandlung, Beköstigung und Unterkunft ziemliche Unterschiede gemacht. Ob der Gedanke an einen eventuellen späteren Einsatz in einer sozialistischen Armee spekulativen Ursprungs war, kann nicht in Zweifel gestellt werden.

Aber auch die Natschalniks und Barackenältesten und ein Teil der deutschen Spezialisten besaßen andere Möglichkeiten, sich den Bauch „vollzuschlagen".

Besonders die Lagerprominenz hatte die Möglichkeit, das sogenannte Fett abzuschöpfen. Sie bestimmten, wer zum Küchendienst herangezogen wurde oder andere „Vergünstigungen" im Lager bekam. Sie waren sich der „Dankbarkeit" gewiß. Klappte es nicht so wie erwartet, wurden die Leute ausgewechselt. Den Russen, der die Aufsicht in der Küche hatte, kümmerte das nicht.

Obwohl inzwischen das Frühjahr 1948 eingekehrt war, hatte sich die Verpflegung noch nicht gebessert.

Vom Außendienst ins Lager zurückgekehrt, ging es sofort in den „Speisesaal". Hier in Tscherepowez gab es so etwas. In den anderen Lagern hockten wir ja zwischen den Holzpritschen oder darauf und „labten" uns an den „Köstlichkeiten". Ein leichter Fischgeruch verriet uns, daß es als „Hauptmahlzeit" wieder Fischwasser, hier Suppe genannt, geben würde. Das Kauwerk bekam, außer einigen etwas dickeren Gräten, nichts zu tun. Nicht das kleinste Fettauge war zu erkennen. Der „Mahlzeit" war aber vorausgegangen, daß die gesamte Frühschicht endlich den Mut aufbrachte, in den Hungerstreik zu treten.

Die Verärgerung über den Fraß war so groß, daß man die eventuellen Folgen nach dem Streik nicht beachtete.

Es war uns auch nicht entgangen, daß aus diesem besonders großen Lager zunehmend Heimkehrertransporte zusammengestellt wurden und Kolonnen von Plennys das Lager verließen.

Sollte der Hungerstreik dabei behilflich sein, daß wir auch bald zu den Glücklichen zählen konnten? Oder würde dadurch unsere Heimkehr hinausgeschoben? Solche besonnenen Gedanken hatten sich aber verschiedene Leidenskameraden gemacht, die den Hungerstreik mißachteten, sei es nun aus Besonnenheit oder aus Hunger. Schließlich setzten wir uns alle an den Tisch und schlürften das warme Fischwasser, welches weder Fett noch eine erkennbare Farbe hatte.

Es gab ja auch Mitgefangene, die durch den ständigen Hunger nicht mehr fähig waren, richtig zu denken. Für diese in der Zahl nicht geringe Gruppe gab es sowieso kein Halten vor der „Futterkrippe". Die Besonnenheit hatte gesiegt, ebenfalls der Hunger. Alle löffelten mit Erbitterung das warme, nach nichts schmeckende, etwas grau aussehende, nährstofflose Fischwasser.

Meinen lieben Eltern und Geschwistern teilte ich auf der Karte vom 21. Januar 1948 mit, daß ich glaubte, zu meinem 21. Geburtstag alle zu Hause in die Arme nehmen zu können. Am 1. März 1948 konnte ich ihnen mitteilen, daß ich den Winter ohne Krankheit überstanden hatte, und noch drei Wochen später, am 19. März, konnte ich ihnen zu Hause mitteilen, daß ich wieder auf dem Posten war. Ende Mai, am 27., schrieb ich unter anderem, daß der Schnee endlich weg war. Die Wortzahlgenehmigung auf der Kartenhälfte, die ich benutzen durfte, war in den einzelnen Lagern unterschiedlich. Die Zensur schrieb 25 Wörter für uns Gefangene vor. Ab 1948 wurde uns gestattet, 90 Wörter nicht zu überschreiten. Man war also auf diesem Gebiet etwas großzügiger geworden. Erlaubt wurde dann auch später das Schreiben von Briefen. Natürlich nur, wenn man Papier hatte. Das Blatt durfte nur gefaltet werden. Briefumschläge gab es selbstverständlich nicht. Zwei Briefe, die ich in der Kommandantur zur Weiterbeförderung abgeben konnte, kamen zu Hause allerdings nicht an.

Meine Eltern durften nur die andere Hälfte der Doppelkarte benutzen. Briefe, die mein lieber Vater absandte, oder auch normale einfache Karten kamen bei mir im Lager nicht an.

Es kursierten Nachrichten, und diese hatten sich ja verständlicherweise wie ein Lauffeuer verbreitet, daß 1948, bis auf die sogenannten Kriegsverbrecher, alle Plennys entlassen würden.

Konnte man das glauben? Oder war es wieder eine „Hinhalteparole" wie 1945, kurz nach der Gefangennahme durch die „Rote Armee"? Damals hatte der russische Lagerkommandant verkündet: „Skorre damoi." („Ihr könnt bald nach Hause.") Leere Versprechungen hatten uns allzuoft enttäuscht. Mit der Glaubhaftigkeit war das so eine Sache. Aber diesmal mußte es auch bei mir klappen!

Die Lagerkapazität schmolz. Aus humanitären Gründen wurde der Zeitpunkt der Heimkehrertransporte in die wärmere Jahreszeit verlegt. Man wollte dadurch vermutlich erreichen, daß so wenig wie möglich sichtbar kranke Rußlandheimkehrer, die in Güterwaggons transportiert wurden, in Deutschland ankämen. Internationalen Beobachtern wollte man keinen Grund, keinen Anlaß zur Kritik geben. Denn die Beziehungen zwischen Ost und West waren nicht mehr so freundschaftlich wie einst.

Die Prozedur, von der Zusammenstellung der Transporte bis zur Abfahrt, zog sich, wie nicht anders zu erwarten, über Wochen hin.

Die Verpflegung hatte sich zwischenzeitlich etwas gebessert. Aus der Kleiderkammer gab es bessere zivile Klamotten. Den bereits getragenen Sachen haftete der Geruch von Desinfektionsmittel an. Durch die Zivilsachen, denn wir trugen ja jahrelang abgetragene russische Militärklamotten, bekamen alle Anwärter der Transporte ein anderes Aussehen. Holzschuhe und Fußlappen mußten weiterhin getragen werden. Neu war allerdings die Steppjacke. Zumindest war diese noch nicht getragen worden. Die blaue Jacke war in Kurzform gehalten. Das Innenfutter war weiß. Auf dem linken Ärmel, etwa in Oberarmhöhe, befand sich ein weißer Aufnäher mit den Zeichen für Kriegsgefangene.

Damit die Jacke in der Zeit bis zum Transport nicht an russische Zivilisten gegen Nahrung getauscht oder verkauft werden konnte, hatte man unter dem Aufnäher ein Stück Jackenstoff herausgeschnitten.

Die Gewißheit, daß es bald zurück in die Heimat nach Deutschland ging, steigerte die Sehnsucht nach den Eltern und Geschwistern sowie nach allem, was man in den zurückliegenden Jahren so sehr herbeigewünscht hatte. Die Zeit wollte nicht vergehen. Das Warten war fast unerträglich.

Hoffentlich gibt es keinen Grund, daß man im letzten Augenblick vor der Fahrt in die Freiheit ausgeschlossen werden muß. Es könnte ja eine Krankheit eintreten oder eine Personenverwechslung, wie ich sie in der Bunkerhaft erlebt hatte. Es war mehrfach vorgekommen, daß vor dem Ausmarsch durch das Lagertor Plennys aus irgendwelchen Gründen aus der Kolonne herausgeholt und von der Transportliste gestrichen worden waren. Nur äußerst harte Menschentypen konnten solche grausamen Belastungen geistig und körperlich unbeschadet überstehen.

Endlich ging es mit Marschmusik durch das Lagertor hinaus in die Freiheit, in die Zukunft. Wir trugen außer unserem Leben nichts durch das Tor. Keine Tasche, kein Gepäckstück, keine Decke. Das Höchste und Wertvollste, das wir durch das Tor trugen, war jeder Einzelne für sich selbst und die Hoffnung auf ein menschenwürdiges Dasein.

Auf den Schienen der Bahnstrecke, unweit des Lagers, standen die geöffneten Güterwaggons bereit, um die Menschenmasse aufzunehmen.

In einigem Abstand davor standen russische Menschen, um aus der Distanz von den deutschen Plennys Abschied zu nehmen. Besonders ältere Frauen zeigten große Anteilnahme und verbargen, wie man an den Gesten und Haltungen erkennen konnten, ihre Tränen nicht. Über diese Verhaltensweisen machte ich mir in der Folgezeit Gedanken. Sie und ihre Familien mußten doch, auf welche Art und Weise, immer Gutes durch die Deutschen erfahren haben? War es die Abwechslung, war es das Neue, das die Gefangenen in ihre unweit des nördlichen Urals gelegene Heimat gebracht hatten und das nun wieder verlorengehen würde? Die zuletzt gewonnene Erkenntnis wird es wohl gewesen sein ...

Durch diese offenherzige, natürliche und freundliche Haltung eines

Teils der Bevölkerung wurden wohl die Gefühle der meisten Plennys, die das beobachtet hatten, angeregt, sich ebenfalls winkend von den einfachen russischen Menschen zu verabschieden.

Nun ging es endlich los. Der Zug setzte sich langsam in Bewegung, Richtung Südwest, der Heimat entgegen.

Wir waren jetzt im Waggon nicht mehr eingesperrt. Die erwachende Natur, die Landschaft, in welcher kleine Ansiedlungen zu sehen waren, konnte man nun durch den unverschlossenen Waggon mit Interesse und Aufmerksamkeit vorüberziehen sehen.

Oft, viel zu oft für uns, stand der Zug auf der Strecke oder vor Ortsdurchfahrten. An Moskau ging es wohl diesmal nicht vorbei? Auf der Fahrt in die Gefangenschaft, im Februar 1945, vor 66 Jahren, denn wir schreiben heute den 3. Februar 2011, glaubten wir, durch die Ritzen in der Waggonwand sehend, den Kreml zu erkennen.

Welch gewaltiger Unterschied zu der damaligen, über einen längeren Zeitraum dauernden unmenschlichen Beförderung bei sehr tiefen Minusgraden auch im Innern des geschlossenen Güterwaggons. Ohne Strohschütte, ohne Decken, nur in der Wehrmachtsuniform, mit Mantel allerdings, ohne Mütze, nichts weiter, was uns etwas vor dem Frost hätte schützen können. Dazu Hunger und Durst und mit dem Gedanken, der Ungewißheit, wo werden wir hingebracht? Bringt man uns nach Sibirien? Werden wir alles überleben und die Lieben in der Heimat wiedersehen? Wann wird das sein? Werden unsere Angehörigen noch am Leben sein, wenn wir zurückkehren?

Ein Großteil der Ungewißheit lag nun hinter dem Vergangenen und Erlebten.

Ich wußte ja inzwischen, daß ich meine lieben Eltern und Geschwister, wenn wir auch alle gealtert waren, wiedersehen würde. Wenn ich auch die Spuren der Vergangenheit aus meinem Gesicht und dem Körper nicht wegwischen konnte, so hatte ich die Gefangenschaft doch lebend überstehen können. Auch die engere Heimat war ohne nennenswerte Kriegseinflüsse unverändert geblieben.

Aus irgendwelchen Gründen mußte der Heimkehrertransportzug in Polen halten. Diese Gelegenheit wurde von bestimmten Polen genutzt, um von uns, die wir außer einem Rest an Gesundheit alles Materielle verloren hatten, an die Russen hergeben mußten, Ringe und Schmucksachen zu verlangen. Bedrohend und nichts Gutes verheißend war mir aufgefallen, daß die lange Klinge eines Messers aus der inneren Jackentasche des Polen blinkte. Wenn es zu einem Tausch oder Verkauf hätte kommen können, wie hätte der Gegenwert ausgesehen? Da kein „Geschäft" zustande kommen konnte, verschwand er fluchend und schimpfend und eilte zum nächsten Waggon.

Der Zeitpunkt der Abfahrt vom Lager in Tscherepowez dürfte in der ersten Juni-Dekade 1948 gewesen sein.

Nach kurzer Quarantänezeit in Frankfurt/Oder erhielt ich meinen Entlassungsschein. Er war auch eine kurze Zeit mein Ausweis.

Die eine Seite davon war russisch und trug unter anderem einen Datumsstempel vom 25. Juni 1948. Auf der anderen in deutsch gehaltenen Seite stand der Vermerk: Ehemaliger Kriegsgefangener Schmidt, Ehrhardt, geboren am ? ? 1927, ist aus dem Kriegsgefangenenlager entlassen worden und befindet sich auf der Heimreise nach Eisleben/Sachsen. Stempel: Kommandeur der Einheit der Sowjetarmee. Unterschrift, Feldpost-Nr. 61948.

Des weiteren ein Stempel: 50 RM Heimkehrerunterstützung gezahlt, 25. Juni 1948. Des weiteren ein Stempel: Mit Marschverpflegung bis 28. Juni 1948 versehen. Registrierungsstempel: Ost-Nr. 95. Reg.-Nr. 12161 Quarantäne erfüllt.

Im Personenzug ging es dann über Halle/Saale nach meiner Heimatstadt Eisleben. Die Marschverpflegung zehrte ich während der Heimfahrt auf.

Um die Mittagszeit konnte ich die Füße, die in Holzschuhen steckten und in Lappen eingewickelt waren, wieder auf die langersehnte Heimaterde setzen.

Mein jüngster Bruder Rudolf, damals inzwischen 14 Jahre alt, sah mich zuerst. Er erinnert sich auch noch heute, wenn die Sprache auf meine Heimkehr aus Rußland kommt, an mein durch die Dystrophie (Hungerkrankheit) aufgedunsenes Gesicht, woran ich mich nicht erinnern kann.

Meine lieben Eltern waren im Garten. Glücklich über die langersehnte Heimkehr schlossen wir uns alle in die Arme.

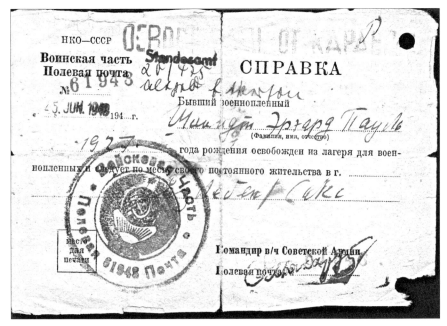

Mein Entlassungsschein

Somit hatte ich den vierten Lebensabschnitt, der besonders hart und kräftezehrend war, auch überstanden.

Nach meiner Heimkehr, Ende Juni 1948, gab es kein einheitliches deutsches Vaterland mehr.

Die Siegermächte hatten das Territorium Deutschlands verkleinert und zerstückelt. Gebietsabtretungen erfolgten an fast alle Anliegerstaaten, besonders aber an Polen, die Tschechei und an Rußland (West- und Ostpreußen, uralte deutsche Flächenländer). 18 Millionen deutsche Heimatvertriebene, mit mehr als zwei Millionen Toten, sind Opfer der größten „ethnischen Säuberung", die die Menschheit je gesehen hat, geworden.

Diese vertriebenen und meist mittellosen, ihrer Habe und Gesundheit beraubten Menschen durchlebten besonders schwere Zeiten in einem fremden Umfeld, den von den Besatzungsmächten besetzten Zonen.

Hunger war an der Tagesordnung.

Auch die Familie meiner lieben Frau zählte zu den Opfern. Klagen durften nicht ausgesprochen werden. Als Soldat „verlor" mein lieber Schwiegervater, der Friseurmeister Erich Steinfeld, kurz vor Kriegsende noch ein Bein. Die Schwiegereltern verstarben bald an Gram, die Schwiegermutter 1951, und zehn Jahre später, kurz vor der Geburt unserer beiden Mädel Konstanze und Birgit, folgte der Schwiegervater.

In einem Willkürakt der Siegermächte erließen diese am 25.2.1947 das berüchtigte Gesetz Nr. 46. Der Artikel lautete: „Der Staat Preußen, seine Zentralregierung und alle nachgeordneten Behörden werden hiermit aufgelöst." Preußen sei von jeher Träger des Militarismus und der Reaktion gewesen.

Die Londoner Times von 1860 gab die damals „öffentliche Meinung" des damaligen Europas über Preußen wieder: „Dieses Land läßt sich lieber auf Konferenzen vertreten, als daß es sich dränge, auf Schlachtfeldern Europas zu erscheinen."

Diese Aussage wird durch die Prozentzahlen der von den Ländern geführten Kriege in der Zeit von 1701 bis 1939 bewiesen: Preußen acht Prozent, Rußland 21 Prozent, England 23 Prozent und Frankreich 28 Prozent.

Die Inschrift auf preußischen Kanonen lautete: „ultimato ratio regis", auf deutsch: „Der Waffengang ist letzter Ausweg."

Im Volksmund kann man hier und da noch hören: „So schnell schießen die Preußen nicht."

Preußen begann 1701 seinen Weg als übernationaler Staat, der Gerechtigkeit gegen jedermann übte. Es war der erste Rechtsstaat auf dem europäischen Kontinent und der erste Flächenstaat der Welt, in dem die Schulpflicht bestand. Viele in der Welt noch nicht bestehende Verbesserungen, die menschliche Gesellschaft betreffend, wurden von den Reformern Stein, Hardenberg und auch Scharnhorst in der Bismarckzeit eingeführt.

Preußen prägte das Kaiserreich von 1871 und war auch die erste Großmacht der Welt, in der das demokratische Wahlrecht seit 1867 galt: „allgemein, frei, gleich und geheim".

Die demokratische Entwicklung war bereits vor den Siegermächten und den militärischen Niederlagen von 1918 und 1945 vorhanden. Preußen setzte auch hier ethische und politische Maßstäbe.

Es begann nun eine andere Zeit, in welcher der Mensch im Mittelpunkt stehen sollte.

Somit hatte ich den vierten Abschnitt in meinem Leben auch überstanden. Die Jahre in Gefangenschaft hatten viele Erkenntnisse gebracht und den Menschen auch zum Teil geformt.

Eine wichtige Erkenntnis war die Tatsache, daß wohl kaum ein Tier das ertragen kann, was ein Mensch durch seine spezifischen Eigenheiten wegzustecken vermag. Der Drang zur Selbsterhaltung durch Furcht, Hunger, Durst, klimatische Einflüsse und anderes führt zu einer völligen Umwandlung der Persönlichkeit bei der Mehrzahl der Gefangenen. Es verschwindet auch jedes Verantwortungsgefühl gegenüber anderen Menschen. Der wahre Charakter eines Menschen offenbart sich in der Not. Im normalen Leben verbergen die meisten Menschen sich hinter einer Maske, die in der Not abfällt.

Es war eine harte Schule. Viel Lebenserfahrung hat man gelernt, ob bewußt oder nicht gewollt.

Nun kommt es darauf an, in der Freiheit aus den Erkenntnissen und Fähigkeiten die richtigen Handlungen abzuleiten und zu tätigen.

Man war wieder Mensch unter seinesgleichen geworden und konnte sich menschenwürdig frei in der Zivilisation bewegen und die Annehmlichkeiten leben, die dazugehören.

Kraft sammeln und gesund werden war die Hauptaufgabe, die ich mit Hilfe meiner lieben Eltern und guter Freunde schaffen mußte. Denn ich wußte ja nicht, welche Krankheiten ich in den zirka fünf Jahren, Militärzeit eingerechnet, aufgelesen hatte. Es war auch nicht einfach, die von unserem Hausarzt empfohlenen Medikamente in der Sowjetzone, und ab 1949 im „Arbeiter-und-Bauern-Staat", zu besorgen. Glücklich waren die Menschen, die Westverwandtschaft hatten. Durch die Mithilfe meiner Verwandten konnte ich Chinin-Ampullen erhalten. Die sogenannte Roßkur mit Chinin hielt der Arzt für angebracht und notwendig. Blut, Galle und Magensäfte wurden mehrfach untersucht und stationär behandelt. Meine Verdauungsorgane konnten nicht voll genesen. Chronische Schäden, so lautete die Diagnose. Schäden am Knochenbau wurden diagnostiziert. Es gab wohl kaum ein lebenswichtiges Organ, welches in der Funktion keine Störungen aufwies beziehungsweise erfahren hatte.

Auf dem Weg zu den Behörden begleitete mich mein guter Vater. Unterwegs bemerkte er eine Kurzatmigkeit bei mir und sagte: „Junge, du pustest ja so." Ich erinnere mich an eine andere Begebenheit, wo meine Tante eine bläuliche Verfärbung meiner Lippen bemerkte und meinen Vater fragte: „Hat denn Ehrhardt was mit dem Herzen?" Diese Auffälligkeiten an mir hatte ich noch nicht bewußt gespürt beziehungsweise gesehen. In einen Spiegel hatte ich jahrelang nicht schauen können.

Einen sehr großen Hunger hatte ich mitgebracht. Der Körper schrie nach lebensnotwendigen Nährstoffen, die ihm in Rußland fehlten.

So hatte ich mich als erstes auf eine tüchtige Portion Bratkartoffeln gefreut. An Beilagen wie Bratwurst, Ei oder andere nahrhafte Dinge dazu hatte ich gar nicht gedacht.

Fehlanzeige. Meiner guten Mutter tat es mehr als leid, mir diesen Wunsch, nach endlich erwarteter Heimkehr ihres Sohnes, nicht erfüllen zu können.

Es gab auch hier in der Heimat noch Hungersnöte, vor allem in den größeren Ortschaften. Die arbeitsfähige Landbevölkerung allerdings hatte diesbezüglich, teilweise durch Selbstversorgung mit Produkten aus ihren Gärten und Ställen, bessere Möglichkeiten der Ernährung. Aber auch hier überwachten die Verwaltungsorgane das Geschehen und erzwangen Abgaben mit Hilfe von Polizei und Militär.

Der Umerziehungsprozeß hatte begonnen. Denkmalstürmer hatten ihr schändliches Tun fast beendet. Straßen und Plätze hatten oft andere Namen erhalten. Die beiden Arbeiterparteien, SPD und KPD, hatten sich vereint unter dem Namen SED. Unter der Zwangsvereinigung verkündete man den Beginn der „Diktatur des Proletariats".

Viel Fremdes führten die Besatzungsmächte ein und hier besonders in der Sowjetzone. Losungen und Sprüche auf Plakaten, Spruchbändern und Transparenten konnte man allerwärts in den Städten und Gemeinden sehen: „Vom Brudervolk lernen heißt siegen lernen" oder „Wie wir heute arbeiten, werden wir morgen leben". Den Bewohnern wurde aber auch mitgeteilt: „Erst arbeiten, dann essen". Diese oder ähnliche Parolen, nebst Verherrlichung von politischen Führern des Kommunismus, prägten auch bis zur friedlichen Revolution 1989 das Stadtbild von Eisleben.

Die obengenannten „Weisheiten" wurden von großen Teilen der Bevölkerung nicht widerspruchslos hingenommen. Denn kein Rad dreht sich ohne Antrieb, ohne Energie.

Das große Umerziehen der deutschen Bevölkerung war 1948 natürlich noch nicht abgeschlossen. Die „Einheitspartei" mit ihren Agitatoren sollten Aktivitäten der Werktätigen wecken und vorantreiben. Mit Versprechungen wurde nicht gespart, sie zählten zur Tagesordnung.

Die Norm- und Planerfüllung, inzwischen eingeführt, stand allerwärts im Mittelpunkt.

Privatbesitz an Unternehmen wurden nach und nach abgeschafft und in Volkseigentum umgewandelt. Durch die Bodenreform wurden Bauern und Landwirte enteignet. Widerstände der Enteigneten, in sogenannte Produktionsgemeinschaften einzutreten, wurden gebrochen.

Aber auch die Abrechnung mit sogenannten Naziverbrechern, die bereits nach Kriegsende begonnen hatte, wurde fortgesetzt.

Schauprozesse wurden angeordnet, so auch in meiner Heimatstadt. Hier ging es um den vermutlichen Haupttäter des Überfalls am 12. Februar 1933 auf die „Ludwig-Jahn-Turnhalle". Dabei verloren drei Arbeitersportler und ein SA-Mann ihr Leben.

Unschuldige Mitläufer der NSDAP (Nationalsozialistische Arbeiter-Partei Deutschlands) waren der Willkür schutzlos ausgeliefert. Neben der Inhaftierung waren Enteignung von Hab und Gut die Folge.

Unsere Familie hatte nichts zu befürchten. Parteilos war allzeit mein Vater geblieben. Er als Bergmann sympathisierte aber von jeher mit den Roten. Ich übrigens auch, allerdings nur bis zum Zeitpunkt des „Wissens" über die Materie. Die Niederschlagung des Volksaufstandes am 17. Juni 1953 durch das „Brudervolk" war unter anderem ein Anlaß zur Abkehr des Systems. Ein Abzeichen und ein postkartengroßes Thälmannbild waren noch in seinem Besitz. Nicht nur mein lieber Vater, sondern auch viele andere Arbeiter erwähnten in Gesprächen oft den Namen „Max Holz". Sein Leben endete bei den Parteifreunden in Moskau, wo er geschult werden sollte …

Um die Bauern zu zwingen, ihr Gut in die Genossenschaft einzubringen, wurde das Abgabe-Soll so erhöht, daß aus Mangel an Saatgut zum Beispiel der Ruin der Wirtschaft drohte und die Existenz vernichtet wurde.

Die Felder damals wurden von den sogenannten Flurhütern und Hilfspolizisten Tag und Nacht bewacht, um Erntediebstähle, die aus der Not entstanden waren, zu verhindern. Gleiches hatte ich damals in Rußland auch beobachten können.

Da aber Not bekanntlich erfinderisch macht, gab es doch Möglichkeiten, an die Ackerfrüchte zu gelangen. Der Ehemann meiner Nichte Irmgard in Oberrißdorf hatte so einen Vertrauensposten inne. Er organisierte heimliche, meist nächtliche Unternehmen, um die von ihm bereits in Säcke gefüllten Feldfrüchte in die Verstecke zu transportieren. Dies war aber nur dadurch machbar, weil sich das Gehöft meiner Großeltern, sehr günstig, abseits am Dorfrande befand.

Von diesen heimlich geernteten Gütern erhielten auch meine Eltern etwas, da sie schon immer ein besonders gutes Verhältnis zu den Oberrißdorfern hatten. So konnte unsere liebe Mutter hin und wieder ein reichliches Mittagsmahl, bestehend aus gelben Erbsen, kochen.

In den ersten Wochen daheim putzte ich fünf tiefe Suppenteller leer, was von allen Familienmitgliedern und Verwandten mit Erstaunen und mit Kopfschütteln zur Kenntnis genommen wurde.

Das Brot und die Beilagen dazu waren noch sehr knapp. Mangelwirtschaft bestand auf allen Gebieten. Nahrungsmittel waren noch rationiert. Es gab Lebensmittelkarten und Bezugsscheine.

Die Menschen hatte man, ausgehend von ihren ausgeübten Tätigkeiten, in fünf Kategorien eingestuft oder eingeteilt. Es galt der Grundsatz: Wer nicht arbeitet, braucht auch nicht zu essen.

Die Stufe 5 bekamen die Bürger, die aus gesundheitlichen oder aus anderen triftigen Gründen nicht oder nur teilweise arbeiten konnten.

Diese Bürger erhielten pro Tag: 300 Gramm Brot, 20 Gramm Fleisch, sieben Gramm Fett, 30 Gramm Nährmittel, 20 Gramm Zucker, 400 Gramm Kartoffeln.

Sie mußten daher mit wenig Nahrung auskommen.

Unser lieber Vater, der als Bergmann unter Tage Schwerstarbeit leisten mußte – daher wurde er im Zweiten Weltkrieg kein Soldat –, erhielt die Kategorie 1 und Schwerstarbeiter-Zulage, wenn die Arbeitsnorm erfüllt wurde und kein Arbeitsausfall vorlag.

Es versteht sich, daß die Zuteilungen etwas höher lagen, auf alle Fälle waren sie nicht ausreichend.

Um in den Besitz dieser Lebensmittelkarten zu gelangen, mußte man Bergmann werden oder eine Arbeit bei der Wismut AG (russisches Unternehmen, das es seit 1946 in der Zone gab) aufnehmen.

Die Zeit der amerikanischen Besetzung, die nur wenige Monate im Jahr 1945 dauerte, bis die Sowjets einzogen, hatte ich nicht erlebt. Mein lieber Vater sprach oft davon und bedauerte, daß ich nicht dabeisein konnte, wenn es galt, dieses und jenes von den Amis einzubringen. (Er selbst war im Ersten Weltkrieg in Frankreich in amerikanischer Kriegsgefangenschaft.) Für mich hatte er eine Militärjacke organisieren können, über die ich mich bei meiner Heimkehr sehr gefreut habe und die ich jahrelang stolz getragen habe.

Die Kriegserlebnisse veranlaßten unseren Vater, seine Kriegsauszeichnungen, wie unter anderen das Eiserne Kreuz, zu vernichten, in die Asche zu werfen.

Wir wollten alles tun, damit es nie wieder zu einem Krieg kommen konnte. Dies war auch der Grund, Mitglied der „Friedenspartei", der SED, zu werden.

Wie aber dachten damals die Machthaber in Europa, die Deutschland den Krieg erklärt hatten?

Im Jahr 2011 konnte ich erneut Kenntnis davon erhalten.

Die englische Sonntagszeitung „Sunday Correspondent" vom 16.9.89: „Wir sind 1939 nicht in den Krieg eingetreten, um Deutschland vor Hitler oder die Juden vor Auschwitz oder den Kontinent vor dem Faschismus zu retten. Wie 1914 sind wir für den nicht weniger edlen Grund in den Krieg eingetreten, daß wir eine deutsche Vorherrschaft in Europa nicht akzeptieren konnten."

Der historischen Wahrheit gegenüber fühlen sich immer mehr internationale Historiker verpflichtet, Licht in die Entstehung des Zweiten Weltkrieges zu bringen.

Dies unterstreicht auch der damalige US-Präsidentschaftskandidat Pat Buchanan. Er sagt: „Die Welt weiß alles, was die Deutschen getan haben; die Welt weiß nichts davon, was den Deutschen an getan wurde."

Auch in Deutschland kommen immer mehr Menschen zu der geschichtlichen Erkenntnis: „Man kann alle Menschen einige Zeit und einige Menschen alle Zeit, aber nie alle Menschen alle Zeit zum Narren halten."

Trotzdem gibt es heute noch deutsche Politiker, die von der Alleinschuld Deutschlands „beseelt" sind, was international nur mit Kopfschütteln beantwortet wird.

Dies war damals zwischen mir und meinen noch lebenden Freunden kein Thema. Durch Kriegserlebnisse und Einwirkungen im Zeitraum von 1939 bis 1948 war doch jugendlicher Frohsinn verlorengegangen.

Öffentliche Musik- und Tanzveranstaltungen im Frieden hatte ich noch nicht erleben können. Mein älterer Bruder Helmut, der sich nach wenigen Monaten amerikanischer Kriegsgefangenschaft selbst befreien konnte, büßte bedeutend weniger Freiheit ein.

Er war jetzt daheim mein ständiger Begleiter, wenn es auf den Tanz-saal nach Wimmelburg, in den „Hirsch", ging. Hin und wieder war ich aber im Wege, wenn er ein Mädel „anmachen" wollte.

Die laute, meist amerikanische Musik des ETU-Tanzorchesters brachte sofort Stimmung in den Saal. Die vielen frohen, lachenden Menschen und besonders die Mädel beeindruckten mich sehr. Der Zigarettenrauch schwebte in der Luft und hinterließ damit auch eine noch nicht gekannte Wirkung bei mir. Der Alkoholgenuß verursachte bei den Lebenshungrigen unterschiedliche Wirkungen, da meist die Mägen leer waren. Speisenangebot in den Gaststätten – Fehlanzeige. Krach und Stimmungen nahmen zu. Streitigkeiten wegen der Mädel oder auch aus anderen Gründen arteten in Schlägereien aus.

Mein Bruder schwang tüchtig das Tanzbein. Um das Tanzen zu er-lernen, hatte er ja andere Möglichkeiten gehabt als ich. Oft trieb es ihn zur Theke. Angebliche Magenschmerzen dienten ihm als Vorwand für den ersehnten Trunk.

Auch nach dem Verzehr von einigen Gläsern bierähnlichem Trank fühlte ich mich noch unsicher, ein Mädel anzusprechen oder gar zu tanzen.

Obwohl es bei mir in den Beinen kribbelte, fehlte mir noch der Mut. Außerdem wollte ich keine schlechte Figur abgeben und den Anwesenden keinen Grund zum Lachen geben, wegen meiner fehlenden Fertigkeiten. In eine stille Ecke zog ich mich zurück, wenn der ungewohnte Trank bei mir Wirkung zeigte.

Spät, um Mitternacht, traten wir dann gemeinsam, wohlgelaunt oder enttäuscht und zerknirscht, mit Freunden den etwa vier Kilometer lan-gen Heimweg an.

Länger auf Kosten der Eltern zu leben, konnte nicht sein. In den Monaten des Nichtstuns hatte ich mich gut erholt. Geld mußte ver-dient werden, um sich diesen oder jenen Wunsch erfüllen zu können. Eine Arbeitsstelle mußte gefunden werden, die gute Verdienstmög-lichkeiten versprach. Nach Überlegungen mit den Eltern kamen wir zu dem Entschluß, eine Arbeit im Westen aufzunehmen. Viele junge Menschen versuchten dort schon ihr Glück. Westdeutschland wirkte auf die Menschen wie ein Magnet. Denn dort gab es schon Dinge zu kaufen, von denen die Menschen in der Sowjetzone nur träumen konnten. Aber auch die modernen amerikanischen Klänge, die später in der DDR nicht mehr öffentlich gespielt werden durften, waren mit das Salz in der Suppe.

Einen Anlaufpunkt im Westen zu haben, war eine Voraussetzung. Da fiel uns ein, daß unsere Großmutter mütterlicherseits aus Norddeutschland stammte. Wir erkundigten uns bei ihr, ob es noch Verwandte dort gab. „Ja, ihr könnt es doch mal versuchen", war ihre Antwort.

Die norddeutsche Mundart hatte sie in den Jahrzehnten in Mitteldeutschland noch im täglichen Gebrauch.

Wie wir, mein Bruder und ich, über die grüne Grenze kommen konnten, hatten wir schon in Erfahrung gebracht.

Im Oktober 1948 ging es auf die abenteuerliche Reise mit dem Zug bis zur Endstelle Ellrich. Auf dem Bahnhof in Eisleben warteten schon viele Menschen. Alles wollte Richtung Westen. Die Züge in diese Richtung waren meist überfüllt. Die einstige Hauptstrecke Halle – Kassel war durch die Demontage eingleisig geworden. Der Russe brauchte ja auch Schienenstränge.

Beim Einsteigen in den Waggon passierte mir ein Mißgeschick. Meine gute neue Hose, die ich als Heimkehrer auf Bezugsschein kaufen konnte, platzte im Schritt voll aus allen Nähten.

Sie war fast zum Lendenschurz geworden, den ich mit einer Hand etwas zusammenhalten konnte.

Vorsorglich hatten wir in unserer „Reisetasche" Flickzeug eingepackt Im menschengefüllten Abteil sitzend, die Tasche auf dem Schoß, mußte ich nun „blind" die aus den Nähten geplatzten Teile zusammenziehen, was mir leidlich gelang. Mein Bruder hatte den für mich peinlichen Vorfall mit Feixen beobachtet. In Ellrich angelangt, stieg ich, um meine Näharbeit besorgt, besonders vorsichtig, wie ein alter Mann, aus dem Zug.

Wir schlossen ans dann einer Gruppe junger Leute an und kamen nach einigen Kilometern auch unbehelligt über die Zonengrenze. Ausgehend von der Sicherheit, wie Weg und Richtung eingehalten wurden, waren vermutlich Grenzgänger dabei, die auch Tauschhandel betrieben.

Was aber brachten diese in den Westen? Denn den Menschen im Osten Deutschlands, besser gesagt der Ostzone, fehlte doch vieles.

Glücklich und froh darüber trafen wir nach längerer Bahnfahrt in Springe am Deister bei den uns vorher nicht bekannten weitläufigen Verwandten ein. Die Familie Busse, Onkel Fritz, Tante Hermine und ihr Sohn Helmut, hatte uns schon erwartet. Sie waren auch sichtlich froh darüber, daß uns der Russe an der grünen Grenze nicht erwischt hat. Helmut Busse interessierte sich besonders für Einzelheiten unserer Fahrt von Ost nach West. Wir drei Jungs waren fast gleichaltrig. Ich war der Jüngste.

Die aufgeplatzten Nähte meiner Hose hatte die Tante mit der Maschine schnell repariert. Nun wurde beraten, wie es mit uns beiden weitergehen sollte. Der Onkel, von Beruf Maurer, allerdings schon Rentner, hatte vorsorglich Arbeitsstellen ausgekundschaftet. Arbeitskleidung hatten wir nicht mitnehmen können, daher wurde aus dem Fundus des Cousins etwas herausgefischt.

Am nächsten Morgen machten wir uns beide auf den Weg zum Kaliwerk in Springe. Im Steinbruch des Betriebes wurden wir schon erwartet und sofort in die Arbeit eingewiesen. Jeder von uns hatte einen kräftigen Vorschlaghammer und einen Stahlkeil als Arbeitsgerät erhalten. Mächtige Kalksteine, die beim Sprengen nicht geplatzt waren, mußten wir zerkleinern, damit diese in die Kipploren geladen werden konnten. Wie man sehen konnte, klappte das bei den älteren und geübten Steinbrucharbeitern ohne größere Mühen.

Mit neugierigen Blicken wurde unser vergebliches Bemühen, zum Ziel zu kommen, beobachtet. Vermutlich dachten sie: Das mit den beiden wird wohl nichts werden.

Auch wir waren zum Feierabend, die aufgeplatzten Blasen an den Händen betrachtend, zur Erkenntnis gekommen: Das war's! Wir haben nicht mal unseren Tageslohn abgeholt.

Die Arbeit waren wir los. Was nun? Denn wir brauchten ja auch Geld und wollten Busses nicht so lange auf der Tasche liegen.

Damit wir nun zu etwas Geld kommen konnten, hatte sich der umsichtige Onkel in der Wohnsiedlung umgehört und unsere Arbeitskraft bei Bekannten angeboten.

Wir setzten Wäschepfähle, reparierten Gartenzäune, selbst Maurerarbeiten wollte mein Bruder annehmen. Darüber war ich sehr erstaunt.
Maurerarbeiten? Mir war bisher nicht bekannt gewesen, daß sich mein
Bruder nach 1945 diesbezügliche Fertigkeiten in einer Umschulung
angeeignet hatte.

Die harte Währung, die Deutsche Mark, erhalten zu haben, beglückte
uns förmlich. Denn seit dem 21. Juni 1948 gab es in der Westzone die
neue Währung. Die Schaufenster der Geschäfte zogen unsere Blicke
wie Magneten an.

Wir waren jetzt nicht ganz mittellos, und darüber hinaus sammelten
wir im Wald Bucheckern, um uns nützlich zu machen.

Tanzabende ließen beide Helmuts nicht aus. Mich nahmen sie nicht
mit, da das Geld dazu nicht gereicht hätte. Wir aßen und wohnten
doch noch auf „Pump".

Anhören konnte ich mir allerdings ihre Erlebnisse, wobei immer viel
gelacht wurde. Oft wußte ich nicht den Grund der Lachsalven.

Eines Tages auf den Weg zu einer Stundenarbeit in der Siedlung
lüftete mein Bruder das Geheimnis. Er machte mich auf einen Fah-
nenmast aufmerksam, auf welchem im Winde hoch oben ein Schlüpfer
flatterte. Grinsend sagte er: „Den habe ich dort angebracht."

Endlich fanden wir in der Zuckerfabrik in Weezen bei Hannover eine
Saisonarbeit. Es war recht günstig, da wir hier auch in einer Gemein-
schaftswohnung schlafen konnten.

Ich fand Arbeit auf dem Schnitzelboden der Fabrik. Trockenschnitzel
wurden maschinell in Säcke gefüllt, zugebunden, bis unter die Decke
des riesigen Raumes transportiert und gestapelt.

Mir machte die Arbeit Spaß. Mein Bruder, der mit der Technik
vertrauter war, hatte einen anderen Arbeitsplatz. Wir beköstigten uns
selbst. Von den grünen Heringen, die ich dort oft in die Pfanne gepackt
und auf dem Kanonenofen zum Brutzeln gebracht habe, schwärmt er
noch heute im hohen Alter, wenn wir uns treffen.

Wir verdienten gut und fuhren öfters von Weezen zum Einkaufen
nach Hannover.

Die Schaufenster der Geschäfte waren gut sortiert und lockten zum

Einkauf. Es gab ja jetzt nach der Währungsreform wohl alles zu kaufen. Doch unüberlegte Käufe tätigten wir nicht.

Doch die Rationierung der Lebensmittel galt noch. Sie war aber großzügiger als in der DDR und wurde dann im März 1950 bis auf Zucker abgeschafft.

Die Rationierung in der Ostzone beziehungsweise dann später im sogenannten Arbeiter-und-Bauern-Staat wurde acht Jahre später, nämlich am 30.5.1958, aufgehoben. Dieser Aufhebung folgte aber eine große Preiserhöhung. Insgesamt gab es in Deutschland Lebensmittelkarten und Rationierungen vom 27.8.1939 bis zum 30.5.1958. Rund 20 Jahre lang gab es diesbezüglich Einschränkungen im Leben der Bürger.

Der geschäftstüchtige und, verwandtschaftsmäßig gesehen, weitläufige Cousin hatte Konserven mit Kaninchenfleisch kaufen können. Seine Eltern und auch wir waren darüber verwundert. Was wollte er mit der Menge Konserven? „Laßt mich mal machen", war seine Antwort. Und gegen den Willen seiner Eltern öffnete er alle Dosen und schüttete den Inhalt in eine große Schüssel. Jetzt gab er vorbereitete Zusatzstoffe unter ständigem Rühren dazu. Durch den nun gefälschten und gestreckten Inhalt war das Volumen der Masse vergrößert worden. Durch den Wiederverkauf hat er die Leute betrogen, für sich aber einen größeren Gewinn erzielt.

Diese Art der Geschäftstüchtigkeit fand bei seinen Eltern sowenig Zustimmung wie bei uns. Entschuldigend brachte er zum Ausdruck: „Das machen doch alle so."

In der Zuckerfabrik hatte ich einen Raum entdeckt, in welchem Zuckermelasse, ein Abfall- oder Restprodukt bei der Zuckergewinnung, abgezapft werden konnte. Die Melasse ist zähflüssig, ähnlich wie Rübensaft.

Als beim Besuch der Onkel davon erfuhr, war er begeistert und rief erfreut: „Da bring doch mal was mit", und gab mir ein Gefäß.

Nach Feierabend schlich ich mich in den Raum und ließ das klebrige Zeug in einen kleinen Eimer laufen. Dieses natürlich nicht erlaubte Abzapfen gelang mehrfach, so daß der Onkel mit Hilfe der von jemandem geliehenen provisorischen Schnapsdestille Alkohol brennen konnte.

Wieder in langersehnter Freiheit – noch mit vollem Gebiss

Diese Schnapsbrennerei fand im Bad der Wohnung statt. Wir freuten uns gemeinsam über das Gelingen. Der fast reine Alkohol wurde vorerst in Flaschen gefüllt. Die weitere Verarbeitung, das Verdünnen oder Zusetzen von Kräutern zum Beispiel, haben wir nicht verfolgen können. Wir, mein Bruder und ich, waren froh darüber, dadurch auch eine gewisse Wiedergutmachung geleistet zu haben.

In Hannover kauften wir ausrangierte Bekleidungsstücke aus amerikanischen Militärbeständen sehr preiswert. Mir gefiel besonders eine gefütterte, mit Golffalte und schrägen Außentaschen sowie Reißverschluß ausgestattete warme Langjacke, denn inzwischen stand der Winter vor der Tür. Außerdem fand ich Gefallen an einer kurzen Bundjacke. Diese Bekleidungsstücke habe ich viele Jahre stolz getragen, und die Langjacke hängt noch heute griffbereit im Gartenhäuschen.

Da ich gerne im Regen spazierte, legte ich mir einen Regenmantel zu und eine Mütze.

Eine Begebenheit ist mir heute noch gegenwärtig. Als wir beide, mein zwei Jahre älterer Bruder und ich, in Hannover dicht an einem haltenden Pferdegespann vorbeigehen mußten, wurde ich vom Pferd in die Schulter gebissen. Kurzerhand revanchierte ich mich und schlug dem Gaul meine Aktentasche, in welcher sich der hölzerne Stiefelknecht befand, auf das Maul. Den Stiefelknecht benötigte ich zum Ausziehen meiner Stiefel, die ich damals trug.

Vor Weihnachten 1948 waren wir wieder bei den Eltern mit diesem und jenem Mitbringsel, aber vor allem mit Fahrradbereifung und Salzheringen, worüber sie sich sehr freuten. Einen Wunschzettel hatten die Eltern nicht geschrieben.

Helmut zog es im Frühjahr wieder in den Westen. Er fand bei „Continental" in Hannover wieder Arbeit.

Nach eingehender Überlegung mit den Eltern hatte ich mich entschlossen, die wegen der Arbeitsdienstzeit und Militärzeit unterbrochene Lehre in Halle/Saale bei der Firma Georg Temme, Eisenwaren, wieder aufzunehmen, um den Lehrabschluß, die Kaufmannsgehilfenprüfung, abzulegen.

Bis zur Wiederaufnahme der Lehre im Februar 1949 hatte es doch noch einige Wochen Zeit. Zunächst freuten wir uns alle gemeinsam auf das bevorstehende Weihnachtsfest.

Es war für uns alle ein besonders schönes Fest geworden, da unsere Familie vollzählig und gesund beisammensein konnte.

Fünf Jahre hatte es gedauert, bis wir wieder eine friedliche Weihnacht erleben durften. Dafür waren wir dankbar und haben gerne auf diese und jene weihnachtliche Gabe verzichtet.

Gedanken an die vergangene Zeit drängten sich auf. Eine besinnliche Stimmung erfaßte wohl jeden von uns, natürlich doch mit Unterschieden.

In der Silvesterzeit war Hochstimmung bei den jungen Menschen auf den Tanzsälen. In den Amiklamotten steckend, schwang auch ich das Tanzbein. Niemand wagte es, über meine „Tanzkünste" zu lästern oder sich zu belustigen. Die Schultern der Bundjacke waren gut ausgepolstert, und ich war wieder voll zu Kräften gekommen.

Eine feste Freundschaft mit der Tanzpartnerin hat es aber nicht gegeben.

Anders war es mit der Nachbarstochter Renate. Sie wohnte in der anderen Doppelhaushälfte. Die Wohnungen ihrer und meiner Eltern grenzten aneinander. Renate war ein Einzelkind. Der Vater war Bergmann und VVN-Mitglied (Vereinigung der Verfolgten des Naziregimes). Nur wenige Menschen gehörten rechtmäßig dieser Vereinigung an.

So wußte zum Beispiel unser Vater zu berichten, daß ein etwas entfernter Nachbar in unserer Straße wegen eines Banküberfalls und Raubes in Sangerhausen inhaftiert war und auch das VVN-Abzeichen trug.

Ferner war bekannt, daß in den Wohnungen dieser sogenannten Verfolgten oft Mobiliar von den enteigneten Nationalsozialisten zu finden war. Ob es auch in Renates Familie so etwas gegeben hat, ist mir nicht bekannt geworden, da es keine Gelegenheit gegeben hatte, sich dort umzusehen, außer im Mädchenzimmer.

Oft besuchten wir ihre alte Oma, die im Zentrum der Stadt in einer Wohnung unter dem Dach lebte und sich immer tüchtig freute, wenn wir erschienen. „Was kann ich euch bloß anbieten? Es gibt doch nichts!" Eine Tasse heißes Maggiwasser war dann der Begrüßungstrank, der wohl besonders von mir genüßlich geschlürft wurde.

Ein seltsames Gefühl beschlich mich, wenn wir heimlich und leise in ihr Zimmer auf dem Trockenboden geschlichen sind. Darunter befand sich die Wohnung ihrer Eltern. Nur durch eine dünne Zwischenwand konnte ich meine Eltern hören, wenn diese nebenan auf dem Boden beschäftigt waren.

Es ist auch einmal passiert, daß wir uns, zusammen mit ihrer Freundin, zu dritt im Bett „drängelten". Eine Situation, die mich fast schockte. Mit zwei Mädels, allerdings außen liegend, im Bett. Es kam zu keiner „Liebelei". Im Morgengrauen schlich ich mich aus dem Zimmer wie ein Dieb. Drüben auf dem Boden angekommen, klopfte ich einen Gruß an die Trennwand.

Bei der Wiederaufnahme meiner unterbrochenen Lehre in Halle/ Saale waren die Kriegsschäden unverkennbar. Der Straßenzug war hier und da durch fehlende Häuser unterbrochen.

Auch die Räume der Firma sahen wie leergefegt aus. Die Lagerräume waren fast leer. Die Geschäftsinhaberin lebte auch nicht mehr. Ihr einziger Sohn, der im Zweiten Weltkrieg bei den Fallschirmjägern war, fungierte als Lehrherr. Es war ein großer und kräftiger Mann mit einer ebensolchen Stimme. Er war verheiratet mit einer hübschen, vollbusigen, dunkelhaarigen Frau, die sich aber in den Geschäftsräumen nicht blicken ließ. Das Paar war zu dieser Zeit noch kinderlos.

Ein hübscher weiblicher Bürolehrling war unter anderen auch bei der Firma beschäftigt. Ich freute mich, wenn ich sie sah, war aber zu schüchtern, um etwas mehr als Kontakt aufzunehmen, wenn sie in den Lagerräumen auftauchte und in den Regalen nach irgendwelchen Dingen suchte. Ihre Zurückhaltung hinderte sie, mich um Rat zu fragen.

An eine Begebenheit erinnere ich mich mit Scham. Anlaß dazu gaben der 1. Mai, der „Kampftag der Arbeiterklasse", und der „Fusel", hochprozentiger Rübenschnaps, den wir beide, der Lehrherr und ich, in seiner Wohnung tranken. Leider zuviel, denn wir kamen tüchtig in Stimmung. Seine Gattin hielt sich wohl in den Nebenräumen der Wohnung auf.

Das Verlangen meines Lehrherrn nach Alkohol und Bier, sicher auch nach noch anderen Mitmenschen, veranlaßte uns, seine in der Nähe liegende Stammkneipe aufzusuchen. Kurzerhand wurde die andere Quelle in der Gaststätte auch tüchtig angezapft. Mir war es nicht entgangen, daß der Wirt meinen Chef sehr gut kennen mußte.

Die Zecherei ging bis in die Morgenstunden, und ich, der wenig Erfahrung mit Alkohol hatte, dazu mit einer kaum zufriedenstellenden Unterlage im Magen, wurde Opfer des Alkohols. Oft meterweit auf allen vieren kriechend, uns gegenseitig stützend, torkelten wir beide aus der Restauration. Wir waren wohl die einzigen Passanten auf der Straße, so daß wir ungesehen die zirka hundert Meter bis zur Wohnung mehr kriechend als aufrecht stehend zurücklegen konnten. Zumindest glauben wir, den Weg ungesehen zurückgelegt zu haben.

Was ich da hatte erfahren müssen, blieb mir eine Lehre.

Meinen Eltern verschlug es fast die Sprache, als ich verkatert und schmutzig aussehend daheim auftauchte. Die Unerfahrenheit hatte mich tatsächlich zur Strecke gebracht. Der Rest der Betriebsangehörigen hatte keine Kenntnis von meinem Ausrutscher bekommen.

Meine Gemütslage im Geschäft war gestört, wenn unser Lehrmädel wegen des Berufsschulbesuchs nicht im Betrieb erschien.

Wenn ich in der Kaufmännischen Berufsschule Unterricht hatte, durfte ich mit dem Eilzug um 14.10 Uhr von Halle Richtung Heimat fahren. Die Züge waren, aus bereits erwähnten Gründen, meist überfüllt. Es ist nicht selten vorgekommen, daß ich stehend so von den Reisenden eingekeilt war, daß ich trotz zeitweiligen Schlafes nicht umfallen konnte.

Den Lehrabschluß sehnte ich herbei. Ich wollte Geld verdienen und mir etwas leisten. Denn inzwischen war ich 22 Jahre alt. Darüber hinaus hatte ich durch die lange Bahnfahrt, was auch auf die Demontage der Schienen zurückzuführen war, sehr wenig Freizeit.

Im Juli 1949 habe ich mein Lehrverhältnis nach Prüfung abgeschlossen.

Eine Arbeit im gelernten Beruf in einem Geschäft oder einem Büro aufzunehmen, versprach keine guten Verdienstmöglichkeiten.

Auch die Kategorie der Lebensmittelkarten spielte eine nicht unwesentliche Rolle. Ich entschied mich daher, ausgehend von den Möglichkeiten, beim Straßenbauamt Eisleben in der Abteilung Straßenunterhaltung eine Arbeit als Straßenarbeiter zu beginnen. Sammelpunkt war der Klosterplatz in Eisleben. Mit dem Lkw ging es dann bis zur Straßenmeisterei in Saurasen. Hier wurde Werkzeug – Schaufel, Hacke, Schottergabel und anderes – in Empfang genommen.

Dann ging es auf der Klausstraße, einer alten Kohlestraße, weiter bis zu den schadhaften, auszubessernden Straßenflächen. Der Arbeitsbereich erstreckte sich bis zur Kreuzung am Neuen Schloß, kurz vor Königerode. Schottervorrat und anderes Material zur Ausbesserung der Straßenschäden holten wir vom Wippraer Bahnhof.

Die Essenspausen wurden am Straßenrand eingenommen. Arbeitswagen, die bei Unwetter aufgesucht werden konnten, gab es zu dieser Zeit nicht. Man war somit der Witterung voll ausgesetzt.

Zusätzliche Nahrung holten wir uns in den Pausen aus dem Wald.

Mit Pilzen oder Beeren versuchten wir, unseren Hunger und auch Durst zu besänftigen. Hierbei lernte ich einige eßbare Pilze kennen. Pilzmahlzeiten wurden selbst in der Hungerzeit von unserer Familie ausgeschlagen.

Neidvoll blickten wir Städter auf die Freßpakete der Arbeitskameraden, die, meist mit dem Fahrrad, aus den anliegenden Dörfern kamen. Den Lohn erhielten wir am Arbeitsplatz. Mit dem Lkw ging es dann zum Feierabend mit wackligen Knien wieder zurück nach Eisleben. Diese Saisonarbeit gab ich im Oktober des gleichen Jahres wieder auf, da der Winter vor der Tür stand und Ausbesserungsarbeiten nicht mehr ausgeführt werden konnten. Außerdem waren die Verdienstmöglichkeiten nicht gerade toll.

Im Oktober 1949 wurde die DDR, der sogenannte Arbeiter-und Bauern-Staat, gegründet. Die BRD, Bundesrepublik-Deutschland, existierte bereits.

Deutschland war geteilt – zwei von Grund auf unterschiedliche Gesellschaftsordnungen. Im Westen gab es den Kapitalismus, und in Mitteldeutschland sollte der Kommunismus unter der Führung der

SED, Sozialistische-Einheitspartei Deutschlands, aufgebaut werden – ein Satellitenstaat der Sowjetunion. „Von der Sowjetunion lernen heißt siegen lernen", konnte man nebst anderen Sprüchen und Losungen überall im Lande sehen.

Die Menschen hatten Hoffnung, daß das „Brudervolk der SU" uns beim Aufbau helfen würde und eine Verbesserung des Lebensstandards bald zu spüren sein würde.

Damit der „Klassenfeind" aus dem Westen den Aufbau nicht „stören" konnte, wurde die Zonengrenze mit Stacheldraht, Sperrzone, Niemandsland, Todesstreifen und Mauer befestigt.

Die Planwirtschaft wurde verkündet, und die Arbeiter und Bauern wurden zu höheren Arbeitsleistungen verpflichtet. Der Arbeitsplatz wurde zum „Kampfplatz" erhoben, nachdem der Fünfjahresplan verkündet worden war.

Unter den Menschen hatte es sich herumgesprochen, daß der größte Teil der Produktion in den Osten, zur Sowjetunion ging. Ein Rest der Erzeugnisse verblieb im Land, zuzüglich der Produkte, die vom Russen nicht für gut befunden wurden.

Durch die Mangelwirtschaft und Bevormundung der Bevölkerung durch die staatlichen Organe, einschließlich der Partei, wurde der Drang der Menschen nach dem Westen im Laufe der Zeit immer stärker.

Ein russisches Unternehmen, die SAG Wismut, ein Reparationsbetrieb und ein Staat im Staate der DDR, in dem Rohstoffbasen erkundet und für die sowjetische Atomindustrie ausgebeutet wurden, suchte Arbeitskräfte.

Gute Verdienstmöglichkeiten, Sach- und Geldprämien sowie die höchste Zuteilung an Lebensmitteln wurde den Arbeitern zugesichert.

Gesucht wurden Erdarbeiter, Schürfer genannt, Bergarbeiter und Hilfskräfte sowie Büroarbeiter.

Die Tätigkeit in diesem sowjetischen Betrieb mit den guten Verdienstmöglichkeiten und einer privilegierten Stellung bezüglich der Versorgung erweckte auch bei mir Interesse.

Ich bewarb mich daher im November 1949 um eine Anstellung. Da ich als Beruf eine kaufmännische Ausbildung angegeben hatte, wurde ich mit der Leitung eines Lagers für Schüttgut, Baumaterialien und Brennstoffe, aber auch Schnittholz beauftragt. Meine wenigen russischen Sprachkenntnisse, die ich in den Jahren der russischen Gefangenschaft erworben hatte, spielten dabei sicher auch eine Rolle.

Dieses Wismut-Lager befand sich auf dem ehemaligen Betriebsgelände der Krughütte des Mansfeld-Kombinats. Sechs Lagerarbeiter hatte ich zu beschäftigen, die mit dem Entladen oder Aufladen und Transportieren der Güter zu tun hatten.

Bei der Bevölkerung war auch das Brennmaterial mehr als knapp. Man bekam auch hier, je nach Größe des Haushalts, eine begrenzte Menge.

Nach Absprache mit dem russischen Vorgesetzten erlaubte er mir eine Ladung Kohlebriketts für meinen Bedarf. Als der vollbeladene Lkw vor dem Haus meiner Eltern hielt, erstaunte das viele Anwohner.

So eine Ladung Kohle vor einem Privathaus hatte man lange nicht gesehen. Beim Abspringen vom Lkw wäre ich fast mit dem Ringfinger an der Planke des Fahrzeugs hängengeblieben.

Mein Entlassungsschein

Nach kurzer Bewährungszeit im Baustofflager bekam ich einen neuen Auftrag. Mir wurde ein bedeutend größeres Magazin mit Industriewaren, Eisenwaren und Werkzeugen sowie Arbeitsschutzbekleidung, Wolldecken und auch Möbeln anvertraut. Dieses Lager befand sich auch in Eisleben, am Wolferöder Weg.

Der riesige Barackenbau mit mehreren Toreinfahrten wurde im Dritten Reich gebaut und erfüllte den Zweck eines Getreidespeichers.

An der Stirnseite zur Straße befand sich mein Arbeitszimmer, selbstverständlich mit Schreibtisch und Telefonanschluß, wie man das als Mitteleuropäer gewöhnt war. Nebst einigen mir schon bekannten Mitarbeitern kam eine Putzfrau dazu.

Wenn etwas geliefert oder abgeholt wurde, brachten die Russen immer ihre Leute mit. Alle waren uniformiert. Waffen hatte ich bei diesen Gelegenheiten nie gesehen. Aus Übermut kam es hin und wieder zu einem kleinen Kräftemessen zwischen mit und den russischen Soldaten, die meist in meinem Alter waren.

Bei irgendeiner Begebenheit ließ ich ein paar Fotos mit unbekleideten Mädels sehen. Diese Bilder verschwanden sehr schnell in den Taschen. Ich sah diese nie wieder.

Die kompletten Schlafzimmer waren für die Offiziershaushalte bestimmt. Diese wurden von ihnen in Begleitung ihrer Frauen abgeholt und von uns aufgeladen.

Ich hatte den Eindruck gewonnen, daß niemand von ihnen wußte, was zu einem kompletten Schlafzimmer alles gehört. Mit den Bettgestellen und Stahlmatratzen sowie ein paar Decken und einem Kleiderschrank wäre es vielleicht in ihrer Heimat komplett gewesen. Hier in Deutschland gehörten bekanntlich noch einige Dinge mehr dazu.

Ein in der damaligen Zeit riesiger Reichtum lagerte unter dem Dach des Magazins, welches nachts bewacht werden mußte. Dafür waren russische Posten zuständig, die sich immer versteckt hielten. Uranhaltiges Gestein, in offene Holzkisten gepackt, stand tagelang neben dem Gleis der Werksbahn. Warum diese Holzkisten mit den auch vermutlich ionisierenden Strahlen dort längere Zeit unbewacht standen, war nicht bekannt. Man ging zu dieser Zeit recht sorglos mit dem nuklearen Material um.

In den späteren Nachmittagsstunden gab es für mich weniger zu tun. Ich war ja mein eigener „Chef". Um die Dienstzeit totzuschlagen, griff ich öfters mal zum Telefon, um irgendwelche Auskünfte einzuholen. Diese Telefongespräche waren eine kleine Abwechslung und besonders angenehm, wenn am anderen Ende der Leitung eine sympathische Stimme erklang.

Besonders neugierig war ich darauf, den weiblichen Sympathieträger nach einem Gespräch am Telefon persönlich kennenzulernen.

Das war der Beginn einer fast 60jährigen glücklichen Ehe mit meiner lieben Frau Griseldis, eurer guten Mutter.

Meine erste Liebe galt der Nachbarstochter Renate. Sie war ein hübsches und sauberes Mädel. Wir verbrachten schöne Stunden ohne Streit und Zank, und doch entschied ich mich für die neue Beziehung.

Für Renate tat es mir sehr leid. Sie weinte bittere Tränen und wollte wegen der Trennung aus dem Leben scheiden. Da sie hübsch und auch intelligent war, fand sie doch bald einen „Ersatzmann".

Aber mein zweiter Schatz, etwas älter als ich, hatte eine zärtlichere und liebevollere Ausstrahlung, welche mich stärker beeindruckte, obwohl sie aus dem kalten Osten, nämlich aus Ostpreußen, stammte. Sie war wie viele andere Menschen durch den Krieg heimatlos geworden. Sie war klug, intelligent und fleißig.

Die hiesigen Mütter waren damals besorgt um ihre Töchter. Sie glaubten zu wissen, daß die fremden Mädel ihren Töchtern die Männer wegnehmen würden. Dies stimmte aber nur zum Teil.

Mir ging sprichwörtlich tatsächlich das Herz auf, wenn ich meinen neuen Schatz schon kommen sah.

Es war Winter. Das warme rote Kopftuch sah man schon aus der Ferne leuchten. Ihren im Vergleich mit Renate kleinen Körper umhüllte ein kaninfarbener, bis an die Knie reichender warmer Pelz.

Die Beine steckten in langen, gefütterten braunen Stiefeln, das Gesicht war durch das Laufen oder die Vorfreude auf unser Zusammentreffen anziehend rötlich gefärbt. Ein Bild, jedesmal zum Verlieben.

Wenn sie mich auf der Arbeitsstelle besuchte, dann nie ohne ein kleines Mitbringsel. Oft war es eine vom zukünftigen Schwiegervater Erich Steinfeld gedrehte Zigarette mit amerikanischem Tabakduft. Bald lernte ich ihre und sie meine Eltern kennen.

Zu meiner zukünftigen Frau hatte ich volles Vertrauen. So erzählte ich ihr, daß es eine Begegnung zwischen mir und dem sowjetischen Geheimdienst (KGB) gegeben hat. Ort der Zusammenkunft war ein Büroraum im Gebäude der heutigen Seidelschule. Hier hatte sich die Verwaltung der Wismut SAG befunden, einschließlich des Geheimdienstes der nicht zu sehen war, aber überall wirkte.

Ich wurde in das Zimmer gebeten, in welchem sich zwei weibliche Mitarbeiter befanden. Nach meinem Eintreten wurde sofort die Tür abgeschlossen, was mich stutzig machte. Der Grund war mir aber bald ersichtlich geworden, denn man wollte vor unerwartetem Besuch sicher sein.

Es ging sehr ruhig und geheimnisvoll zu, die Atmosphäre, die mich umgab, war gespannt.

Ich wurde nicht gefragt: „Wollen Sie für uns arbeiten?", sondern sie brachten ohne Umschweife und Zögern zum Ausdruck: „Unter dem Decknamen Paul möchten wir von Ihnen regelmäßig Informationen über die Stimmung in der Bevölkerung erhalten.". Und nach einer kurzen Gesprächspause bekam ich folgenden Hinweis: „Am soundsovielten, um Uhrzeit soundso, werden Sie im Park an der Kreuzung der Wege, die zum Gebäude der Staatssicherheit führen, von einem Mann erwartet. Er wird Sie mit dem Decknamen ansprechen, und er nimmt die Informationen entgegen. Dann wird er Ihnen den Treff der nächsten Zusammenkunft nennen."

Es wurde nicht nach meinem Einverständnis gefragt, und eine Unterschrift auf einem Papier wurde mir auch nicht abverlangt. Aber man verlangte unbedingte Verschwiegenheit auch der Familie gegenüber. Darauf wurde mehrfach betont hingewiesen.

Diese Angelegenheit war mir mehr als unangenehm, da sie auch nicht ungefährlich war.

Zum besagten Zeitraum wurde ich bereits im Park erwartet. Es war

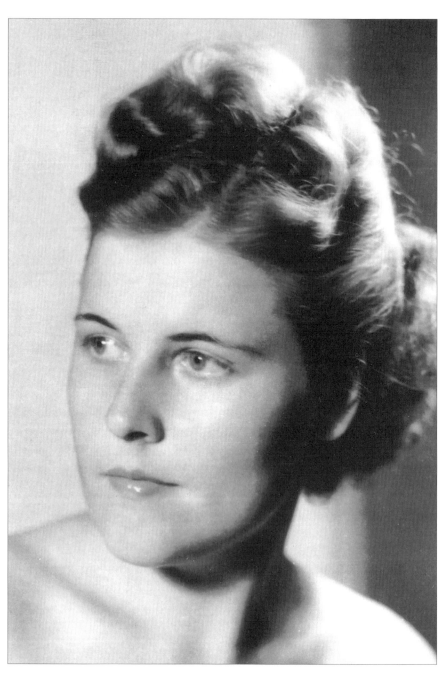

Mein unvergeßlicher Schatz

dunkel. Mein Deckname wurde auf deutsch genannt. Ich konnte aber nicht erkennen, ob es eine deutsche oder russische männliche Person war, die mich erwartete. Ich konnte nur die Umrisse der männlichen Person erahnen. Er konnte mich auch nicht erkennen.

Meine Information lautete: „Es ist mir nichts bekannt." Eine Frage wurde nicht gestellt. Knapp erfolgte der Hinweis zum nächsten Termin, wenn es „Wichtiges" gäbe. Einen nächsten Termin hat es für mich nicht gegeben, da „Wichtiges" von mir nicht erkannt wurde, so daß diese Geschichte einmalig war.

Mit dem Tschaika hat man mich wieder zur Arbeitsstelle gefahren.

Außer meiner Geliebten habe ich niemandem davon erzählt. Das Vertrauen in meinen Schatz war von Beständigkeit.

An eine von mir unbedachte Handlung denke ich nicht gerne zurück.

Ein abendliches Treffen nach Feierabend mit meiner Geliebten kam aus irgendeinem Grunde nicht zustande.

Verärgert darüber ging ich allein in die Gaststätte „Mansfelder Hof" hier am Ort. Hier versuchte ich, mit einer mir vom Sehen bekannten Person, die am Tische eines jungen Mannes saß, ins Gespräch zu kommen. Dieser, verärgert darüber, verwies mich in einer beleidigenden Art und Weise vom Tisch. Ich wußte, daß er ein strammer „Pimpf im Jungvolk" war. Es kam zum Streit, und er verlangte nach der Polizei, die dann auch bald erschien.

Wenn es bisher noch nicht zu Handgreiflichkeiten gekommen war, so entstanden sie jetzt dadurch, daß ich, ohne eine Aufforderung durch die Volkspolizei in Zivil, mit Gewalt vom Tisch im Gastraum gezerrt wurde.

Jetzt leistete ich Widerstand, Tisch und Stühle fielen um, denn es war ein Gerangel entstanden. Von den drei Polizisten konnten sich auch nicht alle auf den Beinen halten, da diese von mir weggestoßen wurden. Ich habe nicht geschlagen.

Nach geraumer Zeit hatten sie mich in den Griff bekommen und rissen mich aus dem überfüllten Gastraum, so daß ich meinen Mantel nicht mehr nehmen konnte. Auch war meine Brille irgendwo hingeflogen.

Dann geschah etwas Unerwartetes. Einer von den drei schlug mir, obwohl ich keinen Widerstand leistete und meine Fäuste gegen keinen gebraucht hatte, plötzlich die Faust mitten in das Gesicht. Seit diesem Zeitpunkt habe ich eine Schädigung am Nasenbein. Aus der Nase tropfte das Blut.

Mit dem Pkw wurde ich zur Polizeiwache gebracht und von einem VP in Uniform verhört. Der Polizist war mir bekannt. Ohne auf meine Schilderung des Hergangs einzugehen, wurde mir sofort Widerstand gegen die Staatsgewalt vorgehalten. Ich war kein Feind des Staates und wies sofort auf meine „Vertrauensfunktion" bei der Wismut der Russen hin. Das wirkte wie eine Bombe auf ihn. „Ruhig, leise", waren seine Worte, er sprang auf und schloß die Tür zum Nebenzimmer. „Das darf man doch keinem sagen."

Bei der Aufnahme der Personalien hatte er festgestellt, daß ich der Sohn von Paul Schmidt war. Sein Gesicht hatte sich darauf etwas erhellt. Ich wurde entlassen. Somit war der Fall erledigt. Es gab keine Anzeige oder für mich später spürbare Maßnahmen.

Um meine Eltern nicht zu beunruhigen, habe ich dieses Thema nie angesprochen beziehungsweise erwähnt.

Mitternacht war lange vorbei. Um meine Garderobe aus der Gaststätte zu holen, war es zu spät. Besorgt war ich wegen meiner Brille.

Ich ging noch nicht nach Hause, sondern schlug den Weg zu meiner Geliebten ein. Alle Fenster waren dunkel. Totenstille überall.

Mit einem Steinwurf an ihr Zimmerfenster wollte ich sie munter machen. Da ich im Dunkeln kein geeignetes Wurfgeschoß fand, knotete ich mein Taschentuch und warf. Es flog bis an das Fenster im Obergeschoß, wo es dann auf der Fensterbank liegen blieb. Nichts rührte sich. Enttäuscht machte ich mich auf den Heimweg.

Was sie am Morgen auf der Fensterbank liegen sah, wie es dort hingekommen war und was es bedeutete, konnte sie sich in diesem Moment noch nicht erklären.

Am Vormittag holte ich meinen Mantel aus der Gasstätte. Auch meine Brille, die keinen Schaden genommen hatte, konnte ich in Empfang nehmen. Der Leiter der Gaststätte, der meine Sachen aufbewahrt hatte und mir jetzt aushändigte, brachte sein Bedauern wegen des Vorfalls am Abend zuvor zum Ausdruck. „Wenn ich gewußt hätte, wie die vorgehen, hätte ich auch nach der Aufforderung des ‚Beleidigten' den telefonischen Anruf nicht getätigt, denn irgendwelche Auseinandersetzungen der Gäste wegen Meinungsverschiedenheiten kommen fast täglich vor."

Mein Schatz, nachdem ich den Vorfall erzählt hatte, war mehr als betrübt über den Ausgang und meine geschwollenen Nase.

Das Gesicht des Schlägers der VP hat sich bis heute in mein Gedächtnis eingeprägt. Ich machte seine Wohnung in Eisleben ausfindig und schwor innerlich, ihm das heimzuzahlen.

Doch nachdem ich wieder ruhiger geworden war, siegte mein Verstand.

Wenn wir uns auf der Straße begegneten, habe ich keinen Blick von ihm gelassen, und er hat sicher gespürt, daß mit mir nicht „gut Kirschen essen" ist. Eine Verunsicherung war dem VP-Mann anzumerken, wenn er von mir fixiert wurde.

Es muß im Frühjahr 1950 gewesen sein, als die Verwaltung der Wismut das genutzte Gebäude zum Teil geräumt hatte. Die Verwaltungstätigkeit wurde in kleinere Gebäude in Eisleben verlagert.

Eine Umlegung nach Wernigerode im Harz war geplant. Neue Erkundungsgebiete hatte man dort entdeckt, die auf Lagerstätten von Uran schließen ließen.

Ich gehörte mit zu dem „Vorauskommando". Eine bestimmte Anzahl von Lagerhallen hatten sie vermutlich schon besichtigt. Man wollte dennoch meine Meinung über die Größe und günstige Transportwege hören. Dem russischen Kommando gehörten drei Offiziere an.

Anschließend fuhren sie mit mir in eine etwas abgelegene Wohnsiedlung. Sie suchten Wohnraum für Offiziersfamilien. Was ich als deutscher Zivilist dabei sollte, verstand ich nicht ganz.

Unweit des einzurichtenden Magazins bekam ich in der Ilsenburger Straße mein Zimmer. In der Doppelhaushälfte wohnte ein nettes älteres Ehepaar. Herr Kröning beschäftigte sich mit Bienen. Das Bienenhaus stand im Garten. Angehörige waren nicht mehr am Leben. Der Sohn des Ehepaars war gefallen.

Es war günstig, daß sich unter dem Dach des Häuschens neben meinem Zimmer noch ein ähnliches befand. Hier konnte mein Freund Gerhard Ö. untergebracht werden. Als gelernter Zimmermann war er für das Bauen von Regalen und Stellagen verantwortlich. Ein Teil der Transportkolonne aus Eisleben war nach Wernigerode mitgekommen. Sie waren anderweitig im Ort untergekommen. Im Magazin und auf dem Lagerplatz waren zirka zwölf Männer tätig.

Während einige Leute mit dem Aufbau von Regalen beschäftigt waren, entluden andere die bereits anrollenden Lkws, die von russischem Militär, aber auch von deutschen Zivilisten gefahren wurden. Wartezeiten wurden von allen Fahrern nicht gerne hingenommen.

Im Freigelände wurden Bauholz und andere Materialien gelagert. Auch hier mußte ein Verantwortlicher eingesetzt werden.

Selten überzeugte sich eine russische Aufsichtsperson vom Fortgang der Arbeiten. Und wenn, dann hörten wir nur: „Gut, sehr gut." Ich besaß das volle Vertrauen der Russen und hatte „Schlüsselgewalt".

Alles Mögliche füllte nach und nach die Regale, ob Glühbirnen, Eisenwaren, Werkzeuge, Arbeitskleidung einschließlich Schuhen und Gummistiefeln, Schutzanzüge und so weiter. und so fort ... Neu allerdings waren Motoren in verschiedenen Größen und Stärken, die bewegt werden mußten. Zum Auf- oder Abladen fehlten allerdings Hebezeuge.

Als mechanische Hilfe hatten wir im Lager einen Elektrokarren. Dieses Fahrzeug war unter dem Namen „Eidechse" im Lande bekannt. Das vierrädrige Fahrzeug hatte eine ungefähre Ladefläche von fünf Quadratmetern. Das Fahrzeug besaß kein Lenkrad. Der Fahrer stand auf einer beweglichen Steuerfläche. Durch die Verlagerung des Körpergewichtes konnte die Richtung verändert werden. Linker Hand befand sich ein Bremshebel. Mit der rechten Hand wurde ein Rad bedient, mit welchem die Geschwindigkeit eingestellt werden konnte. Das Fahrzeug war nur für den „Innendienst" bestimmt.

Es ist auch mehrfach vorgekommen, daß ich zu später Stunde aus dem Schlaf gerissen wurde, in das nahegelegene Magazin mußte, um dringend gebrauchte Dinge, wie zum Beispiel Motoren, auszuliefern.

Meine Arbeit fand bei der russischen Obrigkeit Anerkennung, was auch durch die Aushändigung einer Sachprämie, für ein Fahrrad und anderes, zum Ausdruck kam.

Wenn mich die Sehnsucht nach meinem lieben Mädel antrieb, mußte nun dieser Drahtesel herhalten. Am Abend, nach Feierabend, wenn kein Lkw nach Eisleben fuhr, schwang ich mich aufs Rad, und ab ging die Post. Am anderen Morgen war ich wieder pünktlich an meinem Arbeitsplatz. Da Gerhard Ö. mein Vertrauen besaß, hatte er die Schlüssel für alle Fälle.

Die Wirtsleute, wie bereits erwähnt, waren sehr nett. Der Opa überraschte mich mehrfach mit einem Gläschen Honig. Er war ja Imker.

Das war in dieser Zeit ein kostbarer Leckerbissen, zumal ich schon damals auf „süß" stand. Dies hatte ich vermutlich von meinem Großvater mütterlicherseits geerbt.

Um mich dafür erkenntlich zu zeigen, hatte ich mehrere Möglichkeiten, die ich auch nutzte. So sorgte ich dafür, daß eine Fuhre Brennholz vor seinem Häuschen abgeladen wurde. Die Wismut hatte Möglichkeiten, je nach Bedarf Holz aus dem Forst abzufahren. Zu dieser Zeit war das Gebiet um den Brocken vom russischen Militär noch nicht gesperrt.

Ich muß gestehen, daß hin und wieder die Versuchung bestand, Artikel aus dem vollen Magazin zu entnehmen und diese gegen Kasse zu veräußern. Dazu ließ ich mich aber nicht hinreißen und machte keinen Gebrauch davon. Ich widerstand der Verlockung. Denn wegen Sabotage von den Russen verurteilt zu werden, eventuell doch noch nach Sibirien zu kommen, war mir die Sache nicht wert. Ich war ehrlich und blieb es auch.

Die Fahrt mit dem Zug von Eisleben über Nordhausen, dann mit der Harzquerbahn bis Wernigerode war sehr zeitaufwendig. Aber diese Zeit haben wir beide uns gerne genommen. Einmal war es das freudige Wiedersehen und dann die Belohnung, die herrliche Landschaft quer durch den Harz mit dem Bummelzug zu erleben.

Der Besuch war angekündigt. Voller Erwartung und Vorfreude stand ich am Bahnhof „Westerntor" in Wernigerode und wartete. Der Zug lief endlich ein. Fehlmeldung, keine Griseldis. Sie war nicht mitgekommen. Die Enttäuschung riesengroß.

Die Enttäuschung resultierte aus meinem Versäumnis, ihr die richtige Haltestelle zu nennen. Denn es gab ja noch den Haltepunkt „Steinerne Renne". Dort war mein Schatz ausgestiegen.

Aber das freudige Wiedersehen, etwas verspätet, hat dennoch geklappt. Sehr gefreut habe ich mich über das Mitbringsel. Es war ein wunderschönes Bild von ihr. Dieses Foto in Postkartengröße steckte ich vor die gläserne Skala meines Radios. Das war besonders schön anzusehen, wenn das Bild dadurch beleuchtet wurde.

Gemeinsam suchten wir die schönsten Sehenswürdigkeiten in Wernigerode auf. Dazu zählten das Schloß, die Storchenmühle, das Lindental und anderes mehr.

Speiselokale aufzusuchen, war fast sinnlos, da es überall nur nach Abgabe von Lebensmittelmarken etwas Eßbares gab. Glück oder ein Erfolgserlebnis hatte man, wenn man nach Abgabe von Fettmarken eine Tomatensuppe oder ein Kartoffelgericht mit Waldpilzen „genießen" konnte, selbstverständlich alles fleischlos.

Oft konnte ich es so einrichten, daß ich mein Mädel bis nach Eisleben begleitete. Als Fahrgäste auf dem offenen Lkw ging es zurück in die Heimat. Wenige Kilometer vom Zielort entfernt mußten wir wieder die durch Schwefelgestank verunreinigte Luft atmen. Das spürten wir zu dieser Zeit deutlich, da die Essen der Hütten noch tüchtig qualmten.

Schwierigkeiten wegen des Mitfahrens gab es nicht, da die Fahrer mich kannten. Meist wurden verschiedene Güter aus dem Eisleber Magazin abgeholt. Mir blieb auch Zeit für einen kurzen Besuch bei meinen lieben Eltern.

Wenn ich per Fahrrad am Ort war, fiel das elterliche Wiedersehen allerdings aus. Das Rad hatte aber auch durch die weiten Streckenfahrten gelitten, so daß diese Unternehmungen ausfallen mußten.

Das Tretlager knackte tüchtig, wenn kräftig in die Pedalen getreten wurde. Kurzerhand wurde das Fahrrad einem Lkw-Fahrer verkauft.

Um Spaß im Lager zu haben, wurde manchmal die „Eidechse" miß-braucht. Auf dem ebenen Betonfußboden drehte ich aus Übermut manche Runde.

Bei so einer Kreiselfahrt, auf der Ladefläche befand sich noch ein schwerer Motor, kippte derselbe und stürzte von Bord. Das Motorge-häuse bekam durch den Aufprall einen Riß.

Der Schaden wurde dem verantwortlichen Offizier von einem „Zu-träger" gemeldet. Ich habe nie erfahren können, wie der Spitzel heißt.

Der Verdacht auf Sabotage wurde von den Sowjets sehr schnell ver-mutet und ausgesprochen. Ein solcher Vorwurf blieb mir aber nach einem Gespräch mit dem Offizier erspart. Ich vermute, daß er Kenntnis über meine Person vom KGB besaß. Aus diesem Grunde wurde, wie ich annehme, der Vorfall zu den Akten gelegt. Auch Nachteile, die es geben konnte, blieben aus.

Durch den Wechsel meiner Arbeitsstelle von Eisleben nach Wernige-rode fielen auch die geheimen nächtlichen Treffen mit dem Unbekann-ten im Eisleber Park aus. Ich vermute, daß es sich um einen Mitarbeiter der Staatssicherheit gehandelt hat, denn dieses staatliche Organ der DDR war hilfswilliger Helfer des KGB.

Diese belastende, unangenehme, dunkle Sache hat sich nirgendwo wiederholt. Darüber war ich sehr froh.

Die Wismut-Arbeiter waren in den Orten bei der Bevölkerung nicht gerne gesehen. Ihnen haftete der Ruf von häufigem Alkoholgenuß und Schlägereien an, die meist damit verbunden waren. Sie verdienten im Vergleich zu anderen Arbeitern besser, erhielten Zulagen und auch billigen Alkohol als Deputat. Es war eine zusammengewürfelte Men-schengruppe, in welcher sich auch Abenteurer befanden. Auch unsere Truppe sorgte in gewisser Weise für Aufsehen und Kopfschütteln bei der Bevölkerung von Wernigerode im Harz.

Aus irgendeinem Anlaß kletterte ein Teil der Transport- und Lager-arbeiter nach Dienstschluß auf die „Eidechse". Mit der Besatzung auf der Ladefläche steuerte ich das Gefährt durch die Straßen der Stadt, wissend, daß der Elektrokarren für den öffentlichen Straßenverkehr nicht zugelassen war, zum wunderschönen Marktplatz.

Das Ziel war die am Platz befindliche Restauration, wo „getankt" werden sollte. Vorsorglich wurden wir in ein gesondertes Gästezimmer gewiesen. An einem Tisch nahmen wir alle Platz.

Franz U., im besten Mannesalter, hatte die sogenannten Spendierhosen an. Sein Junggesellendasein gestattete ihm die Großzügigkeit. Er war auch tüchtig in Stimmung gekommen, so daß er uns alle zum „Ritter" schlug. Dies tat er mit den Worten: „Ich schlage euch hiermit alle zum Ritter", und mit einem einzigen kräftigen Schlag schlug er alles vom Tisch, was darauf gestanden hatte. Er war schon ein „Unikum", aber damit hatte doch keiner von uns gerechnet. Deswegen konnten wir auch diese Art von „Ritterschlag" nicht verhindern.

„Herr Wirt, das bezahle ich auch alles", waren seine jetzt ruhig und würdig gesprochenen Worte.

Diese Stunden mit Franz im Lokal waren ein „Erlebnis", das im Gedächtnis festsitzt. Ich fuhr dann die „Eidechse" im Dunkeln und unbeleuchtet in das Magazin zurück.

Nicht vergessen habe ich auch die gemeinsamen freiwilligen Sondereinsätze mit den Angestellten der Wismut. Dicht gedrängt, Männlein und Weiblein auf dem Lkw stehend und sich gegenseitig festhaltend, wurden wir durch das Gelände bis zum Arbeitsplatz „gegondelt".

Hier warteten bereits Schippe und Hacke auf uns.

Unvergessen für mich und auch einmalig war der Besuch einer bunten Veranstaltung im Gewerkenhaus von Wernigerode. Zu sehen und auch zu hören war der Thüringer Herbert Roth mit seiner Gattin und seinen Musikanten. An diese heimatlichen Klänge dort erinnere ich mich besonders gern.

Die SAG Wismut blieb nur eine relativ kurze Zeit in der Harzregion, um die „Bunte Stadt". So begleitete ich auch einen Transport im Lkw nach Johanngeorgenstadt im Erzgebirge. Auf der Straße, die wir befuhren, sahen wir ein uns entgegenkommendes Pferdegespann. Plötzlich brachen die Pferde nach links aus, überrannten unsere Straßenseite und galoppierten querfeldein ins Gelände. Glücklicherweise kamen wir durch beherztes, richtiges Reagieren unseres Fahrers unbeschadet davon.

Das Angebot der Wismut, nach Johanngeorgenstadt beziehungsweise Aue zu gehen, nahm ich nicht an. Ich wollte nach den Tagen des sogenannten Zigeunerlebens „seßhaft" werden, zumal mein Schatz in Eisleben auf mich wartete.

Die letzte Aufgabe, welche ich in W. zu verrichten hatte, war in einer Durchlaufstelle für Abgänger von der Wismut AG. Hier nahm ich die Arbeitssachen, Regenbekleidung, Schuhe, auch Schlafdecken entgegen und zeichnete das auf dem Durchlaufzettel mit meiner Unterschrift ab.

Bei Fehlanzeige eines Artikels habe ich aus menschlichem Ermessen öfters ein Auge zugedrückt. Hier muß ich gestehen, daß mir bei einer Fehlanzeige die Mädel mehr leid taten als die Männer.

Durch meine Tätigkeit und Verbindung zu den Lkw-Fahrern war ich in den Besitz von Benzinmarken gekommen. Denn auch Kraftstoffe waren damals rationiert und aus diesem Grunde auch sehr gefragt. Auf Personenkraftwagen und zum Teil auch Lastwagen hatte man einen Holzgenerator als Energiequelle eingebaut. Statt eines Benzinkanisters als Reserve wurde ein mit Holzstückchen gefüllter Sack oder Korb mitgeführt.

Die Fahrschule Leibner in Eisleben hatte auch ihren Fahrschulwagen, einen Opel, so ausrüsten müssen. Ein ungewöhnlicher Anblick vor allem beim Pkw. Denn der darauf montierte Generator hatte ungefähr die Größe eines Badeofens und überragte das Fahrzeug beträchtlich. Aber es fuhr, und das war wichtig.

Nach Abgabe einer 5-Liter-Benzinmarke und eines Entgelts konnte ich zweimal das Fahrzeug fahren. Einmal, um die Fertigkeiten des Fahrens zu erlernen, und das andere Mal bei der Prüfung, um dies der Polizei zu beweisen. Nach einigen Fragen des Prüfers konnte ich meine Fahrerlaubnis 1951 in Empfang nehmen. Mit dem Schein war ich nun berechtigt, außer Bussen und Spezialfahrzeugen fast alles zu fahren.

Zu dieser Zeit war ich bei der staatlichen Handelsorganisation (HO) in Eisleben beschäftigt. Es war der Zeitraum vom November 1950 bis Februar 1952. Innerhalb dieser Zeit hatte ich unterschiedliche Aufgaben, zum Teil in kurzen Abständen und auf verschiedenen Arbeitsstellen, zu erfüllen. Da die Handelsorganisation erst seit 1948 existierte, hatte dieselbe noch nicht richtig „Fuß fassen" können. Strukturverän-derungen, Verlagerungen und Umbelegungen innerhalb des Bereichs der HO durch Sortimentserweiterung verlangten das.

Es begann im Lager für Industriewaren im Kaufhaus. Das Büro be-fand sich im Keller, und die Lagerräume befanden sich unter dem Dach des mehrstöckigen Hauses. Einen Fahrstuhl gab es nicht. Zum Teil lagerten bestimmte Güter auch im Treppenhaus.

Für das Baustofflager am Güterbahnhof am Ort wurde ein Lagerleiter benötigt. Für diese Tätigkeit konnte die damalige Leiterin des HO-Verbandes mich interessieren. Persönlich machte sie mich mit dem Aufgabenbereich bekannt.

Zuvor aber, noch im Kaufhaus, wurde ich in die SED aufgenommen. Es bedurfte keiner Überzeugungsarbeit, denn für ein friedliches Le-ben war ich nach den Kriegserlebnissen allemal. Meine Kraft wollte ich auch dafür einsetzen.

Im Baustofflager wurden außer mir noch zwei Lagerarbeiter beschäf-tigt. An Großabnehmer wurde nichts ausgeliefert. Es gab auch hier nur begrenzte Mengen zum Beispiel an Zement, Kalk, Schnittholz und anderem.

Nach einer geraumen Zeit wurde ich diese Arbeit los. Ein Lagerleiter für Industriewaren in der Außenstelle in Wimmelburg wurde benötigt. Im Saal der ehemaligen Gaststätte „Kastaniengarten" lagerte die Ware auf dem Fußboden und auch in einigen Regalen.

Die Aufgabe bestand darin, Sendungen für die einzelnen Industrie-läden in den anliegenden Orten zusammenzustellen und auszuliefern. Für diese Tätigkeiten standen mir fünf Mitarbeiter zur Seite.

Ich erinnere mich an eine besondere Sendung, die im Lager eintraf. Sie bestand aus zwei Fotoapparaten von Zeiss Ikon, Marke „Tenax".

Um keine Vst. (Verkaufsstelle) besonders zu beliefern, das heißt an-dere auszulassen, waren wir, ein interessierter Kollege und ich, über-eingekommen, statt der Apparate den Kaufpreis in Höhe von fast 1000 DDR-Mark auszuhändigen. Die Verkaufsstellenleiterin war über den eingehenden Betrag froh. Vermutlich hatte sie eine so hohe Geldein-nahme lange nicht verbuchen können.

Diese Kleinbildkamera, man kann mit ihr durch den Schnellaufzug 50 Bilder schießen, befindet sich auch heute noch in meinem Besitz.

Danach erhielt ich den Auftrag, wegen des Ausfalls des Vst-Leiters für Baustoffe die Verkaufsstelle zu übernehmen. Diese befand sich in einer Scheune in Eisleben am Steinweg. Es war hier alles sehr primitiv. Es gab keinen Ladentisch, nur ein Pult, auf dem die Kasse stand. Ölfarben oder Lacke gab es nur lose, das heißt, der Käufer mußte ein Gefäß mitbringen. Auch hier war es nur eine Übergangslösung.

Dann war es der HO-Leitung gelungen, von der ehemaligen Firma „Wollschade", auch am Ort, in der Glockenstraße, Geschäftsräume zu erwerben. Hier wirkte ich als Geschäftsführer. Ein ehemaliger Maler war mein „Gehilfe". Über den Ladentisch wurden Farben, Lacke, Firnis, Nitroverdünner, Kleister und Tapeten und Malerbedarf für teures Geld verkauft. Wenn Tapeten im Angebot waren, gab es immer eine tüchtige Käuferschar, die dann Schlange stand. Meist reichte die Ware nicht. Glasscheiben wurden auch zugeschnitten.

Bei der abendlichen Abrechnung stellte ich in der Kasse Fehlbeträge fest. In die Registrierkasse konnte keine Geldeinnahme eingetippt werden. Der Kunde bekam einen Kassenzettel, der ausgeschrieben werden mußte, als Beleg. Das Duplikat verblieb im Kassenblock. Nun gab es Kunden, die auf die Frage des Verkäufers keinen Zettel verlangten. Bei der Entgegennahme des Kaufpreises wurde durch Drehen einer Kurbel, begleitet von einem Klingelton, das Kassenfach geöffnet. Der Mitarbeiter hatte aber den Geldschein nicht in die Kasse gelegt, sondern daruntergeschoben.

Bei passender Gelegenheit wanderte dann der Schein in die Tasche des Betrügers. Es kam trotz meiner Ermahnung wieder vor. Die unangenehme Sache der Unterschlagung mußte ich nunmehr zur Meldung bringen. Der Betroffene, übrigens auch Mitglied der SED, stammte aus Helbra.

Wochen vor diesem unangenehmen Ereignis hatten wir nach Ladenschluß im Lagerraum des Geschäftes gemeinsam mit einem weiteren Mitarbeiter ein paar Flaschen Bier getrunken. Dabei wurde unter anderem auch über den Militärdienst gesprochen. Im angeheiterten Zustand und aus Übermut demonstrierte ich die Handhabung und das Werfen einer Handgranate mit einer Bierflasche. Unglücklicherweise zerbrach dabei eine kleine Glasscheibe in der Zimmertür.

Wegen der Geldunterschlagung wurden wir zur Geschäftsleitung zitiert. Ein Vertreter der BPO (Betriebs-Partei-Organisation) war ebenfalls anwesend. Der Beklagte versuchte nun erst, sich durch Vorbringen meiner Verfehlung zu entlasten. Damit hatte er aber keinen Erfolg. Durch die von ihm getätigte Geldunterschlagung verlor er natürlich seinen Arbeitsplatz fristlos.

Meine Tätigkeit im staatlichen Handel kündigte ich im Februar 1952, da der Verdienst zur Gründung einer Familie zu gering war.

Den Termin unserer Vermählung hatten wir bereits wegen des Ablebens meiner zukünftigen Schwiegermutter im Dezember 1951 um ein Jahr verschoben. Im September des Jahres wollten wir nun heiraten.

Das Schlafzimmer, welches ich durch meine Tätigkeit in der HO kaufen konnte, stand bereits auf dem Trockenboden der elterlichen Wohnung. Der Auftrag für die Anfertigung der Küchenmöbel war bereits an die Tischlerei Vogelsang gegeben worden.

Hochzeitsschuhe, die ich dringend benötigte, hatte ich trotz vieler Bemühungen noch nicht bekommen können. Auch daß sich die Eltern, Verwandten und Bekannten darum bemühten, änderte nichts daran.

Die staatliche Handelsorganisation bot zwar Lebensmittel zu stark überhöhten Preisen ohne Lebensmittelkarten an, aber Industriewaren, wozu auch Schuhe zählen, waren noch nicht im Angebot.

Hinter vorgehaltener Hand wurde in der Bevölkerung erzählt, daß bestimmte Personen in den Westen fahren und begehrte Dinge von dort mitbringen. So unter anderem auch Schuhe. Westgeld besaßen wir zu dieser Zeit noch nicht. Vielen anderen Menschen in der Zone ging es ebenso. Es war aber bekannt geworden, daß man Damenstrümpfe als Tauschobjekt in Zahlung geben konnte. Aber diese Strümpfe gab es auch nur auf Punktkarte, das heißt auf Zuteilung. Selbstverständlich nur für das weibliche Geschlecht.

Schließlich konnten, unter Mithilfe der Verwandten und auch mitleidigen Bekannten, 15 Paar Damenstrümpfe gesammelt werden. Denn

15 Paar waren die Menge, welche von den Mittelsmännern verlangt wurde.

Der erste Grenzgang hatte geklappt. Plus einer Zuzahlung freute sich meine zukünftige Braut über ihre Hochzeitsschuhe, welche sie auch dringend brauchte. Obwohl sie aus gutbürgerlichem Elternhaus stammte, hatten ihre Eltern, und natürlich auch sie, durch Flucht und Vertreibung aus ihrer Heimat Ostpreußen alle materiellen Güter verloren, nur ihr Leben konnten sie retten.

Monate später hatte man, dank der Mithilfe des bereits erwähnten Personenkreises, die Sollzahl von 15 Paar Strümpfen gesammelt.

Der gleiche Grenzgänger wurde voller Erwartung auf die Reise geschickt. An der grünen Grenze wurde er gestellt. Denn inzwischen wurde die Grenze schärfer bewacht, um den Grenzgängern das Handwerk zu legen.

Die auf Punktkarten in der Ostzone gekauften Strümpfe waren weg.

Die Freude auf meine Hochzeitsschuhe war dahin. Dies wurde von allen Punktkarten-Spendern erst recht bedauert.

Würde es für mich ein behördliches „Nachspiel" geben? Oder würde der mißglückte Tausch im Sande verlaufen?

Natürlich mußte der Mittelsmann bei seiner Festnahme über die Herkunft der Strümpfe Auskunft geben. Eine Geheimhaltung der Auftraggeber ließ die Staatsgewalt nicht zu.

Ich bekam eine gerichtliche Vorladung. Ein Strafverfahren gegen meine Person wurde eingeleitet. Im Gerichtsprozeß wurde ich wegen eines „Wirtschaftsverbrechens" angeklagt.

Die durch die Not hervorgerufene und begangene Handlungsweise fand in der Begründung des Urteils keine Berücksichtigung. Auch mein Hinweis auf langjährige Kriegsgefangenschaft und die daraus resultierende persönliche Not konnte nicht strafmildernd beim Urteilsspruch wirken.

Die damalige Richterin R., die ähnlich unmenschliche Urteile wie die oberste Richterin der DDR Hilde Benjamin verhängte und deswegen auch „die rote Benjamin von Eisleben" genannt wurde, bestrafte mich: „Wegen Wirtschaftsverbrechen zweieinhalb Jahre Gefängnis, zur Bewährung ausgesetzt."

Die oberste Richterin der DDR, Dr. Hilde Benjamin, begründete die Härte ihrer Urteile damit, sie müsse „die DDR schützen".

Viele Schauprozesse wurden von ihr inszeniert. Sie löste nach dem 17. Juni 1953 den Justizminister Fechner ab, weil er den Volksaufstand als Streik auslegte und ihn für verfassungsmäßig erklärte.

Der Grenzgänger oder auch Mittelsmann Horst R. bekam eine Zuchthausstrafe und landete im gefürchteten „Roten Ochsen" in Halle/Saale. Dieser Prozeß fand auch dort statt.

Eine schriftliche Urteilsverkündung oder andere schriftliche Dokumentation wurde mir nicht ausgehändigt.

Vielleicht hat sich meine SED-Zugehörigkeit oder die Besonderheit, welche mit dem Decknamen „Paul" aus der Wismut-Zeit zu tun hat, strafmindernd ausgewirkt?

Oder sollte ihr Mann Hans, ein älterer Spielgefährte aus unserer Straße, beschwichtigende Worte an seine Frau, die Richterin, gerichtet haben?

Trotz meiner fehlenden neuen Hochzeitsschuhe ließen wir uns am 6. September 1952 in der „Petri-Pauli-Kirche" in Eisleben trauen. Zehn Jahre zuvor hatte ich auch hier die Konfirmation erhalten.

In dieser geschichtsträchtigen Kirche wurde auch der große Reformator Dr. Martin Luther getauft.

Da die Wismut AG im Raum Eisleben wieder tätig geworden war, bemühte ich mich um eine Anstellung. Die Verdienstmöglichkeiten waren gut. Darüber hinaus gab es eine bessere Lebensmittelzuteilung und andere Vergünstigungen. In dem Wismut-Laden am Ort, hatten wir auch den Stoff für das Hochzeitskleid kaufen können. Dasselbe schneiderte dann eine Bekannte meiner lieben Frau.

Ich wurde als Schürfer eingestellt und war als solcher auch schon vor der Trauung tätig.

Die Sowjets waren bestrebt, uranhaltige Lagerstätten ausfindig zu machen und diese auszubeuten. Deshalb suchte man bevorzugt in Gebieten, die geologische Besonderheiten aufwiesen.

Dazu zählte das Mansfelder Land mit seinen Kupferschiefervorkommen. Die Orte des Schürfens waren durch Geologen und Markscheider vorgegeben. In diesen Bereichen wurden drei Meter tiefe Gräben nach einer bestimmten Bemaßung ausgehoben. Die Erdarbeiten wurden unterbrochen, wenn geologische Messungen mit Hilfe des sogenannten Geigerzählers vom Bergbauingenieur anstanden. Stets war ein russischer Begleiter dabei. Die Meßergebnisse wurden schriftlich festgehalten.

Da wir zu dieser Zeit über eventuelle gesundheitsschädigende Strahlung des Urangesteins unwissend waren, keine Belehrung erfahren hatten, freuten wir uns, wenn es im Meßgerät tüchtig laut knackte und knisterte. Denn das versprach einen besseren Lohn für die Schufterei. Die Bezeichnung „Wismut" hatten die Verantwortlichen bewußt zur Irreführung gewählt.

Die Schürfkommandos waren, zahlenmäßig gesehen, unterschiedlich stark. Der Brigadeleiter organisierte den Arbeitsablauf. Anfänglich mußten wir eigenes Arbeitsgerät mitbringen und benutzen. Zur Arbeit fuhr ich mit dem Fahrrad. Das Werkzeug hatte ich angebunden.

Anfänglich wurde im jetzigen Mansfeld-Südharz und dem Hornburger Sattel in Ebenen, an Hängen und Schluchten und in fast undurchdringlichem Dickicht gewühlt.

Meine erste Schürfstätte lag zwischen Helfta und Erdeborn. Wir zogen Gräben zwischen Hornburg, Sittichenbach und Rothenschirmbach und in den Wäldern bei Schmalzerode, Bornstedt und Bischofrode.

Später ging es Richtung Harz bis vor Meisberg.

Unser Brigadier war Franz U., ein kleiner, kräftiger, arbeitswütiger und sehr kameradschaftlicher Mensch. Mein Vater kannte Franz vom Schacht her. Er war damals Bergmann.

An bestimmten Sammelpunkten trafen wir uns morgens, um mit dem Lkw zu den Arbeitsstätten zu fahren. Diese erreichte man erst nach einem Fußmarsch, mit dem Werkzeug auf den Schultern. Besonders hart war die Arbeit bei großer Hitze. Man war dann bestrebt, besonders schnell in die Erde zu kommen, weil es dort etwas kühler und schattiger war.

Eheschließung 6.9.1952

Einen Schutz vor dem Regen gab es nicht. Wenn der Graben tief genug war, hatte man auch einen kleinen Schutz.

Sehr sparsam zu sein und das mitgebrachte Getränk richtig einzusetzen, kostete oft Überwindung. Nur selten war eine Ansiedlung in der Nähe, wo Wasser gefaßt werden konnte.

Doch es gelang mir mal, Milch von einem Bauern im Harzvorland zu erhalten. An eine Begegnung mit einem Schäfer, der auf seine Tiere aufpaßte, kann ich mich gut erinnern. Ich hatte eine Magenverstimmung und fragte um einen Rat, um die Beschwerden loszuwerden. „Da mußt du einen Salzhering, so salzig wie er ist, verspeisen, das hilft."

Wo gab es aber in der DDR Salzheringe? Wenn man Glück hatte, vielleicht Silvester.

Auf einem Gutshof in Meisdorf, den ich entdeckt hatte, um Wasser für mich und meine Kameraden zu holen, war kein Mensch zu sehen oder zu hören. In ein Gebäude einzudringen, wagte ich nicht, denn es konnte anders ausgelegt werden. Fremde sah man nicht gerne in den Dörfern oder gar auf Bauernhöfen. Oft hatten die Bewohner schlechte Erfahrungen machen müssen, weil dieses oder jenes gestohlen worden war.

Die Enttäuschung bei meinen Arbeitskameraden war groß, weil ich das dringend gebrauchte Naß nicht hatte mitbringen können.

Eine Begebenheit, die sich in der Nähe von Sittichenbach zugetragen hat, möchte ich noch erwähnen. Wir hatten unsere Norm geschafft und packten das Werkzeug zusammen. Ich wußte, daß es in diesem kleinen Örtchen eine Gaststätte gab. Vielleicht könnten wir dort einkehren und Trinken und Essen bekommen. In normalen Zeiten kein Problem.

Aber damals in der Mitte der Jahres 1952, da war es ein Problem. Nachdem die Wirtin, eine ältere Frau, die verschlossene Tür der Gaststätte geöffnet hatte, gab es auf unsere Bitte hin ein bierähnliches Getränk. Der Magen dürfte nach der Arbeit bei allen, geknurrt haben.

Franz legte 50 DM auf den Tisch und bestellte für uns sechs Leute eine Pfanne Rührei und Brot oder Kartoffeln dazu.

Der Wirtin fehlte wohl in diesem Moment die Stimme, oder sie rang nach Worten der Entschuldigung. „Es tut mir sehr leid, Ihnen den

Wunsch nicht erfüllen zu können. Aber wir haben kaum etwas für uns, denn wir müssen soviel abgeben. Die haben das doch so festgelegt." Sehr oft waren die Gaststättenbesitzer früher zum Teil Selbstversorger auf dem Lande. Aber die staatlichen Organe belegten auch diese Leute mit Zwangsabgaben von Naturalien.

Der Wismut AG sagte ich im September ade. Nach der zurückliegenden Zeit, die mit Suchen und Finden einer passenden Arbeitsstelle recht turbulent war, mußte das Leben jetzt in ruhigere Bahnen gelenkt werden. Das sogenannte Zigeunerleben war nicht gut geeignet, eine glückliche und zufriedene Familie zu gründen.

Der größte Arbeitgeber im Mansfelder Land war das „Mansfeld Kombinat" mit seinen Schächten und Hütten. Es gelang mir sofort nach der Kündigung des sowjetischen Betriebes, der Wismut AG im Oktober 1952, eine Arbeit im Lohnbüro des Wolfschachts, jetzt Fortschrittschacht genannt, aufzunehmen. Dieser Schacht war der größte der Gruben im Kupferschieferbergbau des Mansfelder Reviers.

Unser guter Vater hatte hier vor Jahrzehnten die schwere Arbeit unter Tage leisten müssen, und das über 42 Jahre. Anschließend war er bis zur Rente noch vier Jahre in der Hauptförderung über Tage beschäftigt gewesen. Er hatte damals diese schwere Arbeit aufgenommen, um seine Mutter zu unterstützen, denn es fehlte der Ernährer für die Familie.

Gute Kenntnisse und Fleiß, gepaart mit Fertigkeiten, waren die Voraussetzungen, um den Häuerschein zu bekommen. Er war Meister im Bergbau und arbeitete Jahrzehnte vor Streb.

Auch als Familienvater war er ein Vorbild. Die Liebe zu unserer treusorgenden Mutter konnten wir täglich erleben.

Nie sollten seine Söhne den Schacht von unten sehen. Das war sein Wunsch. Meine Tätigkeit als Lohnbuchhalter sah er mit Genugtuung. Für mich war die sitzende Tätigkeit eine Belastung, denn auf allen vorherigen Arbeitsstellen war ich an keinen festen Ort gebunden gewesen.

Von meinem Stuhl konnte ich mich dann entfernen, wenn die Aufgabe zu lösen war, Lohngelder einzutüten. Das geschah im Kulturraum, nachdem die Sicherheitsvorschriften erfüllt worden waren.

Die gebündelten Geldscheine hatte man auf die zusammengestellten Tische gestapelt. Vom Lohnbürovorsteher erhielt man die angeforderte Geldsumme. Dann kam die Kleinarbeit dran, das Geld nach der Liste für jeden einzelnen Lohnempfänger sorgfältig einzutüten. Einen Fehler durfte man sich bei dieser verantwortungsvollen Tätigkeit nicht leisten.

Im Lohnbüro waren zirka zwölf Lohnbuchhalter und der Bürovorsteher tätig. Der Buchhalter wurde auch Tabellenführer genannt. Tabellenführer 1 zum Beispiel hatte die Werktätigen mit den Anfangsbuchstaben A, B, C und D, Tabellenführer 2 dann E, F, G und so fort.

Es wurde darauf geachtet, daß die Zahl der Lohnempfänger in den einzelnen Tabellen annähernd gleich groß war.

Der Lohn wurde dekadenweise ausgezahlt. Es gab also in den ersten beiden Dekaden des Monats eine Abschlagzahlung und am Monatsende die sogenannte Restzahlung.

Doch es war schon ein besonderes Gefühl, wenn am Lohntag in der Lohnhalle jeder Tabellenführer in seinem kleinen Raum mit den zig Tausendern im Tabellenkasten hinter dem Schalterfenster saß und davor, in einer Warteschlange, die Kumpel geduldig warten mußten, bis sie ihre Lohntüte in Empfang nehmen konnten.

Wenn ich dem Bergmann seinen verdienten Lohn vorzählte, kam ich mir wie ein kleiner „Krösus" vor.

Ich verdiente in dieser Zeit etwa 340 Mark im Monat. Wenn man dann das Doppelte oder das Vielfache hinblättert, wird oft nicht daran gedacht, wie schwer der Lohn erarbeitet werden mußte. Die Höhe der Belohnung war selbstverständlich unterschiedlich. Es gab die Lohngruppen 3 bis 8. Darüber hinaus befanden sich in der Lohntüte am Monatsende, je nach Planerfüllung, die sogenannten Paketkarten. Damit konnte man zusätzlich Lebensmittel, Kohlen oder auch Trinkbranntwein kaufen. Der billige Fusel wurde im Volksmund „Kumpeltod" genannt. Es gab bis zu vier Liter im Monat davon.

Gekauft wurde der Schnaps im Konsum. Dem „glücklichen Empfänger" wurde der Schnaps in ein mitgebrachtes Gefäß gefüllt.

In der Bevölkerung war der sogenannte Trinkbranntwein ein begehrtes Tauschobjekt. Am Ausgabetag kam es auch mal vor, daß ein

Bergarbeiter, wenn er gut verdient hatte, seinem Lohnbuchhalter eine Schnapsmarke schenkte. Der Empfang des Geldes wurde auf der Lohnkarte quittiert.

Meine gute Stimmung an einem bestimmten Lohntag ging zu Bruch, weil ich dem Lohnempfänger sein zustehendes Geld nicht auszahlen konnte. Beim Vorzählen fehlte ein 50-Mark-Schein. Wie konnte das passieren? Ein Fehler meinerseits beim Eintüten? Unmöglich.

Es konnte nur ein Mitarbeiter aus dem Lohnbüro gewesen sein, der mein Vertrauen mißbraucht hatte. Aber wer konnte das sein?

Den 50-Mark-Schein mußte ich natürlich aus meiner Tasche ersetzen. Die Arbeit im Lohnbüro war darauf für mich beendet.

Ich wurde in die Sozialabteilung umgesetzt. Berechnung der Krankengelder und anderer Ausfall- oder auch Zusatzkosten. Das war eine sehr eintönige, fast stupide Büroarbeit. Hier war man im wahrsten Sinne des Wortes nur an den Schreibtisch gefesselt.

In mir reifte nach zirka sechs Monaten Büroarbeit der Entschluß, Bergmann zu werden, „unter Tage" Geld für meine Familie und mich zu verdienen. Darüber hinaus erhielt man die Schwerstarbeiter-Lebensmittelkarte und eben die Vergünstigungen, welche es auf die Paketkarte gab.

Bei der Wismut bezeichnete man die Zulagen als „Stalinpaket".

Das bedeutete auch, daß der Tisch „reicher" gedeckt werden konnte. Griseldis, meine liebe Frau, und meine Eltern waren über mein Vorhaben, als sie davon Kenntnis erhielten, natürlich nicht erfreut.

Aber es blieb dabei. Am 1. März 1953 war der Beginn meiner „Untertage-Arbeit".

Ich wurde einer Brigade zugeteilt, die gut im Plan stand, wie ich aus den Informationen vom „Schwarzen Brett" entnehmen konnte.

Das heißt, „hier rollte der Rubel". Nachdem ich meine Lampe empfangen hatte, mit dem Stromspender der Batterie, und den ledernen Schutzhelm aufgesetzt hatte, ging es mit den anderen Brigademitgliedern zum Förderkorb. Hier auf der sogenannten Hängebank warteten schon vor Schichtbeginn zur Seilfahrt die Bergleute, die Kumpels. Diese Bezeichnung Kumpel fand mein guter Vater unehrenwert, denn

Mansfäller Blut

(red.s). „Ach Junge, mei Junge, was kimmt dich in'n
du willt dorchaus äma Bärkmann sin?
Du bist je ze klein un ze schwach fern Schacht!
Hastänn wo dadrahn schune jedacht:
die Arweit is sauer, kei Kinnerspeel,
das Trecken, das Schauwen verlanget veel,
un lehste als Häuer da ungne vorn Uhrt:
's is sauere Arweit, das jlaub mich nurt."
„Ach, Mutter, lahß mant, das finget sich schun,
mei Schticke Arweit, das wär ich schun tun!
Un bin ich au jrade dr Jretzte na nich,
ich hae doch orntliche Krefte in mich.
Se han doch bis jetzt bei dr Arweit jereckt,
wenn ich unsen Wagen hae heime jetreckt.
Ich wäre schunt wachsen, ich bin je noch jungk,
un Krefte, die krei ich denn au noch jenungk!"
„Ach mei Junge, mei Junge, un weißt änn das nich:
Da ungene lauert dr Tod uff dich!
Der Jrußvater hatte ei Aue bloß:
dän jungk ä Schprengkschuß zu zeite los.
Un der Vater, denkst änn da jar nich drahn,
dän hat änne Wacke drnedder jeschlahn!
Das war farr mich meine schlimmste Nacht,
wiesen dazema tot han heime jebracht."
„Ach Mutter, da denk ich wo männichma drahn,
un jrade dadrum muß ich dich sahn:
Wehr mant ä Finkchen Angest in mich,
vorn Vater un Jrußvater schämt ich je mich!
Die han'n Tode ins Aue jekuckt
un han au nich mett dr Wimper jezuckt.
Mich färchten? Dadrahn wärd jarnich jedacht!
Ä Mansfäller Junge, där hiert uffen Schacht!"

Von Ernst Haase
aus dem Mansfelder Heimatspiegel

227

diese findet man oft in Verbrecherkreisen. Da gehört dieser Ausdruck auch hin.

Hier, vor der Förderung, ging es zum Schichtwechsel ziemlich laut und hektisch zu. Die Bergleute riefen sich Spitznamen und auch Scherzworte zu. Es wurde gebellt, gemeckert, gekräht, geblökt und so fort, es gab wohl keine Tierstimme, die fehlte. Beleidigt fühlte sich wohl niemand dadurch.

Es wird vom Förderkorb gesprochen. Aber ein Korb ist es keinesfalls, eher ein langer Käfig aus Stahl und Eisen. Er hat die Breite eines Förderwagens und besteht aus mehreren Etagen. Stahlblech verschließt die beiden Seitenwände, und die Schmalseiten sind vergittert.

In jeder Etage haben ungefähr 20 Stehende dichtgedrängt Platz. Durch diese Etagenanordnung wird eine größere Förderkapazität erreicht und auch Zeit gespart.

Nachdem der Korb mit dem Gitter verschlossen war, gab der Anschläger das Signal zur Seilfahrt. In Fallgeschwindigkeit, man hatte zumindest das Gefühl, sauste das Gefährt in die Tiefe der Erde. Es rumpelte, krachte und knirschte dabei beängstigend. Das geschah fast im Dunkeln, denn die Szene wurde nur von einer Kopfleuchte etwas erhellt.

Auf den Ohren spürte ich durch die Veränderung des Luftdrucks einen bisher noch nicht erlebten Druck, der erst durch mehrfaches Schlucken und schnelle Unterkieferbewegung verschwand. Das war nicht besonders angenehm, war aber eine Begleiterscheinung der Seilfahrt, ganz gleich ob es in die Tiefe ging oder nach Schichtende wieder nach oben ans Tageslicht.

Die Fahrt in der Schachtröhre endete in der siebten Sohle. Nach einem Klingelzeichen wurde die Gittertür von außen geöffnet. Die Seilfahrt endete hier in der erwähnten Sohlentiefe. Die Hauptförderung war erreicht. Hier stiegen dann die Bergleute ein, die ihre Schicht beendet hatten und sich auf das Tageslicht und die frische Luft freuten.

Der Arbeitsplatz, der Streb der Kameradschaft, welcher ich jetzt angehörte, befand sich in der zehnten Sohle auf dem Flügel 15.

Der Fortschrittschacht, vor 1949 Wolfschacht genannt, besaß Stand-

Seilbahnen. Wir Bergleute bezeichneten diese Fördereinrichtungen für Menschen und Erzen als Personenflachen. So gab es ein großes und ein kleines Personenflachen zur weiteren Beförderung in die Tiefe.

Um von einem Flachen zum anderen zu gelangen, mußte ein Fußmarsch zurückgelegt werden. Die Fahrt im Mannschaftswagen, auf den Schienen, war allerdings angenehmer. Die Personenförderung ging nur bis zur neunten Sohle. Die zehnte Sohle war nach einem weiteren Fußmarsch erreicht.

Es ging jetzt bis zur tiefsten Sohle immer bergab.

Mit der kleinen, unterirdischen elektrischen Grubenbahn ging es dann vom „Bahnhof" der Hauptförderung bis fast an den Arbeitsplatz.

Unser Streb befand sich im sogenannten Gesenk, das heißt, es ging noch tiefer in die Erde, schräg nach unten. In der Ebene angelangt, mußten zirka 50 Meter in einer waagerecht liegenden Strecke gegangen werden, um bis zum Füllort des Strebes zu gelangen.

Auf allen vieren kriechend, ging es durch die sogenannte Fahrt, bis schließlich der Streb, die Abbaustelle des Kupferschiefererzes, erreicht war. Der Bergmann sagt zu dieser Abbaustelle am Berg: „Ich liege vor Ort." Hier konnte man in der Tat nur liegend, auf einer Körperseite, arbeiten, wenn man Glück hatte, war auch mal Knien möglich.

Mit dem sogenannten Pickhammer, einem Preßlufthammer, wurde das Erz vom Häuer aus dem Felsen gebrochen. Das geschah unter einem ohrenbetäubenden Krach. Die Füller schaufelten dann die Erze in den sogenannten Hunt, ein trogähnliches, flaches Gefährt. Der Treckejunge zog dann den gefüllten Wagen im Streb bis vor einen Schienenstrang, dann über ein Blech auf die Kleinfeldbauschiene. Der Hunt wurde an ein Seil angekoppelt. Nach einem Signal wurde das Fahrzeug von der elektrischen Haspel, die vom Stürzer bedient wurde, auf die Sturzbühne gezogen. Vor der schräg angelegten Bühne stand zum Füllen der Förderwagen. Der Inhalt des Huntes wurde nun durch den Stürzer in den erwähnten Förderwagen gestürzt. Dieser Wagen faßte zwei Huntladungen. Der entleerte Hunt rollte nun auf der etwas abschüssigen Fahrt zurück zum Streb.

Der gefüllte Förderwagen wurde nun auf der Schiene zur Förderstrecke geschoben. Auf einem feuchten Blech wurde die Last auf den Schienenstrang der Förderstrecke gedreht, an ein umlaufendes Drahtseil angekoppelt, und ab ging die Fuhre bergauf bis zur Sohle. Diese Arbeiten wurden aber von Förderleuten in der Strecke oder Sohle geleistet.

Ein leerer Förderwagen wurde nun vom Stürzer der Brigade bis vor die Sturzbühne geschoben, um erneut Erze aufzunehmen. Wichtig war die Kennzeichnung der gefüllten Förderwagen. Mit Kreide wurde die Brigadenummer auf ein Stück Erzgestein geschrieben.

Die Kenntlichmachung war sehr wichtig, um die Leistung der Brigade dokumentieren zu können.

Die Brigade Theile, benannt nach dem Häuer, gehörte wegen guter Arbeitsleistungen mit zu den besten Kameradschaften des Schachtes. Demzufolge war der Verdienst befriedigend bis gut.

Als Brillenträger durfte ich nicht vor Streb arbeiten. Daher verrichtete ich die Tätigkeit des Stürzers. So bekam ich auch nicht den gleichen Lohn wie meine Arbeitskameraden vor Ort.

Wenn ich als Stürzer der Brigade eine schlechte Arbeit geleistet hätte, wäre eine noch so gute Arbeit vor Streb zwecklos gewesen.

Die Förderung war also das A und O.

Es gehörten nicht nur das Stürzen der Erze aus dem Hunt in den Förderwagen, das Schieben des vollen Förderwagens zur Hauptforderung und das Zurückbringen eines leeren Wagens auf dem gleichen Weg dazu. Es mußte organisiert werden, daß immer genügend Leerwagen bereitstanden. Denn andere Brigaden waren auch darum bemüht, und hier kam es immer auf die Schnelligkeit an. Sprangen zum Beispiel Wagen aus dem Gleis, konnte niemand helfen. Mit Körperkraft und einem Hebebaum wurden die Lasten wieder auf den Schienenstrang gehoben. Auch beim Stürzen konnte es passieren, daß ein Hunt in den Förderwagen kippte. Das war dann eine Quälerei, denselben wieder herauszuwuchten.

Wichtig war auch die Bereitstellung eines Wasserwagens. Wasser wurde vor Streb dringend benötigt, aber auch beim Stürzen, um den schädlichen Gesteinsstaub, wegen Verursachens der Staublunge, nicht einatmen zu müssen. Und trotzdem stand ich oft in einer Staubwolke, wenn keine Wasserwagen aus der Hauptförderung angekommen waren.

Das Wasser, nicht etwa zum Trinken geeignet, wurde in einem offenen Förderwagen transportiert. Es kam nicht selten vor, daß Ratten im Wasser schwammen und dadurch die schlechte Luft weiter belasteten. Wasser für das Strebpersonal wurde natürlich auch im Hunt bis vor Ort transportiert. Gefühl war notwendig, damit der Hunt auch noch Wasser hatte, wenn er durch die Fahrt bis kurz vor Strebbeginn sauste.

Jeder einzelne Arbeitskamerad mußte sich voll auf den anderen verlassen können.

Da der Streb vom Füllort nicht eingesehen werden konnte, wurde der Kontakt untereinander durch Klopfzeichen, mit Hilfe von Schlagen auf den Schienenstrang, hergestellt. Im Schacht waren auch Häftlinge aus dem Haftlager Volkstedt unbewacht eingesetzt. Fluchtgefahr aus dem unterirdischen „Gefängnis" bestand auch für uns nicht.

Mein Arbeitsplatz am Füllort, an der Sturzbuhne, abseits von den Kameraden vor Ort und auch den Förderleuten in der Strecke, war einsam. Wenn der Haspel nicht angestellt war, herrschte oft Totenstille. Ein Gespräch während der Schicht konnte ich mit keinem führen. Hin und wieder wurde die Stille durch knackende oder knirschende Geräusche des Berges unterbrochen. Unwillkürlich duckte man sich und schaute zum Dach, ob Risse entstanden waren.

Meist verursachten die sogenannten Gebirgsschläge keine sichtbaren Schäden, und doch verursachten die unheimlichen Geräusche beim Menschen eine spürbare Erregbarkeit im gesamten Körper, besonders aber bei den unerfahrenen Bergleuten, wie ich einer war. Auch das zusammengedrückte Stützholz, der Bergmann nennt das Grubenholz Stempel, beeindruckte das Empfinden. Die zirka 20 bis 25 Zentimeter dicken Holzstämme knicken wie Streichhölzer, wenn der Gebirgsdruck sehr stark ist. Der Bergmann schenkt aus Gründen der Sicherheit den untergebauten Stützhölzern besondere Aufmerksamkeit.

Eine Essenspause, der Bergmann nennt das Halbschicht, wurde nicht eingehalten. Das wurde nebenbei erledigt, wenn es nicht schon die Ratten getan hatten. Das passierte, wenn der Brotbeutel nicht rattensicher weggelegt oder -gehängt wurde.

Zum Schichtende klemmte sich jeder Kamerad traditionell das sogenannte Fummelklötzchen unter den Arm, das war ein Stück vom zerdrückten Stempel, und dann ging es im wahrsten Sinne des Wortes aufwärts, dem Tageslicht entgegen, und man war froh, daß alles gut verlaufen war.

Ein Ereignis ist noch in meiner Erinnerung geblieben. Ich war aus Versehen mit meiner Hand an den Fahrleitungsdraht der elektrischen Grubenbahn gekommen. Mein Glück war, daß ich in diesem Moment auf dem nassen Eisenblech der zehnten Sohle stand. Ich landete durch den elektrischen Stromstoß, der durch meinen Körper vom Fahrleitungsdraht auf die nasse Eisenplatte abgeleitet wurde, seitlich an der Wand der Sohle. Im Augenblick konnte ich mir das nicht erklären.

Doch dann kam die Erleuchtung. Die nasse Eisenplatte, die zum leichteren Eindrehen der Förderwagen diente, hatte mir das Leben gerettet.

Aber es verlief nicht immer alles gut. Zum Teil war man unvorsichtig geworden und war in der Hauptförderung, um schneller an den Förderkorb zum Ausfahren zu kommen, trotz Verbotsschildern über die Förderwagen geklettert und dabei an den stromführenden Fahrleitungsdraht gekommen. Dadurch hatte es schon mehrere tödliche Unfälle gegeben.

Endlich hatte mich das Tageslicht wieder. Nun ging es eilig in die Kaue, an der Lampenhude vorbei, um die Lampe zum Aufladen der Batterie dort abzugeben. In der sogenannten Kaue, einem saalgroßen Raum, hingen das Waschzeug und die Wegeklamotten auf einem Kleiderbügel am Haken unter der Decke. Nach dem Öffnen des Hangschlosses konnte ich nun mit Hilfe des Seilzuges meine privaten Sachen herunterlassen.

Mit Seife und Lappen bewaffnet, ging es im Adamskostüm in den angrenzenden Waschraum unter die Dusche. Gegenseitig haben wir uns den Rücken geschrubbt. Befreit von Schweiß und Schmutzkruste, ging es zurück in die Kaue, den Umkleideraum. Das Arbeitszeug, einschließlich Arbeitsschutzschuhen, wurde nun an den Haken gehängt, an der Kette hochgezogen und abgeschlossen. Der Trockenprozeß der verschwitzten Sachen ging nun, hoch oben unter der Decke, vor sich.

Das Unangenehme dieses Ablaufs bestand darin, daß Wegesachen und das Arbeitszeug von anderen Bergleuten unmittelbar beieinander hingen.

Die Kaue wurde nur zum Schichtwechsel vom Kauenwärter geöffnet. Er war auch für die Sauberkeit und Ordnung verantwortlich. Meist wurde für diese Tätigkeit ein Halbinvalide eingesetzt.

Bei gutem Wetter fuhr ich oft mit dem Fahrrad zur Arbeit. Es bestand aber auch eine Busverbindung vom Rande der Stadt bis zum Schacht.

In der Mittagsschicht, bei schönem Wetter, scheute ich den etwa fünf Kilometer langen Fußweg nicht, um mich an der Natur zu erfreuen. Besonders unangenehm und hart war diese Schicht im Sommer und hier in der Badesaison, wenn ich am Stadtbad vorbeieilen mußte und nach kurzer Zeit das Tageslicht mit dem schwachen Lichtschein der Grubenlampe tauschen mußte.

Nach Schichtende, gegen 22 Uhr, nahm ich dann allerdings den Bus, der bis zum Eisleber Bahnhof fuhr. Ein kühles Blondes war hier der Lohn, den man sich in der Gaststube gönnen konnte.

Dann ging es im Eilschritt nach Hause zur geliebten Frau, die oft in Sorge um ihren Mann war und wartete.

Begünstigt durch meine bergmännische Tätigkeit und den bevorstehenden freudig erwarteten Familienzuwachs, hatten wir eine kleine Wohnung am Ort unweit unserer lieben Eltern erhalten. Die Wohnung besaß eine Wohnküche und ein Schlafzimmer nebst Toilette. Dazu gehörte noch ein kleiner Hausgarten von ungefähr 100 Quadratmetern. Das war für den Anfang und bei der großen Wohnungsnot, die noch herrschte, günstig, zumal die Eltern nur einen guten Steinwurf von uns entfernt wohnten.

Erwähnen möchte ich, welch ein Zufall, daß wir die Nachmieter der Richterin Rockmann waren, die mich wegen eines geringen Vergehens, welches sie als Wirtschaftsverbrechen auslegte, verurteilt hatte.

Am 13. Mai konnten wir unseren erwarteten neuen Erdenbürger

freudig begrüßen. Es war ein Junge, und wir nannten ihn nach guter Überlegung Ralph Ehrhardt.

Er wurde von allen mit Freude und offenen Armen empfangen. Leider konnte die Oma mütterlicherseits wegen Ablebens dies nicht mehr erleben.

Auf der Arbeitsstelle hatte man vor geraumer Zeit mit dem Bau der unterirdischen Zahnradbahn begonnen. Aus diesem Grunde mußte das große Personenflachen die Förderung einstellen.

Dies stellte für uns Bergleute eine größere Belastung dar. Durch den Umbau hatten wir eine größere Strecke zu Fuß zu bewältigen.

Mein Vater, der Jahrzehnte unter Tage gearbeitet hatte, war wegen seines Alters jetzt in der Hauptforderung, über Tage, beschäftigt.

Ab und zu haben wir uns zum Schichtwechsel in der Lohnhalle getroffen. Er schüttelte oft bei meinem Anblick mit dem Kopf und fragte: „Junge, du siehst ja so schwarz aus wie ein Schornsteinfeger. Was macht ihr denn jetzt bloß da unten?"

Es war der Raubbau, jetzt auch an den Menschen, zu sehen. Nicht nur in der Natur wurde derselbe betrieben. Es mußte ja für den „Frieden" immer mehr und besser produziert werden. Denn: „Dein Arbeitsplatz ist dein Kampfplatz", so lautete die Parole. Es mußten zusätzlich Sonderschichten gefahren werden. Nicht genug damit. Am „Roten Treff" in der Lohnhalle wurde verkündet, daß die Arbeitsnormen zu „weich" seien und daher überarbeitet werden müßten. Das war auch in der Betriebszeitung zu lesen.

Die „Vertreter" der Partei der Arbeiterklasse suchten die sogenannten Normenbrecher und fanden auch Menschen, die sich dafür hergaben.

Für ein „Butterbrot" fielen sie der Arbeiterklasse in den Rücken.

In den sogenannten „Stoßschichten" ging man beim Demonstrieren von ideellen Voraussetzungen aus. Das heißt, es war alles exakt vorbereitet, damit keine Pannen auftraten. Es lagen genügend Elektrizität und Preßluft an, Förderwagen waren ausreichend zur Stelle, und die Wetterführung (Frischluft) war gut. Das alles, und noch mehr, hatte man bei der Auswahl eines günstigen Strebes bedacht.

Die betrügerischen Ergebnisse, die wie gewollt weit über 100 Prozent lagen, wurden dann für reell und machbar erklärt. Da die Wirklichkeit aber ganz anders aussah, konnten solche Normerfüllungen nur ein Wunschtraum bleiben.

Die Normbrecher hatte man zu Vorbildern und Aktivisten erklärt und mit Geld- und Sachwerten ausgezeichnet.

Vorausgegangen war ein Ministerratsbeschluß vom 28.4.53, der eine Erhöhung der Arbeitsnormen um 10 bis 30 Prozent forderte.

Diese mit Hilfe von Normbrechern angeordneten Maßnahmen der SED bewegten mehr als nur die Gemüter der Bergleute. Sie hatten nichts zu verlieren, und so kam es bereits ab dem 4. Juni zu Widerstand innerhalb der Belegschaft gegen die Machenschaften von Partei und Regierung.

Das Faß der Unzufriedenheit wurde immer voller. Der Lebensstandard 1953 in der DDR ähnelte dem von 1947. Und das Faß lief über, das Volk stand auf und wehrte sich.

Der Höhepunkt des Volksaufstandes war am 17. Juni 1953, rund einen Monat nach der Geburt unseres Sprößlings.

Meine Erlebnisse bei diesem historischen Ereignis habe ich nach der friedlichen Revolution, nach der Wiedervereinigung beider deutschen Staaten, am 13.6.2001 in der Mitteldeutschen Zeitung veröffentlicht. Ich sah mich dazu verpflichtet, da dieses geschichtliche Ereignis im Mansfelder Land, und besonders in der Lutherstadt Eisleben, von der erwähnten Presse keine Würdigung erfahren hatte.

Nach knapp einer Woche drehten sich die Räder am Förderturm wieder.

Fast täglich hatten wir innerhalb der Familie von der Wohnung aus danach geschaut.

Es war trotz Einschüchterung durch die Partei nicht geheimzuhalten, trotz Spitzeln und Zuträgern, daß innerhalb der Belegschaft des Schachtes Vermutungen über Inhaftierungen von Streikteilnehmern die Runde machten. Tausende einzusperren, war nicht möglich.

Die „Rote Armee" mit ihren Panzern verhinderte den Untergang ihres Satellitenstaates. Über den Ausgang des Volksaufstandes war der größte Teil der Bevölkerung mehr als enttäuscht. Eine niedergeschlagene und gedrückte Stimmung hatte sich breitgemacht.

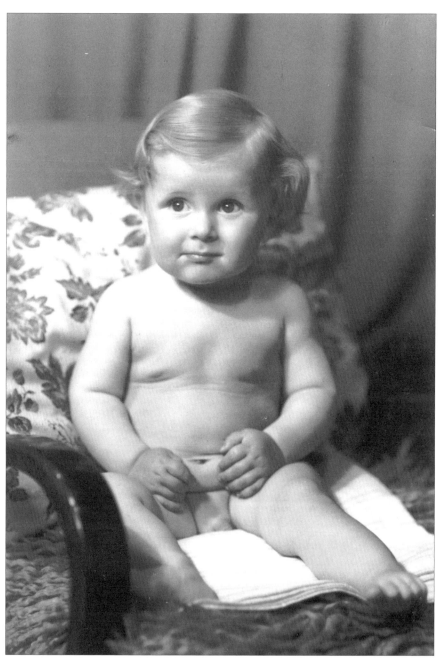

Unser Ralph, 13.5.1953

Wie würde es weitergehen?

Auch ich war durch meine Teilnahme am Aufstand gefährdet. Und doch, trotz Denunziation durch E. Sch., der aus seinem Versteck hinter der Jalousie des Geschäftes am Markt in Eisleben den Vorgang am Polizeikreisamt beobachtet hatte, ließ man mich unbehelligt.

Eine weitere Denunzierung erlebte ich persönlich nach dem 17. Juni, als ein mir bekannter Spitzel mit den Häschern der Stasi in Richtung der Betriebsberufsschule des Mansfeld-Kombinates unterwegs war.

Mit dem Finger auf mich zeigend, rief er: „Das ist auch so einer!" Die Stasi-Leute ließen sich aber nicht von ihren Aufgaben in der BBS abbringen. Zu dieser Zeit waren die Bauarbeiten im Gelände der Schule noch nicht abgeschlossen.

Auch diesmal blieb ich verschont, und ich glaube auch den Grund dafür zu kennen. Der „Deckname Paul" aus der Wismutzeit wird es wohl gewesen sein.

Das Ansehen des Staates war bei den Menschen innerhalb der Grenzen, aber auch darüber hinaus weiter gesunken. Man suchte krampfhaft nach Gründen des Aufstandes und ging auch auf berechtigte Beschwerden der Mansfeld-Kumpel ein, wie in der Tageszeitung „Freiheit" am 23.6.1953 zu lesen war.

Ferner wurde in dieser Ausgabe, Nr. 143/8. Jahrgang, der Bevölkerung mitgeteilt: „Amerikanische Flugzeuge setzten über dem Raum der DDR Agenten ab. Die Polizei verhaftete am 18.6. im Raum Sangerhausen fünf Agenten. Einen und später zwei Agenten in der Nacht zum 17. Juni."

Am 22.6. wurde mitgeteilt: „Provokateur, ehemaliger Ritterkreuzträger, erhielt den Auftrag, die Mansfeld-Kumpel …"

Des weiteren am 4.7. in der Tageszeitung, der „Freiheit": „… und der Fallschirmjäger Feldwebel Rolf versuchte, Stimmung zu machen. Streikfragen waren Normerhöhungen und Bergmanns-Treueprämie!"

Mit diesen unglaubhaften Veröffentlichungen und anderem sollte bewiesen werden, daß der Volksaufstand eine geplante Provokation des Westens war und die Feinde des Volkes dadurch eine furchtbare Niederlage erlitten haben.

Ein reichliches Jahr später, im Juli 1954, beendete ich meine Tätigkeit als Bergmann. Als Brillenträger war mir eine berufliche Entwicklungsmöglichkeit im Bergbau verbaut. Den Häuerschein, der eine Voraussetzung für ein Studium als Steiger war, konnte ich nicht erwerben. Diese Meisterprüfung konnte nur vor Ort, im Streb, abgelegt werden.

Es gab aber noch eine andere Möglichkeit des Verbleibens beim Mansfeld-Kombinat. Die Betriebsberufsschule des Kombinates, auch Zweijahresschule genannt, stellte geeignete Kräfte zur Betreuung der Internatsschüler ein. Perspektive: pädagogische Ausbildung zum Erzieher beziehungsweise zum Lehrer.

Ich bewarb mich beim Rat des Kreises, Abteilung Volksbildung, hier am Ort, um eine Anstellung. Ab 1. August 1954 begann meine Tätigkeit als „Erzieher" in den obengenannten Heimen.

Mein guter Vater riet mir von einer solchen Beschäftigung ab. Er nannte berechtigte Bedenken, die sich auf meine „Schlagkräftigkeit" im Falle von Ungehorsam der Schüler bezogen. Ich hatte aber auch im Laufe der Zeit gelernt, mein Temperament zu zügeln.

Er brachte aber auch zum Ausdruck: „Du kannst stolz darauf sein, als Bergmann unter Tage gearbeitet zu haben, was nicht viele Menschen von sich sagen können."

Sehr angenehm war der kurze Weg zu meiner neuen Arbeitsstelle.

Die Beschäftigung mit den Jugendlichen betrachtete ich, ausgehend von meiner Bergmannstätigkeit, nicht als Arbeit. Überwiegend war es eine Funktion des Anleitens, Helfens und Kontrollierens.

Das bezog sich auf das Verhalten, die persönliche Sauberkeit, den Umgang mit dem Volkseigentum, die Ordnung und Sauberkeit im Zimmer und darüber hinaus im Heim. Besonderes Gewicht wurde auf die Schrankordnung und auch auf den Bettenbau gelegt.

Der organisatorische Tagesablauf unter Einbeziehung verantwortlicher Lehrlinge wurde gemeinsam geplant. Dazu zählte der Klassenverantwortliche, der Stuben- und Tischdienst.

Das Erkennen von Interessen, Fertigkeiten und Fähigkeiten der einzelnen Schüler sowie das Wecken und Weiterentwickeln nicht bekannter Sachgebiete und Sachverhalte gehörten zur Hauptaufgabe des Erziehers.

Das Ziel bestand natürlich auch in der Herausbildung von Interessenge-meinschaften und sinnvoller Freizeitgestaltung. Möglichkeiten bestanden im Sport, der GST (Gesellschaft für Sport und Technik), Tischtennis, Schach und auch in der musischen und musikalischen Betätigung.

Wettkämpfe und Wettbewerbe waren den Lehrlingen aus der Schul-zeit bereits bekannt. Im Internat waren die Inhalte anders gestaltet.

Das Ziel, die Leistungssteigerung, sollten die Berufsschüler nicht aus den Augen verlieren. Höhepunkte waren die Berufsschulwettbewerbe.

Angefertigte und ausgehängte Leistungsspiegel über die erzielten Er-gebnisse wurden wohl von der Mehrheit der Lehrlinge interessiert zur Kenntnis genommen und verglichen.

Das wöchentliche Lehrprogramm umfaßte die theoretische und die praktische Ausbildung. Die Theorie wurde in der BBS vermittelt, und die praktische Ausbildung fand in den verschiedenen Betriebsteilen des Kombinates statt. Die Lehrzeit betrug zwei Jahre. Aus diesem Grunde wurde auch im Mansfelder Land von der Zweijahresschule gesprochen.

Die Lehrlinge kamen aus allen Teilen der Republik.

Die Lehrlingswerbung fand unter den Schlagworten „Ich bin Berg-mann, wer ist mehr?" statt. Vielerorts war diese Losung zu lesen.

Zur Ausbildungsstätte gehörten vier Wohnheime. In jedem Heim waren zirka 250 Lehrlinge untergebracht. Dem Heimleiter oder lei-tenden Erzieher standen sechs bis acht Mitarbeiter zur Seite. Es wurde rund um die Uhr in Schichten gearbeitet, so daß die Betreuer für die Lehrlinge zu jeder Zeit ansprechbar waren. Die Nachtschicht mußte man allerdings allein verbringen, hatte aber Verbindung zu den anderen Nachtdiensten.

An den Wochenenden waren, wegen der Heimfahrt der Lehrlinge, die einzelnen Blöcke fast leer.

Besondere Freude verbreitete die Nachricht bei allen Heimbewohnern und Dienstuenden, daß jedes Heim in absehbarer Zeit einen Fernseh-apparat erhalten würde. Als erstes natürlich das Heim mit den besten erzielten Ergebnissen im Wettbewerb.

Das Heim 2, in welchem ich tätig war, hatte besonders gute Voraus-setzungen dafür.

Voller Vorfreude auf den bevorstehenden Fernsehempfang wurde ein Fernsehzimmer eingerichtet. Der große, etwa hundert Personen fassende Raum bekam natürlich erhöhte Sitzplätze, damit alle gut sehen konnten.

Das Erleben von Fernsehprogrammen konnten wir gut für erzieherische Beeinflussung nutzen.

Jeden Monat gab es eine Heimvollversammlung im Kinosaal der Schule.

Lob und Tadel wurden, unter anderen von den pädagogischen Mitarbeitern und auch den Lehrausbildern, bei den Auswertungen der unterschiedlichen Sachgebiete beachtet und angesprochen und die besten Lehrlinge ausgezeichnet, mit Buchprämien zum Beispiel. Besonderer Wert wurde auf das Tragen des „Blauen Hemdes" zu diesem Ereignis gelegt.

Die FDJ-Kleidung spielte aber auch eine große Rolle, wenn es jährlich einmal mit dem Sonderzug zur Besichtigung des KZs in Buchenwald ging. Dabei wurde auch Weimar, die Stadt Schillers und Goethes, besucht.

Ein Höhepunkt im Lehrjahr war die Teilnahme am Zeltlager in Zella-Mehlis. Das gesamte Personal der Zweijahresschule – Lehrer, Erzieher, Lehrausbilder, Küchenpersonal und ein Teil der Verwaltung – nahm daran teil.

Mit dem Sonderzug angekommen, ging es vom Bahnhof durch die Straßen des Ortes. Die Blaskapelle der Schule ging an der Spitze des Marschzuges. Während die Lehrlinge im Marschblock ihre FDJ-Hemden trugen, hatten die Teilnehmer der Blaskapelle das „Ehrenkleid" des Bergmanns angezogen. Übrigens wurde die etwa 60 bis 80 Lehrlinge zählende Blaskapelle zu verschiedenen gesellschaftlichen Veranstaltungen herangezogen.

In der Gestaltung des Tagesablaufs fand vor allem die vormilitärische Ausbildung Berücksichtigung. Das war zum Beispiel Bewegen im Gelände mit Karte und Kompaß sowie Schießen mit dem KK-Gewehr.

Der Weitwurf und der Zielwurf mit der Handgranate wurden ebenso

Unser Stolz

trainiert. Sportliche Wettkämpfe mit und ohne Ball fehlten natürlich auch nicht. Revierreinigung wurde ebenfalls mit eingeplant.

In Erinnerung ist mir auch die „Ehrenwache" geblieben. Vor einer Thälmann-Büste mußte dieser „Dienst" von den Erziehern in Blauhemd und mit dem KK-Gewehr (Kleinkalibergewehr) geleistet werden.

Da ich so ein Blauhemd nicht besaß, mußte ich mir dasselbe irgendwoher besorgten. Die Parteioberen, die vermutlich diese Art der Ehrung vorgeschlagen hatten, beteiligten sich aber nicht daran.

Während wir Betreuer in Zelten untergebracht waren, zogen diese Leute eine feste Unterkunft vor.

Für bestimmte Leute, die in den Dienst nicht einbezogen wurden, war das ein zusätzlicher Urlaub.

Die eingeladenen Ehefrauen wurden auf Staatskosten mit versorgt.

Mit dem Volkseigentum wurde in den Heimen nicht sorgsam umgegangen. Die Lehrlinge wurden deshalb auch zu sogenannten gesellschaftlichen Tätigkeiten herangezogen.

Mir war es gelungen, die Lehrlinge im Wettbewerb für die Verschönerung unseres Kulturraumes zu begeistern. Mit Pinsel und Farbe ausgerüstet, verpaßten sie den Wänden ein frisches und freundliches Aussehen. Unsere Klasse regte dadurch zum Wettbewerb an: „Wer hat den schönsten Kulturraum?"

Ärger und Verdruß bereitete einigen Schülern, das Verschwinden bestimmter Lektüren und Bilder, die sie unter dem Kopfkissen oder im Schrank vergessen hatten, wegzutun. Es gab eine Anweisung vom Heimleiter, regelmäßig Kontrollen nach Schund- und Schmutzliteratur durchzuführen, dieses Material einzuziehen und in der Heimleitung abzugeben.

Unser Heimleiter, ehemals SS-Angehöriger, achtete sehr darauf. Mehr als oberflächlich wurde diese Angelegenheit vom Heimleiter von Block 4 beachtet. Aus seinem unverschlossenen Dienstzimmer verschwand das eingezogene Material und gelangte wieder in die Hände der einstigen Besitzer.

Das Kombinat war daran interessiert, die Betreuer nach einer bestimmten Probezeit zur Erlangung einer Qualifikation zu delegieren.

Die externe Ausbildung zum staatlich geprüften Erzieher fand in Leipzig-Plagwitz am Institut für Berufsschullehrer statt.

Das Kombinat durfte immer nur eine begrenzte Anzahl jährlich zum Studium delegieren, da aus allen Bezirken der Republik Delegierungen erfolgten. Der erfolgreiche Abschluß des Grundlehrgangs war die erste Stufe zur Erlangung des Staatsexamens als Heimerzieher.

Die Teilnahmeberechtigung erarbeitete ich mir in der Zeit vom 16.9.1957 bis zum 8.2.1958.

Im Kollegium der Heime gab es außer mir noch einige an Volleyball Interessierte. Uns war es gelungen, für diese Sportart Lehrlinge zu gewinnen. So schafften wir gemeinsam zwischen den Wohnblöcken 2 und 4 eine dementsprechende Sportanlage. Hier herrschte in der Freizeit oft „Hochbetrieb". Zu dritt wurden wir Mitglied der BSG Stahl Eisleben, Sektion Volleyball. Diese Sportgemeinschaft war mehrmaliger DDR-Meister. Wir drei spielten allerdings in der 2. Mannschaft oder als Reserve. Trainiert wurde wöchentlich zweimal in der Turnhalle der EOS (Erweiterte Oberschule) am Ort.

Zum Lehrersportfest Kreis Eisleben gegen Kreis Querfurt bildeten wir auch den Stamm der Eisleber Lehrermannschaft. Allerdings ging uns der Sieg verloren, wir wurden zweiter Sieger.

Das darauffolgende Studium, welches ich im September 1958 begonnen hatte, mußte ich wegen eines Sportunfalls aufgeben. Ich hatte mir in der Sportstunde beim Basketballspielen einen Wadenbeinbruch zugezogen.

Die damalige mir zugewiesene Wohnung befand sich in einem Mietshaus in einiger Entfernung vom Institut in Leipzig. Es war mir nicht möglich, mit meinem Gipsbein im Winter durch den Schnee dorthin zu humpeln. Außerdem befand sich die Wohnung im dritten Stock.

Für meine Entscheidung, das Studium abzubrechen, fand allerdings die Kaderleitung meines Betriebes kein Verständnis. Mit Vorwürfen wurde dabei nicht gespart.

Nachdem ich wieder einsatzfähig war, bekam ich den Parteiauftrag, sozialistische Hilfe im Bergarbeiterwohnheim Sangerhausen/West zu leisten. Meine Arbeit dort bestand in der Anleitung des Heimleiters.

Das waren mehr organisatorische Aufgaben. Denn Freizeitgestaltung, wie Zirkelarbeit zum Beispiel, fand zwar bei den Bergleuten Interesse, aber dann doch keine Teilnehmer. Denn nach dem Schichtschluß waren die Kumpel ausgelaugt und erholungsbedürftig. Für politische Gespräche interessierte sich erst recht niemand. An der Handbewegung war zu erkennen, was sie davon hielten.

Mein Arbeitstag war durch die Bahnfahrt etwas länger geworden. Das einzig Gute in der mehrwöchigen Zeit in Sangerhausen war die Möglichkeit, Harzer Käse aus der Roßlaer Molkerei zu „ergattern", denn der schmeckte besonders gut und war in Eisleben nicht zu erhalten.

Sehr oft wurde unser Erstgeborener Ralph, besonders während meiner Studienzeit, von den Großeltern betreut. Der Opa, mein Vater, war unter anderem sehr musikalisch, und es gelang ihm, unserem Sohn die ersten und wichtigsten Schritte auf seiner Ziehharmonika beizubringen.

Später hatten wir das Glück, ein Akkordeon kaufen zu können.

Durch die fleißige Mithilfe meiner Frau gelang es uns, den Lebensstandard zu verbessern. Denn nur mit einem Verdiener allein konnte in der DDR kaum etwas erreicht werden.

Sparsamer Umgang mit unserem gemeinsamen Verdienst und gute Haushaltführung ermöglichten uns den Kauf eines Stadtrollers.

Der Kauf des „Wiesel", so war seine Bezeichnung, konnte nur durch gute Beziehungen getätigt werden.

Willi G. war einst mein Mitarbeiter im Lager der HO in Wimmelburg.

Er war dem staatlichen Handel treu geblieben und ermöglichte als Verkaufsstellenleiter den Erwerb des Fahrzeuges. Er war eine treue und ehrliche Haut. Von Beruf war er Schneider, und da es nichts mehr zu schneidern gab, hatte die Leitung der HO diesen Handwerker anfänglich ins Lager gesteckt.

Es gab noch einen anderen Meister der Zunft, das war der gehbehinderte Karli. Auch er war sehr gefällig und hilfsbereit und immer freundlich. So hatte ich ihn kennengelernt. Gerne hatte er kleine Näharbeiten für unsere Familie verrichtet. Er wehrte sich ständig, Geld für seine Leistung anzunehmen.

Im Sommer, in der Ferien- und Urlaubszeit 1959, bekam ich vom Betrieb einen Urlaubsplatz in Johnsdorf. Das war für uns drei eine besondere Freude. Die DDR feierte den zehnten Geburtstag. Es war für uns der erste Urlaubsplatz, und es blieb einer von den wenigen Glücksfällen.

Eine Urkunde vom FDGB-Bezirksvorstand Dresden besagt: „Zweiter Platz im Urlauber-Fünfkampf".

Nach einem Jahr Studienpause konnte ich im Herbst 1959 erneut am Aufbau-Lehrgang in Leipzig/Plagwitz teilnehmen.

Mein jüngster Bruder Rudolf schüttelte mit dem Kopf und meinte, ich wäre schön blöd, mich Weihnachten hinsetzen und zu lernen.

Die Versorgungslage mit Lebensmitteln hatte sich etwas gebessert. Lebensmittelkarten gab es seit 1958 in der DDR nicht mehr. Man mußte aber immer tief in die Tasche greifen, wenn man die Ausgaben im Verhältnis zum Verdienst vergleicht.

Hin und wieder habe ich meine Leipziger Tante Luise besucht. Sie wußte von „ihren Studenten", die bei ihr zur Miete wohnten, daß diese auch immer knapp bei Kasse waren. So mußte ich nicht bitten oder betteln. Es gab immer einen 20-Mark-Schein, für den ich gute Verwendung hatte. Sie wollte aber auch immer wissen, ob es eine Studienfreundin gebe. Wahrheitsgetreu konnte ich es diesmal verneinen. Denn im ersten Lehrgang hatte es tatsächlich ein lediges blondes Mädel, eine Regina aus Quedlinburg, gegeben. Sie war in der gleichen Seminargruppe und mir beim Lernen eine Hilfe.

Eine „Sportschau" sollte anläßlich des Republik-Geburtstages vor dem Institut von den Lehrgangteilnehmern gestaltet werden.

Mir gelang als 32jährigem ein Sprung mit Überschlag über das längsgestellte Pferd. Ich weiß nicht, woher ich als Sportbegeisterter, aber Ungeübter den Mut dafür genommen hatte. An das „Durcheinander" in meinem Kopf glaube ich mich heute noch erinnern zu können.

Ich erinnere mich auch noch sehr gut an die Portionen Hackepeter, die ich öfters in der Pause beim Fleischer in der Nähe gekauft hatte.

URKUNDE

BEIM

URLAUBER - FÜNFKAMPF

errang der KOLLEGE ERHARD SCHMIDT

den 2 PLATZ

JONSDORF ,den 25.6.1959

FDGB – Bezirksvorstand Dresden
Abt. Feriendienst und Kuren
Außenstelle Kurort Jonsdorf/Zit.Geb.

246

Diese „Köstlichkeit" wurde nun in der Unterrichtsstunde Bissen für Bissen mit dem Finger aufgenommen und heimlich in den Mund geschoben.

Gaststättenbesuche konnte man sich wegen der Preise nicht leisten. Und doch hatte man mal Appetit auf etwas Gebrutzeltes. Die Gelegenheit dazu bot sich mal mit dem Angebot von Walfleisch in einer Fischhalle.

An den Geschmack des „Bratens" kann ich mich nicht erinnern. Hat es überhaupt einen Geschmack gegeben?

Die Abschlußprüfung stand bevor. Vorsorglich hatte mir meine liebe Frau ein Kaffeepülverchen ins Papier gewickelt und mir empfohlen: „Den brüh dir auf alle Fälle vor der Prüfung auf." Ob er am Nachmittag, denn da verlangte die Prüfungskommission nach mir, noch gewirkt hat? Sicher! Ich war zu dieser Zeit kein Bohnenkaffeetrinker.

Den Abschluß „Heimerzieher mit Staatsexamen" hatte ich nun in der Tasche. Eine Gehaltsaufbesserung wurde ja wie immer freudig angenommen. Mir wurde jetzt die größere Aufgabe übertragen, die Stelle des leitenden Erziehers im Heim, oder Block 4, einzunehmen. In diesem Heim waren auch die Mitglieder der Blaskapelle untergebracht.

Der Heimleiter W. Kraft war ebenfalls Mitglied.

Zechenschließungen im Mansfelder Revier bahnten sich an. Die Ausbeute von Kupfer und anderen Metallen lohnte sich nicht mehr.

Das zog auch eine Umsetzung der Bergleute in den Sangerhäuser Raum nach sich. Die Kapazität der Lehrlinge in der Zweijahresschule und in den Heimen hatte sich inzwischen durch die Umsetzungen auch verringert. Heimerzieher wurden nach Sangerhausen versetzt.

Mit den Ergebnissen meiner Arbeit war ich zufrieden. Lobend äußerte sich auch der ökonomische Leiter der Schule: „Seit Schmidt dort oben in Heim 4 ist, gibt es kaum noch Reparaturen am Mobiliar."

Mir war bekannt, daß es in diesem Heim oft drunter und drüber gegangen ist. Das hatte aber zum Teil auch mit den „Feuerwehreinsätzen" der Blaskapellenmitglieder zu tun.

Ralph erfreute uns oft mit seinem Akkordeon. Er hatte tüchtige Fortschritte gemacht. Gerne hätte er aber auch Gitarre gespielt.

Doch keiner von uns besaß so ein Instrument. Der Opa besaß zwar Zupfinstrumente. Das eine war eine Zither, und das andere Zupfinstrument nannte er Hummel. Beides sind Tischinstrumente, die man zum Spielen nicht in die Arme nehmen konnte.

Ein solches Instrument käuflich zu erwerben, daran war nicht zu denken.

Mir kam der Gedanke, Herrn L., den Leiter der Blaskapelle, um Hilfe zu bitten. Und es wurde gerne geholfen. Aus der Vielzahl der Instrumente suchte er die wohlklingendste Gitarre heraus. Er war ja ein Fachmann. Nun besaß unser Sohn eine gute Gitarre. Doch eine solche Fertigkeit wie mit dem Akkordeon gab es wohl nicht.

Gerne erinnere ich mich an die Teilnahme an den Lehrersportfesten. Sie standen immer unter der Losung „Bereit zur Arbeit und zur Verteidigung des Friedens". Ein großes Erlebnis war die Teilnahme am Turn- und Sportfest in Leipzig.

Ein weiterer Höhepunkt im Sportleben waren die Volleyballspiele in Leipzig, Dresden, Frankfurt/Oder, Berlin und Chemnitz. Das waren alles Oberliga-Mannschaften. Wir, die 2. Mannschaft von Stahl Eisleben, schlugen uns aber auch immer achtbar gegen die gleichklassigen Mannschaften. Die Anreise erfolgte meist mit der Reichsbahn. Aber an eine Busfahrt, mit Ehefrauen, erinnere ich mich auch gerne. Zwischen meinem Schatz und der Ehefrau von Fred K., einem Spieler aus der 1. Mannschaft und späteren Vorsitzenden des Bezirkes Halle/Saale, hatte sich schnell eine Freundschaft entwickelt.

Internationale Spiele hat es damals auch in Eisleben gegeben. Im Spiel unserer 1. Mannschaft gegen eine Truppe aus China hatte man mich als Linienrichter eingesetzt.

Auch die Punktspiele wurden von vielen Zuschauern gesehen, denn zu dieser Zeit war Eisleben eine Hochburg für Volleyball.

Nach achtjähriger Zugehörigkeit zum Mansfeld-Kombinat konnte ich einer beruflichen Abwerbung nicht widerstehen. Die Versprechungen vom Rat des Kreises, Abteilung Landwirtschaft, durch Herrn P. waren zu verlockend. Die Abwerbung erfolgte mit Billigung meines Betriebes, auch hier unter der Losung „Industrie und Land gehen Hand in Hand".

Urkunde

Im Volleyball-Turnier des Lehrersportfestes

am 29. Oktober 1955 in Querfurt belegte

die Mannschaft des Kreises *Eisleben*

den 2. Platz. In Anerkennung dieser

Leistung wird diese Urkunde verliehen.

Diese sogenannte sozialistische Hilfe brachten dem VEB (Volkseigenen Betrieb) weitere Pluspunkte im ständig stattfindenden Wettbewerb.

Den nicht ausreichend durchdachten Entschluß, mich abwerben zu lassen, habe ich zum Teil später bereut. Ich bekam Versprechungen wie: „… Sie bekommen Ihren Fernseher ohne Wartezeit, für eine bessere Wohnung werden wir sorgen, auf ein neues Fahrzeug brauchen Sie nicht zu warten, selbstverständlich erhalten Sie mehr Lohn, Kraftstoff für Ihren Roller kostet Sie nichts …" und so weiter. Dies alles waren Vorteile für die Familie. Besonders das Versprechen einer besseren und größeren Wohnung.

Aber der Vorsitzende beim Rat des Kreises, Abteilung Landwirtschaft, Herr P., hatte den Mund doch zu voll genommen. Ich unterstelle ihm keine bewußte Täuschung, aber es ging doch nicht so, wie er sich das vorgestellt hatte. Er war nicht allmächtig. Fakt für ihn war, es mußte ein Heimleiter für das Lehrlingswohnheim in Dederstedt her.

Und so trat ich den Dienst im Lehrlingswohnheim der LPG (Landwirtschaftliche Produktions-Genossenschaft) in Dederstedt an.

So fuhr ich täglich mit dem Wiesel zirka 50 Kilometer, um zu ermöglichen, daß die LPG aus ökonomischen Gründen weiterhin landwirtschaftliche Lehrlinge ausbilden konnte. Durch den Staat erhielt der Betrieb dafür zusätzliche Finanzen.

Doch die Voraussetzungen einer vertretbaren internatsmäßigen Unterbringung waren dort nicht gegeben. Die 20 Lehrlinge waren in zwei Häusern untergebracht. Rund zehn Minuten vergingen, um von dem einen Gebäude in das andere zu gelangen. Die männlichen Lehrlinge waren in einem fensterlosen Raum untergebracht, der sich über den Stallungen befand.

Sehr schön war der sogenannte Kulturraum, der von den weiblichen und natürlich auch von den männlichen Lehrlingen genutzt wurde.

Im Raum befand sich auch ein Fernsehgerät. Für die Betreuung der zehn weiblichen Lehrlinge war eine junge, unausgebildete Mitarbeiterin der LPG zuständig. Hin und wieder wurde das Heim vom Bürgermeister des Ortes besucht.

Meine Tätigkeit, die im Monat Mai 1960 dort begann, war nur

kurzlebig. Eines Tages hieß es: Wir ziehen um nach Helfta. Die LPG „Karl Marx" in Helfta mit ihrem tüchtigen Vorsitzenden, ehemaligen Leutnant und Ritterkreuzträger der Wehrmacht sowie Funktionär der SED-Kreisleitung und darüber hinaus Funktionär beim Bezirk. Ihm zur Seite stand der „rührige" kettenrauchende Parteisekretär und Buchhalter P. Vermutlich spielten die staatlichen Zuschüsse, die es für einen Lehrbetrieb mit Internat gab, die entscheidende Rolle, der LPG Dederstedt den Rang abzulaufen.

In der ersten Begegnung, die ich mit dem Buchhalter hatte, äußerte er die Sorge, daß der Fernsehapparat unbedingt mitgenommen wird.

Fast wörtlich sind mir die Worte des Vorsitzenden der LPG in Helfta, Kurt E., bei meinem Vorstellungsgespräch im Gedächtnis hängengeblieben: „Hoffentlich kommen Sie nicht wegen jedem Scheißreck zu mir gelaufen." Ich konnte den Vorsteher, Kreisleitungsmitglied der SED und Inhaber anderer Funktionen und auch staatlicher Auszeichnungen, beruhigen, indem ich erwiderte: „Keine Bange, ich bin selbständige Arbeit gewöhnt."

Die räumlichen Voraussetzungen im ehemaligen Gutshaus des enteigneten Gutsbesitzers waren gut. Es gab einen schönen Kulturraum und drei helle, freundliche Zimmer für die Lehrlinge. Diese positiven Veränderungen wurden von den Mädchen und Jungen freudig wahrgenommen. Auch die sanitären Einrichtungen waren besser. Für die sportliche Betätigung stand eine Tischtennisplatte auf dem geräumigen Flur. Tischtennis durfte aber nur nach Dienstschluß der im Gebäude untergebrachten Verwaltungsangestellten gespielt werden.

In der angrenzenden Grünanlage konnte man sich bei Sport und Spiel betätigen. Das gesamte Areal war umzäunt.

Ein älteres Ehepaar wohnte im Heim. Der Mann betätigte sich als Hausmeister und seine Frau war als Köchin im Haus beschäftigt.

Der auch von den LPG-Mitgliedern genutzte Speiseraum befand sich im Erdgeschoß. Hier fanden von Zeit zu Zeit auch Mitgliederversammlungen statt.

Durch den Publikumsverkehr verursacht, ging es im Gebäude sehr lebhaft und auch laut zu, oft bis in die Abendstunden. Auch Studenten, welche in der Landwirtschaft in den Semesterferien arbeiteten, waren zeitweilig Gäste im Haus.

Für die Betreuung der weiblichen Lehrlinge konnte die LPG keinen Ersatz stellen. So gelang es mir, meine liebe Frau dafür zu gewinnen. Sie hatte bis zu diesem Zeitpunkt als Hortnerin in der Schule gearbeitet. Um pünktlich um sechs Uhr am Arbeitsplatz zu sein, scheute sie den täglichen Fußweg von ungefähr sechs Kilometern auch im hochschwangeren Zustand nicht.

Der Arbeitswille, die Zuverlässigkeit und Freundlichkeit fand nicht nur bei den Lehrlingen Zuspruch. Anerkennende Worte ließen auch die Mitglieder der Genossenschaft von sich hören.

„Nehmen Sie doch bitte mal das Huhn für Ihre Frau mit, das wird ihr gerade in der Schwangerschaft guttun", waren die Worte einer Bäuerin. Das in Papier gehüllte Huhn legte ich, wegen der kühleren Temperatur, auf die äußere Fensterbank.

Mit Schrecken stellte ich am Abend bei Dienstschluß fest, daß dieses wertvolle Geschenk verschwunden war. Ein Greifvogel hatte leichte Beute machen können.

Für die praktische Ausbildung war ein Lehrausbilder zuständig. Es war Herr F., ein ehemaliger Kleinbauer aus dem Ort, der über eine kräftige, männlich-laute Stimme verfügte. Auch der Umgang mit den Lehrlingen war, ausgehend von seiner Art, sehr derb.

Wiederholt hatte ich festgestellt, daß einige weibliche Lehrlinge Arbeiten von Erwachsenen, vor allem in der Tierhaltung, zu leisten hatten. Auf die Folgen der Nichteinhaltung des Lehrvertrags mußte ich mit aller Deutlichkeit hinweisen. Mir war zu Ohren gekommen, daß bei so einer Tätigkeit ein Mädel aus irgendwelchen gesundheitlichen Gründen im Schweinestall umgefallen war und zwischen den Tieren lag.

Ausgehend von meiner Kenntnis über die Finanzen, die für das Heim und die Betreuung und Ausbildung zur Verfügung standen, hatte ich den Kauf eines elektrischen Tonbandgerätes getätigt. Damit wollte ich unter anderem die Freizeitgestaltung interessanter und etwas abwechslungsreicher gestalten. Bei den Lehrlingen herrschte natürlich eitel Fröhlichsein, als sie von der Planung erfuhren.

Die Erlaubnis dafür vom Vorstand oder dem Buchhalter einzuholen, hielt ich aus besagten Gründen nicht für notwendig, denn es wurde kein Geld von der Genossenschaft ausgegeben. Das Geld kam aus dem großen Säckel des „Arbeiter- und-Bauern-Staates".

Erbost über meine eigenständigen Machenschaften, verlangte der Buchhalter und Parteisekretär der Genossenschaft Ersatz von mir.

Der Mann war so empört, daß es beinahe zu Handgreiflichkeiten gekommen wäre.

Ich hatte mich vor einem einberufenen Gremium zu verantworten.

Vertreter vom Rat des Kreises, der Partei und der Genossenschaft, an der Spitze der Buchhalter, belegten mich mit Vorwürfen und so weiter …

Die Vertreter der staatlichen Organe standen selbstverständlich der LPG bei. Sie konnten ja auch nicht gegen die Interessen der vielen Mitglieder der LPG sein. Sie konnten aber auch keinen Wertersatz von mir für das gekaufte Gerät verlangen. Denn es waren ja Gelder, die der Staat für die jungen Menschen, die Lehrlinge, zur Verfügung gestellt hatte.

Eine gütliche Einigung bezüglich der Zusammenarbeit mit der Genossenschaft war wegen der Anfeindungen des Buchhalters nicht zu erwarten. Aus diesem Grunde legte ich meine Verantwortung als Heimleiter nieder. Ich war dann noch als Angestellter des Rates des Kreises Eisleben, in der Abteilung Landwirtschaft, tätig.

Mein Arbeitsplatz war im Ratsgebäude. Mein Arbeitsfeld sollte laut Anweisung die Lehrlingswerbung sein. Ich war in der Tat bemüht, Lehrlinge für die Landwirtschaft zu werben. Ich scheute keine Entfernung im Kreisgebiet, um die einzelnen Orte abzugrasen. Ich führte viele Elterngespräche, um sie zu überzeugen, daß gute Ausbildungsmöglichkeiten in der Landwirtschaft bestünden. Bei der zu leistenden Überzeugungsarbeit hatte ich allerdings wegen meiner Erlebnisse nicht immer ein gutes Gewissen beziehungsweise Gefühl.

Einen großen Höhepunkt in meiner Familie hatte es inzwischen gegeben. Nein, es muß heißen, in unserer Familie. Zwei hübsche kleine Blondköpfe hatte meine liebe Frau und gute Mutter zur Welt gebracht. Das war am 7.12.1961, wenige Tage vor ihrem 36. Geburtstag. Eine

Freude für uns alle, vor allem, weil es Mädel waren. Denn in unserer Familie wurden bis jetzt nur Jungs geboren.

An dieser Freude konnte aber der „kleine Opa" nicht teilnehmen.

Denn während der Zeit im Wochenbett lag mein guter Schwiegervater im Sterben. Das war eine Tragik, mit welcher wir alle fertig werden mußten.

Glücklicherweise hatten wir nach vielen Schwierigkeiten vor der Entbindung eine größere Wohnung in der Siedlung am Ort erhalten.

Wenn wir uns auch zu fünft im Schlafzimmer drängeln mußten, so waren wir doch erst einmal damit zufrieden.

Viel Freude bereitete uns der Stammhalter. Mit seinen kleinen Schwestern hatte er sich schnell angefreundet. Aber auch seine schulischen Leistungen und sein Fleiß waren bewundernswert. Wir waren stolz auf unsere Kinder und sind es bis heute geblieben.

Unsere Lieblinge

Die Geburtsjahre unserer Kinder sind, gesellschaftlich betrachtet, von historischer Bedeutung. 1953, das Geburtsjahr von Ralph, der Volksaufstand in der DDR. Es war zugleich der erste Aufstand innerhalb des „Roten Imperiums".

1961, das Geburtsjahr der Mädel, der Russe Juri Gagarin, der erste Mensch im Weltall, und der Mauerbau in Berlin, ein weiteres schändliches Machwerk der zweiten Diktatur Deutschlands.

Viermädel-Haus

Schon 1957 hatte man in der DDR das Paßgesetz geändert. Jedes illegale Verlassen des „Staates der Arbeiter und Bauern" wurde als Republikflucht geahndet und mit Gefängnisstrafe belegt.

Dieses Gesetz konnte aber den Flüchtlingsstrom nach dem Westen nicht aufhalten.

Seit der Staatsgründung 1949, bis zur sogenannten Sicherung der Grenze und dem Einmauern der Menschen in der „Hauptstadt der DDR", verließen unter Zurücklassung von Haus und Hof rund drei Millionen ihre Heimat. Viele Menschen verloren dabei ihr Leben, weil sie von Deutschland nach Deutschland wollten. Die Bevölkerungszahl schrumpfte also von einst 18 Millionen auf 15 Millionen. Seit 1961 registrierte eine Erfassungsstelle in Salzgitter/BRD die Vorgänge an der innerdeutschen Grenze. Diese eingerichtete Instanz veranlaßte die roten Machthaber nicht, die Unmenschlichkeiten zu unterlassen. Eine weitere Hetzkampagne war die Folge.

Obwohl die Bevölkerungszahl geringer wurde, gab es noch reichlich Wohnungssuchende. Um die Intelligenz im Lande zu halten, baute man für diese „Leistungsträger" die sogenannten „Intelligenzhäuser", so auch in der nach Thälmann (Kommunist) benannten Siedlung.

Auch wir profitierten schließlich vom Bevölkerungsschwund und konnten eine Zweizimmerwohnung für uns fünf beziehen. Schnell hatten wir Kontakt zu den Mitbewohnern des Achtfamilienhauses gefunden. Der Umfang der Pflichten, die wir als Mieter zu leisten hatten, war jetzt natürlich größer geworden. Der Gebäudekomplex bestand aus drei zusammengebauten Blöcken zu je sechs beziehungsweise acht Wohnungen.

Damit der Staat, die SED-Funktionäre sowie der ABV (Abschnitts-bevollmächtigte der VP, „Volkspolizei") eine Kontrolle über die Bürger hatte, wurde ein Hausbuch eingerichtet. Der sogenannte Haus-Vertrauensmann sorgte dafür, daß die Zugänge und Abgänge der Mieter vorschriftsmäßig erfaßt wurden. Das Alter und auch der Beruf wurden erfaßt. Auch die Kinder wurden eingeschrieben.

Man interessierte sich natürlich auch für die Besucher. Woher, wie lange? Alles wurde fein säuberlich festgehalten in dieser Kladde. Das Spitzelsystem funktionierte. Die Stasi sammelte fleißig Informationen über das Tun und Lassen der Bürger.

Es gab sogenannte Vertrauensmänner, die ihre Spitzeltätigkeit sehr genau nahmen. Mustergültig ging es dort zu, wo bekannte Funktionäre die Pflicht genau nahmen. Sie sorgten dafür, daß sich im Treppenhaus eine aktuelle Wandzeitung befand. Das politische Geschehen mußte sich auf alle Fälle widerspiegeln. Aber nicht nur das, Zustimmungser-klärungen wurden abverlangt.

Von diesem ausgewählten Personenkreis wurden Hausversamm-lungen anberaumt, und zur Bringpflicht von Aufbaustunden wurde aufgerufen oder ermahnt. Auch an das Beflaggen zu sogenannten gesellschaftlichen Höhepunkten wurde erinnert, und die Ergebnisse für bestimmte Instanzen wurden festgehalten. So wurde auch ich einmal im Betrieb auf mein Fehlverhalten hingewiesen.

Ein gewöhnlicher Sterblicher in der DDR hatte keinen Telefonanschluß. Aber dieser ausgewählte Personenkreis besaß ein Telefon im Haus.

Er war dadurch immer gut über private, familiäre Angelegenheiten der Mitbewohner informiert.

Die von den Bürgern geforderten Aufbaustunden konnten nur nach Feierabend oder sonntags geleistet werden, da ja samstags auch gearbeitet wurde. Von uns Bewohnern der Thälmann-Siedlung wurde erwartet, daß wir freiwillig Arbeitseinsätze am Schulneubau leisteten. Diese Forderung ging speziell an Familien mit schulpflichtigen Kindern. Es mußte Rechenschaft über die geleisteten Arbeitseinsätze abgelegt werden. Selbst die Arbeitsstelle der Mieter wurde über die Ergebnisse der freiwillig geleisteten Arbeitseinsätze informiert. Dies wirkte oder beeinflußte finanzielle oder materielle Sonderleistungen des Betriebes.

So wurde zum Beispiel auch der ABV informiert, daß Schulkinder, auch unsere Mädel, Tomaten von einer Anbaufläche der Gärtnerei pflückten, die untergepflügt werden sollten. Die Schule, und natürlich auch wir Eltern, wurden über die „Freveltat" informiert und an die Aufsichtspflicht erinnert.

Ich selbst konnte mich davon überzeugen, daß Blumenkohl, aus welchem Grund auch immer, untergepflügt wurde. Warum hatte man versäumt, das Feld zum Abernten für die Bürger freizugeben?

Diese Vorgehensweise, Lebensmittel zu vernichten, hat bei Bekanntwerden nicht nur Kopfschütteln, sondern auch Wut innerhalb der Bevölkerung von Eisleben und Umgebung zur Folge gehabt.

Die ausreichende Versorgung der Menschen hier mit Gemüse war nie erreicht worden, obwohl von den Funktionären versprochen wurde, daß der Zustand bald vergessen sei, wenn die GPG (Gärtnerische Produktions-Gesellschaft) die neu gestellten Produktionsaufgaben erfülle.

Die Versorgungslücke konnte auch nicht durch das erweiterte Angebot von gebrochenen Krüppelgurken und anderem geschlossen werden.

So ist uns auch nicht erspart geblieben, beim Sammeln von Pilzen im Forst von Bischofrode in einem etwas abgelegenen Waldweg fuhrenweise abgeschüttete Äpfel liegen zu sehen. Es müssen wirklich mehrere Lkw-Ladungen gewesen sein, die man hier auf einer Wegstrecke von etwa 50 Metern in die tiefen Wagenspuren des Weges geschüttet hatte.

Uns verschlug die Entdeckung fast die Sprache. Wer hatte diese Vernichtung von Nahrungsgütern angeordnet? Auch hier die Frage, hatte man keine andere Verwendung dafür? Oder waren die Apfel wegen Überdosierung, zirka 18facher Behandlung mit chemischen Spritzmitteln, gesundheitsschädigend geworden? Aber die Tiere des Waldes hätten davon auch gesundheitlichen Schaden nehmen können.

Den Menschen, die in der Nähe des größten Obstbaubetriebes der DDR wohnten, war bekannt geworden, daß Holland die Einfuhr von Äpfeln aus der oben erwähnten Vermutung sperrte.

Vermutlich ist man in dieser Zeit mit chemischen Spritzmitteln in den Plantagen am See sorglos umgegangen. So war auch zeitweise ein Fischsterben in den Gewässern des Sees festzustellen.

Diese Erscheinung wirkte sich natürlich auch auf den Badebetrieb im See aus.

Endlich, in den sechziger Jahren, waren auch wir, nach Anmeldung und jahrelanger Wartezeit, Besitzer eines Fernsehers geworden.

Das erste Fernsehen, bei den Großeltern, wurde besonders aufmerksam von Söhnchen Ralph betrachtet. So erinnern wir uns alle gern daran, wie intensiv er ein Radbahnrennen verfolgte und, dadurch schwindlig geworden, im Sessel zur Seite purzelte.

Die ersten Fernsehapparate kamen 1956, spärlich im Angebot, auf den Markt. Erst 1969 konnte man ein zweites Programm empfangen, aber auch nur dort, wo die notwendigen Verstärker standen.

Der Preis für ein Fernsehgerät war sehr hoch. Das ging meist in die Tausende, bei einem Jahresdurchschnittseinkommen von rund dreieinhalbtausend DDR Mark.

Technische, elektrische oder gar elektronische Geräte waren, wenn überhaupt im Handel, sehr teuer, für den Normalverdiener fast unbezahlbar.

Aus diesem Grunde und wegen der langen Wartezeit hatte ich es gewagt, im HO-Fachgeschäft eine Frage an den mir bekannten Verkäufer zu stellen. Da wurde ich, im Beisein mehrerer Kunden in barschem, unverschämtem Ton angegangen, unter anderem mit den Worten: „Am 17. Juni streiken und jetzt große Ansprüche stellen." Er hatte am 17. Juni 1953 aus einem versteckten Ausguck dieses Geschäftes uns streikende Bergarbeiter beobachtet und auch denunziert.

Nun hatte die Wartezeit ein Ende gefunden. Das Gerät war gekauft, eine Auswahl gab es ja noch nicht. Jetzt fehlte ein Mast, ein zirka fünf Meter langes Stahlrohr zum Befestigen der Antenne.

Die fertig montierte Antenne ragte nun aus dem Dachfirst des Hauses. So standen auf dem Dach unseres Hauses wenigstens 20 Stück davon. Eine Gemeinschaftsantenne gab es noch nicht.

Wenn eine Antenne davon in eine andere Himmelsrichtung zeigte, konnte man daran erkennen, welche Familie Westfernsehen empfing. Dieses Abweichen von der „roten Linie" war unerwünscht, um nicht zu sagen verboten.

Die Eltern der Kinder, welche in der Schule vom Westfernsehen erzählten, hatten sich dort zu verantworten. So wurden zum Beispiel FDJ-Mitglieder angehalten, gar aufgefordert, diese Antennenkabel zu zerschneiden oder abzureißen.

In der neuen Wohnung, die wir 1961 bezogen hatten, fühlten wir uns gut aufgehoben. Und doch waren wir aufgrund der Überbelegung in der kleinen Wohnung auf der Suche nach einer größeren. Angebote wurden uns zwar gemacht, zum Beispiel im zweiten Stockwerk eines Altbaus, mit Klosett auf dem Hof. Dies in unserer Lage mit zwei Säuglingen und Ralph, der Schüler einer zweiten Klasse war.

Endlich bot sich ein Wohnungswechsel im Haus an. Eine uns bekannte Familie benötigte ihre zweieinhalb Zimmer große Wohnung nicht mehr. So zogen wir von Block 1 in Block 2 des Hauses. Das kleine Kinderzimmer benutzten wir Eltern als Schlafzimmer, und das eigentliche Schlafzimmer teilten sich unsere drei Kinder. Um mehr Platz in den Zimmern zu erhalten, entfernten wir alle Kohleöfen, bis auf den transportablen Kachelofen aus dem Wohnzimmer. In der Küche stand ein kombinierter Kohle-Gas-Herd.

Die Fernsehantenne mußte natürlich auch umgesetzt werden. Hierbei leistete mein guter Vater Dienste, die ich selbst nie fertiggebracht hätte. Er transportierte nämlich nach dem Herausziehen des Mastes aus der Halterung denselben, auf dem schmalen Brett unterhalb des Dachfirstes laufend, ihn dabei wie eine Balancierstange haltend, zum vorgesehenen Platz. Einen Schuppen für den Wiesel bauten wir.

Mit dem Benutzen des Waschraums, welcher sich im Kellergeschoß befand, war es auch besser geworden. Hier planten nur sechs Familien statt acht den Waschtag. Der dort befindliche Waschkessel wurde mit Kohle beheizt, um das notwendige heiße Waschwasser zu bekommen.

Wie bereits geschildert, nach langer Wartezeit vorhergegangener Anmeldung, ohne sich auf einen Typ festlegen zu können, bekamen wir die Möglichkeit, eine Waschmaschine und Wäscheschleuder zu kaufen. Dem Waschhaus sagte vor allem meine liebe Frau mit Freude ade.

Da meist beide Elternteile in der DDR arbeiten mußten, um sich etwas leisten zu können, waren die Spareinlagen von 1950 bis 1961 auf das 15fache angestiegen. Die langfristige Mangelwirtschaft war bis zum Ende des Arbeiter-und-Bauern-Staates dafür der Grund.

Die BPO (Betriebs-Partei-Organisation) schickte mich zur Propagandisten-Schule nach Naumburg. Eine Möglichkeit zum Ablehnen gab es da nicht. Man mußte es halt hinnehmen. Dementsprechend war auch die Reaktion beziehungsweise die Aufmerksamkeit der Delegierten bei Vorlesungen. Ich konnte dabei beobachten, daß nicht wenige Genossen den Kopf vor Müdigkeit, oder aus anderen Gründen, auf die Brust sinken ließen. Der Beifall, den der Redner erhielt, schreckte diese Geister auf, die sich aber sofort spontan an den Beifallsbekundungen beteiligten. So hatte auch ich Spaß und Ablenkung bei den Phrasen, die hier gedroschen wurden.

Wie nach der Geburt von Ralph, so unterbrach meine liebe Frau und herzensgute Mutter drei Jahre ihre Arbeit als Hortnerin beziehungsweise Erzieherin, um sich unserer Familie, aber besonders unseren Zwillingen besser widmen zu können.

Ich hatte inzwischen meine Arbeitsstelle gewechselt und war als Erzieher und bald Hortleiter an der Sonderschule in Eisleben tätig. Die hölzerne Hortbaracke war rund 500 Meter vom Schulgebäude entfernt. Viele Schwierigkeiten gab es in der kalten Jahreszeit, mit den miserablen Brennstoffen die Öfen zu heizen, um einen warmen Hortraum zu erhalten. Das Plumpsklo außerhalb der Baracke neben dem Kohlenschuppen konnte nicht geheizt werden.

In diesem Hort hatte meine Frau bis zur Geburt vom Sohn Ralph 1953 gearbeitet.

Der Hausmeister, es war ein alter Rentner, der sich zu seinem kargen Lohn einen Zuverdienst erarbeiten mußte, tut mir heute noch leid, wenn ich daran denke. Ein Bild ist in meinem Gedächtnis haftengeblieben: Der alte Mann lag fast vor der Feueröffnung des Kanonenofens und versuchte, Luft aus seiner alten Lunge in die Glut zu blasen, um das Feuer zum Lodern zu bringen. Das Rußwölkchen, welches dadurch entstand, hatte sein Gesicht bereits geschwärzt, und er ähnelte einem Schornsteinfeger.

Zum Personal gehörte eine Putzfrau, welche auch das in Kübeln angelieferte warme Essen ausgab. Alles war sehr primitiv.

Die 30, zeitweise auch 50 Hortkinder wurden von drei pädagogischen Kräften betreut.

In den Ferienspielen wurden zusätzlich Lehrkräfte eingesetzt, da die Teilnehmerzahl größer war. Aber auch Elternteile der Schüler konnten als Helfer mitwirken. Für die Planung von Unternehmungen war die Hortleitung verantwortlich. Genutzt wurden aber auch von der übergeordneten Instanz angebotene Veranstaltungen.

Die Haushaltsplanung gehörte ebenfalls zu den Aufgaben des Hortleiters. Die zur Verfügung stehenden finanziellen Mittel wurden jetzt voll ausgeschöpft. Zuvor profitierte vom Nichtverbrauchen des Fonds der neben dem Hort angesiedelte Kindergarten.

In der Vorweihnachtszeit war emsiges Werken und Basteln, Erzählen und Singen und auch Spielen angesagt. Natürlich gab es zu dieser Zeit noch einen Adventskranz und eine „Jahresendzeittanne", so sollte der Christ- oder Weihnachtsbaum genannt werden.

Aus dem Christkind wurde der „Friedensengel". Auch der alte Bärtige, der Weihnachtsmann, sollte nun „Väterchen Frost" heißen, eben wie beim „Brudervolk" in der Sowjetunion.

Für mich im Hort gab es auch einmal eine böse Überraschung, die aber aus einer Verwechslung resultierte. Es muß die Zeit der Ferienspiele gewesen sein. Ein männlicher Betreuer hatte sich, vermutlich mit sexueller Absicht, einem Mädel genähert. Die Mutter des Kindes hatte davon erfahren und diesen Vorgang bei der Schulleitung angezeigt. Da es im Hort nur eine männliche Person gab, nämlich meine Wenigkeit, geriet ich in den Verdacht des Vergehens. Die Enttäuschung meiner Direktorin über mein angebliches Fehlverhalten war ihr deutlich anzumerken.

Eine Gegenüberstellung im Elternhaus des Kindes wurde sofort anberaumt. Die Mutter reagierte sofort bei unserem Eintreten ins Zimmer und rief: „Nein, nein, doch nicht Herr Schmidt. Der Mann, der das tat, hinkte und hatte eine Krücke."

Sichtliche Erleichterung bei der Schulleiterin, aber ich hatte auch noch gar nicht begreifen können, worum es eigentlich gegangen war. Denn der Zeitpunkt der Handlung waren die Ferien, und da hatte ich vermutlich Urlaub. Der Kollege H. wurde aus dem Schuldienst unserer Schule entfernt.

Ich wurde 1964 in die Kreisfachkommission für Tageserziehung berufen. Darüber hinaus befand die Schulleitung mich eines langfristigen Studiums in Halle/Saale für würdig, um einen Abschluß als Sonderschullehrer zu erlangen, und schlug mich dafür vor.

Für dieses mehrjährige Direktstudium konnte nur eine begrenzte Zahl von Bewerbern aus dem Bezirk zugelassen werden.

Über meine Weiterbildung wurde aber anders entschieden. Der Rat des Kreises beziehungsweise des Bezirkes der Volksbildung schlug vor, ein zweijähriges externes Studium am Institut für Lehrerbildung in Halle/Saale zu absolvieren.

Am 9.6.1966 legte ich die Prüfung mit Erfolg ab.

In den anderen Bezirken der Republik wurde der erfolgte Abschluß als Heimerzieher, den ich ja besaß, anders bewertet.

Man hatte dort die Qualifikation damit erhalten, die für einen Unterstufenlehrer erforderlich war.

Ab dem Schuljahr 1966/67 stand ich als Lehrer vor einer Schulklasse, und zwar in dem Gebäude, welches ich als Schüler der Lutherschule bereits 1937 besucht hatte. Eine sechste Klasse wurde mir jetzt zugeteilt. Meine Arbeitszeit war besser geworden. Aber auch mein Gehalt wurde verbessert.

All das kam unserer Familie zugute. Meine herzensgute, fleißige Frau und liebe Mutti unserer Kinder hatte die wegen der Geburt unterbrochene Arbeit 1964 wieder aufgenommen. Wir waren jetzt beide in einem Betrieb tätig, was Vor-, aber auch Nachteile hatte. Nach meiner Arbeitszeit gehörte der Nachmittag den Kindern und mir, denn meine Frau kam ja am späten Nachmittag aus dem Hort, oft nach Ladenschluß, nach Hause.

Meine neue Tätigkeit gefiel mir gut. An eine Unterrichtsstunde um die Osterzeit denke ich oft mit Schmunzeln zurück. Ich fragte Gert in einer Wiederholung: „Gertie, wozu braucht denn der Osterhase überhaupt seine Löffel?" Nach einem verlegenen Zögern und einem Blick zu mir kam die Antwort: „Herr Schmidt, der Hase braucht keine Löffel, der frißt doch mit der Fresse!" Ich hatte den Eindruck gewonnen, daß er glaubte, mich belehrt zu haben.

Es gab viele Situationen, wo man sich das Lachen verkneifen mußte. Hätte man diese Begebenheiten notiert, wäre es, durch die lange Schulzeit begründet, sicher Stoff für ein kleines Büchlein geworden.

Diese kleinen, niedlichen Begebenheiten wurden bei passenden Gelegenheiten im Lehrerkollegium preisgegeben. So berichtete mal ein Kollege, was ihm bei der Pausenaufsicht auf dem Schulhof von einem Schüler angetragen wurde: „He, kannste mal meine Bemme halten? Ich muß mal sch…!" Sicher hat das der Kollege K. auch getan.

An unserer Schule war noch ein älterer Lehrer tätig, den ich als Schüler natürlich in einer anderen Schule kannte. Ein strenger, geachteter Kollege, der besonderen Wert auf den richtigen Umgangston legte. Situation, Sportfest, ausgelassene Stimmung der Schüler, Grölen, Jubeln, Pfeifen und Trompeten. Ein wißbegieriger Schüler klopfte dem Genannten, vor ihm Sitzenden auf die Schulter und fragte: „He, was würden wohl so was kosten?" Ob der Schüler eine Antwort bekommen hat, ist mir nicht bekannt. Vermutlich war der ältere Lehrer so schockiert, daß er nicht in der Lage war, dem Musikfreund eine Antwort zu geben.

Die Schüler wurden in zwei voneinander entfernten Häusern beschult. Der Sportunterricht wurde in der alten katholischen Gertrudiskirche in der Nicolaistraße durchgeführt. Auch das Lehrerkollegium nutzte diese Räumlichkeit einmal in der Woche für Federball und andere Spiele.

Da die Schülerzahl anstieg, wurde ein Schulneubau geplant. Neben meiner Tätigkeit als Klassenlehrer wurde ich für den Werkunterricht an der Schule verantwortlich gemacht. So bekam ich den Auftrag, mit den Schülern Gehwegplatten für die neue Schule zu fertigen. Nachdem geeignetes Material vorhanden war, wurde der Beton in bereits gefertigte Formen gegossen. Diese Tätigkeiten wurden in einem sich an das Schulgebäude anlehnenden Schuppen verrichtet. Es ist anzunehmen, daß unsere Schule vom Amt und der Partei den Auftrag erhalten hatte, am Aufbau aktiv mitzuarbeiten, um finanzielle Mittel einzusparen.

So mußten auch die einsatzfähigen Kollegen und Kolleginnen aktiv am Umräumen, Be- und Entladen von Fahrzeugen und Transportieren des Mobiliars und Inventars mitwirken. Da sich wohl das gesamte Kollegium auf die zu erwartenden Arbeitsverbesserungen freute, waren alle Mitarbeiter emsig dabei. Mit sich zu kämpfen hatte allerdings die Genossin R., da man ihr in der Parteiversammlung nahegelegt hatte, ihre Religionszugehörigkeit zu beenden. Die Kollegin kam aus einem streng katholischen Elternhaus.

Ob sie die Tränen, die da flossen, vergessen hatten, war zu bezweifeln.

Der neue Schulkomplex, am Rande der Stadt gelegen, bestand aus vier ebenerdigen langgestreckten Gebäuden und einem integrierten Turnraum. An einen Duschraum hatte man natürlich auch gedacht. Ofenfeuerung gab es hier nicht mehr, denn es gab jetzt eine Dampfheizung. Auch das Plumpsklo gehörte nun der Vergangenheit an, und die Schüler brauchten deshalb nicht mehr über den Schulhof.

Dazu gehörte eine Freifläche zum Anlegen eines Schulgartens. Auch das Gewächshaus konnte genutzt werden. Eine Wohnung für den

Hausmeister war angebaut. Ferner erhielt unsere Schule später eine eigene Turnhalle.

Das Schuljahr 1968/69 stand vor der Tür. Ein Großteil der Ferienzeit wurde genutzt, um die Klassenräume einzurichten. Es gab neues Schulmobiliar. Besonders schwer waren der Transport der neuen Schiebetafeln und die Montage an den Wänden der Klassenräume. Maurerarbeiten fielen an. Beim Einzementieren der Haltebefestigungen kam es vor allem auf die Genauigkeit und Haltbarkeit an. Im Turnraum mußte die Sprossenwand angebracht werden und so weiter. und so fort. Darüber hinaus hatte ich den Auftrag erhalten, Gardinenleisten für die Klassenräume anzufertigen. Geeignetes Material mußte organisiert werden, denn es stand nichts zur Verfügung. Hierbei kamen mir die Freundschaften zu ehemaligen Arbeitskollegen zugute, die in einschlägigen Betrieben arbeiteten.

Den Umgang mit der Kreissäge hatte ich bereits gelernt und auch Lehrgeld dafür zahlen müssen. Glücklicherweise war mir der rechte Zeigefinger erhalten geblieben. Nur eine kleine Narbe ist sichtbar.

Das Schuljahr konnte in der neuen Schule, welche den Namen des großen Pestalozzi erhielt, planmäßig beginnen. Das Bildnis des Pädagogen wurde in die Giebelwand von Haus 1 gut sichtbar eingearbeitet.

Neu war auch die Schulspeisung, an welcher das Kollegium auch teilnehmen konnte. Das Essen wurde auch hier in Kübeln angeliefert und von einer Putzfrau ausgegeben. Für die Essensausgabe wurde ein Teil des breiten Flures genutzt. Auch die zweiflügelige Pendeltür zum Turnraum, welcher auch als Speisesaal genutzt wurde, bekam eine andere Funktion. Daraus wurde der Schalter für die Essensausgabe. Besonders eifrig waren die Schüler beim Einbauen von Regalen in den Lehrmittelräumen.

Über Reparaturarbeiten brauchten wir uns nicht zu beklagen. So hielten die Klassenschränke nicht das, was diese versprachen. Oft hingen die Türen schief in den Bändern oder waren ausgerissen.

Das Schulmobiliar war zwar neu und ansehnlich, aber die Qualität konnte den Anforderungen nicht lange standhalten.

Unsere Familie war glücklich über den Erwerb eines Pachtgartens am

Rande unserer Stadt. Das war in den Jahren 1964/65. Südlich davon konnten wir den Bischofsroder und auch Neckendorfer Wald erblicken. Nun konnten wir unseren Speiseplan mit frischem Gemüse und Obst verbessern. Der Versorgungsengpaß bestand bis zum Ende der DDR-Zeit. Aus diesem Grunde war der Erwerb eines Gartens begehrt, aber auch meist mit einer Wartezeit verbunden.

Viele Menschen hatten doch auch das Bedürfnis, dem alltäglichen Zwang und Allerlei zu entfliehen, sich in freier Natur zu bewegen und sich dabei zu erholen. Besonders wichtig war dies für ein gutes Gedeihen unserer Kinder.

Den Garten der Eltern hätten wir auch übernehmen können. Ich hatte aber die Absicht, etwas Eigenes aufzubauen. Ein massives Wochenendhaus mit genügend Platz für uns fünf auch zum Übernachten wäre sehr schön. Wir könnten auch einen Teil des Urlaubs oder der Ferien im Garten verbringen und schöne Wanderungen in die nähere Umgebung unternehmen.

Aber zunächst gab es genügend Arbeit, um die Gartenfläche zu gestalten. Dazu gehörte auch die Verlegung des Hauptweges an den Rand des Gartens. Das war nicht nur besser für die Beeteinteilung, sondern der Abstand zum Nachbargarten, in welchem fleißige Bienen ihren Nektar ablieferten, wäre dadurch größer geworden. Die Arbeiten in der Nähe der Bienenstöcke mußte ich fast im Knien verrichten, um nicht in die Flugbahn der Bienenvölker zu geraten. Besonders stechfreudig waren die Tiere bei schwülem Wetter.

Eine kleine, etwa vier Quadratmeter große Holzlaube befand sich im Garten. Auf dem Dach stehend, konnte man die wunderbaren Sauerkirschen wunderbar pflücken. Freudig wurde von allen das Aufgehen der Samen auf den Gemüsebeeten beobachtet. Das Heranwachsen der Kohlrabipflanzen gefiel aber auch den Wildkaninchen, die Zutritt zu unserem Garten hatten. Darüber waren wir allerdings nicht erfreut, denn es blieb ja nicht nur beim Besuch. Die Pflänzchen wurden abgefressen. Hier mußte ich Geduld aufbringen, um den Übeltätern einen Riegel vorschieben zu können.

Mit dem Luftgewehr bewaffnet, konnte ich aus einem sicheren Versteck heraus den Täter aufs Korn nehmen. Doch es tat mir auch leid, und trotzdem war ich jetzt froh darüber, daß die gesäten und gepflanzten zarten jungen Kulturen sich ungestört entwickeln konnten.

Später mußten wir feststellen, daß in der Erde lebende Schädlinge auch ziemlichen Schaden anrichten konnten und sich an dem frischen Pflanzgut satt fraßen. Von den Nagern wurden die Pflanzen, die sich plötzlich bewegten, in die Erde gezogen, wie man auch beobachten konnte. Mit einem kräftigen, gut gezielten Schlag mit dem langzinkigen Karst wurden, wenn man Glück hatte, die Wühlratten ans Tageslicht befördert.

In den nachfolgenden Jahren wurde vom Verband der Kleingärtner Forderungen an uns Pächter gestellt.

1. Wie die Gartenfläche zu nutzen ist (Verhältnis Nutzfläche und Rasenfläche).
2. Anbau bestimmter Kulturen für den eigenen Bedarf
3. Erwartete Ablieferung von Erntegut an den Einzelhandel.
4. Vorschrift über Baugröße von Lauben, Schuppen und anderem.

Wir waren aber diesen Bauvorschriften zuvorgekommen. Das Fundament war gegossen, und mit dem Aufbau Stein auf Stein war der Startschuß auch bereits erfolgt.

Große Sorge bereitete die Materialbeschaffung. Ohne Fürsprache unmöglich. Bauschlacken, Ausschußware, habe ich mit unserem Sohn Ralph aus der Schlackengrube der Krughütte mit dem Brecheisen gebrochen und auf den Lkw geladen. Ziemlich entfernt von unserem Garten mußte die Ladung runter. Das geschah bei nicht wenigen Minusgrauen, also im Winter.

Auf unserem Schulgelände lagerte noch Baumaterial, welches keine Verwendung gefunden hatte. Es waren Fensterbänke, Fliesen und Kacheln sowie Verblender und anderes.

Der mir durch meinen lieben Vater bekannt gewordene Baustellenleiter gestattete mir, davon Gebrauch zu machen. So belud ich denn nach Unterrichtsschluß unseren Trabant. Denn nach Anmeldung und jahrelanger Wartezeit waren wir 1967 im Februar glückliche Autobesitzer geworden. Gehwegplatten transportierte ich in der Aktentasche bis zum Auto. Ziegelsteine, Ausschuß, durfte ich nach Bitten aus dem Schutt der Eisleber Ziegelei heraussuchen. Auch dafür wurde Geld verlangt. Dies kam aber auch nur dadurch zustande, weil unsere Schule Lehrlinge des Betriebes unterrichtete. Zement, Kalk aus der HO (Handels-Organisation) für unverschämte Preise, aber nur dann, wenn im Angebot, Kehrzement aus den Waggons der Zementfabrik Karsdorf.

Glücklich waren wir über den Erwerb von zwei Zimmertüren aus dem Abbruch. Natürlich für bare Münze, Blendrahmen dafür fertigte der mir bekannte Tischlereibetrieb an. Versteht sich, nach Bitten. Überall dasselbe: kein Material für den Bevölkerungsbedarf. Zimmerfenster, die ich zum Teil umarbeitete, transportierten wir mit dem Handwagen von Neckendorf, auch vom Abriß aus dem Senkungsgebiet. Durch einen Zufall entdeckten wir bei einer sonntäglichen Ausfahrt mit unserem Trabant ins Grüne auf dem Betriebsgelände einer LPG (Landwirtschaftliche Produktions-Genossenschaft) in Blankenheim, Kilometer entfernt, im Freien liegende Dachbinder. Da sie von der LPG nicht mehr benötigt wurden, konnten wir diese kaufen.

Der Abtransport wurde organisiert. Unser Sohnemann fuhr nach dem Schulunterricht mit dem Zug bis Blankenheim. Den Weg hatte ich bereits mit zwei Handwagen hinter mir. Gemeinsam transportierten wir die wertvolle Fracht bis Eisleben. Hier erwartete uns mein lieber Vater und guter Opa, der beim Schieben der Last tüchtig mit zugriff.

Denn jetzt ging die Strecke bis in den Garten, nach Neckendorf, bergauf. Eternit-Dachplatten, auch Ausschußware, von einem Bekannten besorgt sowie Gipskartonplatten für den Innenausbau, hier wieder von einem ehemaligen Arbeitskollegen aus der Zweijahresschule.

Alles mühsam zusammengetragen, und doch hatten wir Erfolgserlebnisse beim Bauen unseres Wochenendhäuschens. Es hatte eine Grundfläche von 4,5 x 8 Meter, ein Giebeldach, elektrisches Licht und Wasserklosett.

Statt eines offenen Kamins, den wir aus Mangel an einer Zeichnung nicht bauen konnten, spendete ein kleiner Füllofen uns Wärme an kalten Tagen oder Nächten. Vom Vorraum ging es in das große Wohn-

VERBAND DER KLEINGÄRTNER, SIEDLER UND KLEINTIERZÜCHTER

Ökonomische Leistungskarte

Die ökonomische Leistungskarte ist Grundlage der Wettbewerbsauswertung der Leistungen des einzelnen Mitgliedes in der Sparte.
Abrechnungstermin ist der 31. 12. des jeweiligen Jahres.

Name, Vorname: *Schmidt, Ehrhard*

Ort: *Neckendorf* Sparte: *Einheit" Parz 333*

Gesamtfläche in m² (einschließlich Pachtland): *400* m²
Wird ein Kleingewächshaus (Glas und Folie) oder Frühbeetkasten bewirtschaftet?   Ja/Nein
Bewirtschaftete Fläche unter Glas/Folie in m²

19......... m² 19............ m² 19.......... m² 19.......... m² 19.......... m²

Anzahl der genutzten Obstgehölze (Stück)

Kernobst	Steinobst	Beerenobst
19............ St.	19............ St.	19............ St.
19............ St.	19............ St.	19............ St.
19............ St.	19............ St.	19............ St.
19............ St.	19............ St.	19............ St.
19............ St.	19............ St.	19............ St.

Erdbeeranbaufläche

19......... m² 19............ m² 19.......... m² 19.......... m² 19.......... m²

Nutzung von Rest- und Splitterflächen in m²

19......... 19......... 19......... 19......... 19.........

.... m² .... m² .... m² .... m² .... m²

Im Wettbewerb der Nationalen Front „Schöner unsere Städte und Gemeinden — mach mit!" wurden geleistet:

	VMI Stunden insgesamt	davon in der Sparte	im Wohngebiet	in der soz. Landwirtschaft
19				
19				
19				
19				
19				

269

Kaufvertrag

Nr. 99

H O - Fahrzeughaus
425 Eisleben, A.-Bebel-Plan 4
VST. 05 12 703, Ruf: 438

zwischen dem
und
Herrn / ~~Frau / Fräulein~~   Erhard Schmidt

Anschrift   VIII 1133757 Eisleben, Str. d. 12. Febr. 7

DPA-Nr.   VIII 1133757

1. Vertragsgegenstand

1 Pkw-Fabrikat   Trabant

Typ   Limousine

Sonderwünsche des Käufers, die vom Verkäufer unter Vorbehalt entgegengenommen wurden:

Der Verkäufer verpflichtet sich, dem Käufer das Eigentumsrecht an dem Vertragsgegenstand zu verschaffen. Der Käufer erklärt, innerhalb der letzten 3 Jahre vor Abschluß dieses Kaufvertrages keinen fabrikneuen Pkw erworben und nur eine Bestellung abgegeben zu haben.

2. Lieferfrist

Als Lieferfrist wird das IV Quartal / Jahr 196 6 vereinbart. Die Lieferfrist gilt bei Importen als eingehalten, wenn die Auslieferung spätestens ein Quartal nach deren Ablauf erfolgt; Vorauslieferung kann vom Verkäufer angeboten werden. Der Verkäufer hat den Käufer in der Regel 4 Wochen vorher von der Auslieferung zu unterrichten. Der Käufer verpflichtet sich, den Pkw zum genannten Termin zu übernehmen.

3. Kaufpreis

Diesem Kaufvertrag wird ein vorläufiger Kaufpreis in Höhe von MDN 8.000.00 zugrunde gelegt.

4. Zahlungsbedingungen

a) Der Abschluß des Kaufvertrages erfolgt gegen Anzahlung von MDN 6.400.00
Weitere Zahlungen in Höhe von MDN _____ sind bis zum sofort _____
MDN _____ sind bis zum _____ durch den Käufer zu leisten.
Sammelkonto PKW-Verkauf
DN Eisleben 3030/885

b) Der Käufer kann vor Abschluß dieses Kaufvertrages nachweisen, daß er eine Vereinbarung über den Verkauf und die Übergabe seines Alt-Pkw _____ pol. Kennzeichen: _____ *)
an einen Betrieb des Staatlichen Kontors für Maschinen- und Materialreserven zur Auslieferung des neuen Pkw getroffen hat. In diesem Falle wird dem Käufer der Wert seines Alt-Pkw, den dieser zum Zeitpunkt des Verkaufes voraussichtlich hat, bei der Anzahlung der Beträge gemäß Buchstabe a) berücksichtigt. Der Käufer hat dem Verkäufer die Gutschrift über den Verkauf seines Alt-Pkw bei Auslieferung des neuen Pkw vorzulegen.

c) Die Zahlungen nach Buchstabe a) werden dem Käufer zum gültigen Zinssatz für täglich fällige Sparguthaben verzinst.

d) Die Übergabe des neuen Pkw erfolgt gegen Zahlung des vollen, zum Zeitpunkt der Übergabe gültigen Kaufpreises unter Anrechnung der Beträge gemäß Buchstabe a) und Verrechnung des Erlöses, der sich aus dem Verkauf des Alt-Pkw gemäß Buchstabe b) ergibt; sowie der gutzuschreibenden Zinsen.

*) Nichtzutreffendes streichen!   Best.-Nr. 07/1038 VLV Berlin

5. **Weiterveräußerung**
   a) Der Käufer verpflichtet sich, den in Erfüllung dieses Kaufvertrages erworbenen Pkw bei beabsichtigter Veräußerung zunächst einem Betrieb des Staatlichen Kontors für Maschinen- und Materialreserven zum Kauf anzubieten und eine Veräußerung an einen anderen nur durchzuführen, wenn dieser Betrieb schriftlich auf den Ankauf verzichtet hat.
   b) Ein entsprechender Vermerk wird durch den Verkäufer in dem Kraftfahrzeugbrief des in Erfüllung dieses Kaufvertrages durch den Käufer erworbenen neuen Pkw angebracht.
   c) Die Verpflichtungen nach Buchstabe a) gelten nicht, falls der Käufer eine Veräußerung (Verkauf, Schenkung) an seinen Ehegatten, seine Eltern, Kinder oder Geschwister vornimmt. Beabsichtigen diese den Pkw weiter zu veräußern, gilt die Regelung gemäß Buchstabe a).

6. **Anspruchsabtretung**
   Eine Abtretung der Ansprüche des Käufers aus diesem Kaufvertrag ist nur an den Ehegatten und seine Kinder möglich. Die Verpflichtung gemäß Ziffer 5 Buchstabe a) wird davon nicht berührt.

7. **Garantie sowie Rechte und Pflichten der Vertragspartner**
   Die Garantie leistet das Herstellerwerk, bei Importen der dafür zuständige Betrieb, laut Garantieurkunde. Alle weiteren Beziehungen zwischen dem Käufer und Verkäufer regeln sich nach den gesetzlichen Bestimmungen.

8. **Nichtigkeit des Kaufvertrages und Rücktritt**
   Der Kaufvertrag ist nichtig, wenn
   — der Käufer entgegen der von ihm abgegebenen Erklärung in den letzten 3 Jahren vor Abschluß dieses Kaufvertrages einen fabrikneuen Pkw erworben oder weitere Bestellungen abgegeben hat;
   — der Käufer entgegen der in Ziffer 6 enthaltenen Festlegung handelt.
   Der Käufer ist berechtigt, vom Kaufvertrag zurückzutreten, solange der volle Kaufpreis nicht gezahlt ist.
   Der Verkäufer kann vom Kaufvertrag zurücktreten, wenn der Käufer
   — den Pkw nicht entsprechend Ziffer 2 übernimmt oder die Zahlungen nach Ziffer 4 Buchstabe a) nicht termingemäß leistet;
   — die Verpflichtungen nach Ziffer 4 Buchstabe b) oder Ziffer 5 Buchstabe a) verletzt.
   — wenn nachweislich der Vertragsgegenstand auch zu einem späteren Zeitpunkt als vereinbart nicht mehr bereitgestellt werden kann.
   Im Falle der Nichtigkeit des Kaufvertrages und beim Rücktritt vom Kaufvertrag stellt der Verkäufer dem Käufer die geleisteten Zahlungen nebst Zinsen, zur Verfügung. Ist die Nichtigkeit oder der Rücktritt vom Käufer verursacht, so ist der Verkäufer berechtigt, Bearbeitungskosten in Höhe von 0,5% des zurückzuzahlenden Betrages zu verrechnen.

9. **Streichung aus der Vormerkliste**
   Der Verkäufer ist berechtigt, bei Nichtigkeit des Kaufvertrages oder beim Rücktritt vom Kaufvertrag nach Ziffer 8 den Käufer aus der Vormerkliste zu streichen.

10. **Erfüllungsort und Gerichtsstand**
    Erfüllungsort und Gerichtsstand bestimmen sich nach dem Sitz des Verkäufers.

11. Änderungen des Kaufvertrages bedürfen der gegenseitigen Vereinbarung.

12. Bei Importen gilt dieser Vertrag bis zur Unterrichtung des Käufers über den Termin der Auslieferung (Ziffer 2) als Vorvertrag.

Luth.-Eisleben , den 14. 6. 66

Schmidt

Unterschrift des Käufers

i. A. Lücke

Unterschrift des Vst.-Leiters

HO - Fahrzeughaus
425 Eisleben. A.-Bebel-Plan 4
VST. 05 12703, Ruf: 438

Quittung für eingezahlte Beträge

MDN 6. 464,–	MDN	MDN	MDN
eingezahlt am 15. 6. 66	eingezahlt am	eingezahlt am	eingezahlt am
Stempel	Stempel	Stempel	Stempel

Kreissparkasse Eisleben

Ag 302·148 66 III.9.110 554

271

HO-EISLEBEN

425 EISLEBEN, FRIEDRICHSBERG

BANKKONTO:
DEUTSCHE NOTENBANK EISLEBEN
KONTO 30 30/00
BANK-KENN-NR. 10 80 50
POSTSCHECKKONTO: MAGDEBURG 17 357
FERNRUF 431

TAG 7.2.67

Ehrhardt Schmidt
Eisleben
Str. a.1% Febr. 7

RECHNUNG- № 229

VIII 1133757

Wir lieferten Ihnen lt. Ihrer Bestellung vom   Nr.   VSt.

1	Stück	P k W -	
		Trabant - 601	
		Standart - Limousine	7.850,00
1	X	Aufpreis für Innenausstattung	200,00
1	X	" " verchr.Stoßstangen	120,00
1	X	" " andersfarbiges Dach	50,00
1	Satz	Sicherheitsgurte,Pflichtzubehör	
		und beschr. Kennzeichen	174,00
		Rechnugsbetrag 8.394,—	8.394,00
		Anzahlung+Zinsen 6.524,05	
		Restbetrag 1.869,95	

Bezahlt

HO-Fahrzeughaus
425 Eisleben, Behal-Plan 4
Unterschrift des Rechnungsausstellers Ruf: 438

und Schlafzimmer, an einer kleinen Küche vorbei, in das Kinderzimmer.

Durch die rechte Tür im Vorraum gelangte man zu der Toilette. In diesen Raum hatte ich einen Wandschrank eingebaut. Das Material dafür lieferte ausgedientes Schulmobiliar.

Im äußeren Wohnraum gab es eine Terrasse, eine umbaute Freiluftdusche, Wasserzapfstelle mit Waschbecken. Um in den Aufenthaltsort und in den Wohnraum zu gelangen, mußte erst die abschließbare, schmiedeeiserne Tür geöffnet werden. Vor diesem gemauerten Ziertor schmückte ein kleiner Seerosenteich die Fläche. Auch an unser Auto, welches wir mit in den Garten nehmen konnten, hatten wir gedacht. Es stand unter einem von Wein umrankten Schleppdach.

Der Garten war unser zweites Zuhause. Wir verlebten dort gemeinsam viele, viele schöne Stunden in der herrlichen Natur, bei gesunder Luft und sinnvoller, erholsamer Freizeitgestaltung.

Leider gab es in dieser Zeit auch unliebsame Vorfälle, ich denke dabei an die gewaltsamen Einbrüche in die Gärten und Gartenhäuschen. Glücklicherweise geschah dies bei uns nur einmal. Den Schaden an der aufgebrochenen Zimmertür konnte ich beseitigen.

In den Verdacht kamen unter anderen polnische Saisonarbeiter, die von der uns gegenüberliegenden Obstplantage gute Einsicht in unsere Gartenanlage hatten. Man stieg vor allem in größere Datschen, wie es damals hieß, ein. Auch die Fernsehantennen, wie bei uns, hatten eine magnetische Wirkung. Auch Übergriffe von Soldaten der Sowjetarmee in unsere Anlage kamen dann vor, wenn militärische Übungen in den naheliegenden Wäldern stattfanden. Nach der Beschwerde von geschädigten Gartennachbarn bei den Sowjets wurde von einem Offizier ein junger Soldat, vermutlich der Übeltäter, vorgeführt, und im Beisein der Klagenden heftig geschlagen. Über den Ausgang ihrer Beschwerde waren die Leute sehr verärgert und empört und schlußfolgerten, nie wieder eine Meldung zu machen, wenn sowjetisches Militär in der Nähe übte. Vermutlich hatte der Bursche nur Eßbares gesucht.

Besonders in den fünfziger Jahren kamen durch die Russen organisierte Übergriffe und Vergehen vor. So wurden abgelegene Bauernhöfe geplündert, ein Teil des Viehs erschossen, Pflanzgut an Kartoffeln und Getreide und das Beutegut mit Lkws abtransportiert. So war die Existenz der Neubauern, die selbst noch Not hatten, gefährdet.

Nicht zu vergessen sind die Vergewaltigungen, die täglich vorkamen.

Mit der zunehmenden Kasernierung der militärischen Einheiten verringerten sich diese Begleiterscheinungen der Besatzungsmacht.

Die Freude über den Autokauf war sehr groß. Wir waren stolze Trabantbesitzer geworden. Unser Fahrzeug, es war eine Limousine de Luxe, wurde trotzdem spöttelnd „Asphaltblase" genannt. Der Kauf konnte aber nur durch die finanzielle Leihgabe von meinem Bruder getätigt werden. Nach mehrjähriger Wartezeit auf das Fahrzeug mußte eine Vorauszahlung in Höhe von MDN 6.400 am 14.6.1966 gezahlt werden.

Am 7.2.1967 konnten wir, nachdem die Restzahlung in Höhe von 1.450 DM gezahlt war, unser heißersehntes Fahrzeug in Besitz nehmen.

Die Benennung des DDR-Geldes, auch Alu-Geld genannt, hat sich einige Male geändert. So gab es von 1948 bis 1964 die DM (Deutsche Mark). Dann, von 1964 bis 1967, hatten wir auf dem Geld die Bezeichnung MDN (Mark der Deutschen Notenbank) und schließlich von 1968 bis zum Bankrott des Arbeiter-und-Bauern-Staates 1990 den Aufdruck „M" (Mark).

Das Betanken unseres Fahrzeuges war meist mit einem großen Zeitaufwand an der Zapfstelle verbunden. Es hieß, sich in die Autoschlange einzuordnen und zu warten. Hoffentlich reicht der Sprit noch für mich, waren wohl die Gedanken der Wartenden. Ohne gefüllte Kanister im Kofferraum zu fahren, war immer mit einem Risiko verbunden. Verärgerungen über geschlossene Tankstellen blieben nicht aus.

Als Grund führte man an: „Aus technischen Gründen geschlossen". Man wußte aber, nicht die Technik hatte versagt, sondern die übliche Mangelwirtschaft im Lande.

Das Schlangestehen vor und in den Geschäften gehörte zum DDR-Alltag. So standen die um einen Einkauf bemühten „Kauflustigen" schon vor der Öffnung der Geschäfte vor den Ladentüren. So standen zum Beispiel die Leute am Bahnhofskiosk nach der „Wochenpost" an oder einem Magazin oder, oder, und so weiter und so fort. Doch auch an bestimmen Geschäften verlangten die Verkäufer vom Kunden Einwickelpapier.

Um das wertvolle, von der ganzen Familie geliebte Auto vor einem Diebstahl oder Beschädigungen zu schützen, mußte eine Garage her. Unweit unserer Wohnung sollte auf einem geeigneten Platz eine Reihengarage von Privatpersonen gebaut werden. Hier hieß es schnell handeln, um mit von der Partie zu sein. Der zukünftige Garagennachbar, ein Maurer, machte den Vorschlag, um die Baukosten zu senken, das heißt gemeinsam die Arbeiten zu verrichten. Mein guter Vater zeigte auch hier wieder Bereitschaft, am Bau mitzuwirken.

Den Graben für das Fundament hatten wir, unser Sohn und ich, bereits ausgeschachtet. Die Materialbeschaffung, vor allem Zement, Kalk, Eisenträger und Betoniergeflecht, und natürlich auch der Transport machten Sorgen. Aber mit der Hilfe von Freunden, ehemaligen Schulfreunden, wurde dies auch gemeistert. Auch eine Betonmischmaschine hatte ich organisiert. Dadurch entfiel das zeit- und kraftaufwendige Mischen der Zuschlagstoffe mit der Hand.

Das dazu benötigte Wasser durften wir aus der Großgarage des Konsums holen.

Beim Bauen unseres Gartenhäuschens mußten wir damals das benötigte Wasser mit Eimer und Gießkanne von der öffentlichen Zapfstelle in der Gartenanlage holen. Das waren hin und zurück jedesmal zirka 200 Meter. Die Wasserleitung hatten wir erst später legen können, da es noch keinen Hauptanschluß gab. Danach hatten wir drei Zapfstellen im Garten und Wasseranschluß im Häuschen. In der Anlage wurde damals mit Wasser sehr sorglos umgegangen. Am Hauptstrang liegende Gärten wurden von den Pächtern nicht nur bei Trockenheit Tag und Nacht berieselt. Das Nachsehen dabei hatten die Pächter in der unteren Gartenanlage. Das köstliche Naß reichte dadurch noch nicht mal zum Kaffeekochen. Das Abkühlen unter einem kühlen Wasserstrahl fiel dann natürlich auch aus. Der Raubbau an dem wertvollen Trinkwasser fand erst nach dem Einbau von Wasseruhren ein Ende.

Im Sommer, es genügten schon ein paar warme Tage, war auch hier in

Mitteldeutschland Wasserknappheit angesagt. Nur ein Rinnsal tropfte hier und da aus den Wasserhähnen der Haushalte. Es gab als Folge dann auch einen Engpaß an Getränken im Handel. Auch hier war die Miß- und Mangelwirtschaft, zum Leidwesen der Menschen, nicht ausgeblieben. Dieser miserable Zustand änderte sich erst 1989 schlagartig, nach der ersehnten Einheit unseres Vaterlandes.

Zurückblickend erinnere ich mich an meine Schulzeit. Meine Eltern hatten 1934 eine Wohnung im Neubau der Danziger Straße beziehen können. An heißen Sommertagen fuhr ein von zwei Pferden gezogener Wasserwagen durch die Straße. Für uns barfuß laufende Kinder war es ein Spaß und eine große Freude, wenn das köstliche, erfrischende Naß über unsere Beine lief.

Meine Arbeitsstelle, Rat des Kreises, Abteilung Volksbildung, hatte schon wieder Personalbögen zum Ausfüllen ausgegeben. 30 Fragen mußten beantwortet werden. Man konnte das mehrfache Verlangen nur mit einem Kopfschütteln erfüllen. Natürlich machte man sich auch Gedanken und fand auf die Frage „Warum?" schon wieder keine plausible Antwort. Fast monatlich, zumindest aber vierteljährlich ging eine Liste herum, in welche jeder einzelne Mitarbeiter eintragen mußte, welche Zeitung er abonniert hatte oder in welcher Partei-Organisation er Mitglied ist.

Die Parteizeitung der SED, das „Neue Deutschland", war Pflichtlektüre eines jeden Beschäftigten an unserer Schule.

Ich hatte das Abonnement, obwohl ich SED-Mitglied war, nach einigen Jahren abbestellt. Wegen meiner langjährigen Zugehörigkeit zu dieser Partei wurde ich als sogenannter Parteiveteran auch in die Parteileitung der Schule delegiert. Nun kam der Abbruch des Abo zur Sprache: „Ehrhardt, wie kannst du so etwas tun?" Meine Erklärung dafür nahm meine Direktorin wortlos hin.

„Aber wenn du das ‚Neue Deutschland' nicht wieder bestellst, verlierst du deine Arbeit hier." Was blieb mir übrig?

Frau W. stellte sich als Direktorin stets vor das gesamte Kollegium. Bei etwaigen Anfeindungen von Elternteilen gegen die Lehrer setzte sie sich grundsätzlich für ihre Mitarbeiter ein. Eindeutig und klar erinnerte sie die Erziehungspflichtigen an ihre Aufgaben und ihre Verantwortung, die sie als Eltern zu erfüllen hätten.

Ich erinnere mich gerne an den geselligen und gemütlichen Ausgleich, den es leider zu selten mit dem Kollegium, bei vor allem auswärtigen Veranstaltungen, gab. Bei der Busfahrt wurde ein Volkslied nach dem anderen gesungen. Meine Stimmlage war vermutlich immer gut zu hören. Auf den Vorschlag meiner Direktorin, mit ihr zweistimmig zu singen, ging ich allerdings nicht ein. Die Hemmung konnte ich nicht ablegen.

Mit Urkunden, die es für besondere Leistungen in der DDR gab, wurde nicht gespart. Hin und wieder hing eine finanzielle Zuwendung daran. Wer prämierungswürdig war, wurde hauptsächlich von der Parteileitung bestimmt. Mit den Entscheidungen war ich nicht immer einverstanden.

Ich erinnere mich gerne an ein aufsehenerregendes Ereignis innerhalb des weiblichen Kollegiums der Schule.

Meine liebe Griseldis hatte von ihrer Tante aus Westberlin ein Paket erhalten. Beim Auspacken kamen ein wunderbarer brauner Wildledermantel und ein dazu passendes Hütchen zum Vorschein.

Alles paßte wie angegossen.

Welche Antworten auf die Fragen ihrer Kolleginnen sollte sie beziehungsweise durfte sie geben? Daß dies keine Artikel aus dem Osten waren, hat sich vermutlich jeder gedacht. Auch unsere Direktorin platzte vor Neugier. Da sich beide, meine liebe Frau und ihre Vorgesetzte, sympathisch waren und Vertrauen zueinander hatten, bekam Frau W. den sachlichen Hergang geschildert. Beide hatten durch den Krieg ihre Heimat verloren. Frau W. kam aus dem Sudetenland und meine liebe Frau und gute Mutter aus Ostpreußen.

Das Kollegium mußte äußerste Vorsicht walten lassen bezüglich eventueller Westverwandtschaft.

Es gab ja die Forderung des Arbeiter-und-Bauern-Staates, familiäre westliche Verbindungen aufzugeben, sich von den Angehörigen, die dort lebten, zu trennen. Unvorstellbar, solch eine Forderung an die Bürger zu stellen. Es blieb dennoch nicht aus, daß, durch die Freude begünstigt, über dieses und jenes Geschenk, vor allem für die Kinder, gesprochen wurde. Aber diese Gespräche durften nur hinter der sogenannten vorgehaltenen Hand geführt werden.

Mein rotweißgestreiftes Sporthemd erregte bei einem Arztbesuch bei Dr. D. auch die Neugierde. „Wo gibt es denn so was?" wollte der Chirurg von mir wissen, denn das Hemd hatte ihm auch gefallen. Ob er mir die Antwort „Im Konsum gekauft" glaubte, muß ich bezweifeln.

Da es in der Poliklinik keinen „Knochenarzt" gab, fungierte er auch als Orthopäde. Um meine gesundheitlichen Beschwerden zu lindern, wurde das Schröpfen als Therapie verordnet. Bei der Anmeldung zu dieser Behandlung wurde ich gebeten: „Bitte bringen Sie doch, wenn Sie haben, Konservengläser mit." Es mangelte auch hier an geeigneten Schröpfgefäßen.

Die Eltern einer Hortnerin lebten im Westen, in der BRD. Ihr wurde nicht einmal erlaubt, zur Beerdigung eines Elternteils dorthin zu fahren. Es gab bittere Tränen.

Aber auf das Westgeld, die D-Mark, war das SED-Regime besonders gierig. Einnahmequellen mußten her. Zu nennen wäre das sogenannte Eintrittsgeld der Besucher aus dem Westen, das man von ihnen forderte. Man eröffnete 1962 an den innerdeutscnen Grenzübergängen und auf den Bahnhöfen den sogenannten Intershop. Hier konnten dann auch die Besucher aus dem Westen die Devisen beim Einkaufen in der DDR lassen. Im gleichen Jahr hatte der staatliche Handel sogenannte Exquisit-Geschäfte eröffnet, wo der DDR-Bürger bessere Waren für unverschämt hohe Preise kaufen konnten. Die Rationierung der Waren wurde erst 1958, acht Jahre später als in der BRD, aufgehoben, aber die Mangel- und Mißwirtschaft war damit noch lange nicht beseitigt.

Ab 1974 erst gestattete dann der Staat der eigenen Bevölkerung, ihre Geldgeschenke aus dem Westen im Intershop für qualitätsmäßig bessere Waren auszugeben.

Durch die kleine Erbschaft meiner Frau hatte die Tante aus Westberlin das Geld für sie verwaltet, beziehungsweise für besondere Wünsche ausgegeben.

Dadurch konnten wir die begehrten Waren aus dem Westen nicht nur im gut sortierten Intershop ansehen, sondern uns hin und wieder jetzt selbst etwas kaufen. Besonders auffallend war der angenehme Geruch, der von dem Warensortiment ausging.

Um den Bürgern ein etwas besseres Warenangebot zu „präsentieren", richtete der staatliche Handel schließlich die sogenannten „Delikat"-Geschäfte ein. Außer besseren DDR-Erzeugnissen wurden minderwertige Waren aus dem westlichen Handel, aber auch aus Westdeutschland zu horrenden Preisen angeboten.

Eine weitere Neuerung wurde eingeführt, um den Devisenbesitzern das Geld noch schneller aus der Tasche ziehen zu können. Das Westgeld mußte ab 1979 gegen Wertscheine auf der Bank eingetauscht werden. Erst mit diesen konnten die DDR-Bürger im Intershop einkaufen. Es wurde also bargeldlos eingekauft. Statt Rückgeld mußte man notgedrungen Ware nehmen, die man eigentlich gar nicht kaufen wollte. Das Verkaufspersonal in diesen Geschäften wurde zur Spitzeltätigkeit herangezogen. Einen Bruchteil ihres Lohns erhielten die Mitarbeiter in D-Mark.

Wir, einschließlich der Großeltern, waren über die gute körperliche und geistige Entwicklung unserer drei Kinder glücklich und stolz. Gemeinsam, auch mit dem Hund „Bussi", haben wir viele schöne Stunden, meist in der schönen Natur, im Garten der Großeltern verlebt.

Viele Späße und gut gelungene Zaubertricks, vom Opa demonstriert, haben uns alle oft in Erstaunen versetzt.

Ralph hatte sein Studium in Magdeburg mit Erfolg abgeschlossen.

Als Diplomingenieur für Schweißtechnik arbeitete er im Mansfeld-Kombinat „Wilhelm Pieck". Die Mädels hatten die Lehre als Chemie-Laboranten in Leuna begonnen.

Da traf uns die traurige Nachricht, daß unsere gute Mutter und Oma nicht mehr lebte. Besonders hart traf es unseren guten Vater und Opa. Er hatte das Liebste verloren, seine Elly. Das war am 2. Februar 1976. Nach guter Fürsprache erhielt unser lieber Vater einen von vielen älteren Menschen begehrten Platz im Altersheim.

Wir alle schenkten ihm oft Freude, wenn wir ihn dort besuchten.

Mit unserem Trabant unternahmen wir zu dritt Fahrten und steuerten Ziele an, die er ab und zu vorschlug. Auch seine Urenkel in Blankenburg/Harz konnte er noch in die Arme nehmen. Denn inzwischen hatte sein ältester Enkel, unser Sohn, geheiratet. Er und natürlich unsere liebe Schwiegertochter haben uns auch glücklich gemacht.

An unserer gemeinsamen Arbeitsstelle, der Sonderschule in Eisleben, hatte es einen Direktorenwechsel gegeben. Aus Altersgründen schied Frau W. aus. Dafür kam Herr C., der in Halle/Saale als Instrukteur in der Abteilung Volksbildung beim Bezirk tätig war.

Als erstes gab es räumliche Veränderungen. Das ehemalige kleine Direktorenzimmer genügte ihm nicht. Auch die Sekretärin mußte jetzt in seiner unmittelbaren Nähe sein und nicht mehr separat, aber doch als Vorzimmerdame, mit Funktion.

Ein großer Klassenraum wurde dafür geopfert. Flächenaufteilung: Vier Fünftel zu ein Fünftel.

Bei der Planung zog er mich zu Rate, da ich unter anderem als Werklehrer tätig war. Eine Trennwand aus Gipskartonplatten mit einer Tür zum „Heiligtum" und ein Schiebefenster zur Sekretärin wurden eingearbeitet. Aus den Räumlichkeiten der alten Direktion wurden Abstellräume. Wofür?

Bald hatten wir, ein Großteil des Kollegiums, herausgefunden, daß er mehr Polit-Agitator war als Pädagoge. Verlangt wurde: Studium der anfallenden parteilichen Höhepunkte und Pflichtteilnahme am 30minütigen montäglichen Seminar vor Unterrichtsbeginn, zu dem auch die Lehrer mit einem späteren Unterrichtsbeginn erscheinen mußten. Des weiteren wurden schriftliche Ausarbeitungen von einzelnen Kollegen verlangt.

Da ich inzwischen „Parteiveteran" geworden war, habe ich mich an solchen zusätzlichen politischen Belastungen nie beteiligt.

Ob sie von der Obrigkeit, den SED-Mächtigen von der Kreisleitung, angeordnet wurden, ist mir nicht bekannt.

Auch unser Schulname wurde bald weggewischt. Brosowski, ein Bergarbeiter, der die angeblich vom Brudervolk geschenkte Fahne vor der Hausdurchsuchung der Nazis versteckt hatte, war der Zeit angepaßter. Eine Legende? Auf den Schulhof wurde ein Stein mit Namen gerollt. Die Namensgebung fand statt. Der Dank war gewiß. Es gab einen Studienrat mehr in der DDR!

Fest steht aber, daß der ehemalige Instrukteur vom Rat den Bezirkes diesbezüglich sehr einfallsreich war, natürlich auf Kosten der Mitmenschen, nur um zu glänzen. Das brachte ihm ja auch den Titel Studienrat ein. Er brachte mal in einem Gespräch mit mir zum Ausdruck, daß er von Pädagogik keine Ahnung hat. Die Offenheit, vielleicht unter Einfluß hochprozentiger Dinge, „ehrt" ihn.

Aber auch die Stellvertreterin und Parteisekretärin, Genossin B., konnte doch nicht leer ausgehen. Sie wurde Oberlehrerin.

Obwohl ich mit den Machenschaften des Direktors nicht einverstanden war, vereinte uns ein schweres Los, nämlich das der Kriegsgefangenschaft in Rußland. Ich glaubte, ihn in einem Lager dort erstmalig gesehen zu haben, als er auf der Pritsche saß und seine Hungerration genießerisch verzehrte. Es gab Kriegsgefangene, die ihre Brotportionen aufsparten, um sich nach Tagen des zusätzlichen Hungers den Magen vollzuschlagen. Der Russe nannte es „Praßnik", Festessen. Gesundheitlich gesehen war diese Nahrungsaufnahme nicht vorteilhaft, eher schädlich. Als ich ihn darauf ansprach, verneinte er die Art, so gegessen zu haben.

Der Genosse Direktor saß nicht gerne allein in seinem Zimmer. Nicht selten hatte sich eine bestimmte Gruppe gebildet, die gerne beim Chef mit einem Anliegen vorsprach. So gab es Lieblingskolleginnen, die nicht versäumten, kleine Aufmerksamkeiten dort zu lassen.

Er trank gerne Alkohol, und da man das wußte, landete manch Fläschchen bei ihm. Aus Dankbarkeit sorgte er dann dafür, daß diese Leisetreter bei Geldprämierungen nicht zu kurz kamen. Denn es war ja ein „Nehmen" und „Geben".

Oft glänzten die Augen stark, was man sehen konnte, wenn er sich aus seinem Zimmer gewagt hatte. Man wußte, unser Direktor ist Alkoholiker. Seiner Tochter, die als Lehrerin auch an der Schule war, standen oft die Tränen in den Augen, vor allem, wenn er wegen der Trunkenheit seine Ausführungen bei Veranstaltungen abbrechen mußte.

Dann war natürlich ein Volksgemurmel nicht zu überhören.

Er liebte aber auch den Gesang, denn zu Beginn des „Pädagogischen Rates" und zum Schluß durften wir fortschrittliche Lieder wie „Seit an Seit" singen. Das Singen der Nationalhymne war seit '72 verboten.

Bei unliebsamen Vorkommnissen vertrat er grundsätzlich die Meinung der Eltern, seine Kollegen hatten falsch gehandelt.

Es konnte nicht ausbleiben, daß seine „hervorragenden pädagogischen Leistungen" in der kommunistischen Presse keine Würdigung fanden. Dank der Aktivitäten der ehemaligen Direktorin besaß unsere Schule jetzt auch eine Turnhalle. Doch unsere Freude wurde jetzt dadurch getrübt, daß für unseren Lehrersport kein Freiraum mehr zur Verfügung stand. Unter dem Motto „Die Sonderschule Otto Brosowski leistet sozialistische Hilfe" wurden andere Institutionen eingeladen, unsere Turnhalle zu nutzen. Die Interessen des eigenen Kollegiums interessierten ihn nicht.

Dafür wurden andere Forderungen an das pädagogische Personal und die Schüler gestellt.

Damit zum Beispiel das Marschieren zum 1. Mai klappte, wurden die Unterrichtsstunden für Marschübungen auf dem Schulhof genutzt.

Der Marschblock der Sonderschule sollte besonders exakt an der sogenannten „Ehrentribüne" vorbeiziehen. Mit roten und blauen Tüchern winkend, sollten die auf der Tribüne aufgereihten „ehrenvollen Gäste" gegrüßt werden. Dabei sollten die Jubelschreie die Ehrengäste ermuntern und ihre Aufmerksamkeit für die vorbildliche Schule wecken. Die Lehrer hatten vor dem Abmarsch vom Parteisekretär ebenfalls Tücher und Hinweise zur Nutzung erhalten.

Nur wenige Kollegen dachten gar nicht daran, bei diesem Kasperletheater mitzuwirken.

Es war immer der reinste Zirkus, der sich auf den sogenannten Kultstätten hier auf dem Lenin-Platz abspielte. Daß sich besonders zu diesen Veranstaltungen die Genossen der Firma „Horch und Guck" unter das Publikum mischten, ist eindeutig. Schon Stunden vor dem Vorbeimarschieren der geforderten Massen war das Terrain um die Tribüne aus „Sicherheitsgründen" abgesperrt. Für die Einhaltung des Verbotes sorgten besondere Wachkräfte.

Transparente und Plakate gab es ja immer sehr reichlich zu sehen.

So konnte man ein besonders aussagekräftiges Transparent an der Eisleber Friedhofsmauer mit der Aufforderung „Alles heraus zum 1. Mai" bestaunen. Dieser Aufruf sorgte tatsächlich einmal für Aufheiterung der Bevölkerung, denn er machte natürlich die Runde in der Stadt. Ansonsten hing einem der Wortlaut, der immer wiederkehrend zu lesen war, zum Hals heraus.

Unserem Direktor und auch dem Parteisekretär und der Pionierleiterin war eine besonders interessante Losung im Fenster einer Schulklasse gar nicht aufgefallen. In diesem Fenster standen zum Trocknen aus buntem Papiermache geformte Kasperleköpfe: „Am 1. Mai sind wir alle auch dabei!" Diese dort gelesene Teilnahmeerklärung, bezogen auf die Kasper, hätte zu nicht wieder gutzumachenden Mißverständnissen führen und ernste Folgen für den Verantwortlichen auslösen können.

Aber die Kollegin M. hatte bestimmt keine böse Absicht zum Ausdruck bringen wollen. Auch hier im Kollegium verstecktes Grinsen hinter der vorgehaltenen Hand. Aber wie bereits bemerkt, meist wurden die Losungen gar nicht gelesen, weil es eben eine Überfütterung war. Das Interesse dafür war auch schon lange geschwunden.

Die Unterrichtsstunde wurde in der Unterstufe durch den Lehrer mit dem Pioniergruß „Pioniere seid bereit!" und der Bejahung der Schüler „Immer bereit!" eröffnet. Ab der sechsten Klasse gab es schon lange keinen herkömmlichen Gruß wie „Guten Morgen" mehr. Hier lautete der Gruß, an die FDJler gerichtet: „Freundschaft!" So baute ich das eine und andere Mal eine Abwandlung zu gefordertem Gruß ein und begrüßte diese größeren, älteren Schüler mit „FDJodler", statt „Freundschaft" sagte ich leise „Guten Morgen" oder statt „Freundschaft" einfach: „Setzen!"

Bei den sogenannten Pionieren eröffnete ich die Unterrichtsstunde nicht mit der Forderung „Pioniere, seid bereit", sondern spaßhaft umgewandelt mit der Frage „Pioniere, seid ihr alle da?" oder einfach laut „Pioniere" und dann leiser „Setzen" oder auch: „Pioniere, guten Morgen!"

Die von mir gewollte „spaßige Abänderung" des geforderten Schemas der Begrüßung weckte, wie mir schien, die Aufmerksamkeit der meisten Schüler. „Was ist los mit dem Lehrer, und wie wird es weitergehen im Stundenablauf?"

Wegen der Abweichung vom geforderten Gruß gab es keine Denunzierung, obwohl sich der Genosse Direktor einen FDJler als „Zuträger" herangezogen hatte. Bei Bekanntwerden hätte es vermutlich „Unannehmlichkeiten" gegeben.

Neu war auch die Anordnung, daß auf Elternversammlungen je ein Genosse Lehrer als „Zuhörer" bei parteilosen Kolleginnen oder Kollegen anwesend sein mußte. Ob die Zuträgerei immer klappte, weiß ich nicht. Mich bat ständig die Kollegin G., an ihrer Versammlung teilzunehmen.

Ihr Mann war in Halle/Saale bei der Staatssicherheit beschäftigt.

Am 13.12. wurde der Pioniergeburtstag mit Fahnenappell, natürlich mit Redebeiträgen der Pionierleiterin und des Direktors, eben der Obrigkeit der Schule, eröffnet. Auch ein Pionier durfte sprechen, vom Blatt, versteht sich. Es gab Belobigungen und Auszeichnungen.

Auch die Kollegin Schm. durfte als Geburtstagskind vor die Front, um die Glückwünsche entgegenzunehmen.

Auch der 30. Januar, ein besonderer Tag, hatte sich im Gedächtnis meiner Frau festgesetzt. Es war der Geburtstag ihres Vaters, meines Schwiegervaters. Auch Hitler hatte am gleichen Tage das Licht der Welt erblickt. Ihr Lehrer damals wollte von ihr in einer Unterrichtsstunde wissen: „Griseldis, wir haben heute einen besonders wichtigen Tag …" Ohne sich die Erklärung des Lehrers weiter anzuhören, wurde geantwortet: „Ja, heute hat mein Vati Geburtstag." Mit dieser Antwort hatte der Pädagoge bestimmt nicht gerechnet.

Unsere Mädels hatten inzwischen ihren Berufswunsch auch fleißig und zielstrebig erarbeitet. Das Schulamt in Eisleben versperrte die Erlangung der Reifeprüfung, trotz ausgezeichneter schulischer und außerschulischer Leistungen. Ich, der Vater, war das Hindernis. Ich gehörte nämlich nicht mehr der Arbeiterklasse an, wie zur Zeit unseres Sohnes. Tatsächlich aber bevorzugte man Schüler, auch mit weniger guten schulischen Leistungen, die sich verpflichtet hatten, nach Ablegen des Abiturs Berufssoldaten bei der NVA zu werden.

Nach vorzeitigem Abschluß der Lehrzeit für Chemi-Laboranten wurden die Mädel vom Lehrbetrieb in Leuna/Buna nach Freiberg/Sachsen zum Studium delegiert.

Auch während dieser Zeit sangen sie im Kinder- und Jugendchor, dem sie seit Gründung angehörten. Dieser Chor war lange Zeit ein Aushängeschild unserer Lutherstadt Eisleben. Bei überregionalen in- und ausländischen Wettbewerben wurden meist erste Plätze belegt. Unser Sohn Ralph verstärkte während seiner Schulzeit den Madrigalkreis der Erweiterten Oberschule „Martin Luther" am Ort.

Der Zeitpunkt des Ablebens für unseren guten Vater und liebsten Opa war nun leider auch ge kommen. Er starb im Alter von 87 Jahren, am 18.4.1984, im Knappschafts-Krankenhaus, nicht wie unsere liebe Mutter im Ehebett. In der Voraussage gab man den Bergleuten nur 60 Lebensjahre, eben wegen der gesundheitsschädigenden Arbeit unter Tage.

Im Feierabendheim war unser Vater sehr beliebt. Er sorgte für Unterhaltung und musizierte gerne mit seiner Mundharmonika im Haus.

Er versuchte dadurch, mit den örtlichen Schwierigkeiten und anderen Dingen besser fertig zu werden. Die sanitären Verhältnisse waren unzureichend. So gab es auf dem Flur nur eine Waschstelle mit Abort.

Sein Zuhause war ein Zweibettzimmer, winzig klein.

Dafür sollte Hurra geschrien werden, weil es in dieser Zeit seines Aufenthaltes dort eine Renten-„Erholung" geben sollte. Man erwartete von den alten Leuten schriftliche Dankesworte an den Staat. Wie sich das im Staat der Arbeiter und Bauern gehörte, natürlich im voraus.

In das Familienstammbuch Paul Schmidt und Elly Schmidt schrieb er in deutscher Sütterlinschrift (bis 1941 wurde so geschrieben) unter „wichtige Ereignisse":

Am 1.8.1916 (Kriegsjahr) trat ich ins Heer ein, als Infanterist, und wurde kurz darauf als Tambour ausgebildet. Als solcher zog ich am 16.11.1916 ins Feld. Mein Truppenteil war Infanterie, Regiment No. 36, 7. Kompanie. Am 27.5.1918 wurde ich in der großen Maischlacht durch Minensprengung verschüttet und erlitt eine Quetschung des linken Oberschenkels. Nach kurzem Transport kam ich in das belgische Kriegslazarett II und wurde nach einem Monat zur Genesen-Abteilung 1107, Giret an der Marne (französische Grenzfestigung), überwiesen. Von hier aus meldete ich mich freiwillig zu meinem Truppenteil zurück und geriet am 26.9.1918 bei Verdun (französische Festung) in amerikanische Kriegsgefangenschaft. Nach einem Jahr wurde ich im Oktober 1919 mit nach Deutschland ausgeliefert und traf am Anfang Oktober in Eisleben als vom Militär entlassen ein.

Als Anerkennung für geleistete Dienste als Soldat wurde ich im Felde mit dem Eisernen Kreuz 2. Klasse ausgezeichnet und erhielt außerdem nach dem Kriege 1936 das Ehrenkreuz.

Am 13. April 1975 erlebten wir den Tag unserer goldenen Hochzeit, welchen wir im engsten Familienkreis bei guter Unterhaltung und stillem Gedenken an die vergangenen Jahre feierten.

Gerne erinnere ich mich an die schönen Unternehmen, die wir gemeinsam in der schönen Natur verbrachten. Sehr oft lenkten wir fünf unsere Räder zum Süßen See. Am von Büschen und Bäumen umsäumten Ufer schlugen wir unser „Lager" auf, und dann ging es ab in das kühle, erfrischende Naß.

Bis an den Rand des Sees dehnten sich die Obstplantagen aus.

Die reifen Früchte lockten zum Kosten. Oft lag das Obst, die Birnen oder Äpfel, wie gesät unter den Bäumen. Der Wind hatte das Obst zum Fallen gebracht. Hin und wieder haben wir aber auch mal nachgeholfen. Die Last, die wir „geerntet" hatten, wurde auf unsere vier Räder verteilt, und ab fuhr unser Konvoi, zurück nach Eisleben. Mit dem Transport wollten wir unsere liebe Mutter nicht zusätzlich belasten, denn es mußte ja noch mal die Strecke von rund zehn Kilometern zurückgeradelt werden. Zu Hause angekommen, wurde das Erntegut sortiert, im Keller gelagert oder am anderen Tage zu Apfelmus verarbeitet und konserviert. Gerne denke ich auch an die Birnen-Kartoffel-Suppe, die immer besonders gut schmeckte. Diese Suppenspezialität ist im Mansfelder Land zu Hause.

Die guten klimatischen Verhältnisse, durch den See und die Südlage begünstigt, gestatteten auch den Anbau von Steinobst, wie Pflaumen und Aprikosen. Aber auch Walnüsse gab es. Bereits im Mittelalter hat man das zu schätzen gewußt und vermehrt Wein angebaut. In der Brache des kilometerlangen Anbaugebietes haben residente Weinstöcke bis in die Gegenwart überlebt.

Durch die nutzbringenden Unternehmungen mit meinem lieben Va-

FREIER DEUTSCHER GEWERKSCHAFTSBUND

B 1

Kreisvorstand

Verwaltung der Sozialversicherung

803   *O88419*

Rentenzahlstellen-Nr.   Renten-Nr.

(Bitte bei allen Zuschriften angeben)

Eisleben _____, den 1. Sep. 1972

An
Herrn/Frau

Paul Schmidt

Bescheid über die Erhöhung der Rente

Das ZK der SED, der Bundesvorstand des FDGB und der Ministerrat der DDR haben am 27. 4. 1972 einen gemeinsamen Beschluß über sozialpolitische Maßnahmen in Durchführung der auf dem VIII. Parteitag beschlossenen Hauptaufgabe des Fünfjahrplanes gefaßt.

Auf dieser Grundlage hat der Ministerrat der DDR zur weiteren Verbesserung der Lebenslage der Rentner entsprechende Rechtsvorschriften zur Erhöhung der Renten erlassen.

Ihre Rente wurde entsprechend diesen Grundsätzen umgerechnet und erhöht.

Für Sie wurde für die Vollrente als günstigster Umrechnungsgrundsatz die prozentuale Erhöhung in Abhängigkeit vom Jahr des Rentenbeginns (19 *57*) und der Anzahl der Arbeitsjahre einschließlich Zurechnungszeiten (*46* Jahre) ermittelt.

Somit erhalten Sie ab 1. 9. 1972 nachstehend genannte Rentenleistungen:

Ihre   *3. - Alters* -Rente wird um *63,60* M auf *375,80* M erhöht.

Ihre als zweite
Leistung gezahlte _____-Rente wird um _____ M auf _____ M erhöht.

Der Ehegattenzuschlag / die Waisenrente(n) wird / werden um *30,00* M auf *75,00* M erhöht.

Sofern Sie zu Ihrer Rente Kinderzuschläge, staatliches Kindergeld sowie Pflegegeldleistungen oder Zusatzrenten erhalten, laufen diese Leistungen unverändert weiter.

Ihre Gesamtrentenleistungen betragen somit ab 1. 9. 1972 insgesamt *450,80* M.

Wir freuen uns, Ihnen diese Mitteilung geben zu können und wünschen Ihnen für Ihr persönliches Wohlergehen alles Gute.

Sollten Sie gegen diesen Bescheid Einwände haben, können Sie innerhalb von 14 Tagen nach Erhalt dieses Bescheides Einspruch bei der Kreis-Beschwerdekommission für Sozialversicherung des FDGB-Kreisvorstandes erheben. Alle Unterlagen, die zur Klärung des Einspruches dienen, sind beizufügen.

Mit gewerkschaftlichem Gruß!

_____
Unterschrift

Bemerkung: Siehe Rückseite

VV Freiberg, Außenstelle Dresden, Ag 307 III/11/10 72 411 D 17363 ter war mir ein Großteil des Obstbaugebietes nördlich vom „Süßen See" bekannt geworden. Diese Nahrungsquelle hatten wir damals noch nicht voll erschließen können, da wir beide ja mit den Fahrrädern unterwegs waren. Aus diesem Grunde war uns beiden auch die Nußbaumplantage dort unbekannt.

Jetzt aber waren wir motorisiert. Wir konnten unseren Trabi am Wegesrand etwas versteckt abstellen, und wir fünf „schwärmten", mit unseren Behältnissen bewaffnet, in das Gebiet aus. Mit Freude und großem Einsatzwillen an der frischen Luft und in der herrlichen Natur durchstreiften wir das verlockende Gelände. Das Einsammeln der durch den Sturm heruntergefallenen Früchte machte Spaß. Unter einem Nußbaum lagen im Gras fast faustgroße Walnüsse, die wir mit solchen Ausmaßen noch nie entdeckt hatten.

In den „Brachliegenden" erfreuten uns alle natürlich auch Flora und Fauna. Es gab immer viel zu entdecken. Auch die Rebstöcke mit den süßen blauen und weißen Weinbeeren fand ich wieder. Für unseren Garten grub ich einige Rebstöcke aus. Sie wuchsen schnell an und bereicherten unseren Speiseplan. In dem abschüssigen, schwer zugänglichen Gelände entdeckten wir auch vereinzelt stehende Walnußbäume. Mit Eifer und Freude wurde auch hier geerntet und mancher Zwiebelsack mit Nüssen gefüllt.

Besonders angetan hatten es uns die herrlich schmeckenden, großen und reifen Aprikosen. Sie lagen manchmal nach einem Sturm wie hingeschüttet unter den Bäumen.

Aber auch mit einem langen, steifen Eisendraht, den wir mitführten, hielten wir „Nachernte". Es wurde gestubbelt, wie der Mansfelder „Eingeborene" sagt.

Wenn wir fünf mit dem Auto und dem geladenen Erntegut zu Hause ankamen und die Nachbarsleute mit „Stielaugen" zusehen mußten, was wir für leckere Früchte in den Körben und Eimern hatten, fühlten wir Erwachsenen uns nicht ganz wohl dabei. Obwohl wir in einem der größten Obstanbaugebiete der DDR lebten, kamen Aprikosen kaum über den Ladentisch.

Man mußte sich selbst auf den Weg machen, einen Obstbauer in den

Orten am See aufsuchen, und wenn man Glück hatte, bekam man auch das Gewünschte. Allzuoft bekam man aber zu hören: „… später ja, ich muß jetzt erst mein Soll erfüllen." Die Obstbauern hatten auch hier eine Abgabepflicht an den Staat zu erfüllen. Anders war es dann allerdings, wenn ein westlicher Geldschein winkte. Dieses Geld öffnete damals viele, ungezählte Schlösser im Arbeiter-und-Bauern-Staat.

Um die fragenden Blicke der Nachbarsleute zu befriedigen, mußte eine Notlüge her: „Wir haben doch Verwandte am See, und die sind uns behilflich."

Die eingeweckten Aprikosen in den Gläsern füllten im Keller die Regale. Die saftigen Früchte fanden vielseitige Verwendung, schmeckten wunderbar und lassen jetzt noch das Wasser im Munde zusammenlaufen.

Bei unseren familiären Zusammenkünften denken unsere lieben Kinder und wir als Eltern gerne an die Güte dieser damaligen Früchte.

Das heutige diesbezügliche Angebot läßt daher sehr zu wünschen übrig.

Das damalige VEG Obstbau (Volkseigene-Gut) war eines der größten Obst-Exporteure der DDR.

Die DDR brauchte unbedingt Devisen. Deshalb rangierte der Export an erster Stelle. Erst dann wurde der Binnenhandel bedient.

Vermutlich stimmten die Proportionen des Verteilungsschlüssels nicht. Die Schwachstelle wurde aber noch durch zusätzliche Verpflichtungen an die Besatzungsmacht belastet.

So konnten wir bei einer Einkaufsfahrt in Querfurt beobachten, wie sowjetisches Militär Waggons zum Abtransport mit Kartoffeln belud.

In Allstedt hatte die russische Besatzungsmacht im Walde versteckt einen riesigen Luftlandeplatz angelegt. Die Flugzeuge standen versteckt in riesigen getarnten Bunkern. Unweit dieser militärischen Anlage war im Laufe der Jahre eine große Ansiedlung mit Versorgungsgeschäften, den Magazinen für die Militärs und ihre Familien, entstanden. Neugierig geworden, ob es hier etwas gab, was man in unseren Geschäften nicht bekam, tätigten wir kleine Einkäufe. Russische Süßigkeiten. Nach wie vor wurde zur Preisermittlung die russische „Rechenmaschine" benutzt. Kindheitserinnerungen wurden bei der manuellen Tätigkeit der Verkäuferin an der „Maschine" geweckt.

Einige Zeit später, es kann ein Jahr gewesen sein, hatte man die Siedlung mit einer Mauer umgeben. Russische Wachposten sorgten dafür, daß keine ungebetenen Gäste mehr das Terrain betreten durften.

Dank unseres Trabbis konnten wir Einkaufsfahrten in die weitere Umgebung der Region planen und durchführen. Es war ratsam, Proviant mitzunehmen, da wir sehr oft vor geschlossenen Gaststätten standen. Damit die Verärgerung darüber der Vergangenheit angehörte, hatte meine Frau sich einen Plan erarbeitet. Es wurden der Ortsname, die Gaststätte und, was sehr wichtig war, die Öffnungstage und -zeiten eingetragen.

Und doch kam es nicht selten vor, daß Speisewirtschaften den Laden dichtmachen mußten, aus Mangel an notwendigen Produkten und Getränken.

Wenn wir ein Erfolgserlebnis durch einen gelungenen „Harzer-Käse-Einkauf" zu verzeichnen hatten, bedankte sich auch unser Fahrzeug.

Es roch mehrere Tage nach „Harzer Käse" aus Roßla, zirka 20 Kilometer von unserem Wohnort entfernt.

Kurz vor Jahresschluß eine riesige Freude: Es war mir gelungen, ein Moped „S 51" käuflich zu erwerben.

Um unseren Trabbi zu schonen, den ich zur Fahrt in den Garten benutzte, war der Mopedkauf gedacht. Denn der Weg zur Gartensparte war mehr als miserabel. Nach dem Erstautokauf 1967, das Fahrzeug kostete damals 8.399 Ostmark, mußte man fünf Jahre warten, um sich wieder anmelden zu können. Das taten wir dann auch.

Nach neun Jahren Wartezeit, also 1981, durften wir unser Fahrzeug aus Halle/Saale abholen. Einen hellgelben Trabant hatten wir aber nicht bestellt, denn ein solcher wurde uns angeboten. „Entweder nehmen Sie den, oder Sie müssen noch warten", wurde uns unter Protest erklärt. Verärgert über den Vertragsbruch des Handels, gingen wir, meine liebe Frau und ich, zur Kasse und bezahlten den Restbetrag, denn 1972 war ja schon eine Anzahlung in Höhe von 6.500 M bezahlt worden. Somit kostete jetzt das Fahrzeug, trotz minderer Qualität, 10.564 M.

Kaufvertrag

VEB IFA-Vertrieb

H alle,   EDV 274•68
1981
Kaufvertrag-Nr.:

Zwischen dem VEB IFA-Vertrieb   **Halle**
— als Verkäufer —

und

Herrn/Frau/Frl.:   **ehrhardt Schmidt**

Anschrift: **425• ᴱisleben**

     Str. d. 12. Februar 7

Filiale
Krs. Eisleben
Bestell-Nr.
25.2.1972
Bestell-Datum

Lehrer

PA-Nr.:   **VIII 2338886**   Telefon-Nr.:
— als Käufer —

wird folgendes vereinbart: **PKZ: 12•827413429**

Der Verkäufer liefert dem Käufer 1 PERSONENKRAFTWAGEN   **v. Halle**

Fabrikat: **Trabant**

Typ: **Lime**

Ausführung: **LXE, ᴳrundfarbe: delphingrau, blau**   **Farbe unter Vorbehalt**

5fach bereift mit kpl. Werkzeug und Ausrüstung im Lieferumfang des Herstellers/Importeurs

zum Grundpreis von: **9.75•,--**   Mark   zuzüglich Aufpreis für Sonderausstattung entsprechend des Lieferumfanges.

Als Liefertermin wird der Monat: **II. ᵁuartal**   19 **81**   vereinbart.

Für diesen Kaufvertrag gelten die umseitigen Lieferbedingungen.

ᵁerichtsstand: Halle-Süd

Ort/Datum: **ᴱisleben, 11.2.1981**

VEB IFA-Vertrieb Halle
Vertragsabteilung Eisleben
425 Eisleben
Sangerhäuser Str. 35 · Tel. 2620

Unterschrift des Käufers   Unterschrift des Verkäufers

VV Halle   Ag 309 9124 26 1 75 5000 Block 1. Auflage 75 IV-13-7 3928   Bestell-Nr. 56/080

VEB Sachsenring
Automobilwerke Zwickau

1 Pkw „Trabant" P 60?
Limousine-Sonder-de luxe ①

ZAK–Nr. 134 21 11009 0006 03

Fahrgestell-Nr.

Motor-Nr.

EVP (Fzg.-Grundpreis)　　　　**M　9 450.–**

Mehrpreise für:

✕	Autobahndreibock	M	28.–
✕	Sicherheitsgurt	M	122.–
✕	Zweikreisbremsanlage	M	130.–
✕	Abgasanlage aluminiert	M	120.–
✕	Teleskopstoßdämpfer „extra"	M	94.–
✕	Profilierte Stoßstange verchomt	M	50.–
	Hycomat	M	500.–
✕	Radialreifen	M	160.–
	Wisch-Wasch-Automatik		
	2-Stufen-Wischermotor	M	215.–
	Rückfahr- und Nebelschlußl.		
	Kofferraumauskleidung		
	und Reserveradhülle	M	80.–
✕	Türaußengriff rts. verschließbar	M	
	Sonderfarbton	M	70.–
	Batterie 84 Ah	M	10.–
✕	Kraftstoffhahn-Fernbedienung	M	25.–
✕	Weiterentwickelte Türschlösser		
✕	und –griffe	M	20.–

EVP (gesamt)　　　　**M**

Den am Fahrzeug angeklebten Zettel mit der Preisauflistung hatte ich absichtlich noch nicht entfernt. Er sollte demonstrativ wirken, was er auch tat. Bei der Überfahrt mit der Fähre über die Saale gab es schon die ersten Lacher, denn die Autotür ließ sich nur mit vereinter Kraft öffnen, damit meine Beifahrerin, meine liebe Frau, aussteigen konnte. Ich erspare mir, weitere Mängel hier aufzuschreiben.

Nach jahrelanger Wartezeit konnten wir auch unseren Autoanhänger aus Dessau abholen. Viele Jahre zu spät, denn zu dieser Zeit bestand keine Dringlichkeit mehr. Dies hörten wir auch oft von den anderen Käufern. Zum Transportieren von Frühbeetfenstern, für das geplante Gewächshaus im Garten, wurde er einmal benutzt.

Nach dem mehrjährigen Direktstudium unserer fleißigen und tüchtigen Mädel hatten beide das Diplom für Sonderschulpädagogik und Logopädie erworben.

Einen weiteren wichtigen Lebensabschnitt hatten beide mit Bravour gemeistert. Es schlossen sich zwei Jahre Praxis an.

Hier trennten sich die Wege unserer Zwillinge, ein bedeutender Abschnitt im Leben. Die tägliche Gemeinsamkeit hatte nun ein Ende. Konstanze unterrichtete in der Sonderschule von Osterwiek, und unsere „Jüngste" absolvierte das Praktikum in Bernburg. Die Praktikanten hatten keinen Einfluß auf die Ortswahl.

Unser Sohn Ralph verdiente inzwischen sein Geld als Diplomingenieur für Schweiß- und Fügetechnik im Atomkraftwerk Lubmin an der Ostsee. Hier streckte nun der Staat durch die Parteibeauftragten der SED die Fangarme nach Kaderreserven aus.

Wir konnten unsere drei Kinder aus der gewonnenen Erfahrung heraus vor einem Schritt in diese Richtung nur warnen.

Aus dem Erleben war bekannt, daß nicht wenige Bürger die Parteizugehörigkeit dazu benutzten, persönliche Vorteile daraus zu ziehen. Dies hatten unsere Kinder nicht nötig. Darauf sind wir als Eltern stolz.

Fleiß, Wissen und Können sind bessere Hebel, um zum Erfolg zu kommen.

Von der Politik des SED-Staates war man mehr als gesättigt.

Und doch kam es vor, daß einige Worte mit vertrauten Kollegen gewechselt wurden. Oft ging dann bei dem einen oder anderen aus nur allzu verständlichen Gründen die Beherrschung verloren.

Ich erinnere mich sehr oft an einen mir seit Jahrzehnten bekannten damaligen Arbeitskollegen, der sich meist verbittert und verbissen mir gegenüber äußerte: „Ich könnte die SED-Politiker alle mit der flachen Hand erschlagen."

Ein anderer ebenfalls parteiloser Kollege wollte immer gleich alle erschießen. Diese Äußerung entschlüpfte seinem Mund meist dann, wenn er etwas getrunken hatte, auf unserem gemeinsamen Nachhauseweg aus der Gaststätte. Diese Äußerungen resultierten aus der Unzufriedenheit in diesem Staat. Seine Heimat Ostpreußen hatte er auch verlassen müssen.

Ein mir bekanntes Mitglied der SED-Kreisleitung von Eisleben hatte Bruchteile unseres Gespräches mitbekommen, wobei ihn natürlich die Drohung „alle erschießen" interessierte.

Im Gespräch mit ihm war es mir gelungen, die äußerst gefahrvolle Strecke in friedliche Bahnen zu lenken. Warum mir dies gelungen ist, weiß ich nicht. Ich kann nur vermuten, daß er meine Kaderakte, die natürlich in seiner Reichweite aufbewahrt wurde, kannte. Hier dürfte auf alle Fälle ein Vermerk über meine Tätigkeit bei der Wismut AG mit meinem Decknamen „Paul" vorhanden sein.

In diesem Betrieb war ich anfangs als Schürfer tätig und danach, sicher aufgrund meiner russischen Sprachkenntnisse, überwiegend als Lagerleiter in Eisleben und Wernigerode beschäftigt. Die Sprachkenntnisse hatte ich in russischer Kriegsgefangenschaft erworben.

Den SED-Gewaltigen unserer Lutherstadt Eisleben war es nicht gelungen, ihre Maßnahmen zum Umsetzen des Lenin-Denkmals zu verwirklichen. Man hatte nämlich geplant, das auf dem Marktplatz stehende Luther-Denkmal abzureißen und Lenin auf den Sockel zu heben. Der Verantwortliche der Eisleber Museen, ein ehemaliger Kommunist, hatte sich im Verein mit den Stadtverordneten behaupten können, daß so ein verwerfliches Tun nicht in Frage käme.

Erstens besaß Dr. Martin Luther einen beträchtlich höheren Stellenwert, historisch gesehen, und was noch einleuchtender für die Bonzen war: Luther konnte doch als Devisenbringer „vermarktet" werden. Dagegen konnte kein Einspruch mehr erhoben werden.

Nur durch diese gewonnene Erkenntnis konnte also der angestammte Platz des Luther-Denkmals erhalten werden.

Zu Lenin hatten die Menschen des Mansfelder Landes und der Lutherstadt nie eine Beziehung gehabt. Jahrzehntelang hatten die roten Machthaber und Propagandisten versucht, das Blatt zu wenden.

In Vorbereitung auf den 500. Geburtstag des großen Reformators 1983 und die zu erwartenden Gäste aus dem kapitalistischen Ausland und der ganzen Welt hatte bereits 1982 ein emsiges Werken in den Luther-Gedenkstätten und an den Fassaden der Häuser rund um den Marktplatz begonnen. Kirchliche Vertreter aus 36 Ländern der Erde und Gäste aus der ganzen Welt wollten dieses historische Ereignis am Geburts- und auch Sterbeort Luthers feierlich und andächtig begehen.

Der geschmückte Marktplatz war voller Menschen. Auch wir, meine liebe Frau und ich, faßten den Entschluß, kann kommen, was da will, auch wir gehen heute in die Kirche. Es war zwar nicht meine Konfirmationskirche und auch nicht die Kirche, in welcher wir die Ehe geschlossen hatten und auch Martin Luther getauft wurde. Es war die Andreas-Kirche am Marktplatz, in welcher Luther seine letzte Predigt von der Kanzel gehalten hatte. Er versuchte damals, den bestehenden Streit zwischen den Mansfelder Grafen zu schlichten.

Die Menschenschlange, die in die Andreas-Kirche strömte, spülte uns mit in das Innere des Gotteshauses.

Da der sozialistische Staat der Religion den Kampf angesagt hatte, bemühte er sich ständig mit brutaler Gewalt, menschliche Bindungen zur Kirche zu verhindern beziehungsweise gewaltsam zu trennen.

Für diese Staatsform gibt es nur eine Weltanschauung, und die heißt *„Diktatur des Proletariats"*.

Auch wir mußten damals nach 1949 unsere evangelische Religionszugehörigkeit aufgeben. Der Gesetzgeber verlangte das, vor allem von Parteimitgliedern. Beide wurden wir getauft. Meine Frau in ihrer Heimat Angerrapp in Ostpreußen und ich in meinem Geburtsort Oberrißdorf, in der Valentins-Kirche. Konfirmiert wurde ich 1942 in Luthers Taufkirche Petri-Pauli in Eisleben. In der gleichen Kirche wurden wir am 6.9.1952 getraut.

Parteilehrgang – Die Genossen vor Lenin in Eisleben

Der Staat der Arbeiter und Bauern hatte durch die neue Linie, die Luther-Gedenkstätten für die freie Welt zu öffnen, einen nicht zu übersehenden Besucherzuwachs erhalten. Die Busse mit den fremden Kennzeichen und die anders gekleideten und sprechenden Menschen brachten irgendwie eine andere Welt in unsere Stadt mit.

Uns Bürgern der DDR gestattete der Staat nicht einmal, das gesamte deutsche Vaterland kennenzulernen. Selbst die räumlich näheren Gebiete innerhalb der Grenzen des SED-Staates durfte man nicht aufsuchen und betreten, trotz Einhaltung der Gesetze.

Aus diesem Grunde faßten wir den Entschluß, unter vorherigem Abwägen eventuell davon ausgehender Gefahr, beim VP-Kreisamt in Eisleben einen Passierschein zu beantragen, um einige Orte im Grenzgebiet des Harzes aufsuchen zu können.

Da der mündlich vorgetragene Antrag vom Volkspolizeiamt abgelehnt wurde, entschloß ich mich, beim Staatsvorsitzenden um Unterstützung zu bitten.

Obwohl wir den vorgeschriebenen Weg zur Erlangung des Passierscheins eingehalten hatten, (die Sonderbestimmungen über die Staatsgrenze, Grenzgesetz vom 25.3.1982, enthalten im Reisehandbuch Harz, 4. Auflage 1983), wurde uns die Aushändigung des Passierscheins verweigert.

Warum? Über die Ablehnung auch vom Staatsrat waren wir sehr enttäuscht und natürlich mehr als verärgert. Wir schlußfolgerten, daß dieses Gesetz aus Gummiparagraphen besteht, um den Willkürakt zu verschleiern.

Mit dem Passierschein in der Tasche wollten wir bei unseren Wanderungen in der Nähe des Sperrgebietes ein sicheres Gefühl haben.

Aus eigenem Erleben hatten wir erfahren müssen, daß schon eine Annäherung an das Sperrgebiet, trotz fünf Kilometer Entfernung bis zur Grenze, gefährliche Folgen haben konnte.

Es gab Grenzer die vermutlich auf einen Grenzverletzer hofften, um sich für ihre „Wachsamkeit" mit Urlaub oder anderen Dingen belohnen zu lassen.

Es war ja doch bekannt geworden, daß die Todesschützen für das Verbrechen an der Grenze ausgezeichnet wurden. Der SED-Staat scheute sich auch nicht, die Grenzer zu bestrafen, welche nicht auf ihre Landsleute geschossen haben. Dies dürfte vermutlich auch die Mehrheit der Grenzposten gewesen sein, die eine solche Tat mit ihrem Gewissen nicht vereinbaren konnten.

Das verweigerte Ausgeben eines Passierscheines, trotz Einhaltung der Vorschriften durch den Antragsteller, beweist auch hier die Widersprüchlichkeit innerhalb des Staatsapparates, zwischen Gesetzgeber und dem eigenen Vollzug.

Das Nichteinhalten von Gesetzen und Versprechungen erhöhte beträchtlich die bereits vorhandene Unzufriedenheit und Verärgerung der Bürger. Es wurde in dieser Zeit nicht mehr alles wortlos von den Menschen hingenommen. Die Schwachstellen des Staates wurden immer dünner. Aus diesem Erkennen hatten auch wir diesen Antrag gestellt,

Eisleben, dem 21.3. 1986

Staatsratsvorsitzende   Ehrhardt Schmidt
der D D R   425o Eisleben
Genosse Honecker   Straße des 12. Februar 7
Berlin

                    Sehr geehrter Genosse Honecker !

        Meine Frau, welche Rentnerin ist und ich, Parteiveteran
sehen keine andere Möglichkeit als diesen Weg zu beschreiten
und Sie zu bitten, damit wir einen Passierschein für die Orte
Schierke, Elend und Sorge erhalten können.
Diese Harzorte möchten wir in der Ferienzeit, Juli - August
auch gerne kennenlernen.
Bei unseren vorjährigen Ferienwanderungen im schönen Harz gebot
uns oftmals das Schild : Durchgang bzw. Durchfahrt nur mit
Passierschein,ein Halt.
Im erworbenen Reisehandbuch für den Harz wird auf Sonderbestimmungen
für die im Grenzgebiet liegenden Orte hingewiesen, daß ein Passierschein für das Besuchen der Ortschaften notwendig ist.
Meinem Antrag auf Erlangung des Passierscheines wurde vom Sach -
bearbeiter des Volkspolizeikreisamtes in Eisleben nicht stattge -
geben, da Einreisen in besagte Orte nur mit Feriencheck genehmigt
werden können.
Wir möchten dort keinen Ferienplatz in Anspruch nehmen und sind
mit einigen Stundenaufenthalten, die zum Kennenlernen der Orte
notwendig sind, zufrieden.
Wir würden uns sehr freuen wenn Sie veranlassen könnten, damit
dieser, unser Ferienwunsch erfüllt werden kann.
Dafür herzlichen Dank.

                    Mit Hochachtung und sozialistischem Gruß

                        Ehrhardt Schmidt

298

STAATSRAT DER DEUTSCHEN DEMOKRATISCHEN REPUBLIK

Abteilung Eingaben
Sektor IV

den **1. 4. 1986**
Aktenzeichen : **ge-kn**
a 20029 ir

Herrn
Ehrhardt Schmidt
Straße d. 12. Februar 7
Eisleben

4250

Staatsrat der DDR, 1020 Berlin, Marx-Engels-Platz

Werter Herr Schmidt!

Ihre an den Generalsekretär des ZK der SED und Vorsitzenden des Staatsrates der DDR gerichtete Eingabe wurde uns zur weiteren Veranlassung übergeben.

Hierzu teilen wir Ihnen mit, daß entsprechend staatsrechtlicher Regelungen die Organe der Volkspolizei für die Entscheidung in Ihrer Angelegenheit zuständig sind. Wir haben daher Ihre Eingabe dem Ministerium des Innern zur abschließenden Bearbeitung zugeleitet.

Bitte, erwarten Sie dazu weitere Nachricht.

Mit sozialistischem Gruß

Gernhard
Fachgebietsleiter

MINISTERRAT
DER DEUTSCHEN DEMOKRATISCHEN REPUBLIK
MINISTERIUM DES INNERN
Leiter des Büros für
Paß- und Ausländerangelegenheiten

Postanschrift: Ministerium des Innern · 1086 Berlin · BPAA

Genossen
Ehrhardt Schmidt
Straße d. 12. Februar 7
Eisleben

4250

28. April 1986

Ihre Zeichen	Ihre Nachricht vom	Fernsprecher: 22 57/	Unsere Zeichen kr/3-1190-86	Datum

Betreff:

Werter Genosse Schmidt!

Wir bestätigen den Eingang Ihres Schreibens vom 21.3.1986.

In Beantwortung dazu teilen wir mit, daß Ihrem Wunsche, auch unter Berücksichtigung Ihrer persönlichen Gründe, nicht entsprochen werden kann.

Mit sozialistischem Gruß
i. A.

Krause

Bei persönlicher Vorsprache: Büro für Paß- und A
1026 Berlin, Hans-Beimler-Straße 27-37

Fernsprechauskunft:
22 57 0

um die Orte Sorge, Elend und Schierke aufsuchen zu können. Darüber hinaus war der Zeitpunkt für mich bald gekommen, meine Tätigkeit aus alters- und gesundheitlichen Gründen aufzugeben.

Was konnte mir noch passieren? Meine Frau war bereits Rentnerin.

Ich rauchte damals noch gerne einen Zigarillo. Daher kannte ich mich mit den Preisen meiner bevorzugten Sorte gut aus. Kopfschüttelnd mußte ich in unserer Kaufhalle zur Kenntnis nehmen, daß laut Auspreisung jetzt der Preis meiner Zigarre von 0,50 M auf 1,20 M gestiegen war. Diesem Preiswucher mußte ich nachgehen. Mit der Zigarre und dem Kassenzettel machte ich mich auf den Weg zum Rat des Kreises, Abteilung Handel und Versorgung, und bat um Preisüberprüfung.

Ich bekam am 23.8.1989 folgende schriftliche Antwort:

Werter Herr Schmidt!
Aufgrund Ihrer mündlichen Vorsprache in der Abt. Handel und Versorgung am 21.8.89 betreffs Preis für Zigarren teilen wir Ihnen nachstehendes mit.

Eine Überprüfung in der Kaufhalle Ernst-Thälmann-Siedlung ergab, daß die von Ihnen gekaufte Zigarre irrtümlich zum Preise von 1,20 M verkauft wurde. Der tatsächliche EVP (Einzel-Verkaufs-Preis) beträgt 0,50 M. Das Verkaufskollektiv der Ernst-Thälmann-Kaufhalle bedauert diesen Vorfall und bittet Sie, sich den Mehrbetrag von 0,70 M abzuholen. Die Zigarre liegt in der Abt. HuV zur Abholung bereit.

Mit sozialistischem Gruß
Burkhardt,
Stellv. d. Vorsitzenden f. Handel u. Versorgung

So ließ ich auch den Preis von Kartoffeln überprüfen, da minderwertige Knollen als Eins-a-Ware verkauft wurden. Hier erfolgte eine sofortige Preisregulierung per Telefon, um zu verhindern, daß ein noch größerer Kundenkreis verärgert wird.

Doch der Handel trieb oft seltsame Blüten. So wurden zum Beispiel am Ende des Geschäftsjahres Industriewaren verkauft, die man das ganze Jahr über noch nicht mal zu sehen bekam. Wahrscheinlich war es ein Warenkontingent, das der sozialistische Handel bis zum Jahresende für besondere Käufer und Zwecke bereithalten mußte.

Nur dadurch konnten wir das Moped, die Klappräder für die Mädel, aber nur eine Nähmaschine kaufen.

Freudig erregt kam eine Kollegin angerannt, die später zum Unterricht mußte und dadurch einen Gang durch die Geschäfte tun konnte: „Leute, es gibt Schreibmaschinen im Konsum!" Wer Bedarf und Zeit hatte, stürzte schnell davon. Auch ich konnte dadurch drei Schreibmaschinen kaufen, für jedes Kind eine. Oft wurde zugegriffen, um ein Tauschobjekt zu besitzen. Die sogenannte Hamsterei war eine Frucht der Mangel- und Mißwirtschaft des Sozialismus.

Auch durch das Auslegen von sogenannten Kundenbüchern in den Geschäften konnten die Wünsche und Beschwerden nicht beseitigt werden.

Nach dem 46. Arbeitsjahr löste ich das Arbeitsverhältnis auf.

30 Jahre davon habe ich mit Kindern und Jugendlichen – ich denke, mit Erfolg – gearbeitet. Ich erhielt dafür vom Staat in Folge die bronzene, die silberne und eben nach 30 Jahren Volksbildung die goldene Pestalozzi-Medaille.

Nach 1987 hatten wir beide, meine Frau und ich, Zeit für uns. Meine Frau hatte ja bereits 1985 das Arbeitsverhältnis erfüllt. Viele schöne Stunden erlebten wir auch bei unserem Sohn Ralph, mit seiner Schwiegermutter und unseren beiden Enkeln in Hüttenrode im Harz.

Gerne besuchten wir auch unsere Töchter Birgit und Konstanze; beide hatten sich inzwischen auch vermählt. Unsere Konstanze. schlug nach ihrem Praktikum mit ihrem Peter die Zelte in Thale/Harz auf, und ein Jahr später unsere jüngste Tochter Birgit, die das gleiche tat, nämlich 1988, mit dem Thüringer Klaus in Ilmenau.

Das schöne Thüringer Land, denn das kannten wir weniger gut als den Harz, lernten wir dank unseres Schwiegersohnes, Birgits Bestem, nicht nur vom Auto aus kennen, sondern auch durch schöne und erholsame Wanderungen. All das sind bleibende Erinnerungen.

Unsere Familie hatte sich durch den Zuwachs der Enkelkinder vergrößert. Die Kinder von Ralph hatten ja schon 1977, die Cathleen, und

1981, der Mathias, das Licht der Welt erblickt, worüber wir uns sehr gefreut haben. Ebenso freudig konnten wir 1989 die Annemarie, das Töchterchen von Konnie und Peter, sowie 1990 das ebenso hübsche kleine Mädel von Birgit und Klaus, die Cora, in unser Herz schließen.

Alles gesunde und hübsche Enkelkinder. Darüber waren natürlich auch wir als Großeltern glücklich und stolz.

Nur meinem lieben Vater war es vergönnt, die Kinder von Ralph und Helga als Urgroßvater in die Arme zu nehmen und sie zu liebkosen.

Gesellschaftlich und auch politisch betrachtet, steuert die junge Generation einem neuen Zeitalter entgegen.

Dem hervorragenden Politiker und Ersten Mann der damaligen Sowjetunion, M. Gorbatschow, hat die gesamte Menschheit die historische friedliche Veränderung der Weltgeschichte zu verdanken.

Seit 1985 hörte man auch in der DDR die Rufe nach „Gorbi, Gorbi".

In seiner Heimat sorgte er unter anderem dafür, daß die ersten freien Wahlen stattfinden konnten.

Mit den Vorbereitungen der Kommunalwahlen im Mai des Jahres 1989 in der DDR hatte man mit dem üblichen Theater begonnen.

Von einer freien Wahl im Staat der SED konnte nur geträumt werden. Eine freie Wahl hatte es in den 40 Jahren des Bestehens nur ein Mal gegeben. Das war der friedliche Volksaufstand am 17. Juni 1953. Das Wahlergebnis wurde aber brutal niedergewalzt.

Zum Zettelfalten gingen wir am 7. Mai nicht in das vorgeschriebene Wahllokal. Wir gingen in das Rathaus. Schon beim Eintreten in den Raum wurde man von einer bedrückenden Stimmung erfaßt. Nein, diesmal würden wir uns an der Wahlfälschung nicht beteiligen. Unseren Vorsatz hatten wir bereits getroffen. Auf dem Wahlzettel würden wir vor dem Zusammenfalten einen deutlichen dicken Strich diagonal über das Papier ziehen.

Ich kann mich nicht mit Bestimmtheit daran erinnern, ob es in der Vergangenheit immer sogenannte Wahlkabinen gegeben hat. Hier konnte eine solche benutzt werden, aber nur von dem Wahlberechtigten, der den Mut vor den vielen Augen der „Wahlhelfer" aufbringen konnte.

RAT DES KREISES EISLEBEN
Bezirk Halle

Herrn
Erhard Schmidt

Straße des 12 Februar 7

Eisleben

4 2 5 0

Fernsprecher 51 . . .
Bankkonto:
Staatsbank der DDR,
Kreisfiliale Eisleben Nr. 3711–20–6011
Betriebs-Nr.: 0432 9000
Sprechtag:
    Dienstag   von 9.00–18.00 Uhr
Öffnungszeiten:
    Mittwoch   von 9.00–16.00 Uhr
    Donnerstag   von 9.00–16.00 Uhr
    Freitag   von 9.00–15.00 Uhr

Ihr Zeichen	Ihr Schreiben vom	(In der Antwort angeben) Abteilung/Geschäftsz. la-sch	4250 EISLEBEN, den 23.8.89 Leninstraße 56

Betreff

Werter Herr Schmidt!

Aufgrund Ihrer mündlichen Vorsprache in der
Abt. Handel und Versorgung am 21.8.89,
betreffs – Preis für Zigarren – teilen wir
Ihnen nachstehendes mit.

Eine Überprüfung in der Kaufhalle Ernst-
Thälmann-Siedlung ergab, daß die von Ihnen gekaufte Zigarre, irrtümlich zum Preis von
1,20 M verkauft wurde. Der tatsächliche
EVP beträgt 0,50 M.

Das Verkaufskollektiv der Ernst-Thälmann-
Kaufhalle bedauert diesen Vorfall und bittet
Sie, sich den Mehrbetrag von 0,70 M abzuholen. Die Zigarre liegt in der Abt. HuV
zur Abholung bereit.

Mit sozialistischem Gruß

Burkhardt
Stellv. d. Vorsitzenden
f. Handel u. Versorgung

Rat des Kreises Eisleben
Handel und Versorgung

Herrn
Erhardt Schmidt
Straße des 12 Februar 7
Eisleben
4 2 5 0

Das Spitzelsystem war natürlich auch hier integriert.

Auffallend war, daß die zwei Kabinen so aufgestellt wurden, um Einblicke von außen durch die Fenster zu ermöglichen. Davon hat die Staatssicherheit, die im gegenüberliegenden Häuserblock stationiert war, Gebrauch gemacht. Ein kleines Fenster, dahinter vermutlich ein Abstellraum, war zu diesem Zwecke einen Spaltbreit geöffnet. Mit einem Fernglas war es möglich, die Vorgänge in den Kabinen zu beobachten. Aber auch der schwungvoll gezogene Strich über den Wahlzettel, verursachte ein Geräusch, welches außerhalb der Kabinen mit Bestimmtheit zu hören war. Es ist anzunehmen, daß auch hier Hand angelegt wurde, um die „Streicher" besser erfassen zu können. Im Wahllokal befanden sich drei sogenannte Wahlurnen. Wir „Geräuschverursacher" wurden angewiesen, den Zettel nach Weisung in einen bestimmten Sammelbehälter zu werfen. Auch hier wurde schon sortiert und registriert.

Oppositionelle Gruppen, die sich aufgrund der Perestroika, des Umbruchs in der SU, gebildet hatten, bekamen den Auftrieb, kontrollierende Maßnahmen zu organisieren und Manipulationen bei den Stimmenauszählungen zu verhindern.

Das Aufbegehren der DDR-Bürger anläßlich der Kommunalwahlen 1989 gilt als wichtiger Schritt auf dem Weg zu der im Herbst 1989 folgenden friedlichen Revolution.

Und dennoch verkündete der Staat ohne Skrupel wieder ein klar gefälschtes Wahlergebnis, in Höhe von 98,77 Prozent Zustimmung.

Eine unbeschreibliche, kaum in Worte zu fassende Freude erfüllte uns, als wir durch den Westfunk von den Vorgängen in Leipzig und etwas später in Berlin erfuhren.

Am Bildschirm verfolgten wir mit Freudentränen in den Augen das Geschehen am Schandmal des SED-Unrechtsstaates, der Berliner Mauer. Der lang herbeigesehnte Niedergang, der Zusammenbruch des Bankrott-Staates war nicht mehr aufzuhalten.

Ohne Gorbatschow, dem das deutsche Volk ewig zu Dank verpflichtet ist, hätte es diese kaum faßbare Veränderung und Umwandlung bei uns und auch in den anderen Ländern des sogenannten Ostblocks nie gegeben.

Leider konnten unsere Eltern an dieser Freude, die Freiheit wiedererlangt zu haben, nicht mehr teilnehmen.

Endlich war es möglich geworden, das lang verhaßte Parteibuch im Palazzo Protzo, der SED-Kreisleitung, nach Entfernen meines Bildes auf den Tisch dort zu werfen, ohne meine Familie dadurch zu gefährden. Denn bald hatte ich nach dem Eintritt in diese Partei erfahren müssen, was man unter der „Diktatur des Proletariats" zu verstehen hat. Vom plötzlichen Verschwinden deutscher Kursanten an der Lenin-Schule in Moskau hatte man auch zu dieser Zeit noch nichts gehört, wie auch von den anderen Verbrechen in der Lenin- und Stalinzeit.

Das protzige Gebäude der Kreisleitung in Eisleben wurde in einer Zeit gebaut, als in den anliegenden Straßen die Häuser aus Mangel an Instandsetzungsmöglichkeiten zum Teil zusammenfielen.

Der Bevölkerung war bekannt geworden, daß den „Bittgängern" bei der SED-Kreisleitung wegen ausbleibender Materialversorgung der Rat gegeben wurde: „Wenn Sie Angst haben, daß die Zimmerdecke herunterbricht, dann ziehen Sie doch einfach zum Nachbarn." Damit war für die Bonzen der Fall erledigt.

Ein sicheres Gefühl hatten die „Parteiarbeiter" in dem Gebäude nicht. Denn es wurde rund um die Uhr von der Polizei, die auch im Hause saß, bewacht. In den Tagen des Untergangs des Arbeiter-und-Bauern-Staates lagen auf der Straße vor dem Gebäude abgerissene Schulterstücke von der Polizeiuniform. Vermutlich hat es auch Genossen der VP (Volks-Polizei) gegeben, die sich mit Freude selbst entlassen hatten. Einige Schulterstücke habe ich aufgehoben und aufbewahrt.

In den Wohnhäusern mit Gasanschluß wurde vor Gasgeruch gewarnt.

Ich befolgte die gegebenen Warnhinweise, als ich im Hause Gasgeruch wahrnahm. Ich informierte persönlich den zuständigen Betrieb.

Hier wurde mir mitgeteilt, daß wegen fehlenden notwendigen Materials eine Reparatur nicht erfolgen könne. Verärgert über die erhaltene Auskunft, gab ich zu verstehen, daß ich die ABI (Arbeiter-und-Bauern-Inspektion) davon in Kenntnis setzen würde, da mir bekannt war, daß Betriebe und auch Institutionen mit diesem Partei-Kontrollorgan nichts zu tun haben möchten. Der Betriebsleiter gab ohne Zögern zu verstehen: „Ich bitte Sie darum, aber von denen bekommen wir auch nichts, es geht ja bekanntlich alles nach Berlin, in die Hauptstadt der DDR, denn dort wird das Material dringender gebraucht."

In verschiedenen Verkaufsräumen hatte der Handel sogenannte Kundenbücher ausgelegt. Vermutlich sollten diese als Ventil für die enttäuschten Kunden dienen. Auch diese Maßnahmen änderten nichts an der miserablen Bedarfsdeckung für die Bevölkerung.

Mangel dürfte es für die Institute, die der Machterhaltung des Staates und der Bonzen dienten, nicht gegeben haben.

Um unsere tägliche Versorgung mit frischem Gemüse zu ermöglichen, baute ich im Garten ein Gewächshaus. Nun, das liest sich hier so einfach. Aber das Material dafür zu besorgen, war ein anderes Problem. Herumtelefonieren ging nicht, da Normalsterbliche im Sozialismus kein Telefon besaßen. Schließlich gelang es mir, Ausschußware aufzutreiben, fehlerhafte Frühbeetfenster aus dem weiteren Umfeld des Mansfelder Landes. Alles andere dazu mußte gesucht und zusammengebettelt werden. Das vorhandene Geld änderte nichts daran. Statt einfache Muttern für die Schrauben gab es nur Flügelmuttern, die ich aber erst bearbeiten mußte, damit alles paßte.

Die Ernten mit Frühgemüse, Gurken und Tomaten bereicherten unseren Speiseplan. Überschüssiges Erntegut, wie zum Beispiel Gurken, verkaufte ich vor der Konsumkaufhalle in unserer „Thälmann-Siedlung". Selbst die Verkäuferin vom Obst-und-Gemüse-Stand des Konsums zählte zur Kundschaft und fragte: „Wann haben Sie wieder Gurken?" Wunderschöne, stark duftende weiße Nelken hatten wir mehr als ausreichend im Garten. Es war die Lieblingsblume meiner lieben Mutter Da auch hier kaum ein Angebot auf dem Markt war, bereitete ich vielen meiner Kolleginnen mit einem Nelkensträußchen eine große Freude.

Berlin – Hauptstadt der DDR

Teure Hauptstadt, sei gepriesen,
alle wollen wir Dich grüßen!
Alles wollen wir Dir geben,
woll'n Dich hüten, woll'n Dich pflegen,
woll'n für Dich Paläste bauen –
selbst gern in die Röhre schauen,
Dich mit Stuck und Gold verzieren,
Deine Häuser, Deine Türen,
Dir zu Füßen woll'n wir knien,
wir geben alles für Berlin!

In Berlin, da gibt's Berliner,
alle andern sind nur Diener,
die man sich für unser Geld
aus der Republik bestellt.
So rührt manch edler Handwerksmeister
jetzt in der Hauptstadt seinen Kleister,
derweil in Hinterlangenfeld
Tapete von den Wänden fällt.
Stürzt manches Haus im Land „ooch in",
wir geben alles für Berlin!

Zehn Jahre schaffen Kollektive
bei der Berlin-Initiative.
Jüngst gab's nun Orden und viel Ehr',
da blieb kaum eine Börse leer.
Die andern kriegen auch was ab,
für die gibt's Arbeit – nicht zu knapp.
Zu-Haus-Gebliebne dürfen schuften
für die, die nach Berlin verduften,
sich dort an Land die Orden ziehn,
wir geben alles für Berlin!

Ein Telefon im eignen Heim,
das kann des Bürgers Herz erfreu'n.
Telefone – 300 000 Stück
sind jetzt geplant – was für ein Glück!
Wie gut man bei uns teilen kann,
zeigt uns der neue Fünfjahrplan!
200.000 für Berlin,
weil dort die besten Menschen sind.
Bleiben doch noch 100.000 Stück
für den Rest der Republik.
Zwei Drittel der Hauptstadt – für knapp zwei Millionen,
ein Drittel dem Rest, wo nur siebenmal so viele wohnen.
Dafür plant man Provinzler ein,
für den „Schluchten-Jodlerschein".
Ist damit auch kein Fernruf drin,
wir geben alles für Berlin!

Die Hauptstadt hat Berliner Luft,
auch mal von selten strengem Duft.
In Westberlin ist es dann immer,
ganz klar, noch ville, ville schlimmer.
Die Menschen dort sind wirklich arm,
die haben öfter Smogalarm.
Doch so was gibt es bei uns nicht,
denn unsere Grenzen, die sind dicht!
Den Smog, den Smog, den lassen wir nicht rin,
wir geben alles für Berlin!

Es ziehn Provinzler-Karawanen
mit Reichsbahn und auf Autobahnen,
um in der Hauptstadt einzukaufen,
wonach sie sonst vergeblich laufen.
Der kleinste Obst-Gemüse-Stand
ist dort wie ein Schlaraffenland.

Auch gibt es Aal, für Vater Schuhe,
für Mutter Kleid und Tiefkühltruhe.
So mancher wundert sich gar sehr,
was alles „Made in GDR".
Warum werden heut noch Waren
weithin über Land gefahren?
Bringt alle Waren nach Berlin,
wer etwas braucht, der fährt schon hin.
Und unser Handel spart Benzin,
wir geben alles für Berlin!

Weil unser Friedrichstadtpalast
jetzt eine Eistanzfläche hat,
schwingen Seifert, Pötsch & Co.
das Röckchen hoch und zeigen Po.
Christine Errath schwebt dahin
wie eine Elfenkönigin.
Nur unsre Katarina Witt
hält als Amateur sich fit.
Wie sagte Gabi Seyfert immer?
Nie werden wir Profis – nie und nimmer.
Jetzt tanzt man gern für Geldrevuen,
wir geben alles für Berlin!

Bismarck ist im Auferstehen,
bald schon wird man Otto sehen.
Und das ist bei Marx kein Witz,
vis-à-vis vom Alten Fritz.
Denn Preußen gelten heute
bei uns als gute Ehrenleute.
Was in der Schule ich gelernt,
war meilenweit davon entfernt.
Doch heut beseelt uns preuß'scher Sinn,
wir geben alles für Berlin!

Manch Regen ohne Unterlaß
macht unsere Hauptstadt naß.
Vor Regen und vor großen Pfützen
muß man die Hauptstadt endlich schützen.
Da muß man eilig etwas machen,
man muß die Hauptstadt überdachen.
Da wär' Berlin auf dieser Welt
das allergrößte Zirkuszelt.
Man ließe nur Besucher rein
mit Westmark und mit Dollarschein.
Und könnten wir auch nicht mehr rin,
wir geben alles für Berlin!

In die allerhöchste Höh'
lob' ich mir den BFC,
der in unsrer Oberliga
ist bestimmt zum ständigen Sieger.
Läuft die Mannschaft auf das Feld,
ist der Kurs auf Sieg gestellt,
denn im Mannschaftsaufgebot
stehn drei in Schwarz und elf in Rot.
Wird's für die Roten dann mal dünn,
die drei in Schwarz, die drehn's schon hin.
Ein Pfiff, ein Elfer, der Gewinn!
Wir geben alles für Berlin!

Unser Traumschiff sticht in See,
immer noch nicht von der Spree.
Wie muß das die Berliner plagen,
höchste Zeit, jetzt zuzuschlagen,
einen Schiffskanal zu bauen,
um das Traumschiff zu verstauen.
Vorm Palast der Republik,
das wär' unser Meisterstück.

Die Wartburg in den Plänterwald,
den Zwinger nach Marzahn geknallt,
wir geben alles gerne hin,
wir geben alles für Berlin!

Die „Aktuelle Kamera"
bringt Nachrichten aus fern und nah.
So ist man mächtig angeschmiert,
wenn in der Welt nicht viel passiert.
Dann wird die Sendezeit zum Zwang,
da zieht man jede Nachricht lang.
Dann sagt man tausendmal und mehr:
Berlin, Hauptstadt der DDR,
und bringt uns allen in den Sinn:
Wir geben alles für Berlin!

Keine Frage, daß wir das Letzte geben
in Komitees und Arbeitsstäben.
Sechs Wochen sollt' die Feier gehen,
da floß das Geld nach Spree-Athen.
Bracht' es fürs Land auch manchmal Schmerzen,
die Hauptstadt liegt uns sehr am Herzen.
Wie schön fürs Land – kaum zu ermessen,
hätt' man die Gründung einst vergessen.
Dann würd' auch unsere Heimat blüh'n,
nichts gäb' es da mehr für Berlin!!!

In unserem Haus wohnte unter anderen auch ein Kampfgruppenkommandeur, Herr S. Für den Genossen stand immer ein Jeep mit Fahrer bereit. Nicht selten wurde er, in der Uniform steckend, mit am Koppel befestigter Pistole, von zu Hause abgeholt oder von Übungen oder anderen Diensten gebracht.

Auch ein anderer Mitbewohner, Herr T., hatte eine Funktion bei dieser Truppe, vermutlich eine spezielle politische Aufgabe, denn in seinem Betrieb war er als Sicherheitsinstrukteur eingesetzt. Ich sah den Genossen T. bei einem Aufmarsch anläßlich der Namensgebung des Kombinates hinter dem Präsidenten W. Pieck marschieren. Außerdem zählte er zu den „Ehrengästen", die bei Veranstaltungen von der Bühne herab die „Huldigungen" der zu diesem Zweck bestellten Menschen entgegennahm.

Eine andere Begebenheit ist auch in meinem Gedächtnis hängengeblieben. Es war vermutlich der Tag der Auflösung der „Kampfgruppen". Er stolzierte uniformiert an mir vorbei mit den Worten: „Jetzt werde ich mir erst einmal meine Uhr abholen." Es war allgemein bekannt, daß die Bonzen des öfteren Präsente eben wie Uhren, Tafelgeschirr und andere Dinge, wie auch Reisen mit der „Völkerfreundschaft", erhielten.

Die Genossin T., seine Frau, hatte mehrere Funktionen zu bekleiden. Sie war sehr „vielseitig", zeitweise auch in der Kreisleitung beschäftigt. Fast täglich hörten wir am Abend in der DDR-Zeit das Klappern auf der Schreibmaschine.

Auffallend für uns war das schlagartige Ausbleiben der Geräusche am Tag des Zusammenbruchs des Staates und natürlich danach.

Die von ihr gefertigten Berichte wurde sie nun nicht mehr los.

Aber auch die fast wöchentlich stattfindenden Saufgelage am Wochenende fanden nun nicht mehr statt. Mit von der Partie war der Flurnachbar Herr A. mit seiner Frau. Der Genosse war Staatsdiener in Zivil. Wahrscheinlich war er bei der Kriminalpolizei beschäftigt.

Seine Frau stand hin und wieder als Verkäuferin hinter dem Ladentisch. Ein Grund zum Feiern wurde für diese Leute zur Gewohnheit. Ausgehend von der Geräuschkulisse, ging es hin bis zur Ekstase.

Dabei wurde dann immer ihr Kampf- oder Sauflied „Freie deutsche Jugend, bau auf, bau auf" lautstark zum besten gegeben.

Um dieses „Bau auf, bau auf" zu unterstreichen, wurde heftig der Takt mit den Füßen auf den Fußboden getrampelt.

Weder uns, die wir darunter wohnten, noch unserer Zimmerdecke hat das gefallen. Ständig bekam sie einen breiten Riß, der sich dadurch trotz fachmännischer Behandlung mit Gips, Leinenbinden und Kreide immer wieder öffnete.

Aber vor allem die Mitbewohner sollten ja auch von der „ausgelassenen Stimmung" etwas haben. Besonders unsere drei Kinder hatten unter dem rücksichtslosen Verhalten der Nachbarn zu leiden.

Von uns geführte Beschwerden fanden keine Beachtung. Eine Geräuschdämpfung hatte es allerdings für einige Wochen gegeben. Der Grund: Die Frau A. war volltrunken auf der Treppe im Haus gestürzt.

So konnte dann wenigstens sie, wegen des Bruchs, nur noch mit einem Bein trampeln.

Durch den Zusammenbruch des Staates hatte es auch hier, zu unseren Gunsten, eine Wende gegeben. Selbst der ehemalige Polizeioffizier, Genosse J., nutzte die neue Zeit nach der Wende, um im Gespräch mit der Genossin T. ihr in unserem Beisein zu sagen: „Ihr habt euch doch damals nur geopfert, ich denke zum Beispiel nur an den Urlaub auf der Völkerfreundschaft, weil andere den nicht haben wollten." Obwohl das spaßig, ironisch zum Ausdruck gebracht wurde, war dies ein Volltreffer, genau ins Schwarze, denn sie reagierte darauf fast wie eine Furie.

Bald änderte aber die IM ihre gesellschaftliche Marschrichtung im wahrsten Sinne des Wortes.

Sie war wieder Katholikin geworden, und man konnte sie, nach Augenzeugenberichten, anläßlich eines kirchlichen Festes in der vorderen Reihe hinter der Fahne des heiligen Demonstrationszuges sehen.

Es ist auch nicht verborgen geblieben, daß nach der sogenannten Wende nicht wenige ehemalige Funktionäre der SED-Partei und anderer staatlicher Einrichtungen, wie auch NVA-Offiziere, einen Ortswechsel suchten, um vermutlich aus dem Gesichtskreis bekannter ehemaliger Mitmenschen zu verschwinden. Grundlos wird man wohl seinen ehemaligen Bekanntenkreis und natürlich Wohnsitz nicht aufgegeben haben. Ein Neuanfang in einem fremden Umfeld war daher wohl für bestimmte Leute der aussichtsreichere Weg.

Freudig erregt schilderte unser geliebter Sohn seine Erlebnisse beim Grenzübertritt nach dem friedlichen Aufbruch der unmenschlichen Grenzbefestigungen des Unrechtsstaates. Viele glückliche Menschen lagen sich nach der gewaltsamen Trennung nach vielen Jahren wieder in den Armen.

Unter dem Stichwort „Ungeziefer" wurden Tausende von Menschen aus dem Grenzraum ihrer angestammten Heimat brutal vertrieben und umgesiedelt. Viele Bürger konnten den Zeitpunkt der langersehnten, kaum zu erwartenden Heimkehr durch den Tod nicht mehr erleben.

Ralph hatte inzwischen einen Orts- und Arbeitsplatzwechsel hinter sich gebracht. Auf unserer Fahrt mit dem Trabant zu seinem neuen Wohnsitz war meiner Frau und mir hinter der ehemaligen Zonengrenze nicht entgangen, daß tatsächlich das Gras am Straßenrand und auf den Wiesen ein frischeres, sauberes Grün aufzuweisen hatte.

In den Orten leuchteten farbenfroh die Fassaden der Häuser. Alles machte einen sauberen, gepflegten Eindruck. Auch die reinere Luft wurde spürbar von unseren Lungen wahrgenommen.

Von den Warenangeboten in den Supermärkten waren wir sehr beeindruckt. Wir wußten gar nicht, wo wir zuerst hinschauen sollten, und machten uns gegenseitig auf dies und jenes aufmerksam.

Warum mußten wir DDR-Bürger jahrzehntelang auf vieles verzichten? Hier gab es alles im Überfluß – keine Mangelwirtschaft. Daher gab es auch keine sogenannten Hamsterkäufe wie im sozialistischen Handel, wenn mal etwas „Besonderes", aber nie ausreichend, im Angebot war. Das bezog sich nicht nur auf Lebensmittel, sondern auch auf die Industriewaren. Man wurde durch die Mißwirtschaft gezwungen, mehr zu kaufen, als man brauchte. Aber man hatte durch den sogenannten Hamsterkauf die Möglichkeit erworben, Objekte zum Tauschen mit den Nachbarn zu besitzen. Nach dem Motto: „Ich gebe dir, was gibst du mir dafür?"

Am 1. Juli 1990 wurde die von allen Menschen heißbegehrte D-Mark eingeführt. Diese harte Währung zu besitzen, löste wohl bei allen ein Glücksgefühl aus. Endlich war das DDR-Geld, auch Alu-Währung genannt, Vergangenheit. Man hatte es besessen – aber der Gegenwert hatte gefehlt.

Bald trennten wir uns vom hellgelben Trabant 601 de Luxe mit weißem Dach. Das Fahrzeug, gut gepflegt, wie auch unsere Anhänger wurden wir sehr schnell los.

Beim Verkauf unseres ersten, qualitätsmäßig bedeutend besseren Trabis hätten wir 1981 wegen der starken Nachfrage und langen Wartezeit einen Verkaufspreis erzielen können, welcher weit über dem Anschaffungspreis gelegen hätte.

Sehr schnell erfolgte der Neukauf eines fahrbaren Untersatzes in Wolfenbüttel/Niedersachsen. Der Sohn hatte sich dort schon kundig gemacht, und so trafen wir gemeinsam aus dem reichen Angebot an Fahrzeugen unsere Auswahl.

Ralph steuerte dann den ausgesuchten VW Golf II, Baujahr 1989, sicher aus dem Autohof in den Straßenverkehr. Da ich noch keine Erfahrung mit der Knüppelschaltung hatte, war ich jetzt sein Fahrschüler. Die Fahrzeuge Marke Trabant besaßen alle eine Lenksäulen-Schaltung. Doch es hatte alles gut geklappt, so daß wir, meine Frau und ich, mit unserem neuen Auto glücklich und zufrieden wieder in unserer Heimat ankamen.

Dieses robuste und zuverlässige Fahrzeug leistet uns, dank der guten Qualität, schon 23 Jahre gute Dienste, auch unfallfreie Fahrt, ohne irgendwelche technischen, mechanischen oder elektrischen Ausfälle. Der Volkswagen ist eben ein klasse Fahrzeug.

Leider konnten unsere Eltern nicht in dem bequemen Auto sitzen und an den erlebnisreichen Ausflugsfahrten in unsere schöne deutsche Heimat teilhaben.

Wie hat sich mein guter alter Vater wegen der Enge in den Trabi zwingen und klein machen müssen, wenn wir in den Harz zu unseren Kindern oder zu seinen Schwestern nach Halberstadt oder Leipzig gefahren sind. Darüber hinaus hatte er zu Leipzig noch eine andere, nämlich turnerische Verbindung. Das war seine Teilnahme am deutschen Sportfest 1923. Ich hatte neben meiner Studienzeit auch eine sportliche Beziehung, Teilnahme am Turn- und Sportfest 1956.

Spät zu Hause wieder angekommen, hieß es dann, nein, ich kann leider nicht mehr mitkommen, das war heute das allerletzte Mal.

Meine liebe gute Mutter, und liebe Oma, hat wegen ihrer schweren Erkrankung leider an den Fahrten nicht teilnehmen können.

Mit großem Bedauern waren es nur einige Fahrten in das Krankenhaus, und diese hätte ich ihr gerne erspart.

Auch das Straßenbild hatte sich durch die gesellschaftliche Wandlung und natürlich auch durch die Währungsumstellung sehr schnell verändert. Handel und Wandel hatten einen gehörigen Auftrieb erfahren.

Der SED-Staat mit seinen Auswüchsen mußte das Feld räumen. Die Bonzen konnten, bedingt durch die Humanität des wiedervereinigten Deutschland, in die Illegalität, aber bald darauf unter einem anderen Parteinamen wieder in der Öffentlichkeit aktiv werden.

Den Gebäudekomplex der Stasi in der Wilhelm-Beinert-Straße und die unterirdischen Bunker, wie zum Beispiel am Waldrand von Neckendorf, durften auch einstige Mitarbeiter der Firma Horch und Guck selbst ausräumen.

Ich selbst war Augenzeuge davon, als der getarnte und umzäunte Bunker von solchen Leuten leer geräumt wurde. Ich benutzte die Gelegenheit sofort, um in den jetzt geöffneten Bunker einzusteigen.

Ich wurde von dem Ausräumkommando nicht daran gehindert, aber herausfordernd gefragt: „Du willst wohl kontrollieren, ob der Bunker leer ist?" Ich habe mich damals gefragt und möchte auch heute noch wissen, wo die heraustransportierten LKW-Ladungen mit Material gelandet sind.

Mir war bekannt, daß ein Nachbar, der auch dort aktiv mitwirkte, nämlich Herr Str., Schlüsselgewalt über noch weitere versteckte Bunker im Umfeld unseres Mansfelder Landes hatte. Bei meinen Wanderungen war mir sein in der Nähe dieser militärischen Einrichtungen abgestelltes Fahrzeug aufgefallen.

Honecker mit seiner großmäuligen Prophezeiung „Den Sozialismus und seinen Lauf hält weder Ochs noch Esel auf" hatte man inzwischen zu Grabe getragen. Auch sein Nachfolger Krenz konnte den maroden Unrechtsstaat, die DDR, dank des Aufbegehrens des Volkes nicht mehr vor dem Untergang retten.

Mit unbeschreiblicher Begeisterung erlebten wir den Besuch des Bundespräsidenten Richard v. Weizsäcker in unserer Lutherstadt.

Wir, meine liebe Frau und ich, denken gerne an der herzlichen Händedruck, den wir beide von ihm erhielten.

Noch nie haben wir von einem Wessi oder Ossi gesprochen. Für uns, wie für die meisten Menschen im Lande, gibt es nur Deutsche.

In der DDR-Zeit hatte man „Hemmungen", über die Militärzeit oder gar Kriegsgefangenschaft in der Sowjetunion zu sprechen.

Das Erlebte mußte zwangsläufig unterdrückt werden.

Diese Epoche ist Gott sei Dank vorbei. Im Jahr 1992 wurde ich Mitglied des Verbandes der Heimkehrer, Kriegsgefangenen und Vermißtenangehörigen Deutschlands e. V. (VdH). Die goldene Ehrennadel und Urkunde des Verbandes erhielt ich 2003.

Die wiedererlangte Einheit Deutschlands veränderte auch unsere Verhaltensweisen, im positiven Sinne. Offen, ohne etwas befürchten zu müssen, können wir unsere Gedanken frei und aufrichtig allen Menschen gegenüber äußern. Die jahrzehntelange unterdrückte Meinungsfreiheit in der Diktatur habe ich mehr als verdammt. Der untergegangene Staat zwang im wahrsten Sinne des Wortes seine Bürger zur Unehrlichkeit und zum Fälschen. Diese Jacke überzuziehen, widerstrebte sicher der Mehrheit der Bürger. Das mußte aber getan werden, um sich keinen Gefahren auszusetzen, denn die Aufrichtigkeit löste damals mehr als Unannehmlichkeiten aus.

Auch eine spürbare Klimaverbesserung bezüglich unserer Atemluft ist durch die wirtschaftlichen Veränderungen eingetreten. Die verpestete Luft, die durch die Abgase der DDR-Fahrzeuge entstanden war, gehört der Vergangenheit an. Wir alle sind auch hier dankbare Nutznießer durch die neue Zeit geworden.

Die Meinungsfreiheit ist auch für mich ein echtes Bedürfnis. Jetzt kann man ungehindert davon Gebrauch machen.

Aus diesem Grunde möchte ich ein Beispiel hier erwähnen.

Ich hatte beim Lesen der MZ (Mitteldeutsche Zeitung) mehrmals festgestellt, daß die Ereignisse vom 17. Juni 1953 in Eisleben und dem Mansfelder Land den verantwortlichen Redakteuren dieser Tageszeitung keine Zeile der Veröffentlichung wert waren.

Dafür wurden Dinge erwähnt, an die man nun wirklich nicht mehr erinnert werden wollte, wie unter anderem Geburtstage von Bonzen des damaligen Staatsapparates.

Aus diesem Grunde faßte ich den Entschluß, mein Erleben vom 17. Juni 1953 aufzuschreiben und um Veröffentlichung bei obengenannter Zeitung zu bitten. Hier traten jetzt bereits Schwierigkeiten auf, mit denen ich nie gerechnet hätte. Zwei verantwortliche Redakteure, die mir aus der DDR-Zeit dort schon bekannt waren, weigerten sich indirekt, meinen Erlebnisbericht zu veröffentlichen.

Der erste Redakteur wurde plötzlich krank, und dessen Vertreter konnte den vereinbarten Termin, zwecks Absprache wegen Urlaub, nicht mehr einhalten. Man überließ auf diese Art und Weise einer Kollegin die Entscheidung. Hier gab es kein Zögern oder Verschleppen. Meine Ausarbeitungen wurden in Folge vom 13. bis 16. Juni 2001 in der genannten Tageszeitung veröffentlicht.

Aber die Versetzung der Redakteurin danach gibt doch zum Denken Anlaß.

In Vorbereitung auf den 50. Jahrestag der Wiederkehr des Volksaufstandes wurde mein Erlebnisbericht von verschiedenen Institutionen, nach Einholen meiner Erlaubnis, genutzt.

Das Aufbegehren des unterdrückten Volkes war ein Dorn, der tief im Fleisch des Unrechtsstaates saß.

So erhielt ich am 50. Jahrestag eine telefonische Morddrohung: „Man müßte dir die Knochen brechen."

Diese Drohung konnte nur von einem Menschen kommen, der nie als Bergmann rund tausend Meter unter der Erdoberfläche für den Ausbeuterstaat schuften mußte und somit keine Kenntnisse zum Beurteilen des geschilderten Sachverhaltes besaß.

Bekannte Persönlichkeiten hatten dazu aufgerufen, aus Anlaß der Wiederkehr des 50. Jahrestages des Volksaufstandes Stätten des Erinnerns zu schaffen. Dieser Aufruf mußte mit Leben erfüllt werden. Daher unterbreitete ich als Zeitzeuge dem Bürgermeister unserer Stadt auf der Grundlage meiner Erlebnisse Vorschläge zur Verwirklichung des Aufrufes.

Im Antwortschreiben vom 29.11.2002 wurde mir mitgeteilt, daß ich der Einzige sei, der auf den Aufruf reagiert habe.

Aufgrund meiner Initiative wurde am 20. Juni 2003, anläßlich des

13.06.01

Mitteldeutsche Zeitung

Eisle

Volksaufstand am 17. Juni 1953

Geschuftet für mehr Brot und zusätzliche Kohlenkarten

Erinnerung des Bergmanns Ehrhardt Schmidt - Rebellion in Eisleben

Eisleben/MZ. Vor 48 Jahren fand am 17. Juni in der DDR der Volksaufstand statt. Der 74-jährige Bergmann Ehrhardt Schmidt aus Eisleben hat seine Erinnerungen an den Tag aufgeschrieben. Die MZ veröffentlicht sie in loser Folge.

Die ersten, die sich gegen den real existierenden Sozialismus erhoben haben, waren Deutsche. Der Volksaufstand, der sich zum 48. Mal jährt, wurde zum Fanal im sowjetischen Machtbereich. Zur Schande der so genannten Parteien der Arbeiterklasse waren es Arbeiter, die auf die Straße gingen, protestierten und politische Forderungen erhoben. Dabei wurden sie von einer Mehrheit des Volkes unterstützt. Die von der Partei versprochene Anhebung des Lebensstandards blieb aus. Auch nachdem der Arbeitsplatz zum Kampfplatz erklärt wurde.

Die Erhöhung der Arbeitsleistung, bei gleichem Lohn wurde ständig gefordert. Man erwartete von den „besten Kämpfern" Selbstverpflichtungen und vom Vorbild des „Brudervolkes" der damalgen UdSSR zu lernen. Es galt den Helden der Arbeit nachzueifern, und wenn es geht die Normen zu überbieten. Das sollten unter anderem die sozialistischen Hebel sein, um den Lebensstandard zu heben und somit die Überlegenheit des Sozialismus über den Kapitalismus zu dokumentieren.

Ein neues Schlagwort erfanden die Agitatoren der SED dafür, den Neuerer. Die Neuererbewegung musste nun auch in den Schächten und Betrieben des Mansfelder Landes aktiviert werden. Ausgesuchte Funktionäre bekamen den Parteiauftrag, den Kumpels zu demonstrieren, dass die bisherigen Arbeitsnormen zu niedrig sind und die Leistungssteigerung demzufolge eine Notwendigkeit ist. Diese demonstrierten Stoßschichten waren aber unreell und nicht täglich von den Kumpels zu schaffen. Die Erfüllung des Planes oder der täglichen Norm hing von vielen einzelnen Faktoren ab, die außerhalb des Machbaren der Bergleute lagen. Die Neuerer wurden belohnt. Titel

und Medaillen wurden vergeben, Privilegien und Vergünstigungen eingeräumt.

Das Erreichen der täglich geforderten Normen lag wohl den meisten Bergleuten am Herzen. Die Planerfüllung brachte Vergünstigungen wie zusätzliche Lebensmittel, Kohlenkarten, den Bergmannstrost- oder -tod, vier Liter Fusel, aber auch Sachprämien ein. Wegen dieser Anreize wuchs die Zahl der Bergmänner. Fehlschichten durfte man sich nicht leisten, dann waren die Vergünstigungen weg. Auch ich hatte meinen Arbeitsplatz im Lohnbüro aufgegeben und bin auf dem Wolfschacht (Fortschrittschacht I), Flügel 15, 10. Sohle, über 1000 Meter tief unter Tage eingefahren. Ich wurde damals der Brigade Theile zugeteilt. Wir erfüllten meist unsere Norm. Als ehemaliger Spätheimkehrer aus russischer Kriegsgefangenschaft hatte ich in den Jahren des Leidens und der Entbehrungen dort keine guten Erfahrungen bezüglich einer Normerfüllung machen können. (Wird fortgesetzt)

Volksaufstand am 17. Juni 1953

Bergleute demonstrierten in Eisleben

Teil 2: Spannung auf dem Schachtgelände – Transparente im Zug mitgeführt – Beifall der Bürger

Eisleben/MZ. Vor 48 Jahren fand am 17. Juni in der DDR der Volksaufstand statt. Der 74-jährige ehemalige Bergmann Ehrhardt Schmidt aus der Lutherstadt Eisleben hat seine Erinnerungen an den Tag aufgeschrieben. Die MZ veröffentlicht sie in loser Folge.

Oft erhielten wir gar nicht die versprochenen 50 Gramm Brot zusätzlich, die allerdings unseren Hunger hätten auch nicht stillen können. Es gab auch kein Arbeitsentgelt für die jahrelange schwere körperliche Arbeit. Damit unsere Brigade die Tagessoll erreicht, mussten wir auf die Halbschicht verzichten. Es wurde bis zur letzten Minute vor Streb gearbeitet und zum Schichtende, während des Laufens, nahmen wir unseren Knaust in die Hand. Dabei ging die Strecke bis zum Personenflachen immer bergauf. Die Zahnradbahn war noch im Bau. Diese Arbeitsweise konnte kein Dauerzustand bleiben. Die Forderungen nach höheren Arbeitsleistungen bei gleichbleibendem Lohn mussten einmal schief gehen. Das Überlaufen des bekann-

ten Fasses war also nur noch eine Frage der Zeit. Und diese Zeit war auch für uns Bergleute am 17. Juni 1953 gekommen. Nicht im Klassenfeind inszeniert, wie später von den Medien verkündet wurde.

Ich war an diesem Tage zur Frühschicht angefahren, und wir alle hatten eine Vorahnung, das Gefühl, dass etwas in der Luft liegt, dass heute etwas passiert. Unsere Vorahnung hatte sich bestätigt. Die Kumpels der Mittagsschicht waren nicht angefahren. Wir begegneten uns sonst am Förderkorb. Eine gespannte Atmosphäre breitete sich in der Kaue, dem Umkleideraum der Bergleute, aus. Auf der Straße vorm Hauptgebäude des Schachtes hatten sich die streikenden Arbeitskollegen der Mittagsschicht zu einem Marschblock formiert und auf uns, die Arbeiter aus der Frühschicht, gewartet.

In der Marschkolonne sah man vereinzelt Transparente. Die Aufschriften fanden wohl bei allen streikenden Bergarbeitern und wie man später in Eisleben feststellen

konnte, auch bei der Bevölkerung breite Zustimmung. Aber auch rote Tücher konnte man im Marschblock sehen. Diszipliniert erreichten wir die Freistraße in Eisleben. Die Bevölkerung begrüßte mit viel Beifall die Streikenden und schloss sich der Menschenmenge an. Man konnte den Eindruck gewinnen, dass die ganze Stadt Eisleben auf den Beinen war.

Was war den überhaupt in der Zeit geschehen, als wir unsere Arbeit unter Tage verrichteten? Aber zum Überlegen hatten wir jetzt weder Zeit noch die Möglichkeit. Protestforderungen wurden gerufen und mit Beifallsbekundungen laut bejubelt und beklatscht. Inzwischen erreichten wir den Markt. Im ehemaligen Hotel zum „Goldenen Löwen" befand sich zu dieser Zeit das Volkspolizeikreisamt. Die Demonstranten hatten Sprechchöre gebildet, um den Forderungen und Wünschen mehr Nachdruck zu geben. Aber die Polizisten waren nicht zu bewegen, sich den Streikenden zu offenbaren oder gar anzuschließen. Tor und Fenster wa-

ren verrammelt. Ob sich überhaupt noch Polizei im Gebäude befand, wusste man nicht. Auch zu Bruch gehende Fensterscheiben änderten an der Situation nichts, denn die von den Bergleuten mitgeführten Fummelklötzchen waren inzwischen zu Wurfgeschossen geworden. Fummelklötzchen, das ist die bergmännische Bezeichnung für ein aus einem zerdrückten Stützholz geschnittenes, etwa 20 Zentimeter langes Holzklötzchen für den eigenen Herd. Endlich konnte ich mein mitgeführtes Fahrrad auf einem Geschäftshof abstellen. Inzwischen waren aber auch die Bergleute vom Dietrichschacht (Fortschrittschacht II) aus Unterrißdorf kommend, in der Stadt Eisleben eingetroffen.

Einige Transparente mit missfallenden Aufschriften, die zum Beispiel quer über die Hallesche Straße gespannt waren, wurden von den Streikenden heruntergeholt. Das notwendige Werkzeug dazu stellten bereitwillig auch die Geschäftsleute zur Verfügung. (Wird fortgesetzt).

321

Volksaufstand am 17. Juni 1953

Russische Panzer rollten durch Straßen

Teil 3: Protest gegen Normerhöhung - Gefängnistore gewaltsam geöffnet - Angst und Hoffnung

Eisleben/MZ. Vor 48 Jahren fand am 17. Juni in der DDR der Volksaufstand statt. Der 74-jährige Bergmann Ehrhardt Schmidt aus Eisleben hat seine Erinnerungen an den Tag aufgeschrieben. Die MZ veröffentlicht sie in loser Folge.

Zurückgekehrt zu meinen Arbeitskollegen, sah ich zwei russische Soldaten, die vermutlich zur Verstärkung zum VP-Amt abkommandiert waren, an die Wand des Amtes gedrückt. Ob es Angehörige der russischen Kommandantur von Eisleben waren, ist nicht bekannt. Die eingeklemmten Russen konnten somit ihre Waffen nicht benutzen, was für beide Seiten gut war. Ob allerdings die Militärs von ihren Vorgesetzten für das Verhalten belobigt wurden, muss sehr bezweifelt werden. Es ist nicht bekannt, wie viele Sowjetsoldaten von ihren Leuten wegen Fehlverhaltens oder Feigheit oder auch Verbrüderung mit den Demonstranten am 17. Juni erschossen wurden.

Denunzianten beobachteten die Szene aus ihren Verstecken. Die russischen Soldaten hatten diese sehr enttäuscht. Der Marktplatz war voller Menschen. In der Kreisleitung der SED des Mansfeld Kombinates wurden vermutlich einige Zimmer ausgeräumt. Natürlich landeten auch die Bildnisse der Vertreter der Arbeiterklasse auf dem Pflaster des Marktplatzes. Aber auch große Transparente mit Losungen, die zum Protest der Bevölkerung Anlass gaben und nicht mehr die Wände der Gebäude verunzieren sollten, wurden entfernt und von der Menschenmenge zertreten. Die Bevölkerung war erzürnt, und der eilig herbeigerufene Vertreter des Kombinates, Herr Gutjahr, welcher vermutlich die Massen wegen der Normerhöhungen beruhigen sollte, musste einem anderen Redner Platz machen. Selbstverständlich geschah dieses unter Zustimmungsbekundungen der Streikenden. Der Genosse Direktor ging irgendwo in

der Menge der Versammelten unter.

Stunden später rollten dann schon die Panzer der Russen, wie wir, meine Frau und ich, an der „Arche" vor der „Kupferklause" mit Schreck sehen mussten. Das eigenartige Gefühl, welches wir beim Anblick dieser Ungeheuer bekamen, und uns an vergangen Geschehen erinnerte, veranlasste uns, aus dem Gesichtskreis unserer Beschützer schleunigst zu verschwinden. Meine Frau wurde aus ihrer Heimat Ostpreußen vertrieben, und ich war Soldat im Osten.

Streikende hatten auch die Gefängnistore der Haftanstalt in der heutigen Friedensstraße gewaltsam geöffnet, um die Inhaftierten zu befreien. Der Volksaufstand brachte auch diesen zu Recht oder Unrecht eingesperrten Menschen die Freiheit. Die russische Kommandantur befand sich unweit der Haftanstalt in der Breitscheidstra-

Be. Das Terrain war auch hier wie üblich mit einem grünen Bretterzaun umgeben. Durch Ritzen in der Bretterwand konnte man die bewaffneten Posten sehen.

Zu nahe durfte man nicht an die Sichtblende. Das konnte gefährliche Folgen auslösen, wie ich feststellen musste. Die Stimmung der Menschen nach den Ereignissen war auch in Eisleben noch lange nicht beruhigt. Täglich schauten wir nach den Fördertürmen der Schächten, um festzustellen, ob sich die Seilscheiben wieder drehen, und wir wieder unsere Arbeit aufnehmen können. Wir Bergarbeiter erwarteten zumindest eine Korrektur der Arbeitsnormen.

Da der Volksaufstand von den Berliner Bauarbeitern ausgegangen war, wurden vor allem die „Aufwiegler" auf den sozialistischen Baustellen gesucht. So auch in Eisleben auf dem Gelände der Zweijahresschule. (Wird fortgesetzt).

Kampfgruppen wurden in Arbeitszeit geschult

Letzter Teil: Nach Streik und Demonstration viele Verhaftungen – Bergmann aus Eisleben galt als „politisch nicht tragbar"

Eisleben/MZ. Vor 48 Jahren fand am 17. Juni in der DDR der Volksaufstand statt. Der 74-jährige Bergmann Ehrhardt Schmidt aus Eisleben hat seine Erinnerungen an den Tag aufgeschrieben. Die MZ veröffentlicht sie in loser Folge.

Die Häscher in Zivil wurden von den Denunzianten geführt, wie ich durch einen Zufall feststellen konnte. Diese ließen sich auch nicht von ihrem Vorhaben abbringen, als der „Hilfsbereite" auf mich zeigend und aufgeregt rief „das ist auch so einer". Aber man konnte nicht alle Streikenden verhaften.

Eine große Verhaftungswelle hatte inzwischen begonnen, und man weiß auch heute, dass es nicht nur beim Verhaften geblieben ist. Auch ich war durch meine Teilnahme am Volksaufstand in Kreisen bekannt geworden und hielt aus Gründen der Sicherheit für meine Familie einen Abstand zu diesen Leuten. Provokationen, Beleidigungen und Diffamierungen war ich machtlos ausgesetzt.

Damals, in den siebziger Jahren, erlaubte unsere Volkswirtschaft den Bürgern der DDR, sich für – so genannte hochwertige Geräte wie Fernseher, Waschmaschinen, Bohrmaschinen usw. in den einschlägigen Geschäften anzumelden. Zu einem Kaufabschluss kam es aber erst lange Zeit später. So konnte man sich auch nicht auf einen bestimmten Gerätetyp festlegen. Auf eine diesbezügl ch erbetene Auskunft wurde ich vom damaligen Leiter der Geschäftsstelle im groben Ton und im Beisein anderer Bürger unverschämt und beleidigend angegangen: „Am 17. Juni teilnehmen und jetzt große Ansprüche stellen."

Noch in den achtziger Jahren, derselbe Herr hatte inzwischen die Arbeitsstelle gewechselt, kam die Wut anders denkenden Menschen gegenüber zum Ausdruck. Äußerungen wie „politisch nicht tragbar" begleiteten mich ein ganzes Stück in meinem Leben.

Die Machthaber des so genannten Arbeiter-und-Bauern-Staates zogen Lehren aus dem Volksaufstand. Kampfgruppen wurden aufgestellt. Waffen in die Hände der Arbeiterklasse, damit diese in einem Wiederholungsfall gegen die streikenden Arbeiter eingesetzt werden können. Somit wurde die viel gepriesene Einheit der Arbeiterklasse von den Machthabern gebrochen.

Die Mitglieder der Kampfgruppen wurden meist in der Arbeitszeit geschult und ausgebildet. Sie erhielten Vergünstigungen wie eine monatliche Zusatzrente. Aber auch damit konnten sich die Machthaber vor dem Untergang nicht retten, wie es die Novembertage 1989 bewiesen haben. Die zweite Diktatur auf deutschem Boden wäre bereits 1953 beendet gewesen, wenn nicht russische Panzer den Volksaufstand niedergewalzt hätten. Mit Waffengewalt wurden die Proteste zerschlagen. Hunderte starben, Angehörige der Roten Armee wurden erschossen. Inhaftiert wurden etwa dreitausend Menschen und mehr als achttausend Jahre Haftstrafen verhängt. Der Volksaufstand am 17. Juni 1953 war Ausdruck des ruhigen Widerstandes gegen die SED-Diktatur.

Noch heute verbreiten kommunisten die These, der Aufstand sei unter westlicher Führung als faschistischer Putsch zustande gekommen. Geschichtsfälschung gehörte zum Handwerk der SED-Machthaber. Die Würdigung des Volksaufstandes vom 17. Juni 1953, und die Gedanken an die Toten sind eine geschichtliche Notwendigkeit, wie auch die Tage des Novembers 1989 nicht vergessen werden dürfen. Dieser frühe Aufstand gegen die zweite deutsche Diktatur war zugleich der erste innerhalb des roten Imperiums. Der 17. Juni 1953 ist ein Datum, an das sich voller Stolz erinnern lässt. (Schluss)

50. Jahrestages der Wiederkehr des historischen Volksaufstandes, eine Gedenktafel am Andreaskirchplatz in der Lutherstadt Eisleben enthüllt.

Alljährlich wird am 17. Juni an dieser Erinnerungsstätte mit Kranzniederlegung und Gedenkreden des historischen Ereignisses gedacht. Daß dies alles zur Tradition geworden ist, erfüllt mich und die Kameraden aus den Opferverbänden mit Stolz, denn der 17. Juni war auch eine Vorstufe auf dem Weg zur Wiedererlangung des einheitlichen deutschen Vaterlandes.

Der 17. Juni und mein Beitrag zur Schaffung einer würdigen Erinnerungsstätte in unserer Bergarbeiter- und Lutherstadt Eisleben.

Wer in der Mitteldeutschen Zeitung in der Spalte „Kalenderblatt" nach einer Erinnerung an den historischen Volksaufstand suchte, fand seine Erwartung unerfüllt.

Dieses Ereignis war vermutlich den Redakteuren dieser Zeitung, aus unerklärlichen Gründen, keine Zeile wert.

Dieses bewußte Unterschlagen des Erinnerns an das Geschehen in unserer Stadt und darüber hinaus mußte ein Ende haben.

Ich faßte den Entschluß, meine Erlebnisse als ehemaliger Bergmann und Zeitzeuge in Vorbereitung auf den 48. Jahrestag der Wiederkehr des Volksaufstandes zu veröffentlichen.

Mit Schwierigkeiten bei der Annahme meines Berichtes in der Redaktion hatte ich allerdings nicht gerechnet. So wurden terminliche Absprachen wegen Krankheit des einen und Urlaub des anderen Redakteurs nicht eingehalten beziehungsweise verschoben. Erst bei der dritten Mitarbeiterin der MZ klappte es vorbildlich, und der Veröffentlichung stand nichts mehr im Wege.

Vom 13. Juni bis 16. Juni 2001 wurden meine Aufzeichnungen in Folge veröffentlicht. Mir ging danach eine telefonische Drohung zu mit dem Wortlaut: „Man müßte dir die Knochen brechen!"

Im Oktober 2002 war in Vorbereitung des 50. Jahrestages im Amtsblatt der Stadt Eisleben ein Aufruf herausragender Persönlichkeiten abgedruckt, „Stätten des Erinnerns" zu schaffen.

Diesen Aufruf nahm ich zum Anlaß, meine Anregungen und auch Vorschläge dem Herrn Bürgermeister Pfützner am 22.11.2002 schriftlich mitzuteilen.

Im Antwortschreiben vom 29.11.2002 wurde mir mitgeteilt, daß ich der Einzige sei, trotz Veröffentlichung im Amtsblatt und im Internet, der auf den Aufruf reagiert habe.

In der folgenden Stadtratssitzung, zu der ich eine Einladung erhalten hatte, konnte ich meine Anregungen und Vorstellungen darlegen. Mein Hauptaugenmerk legte ich hierbei auf die Fertigung und Anbringung einer Gedenktafel am Stadtschloß unseres Ortes.

Die Stadträtin G. Riedel erklärte sich sofort bereit, für die Fertigung in Hettstedt zu sorgen.

Meine in der Zeitung veröffentlichen Erinnerungen an das Geschehen in unserer Stadt nutzten in Vorbereitung auf den 50. Jahrestag der Wiederkehr des Volksaufstandes verschiedene Institutionen und Verbände.

Der ehemalige Eisleber Herr Dietmar Mokros, Vertreter des BSV (Bund der Stalinistisch Verfolgten), nahm Verbindung mit mir auf und bat mich um Erlaubnis, meine Aufzeichnungen veröffentlichen zu dürfen. Er plante die Herausgabe eines Buches über den Volksaufstand in Eisleben und im Mansfelder Lund. Ich informierte ihn über meine erfolgreiche Anregung zur Schaffung und Anbringung einer Gedenktafel beim Rat der Stadt Eisleben zur Ehrung des Jahrestages.

Des weiteren baten um Genehmigung für die Veröffentlichung meiner Aufzeichnungen: Vereinigung 17. Juni e. V., Deutschland Radio, Landesbeauftragte Frau Edda Ahrberg, Leipziger Zeitung.

Für einen Bericht in der Bild-Zeitung „Helden des 17. Juni" fand eine Zusammenkunft mit einem Reporter der Zeitung statt.

Ich erhielt mich ehrende Einladungen zu Gedenkveranstaltungen in Berlin. Am 20. Juni 2003 wurde die Gedenktafel feierlich enthüllt.

In der anschließenden Erinnerungsveranstaltung im Kulturhaus der Mansfelder Bergarbeiter konnte ich als Zeitzeuge und ehemaliger Bergmann über Erlebtes berichten.

Seit diesem Zeitpunkt findet alljährlich am 17. Juni in Eisleben an der Gedenktafel, welche an der Mauer der Andreaskirche angebracht ist, eine Erinnerungsveranstaltung mit Kranzbefestigung statt.

Ehemalige Leidensgefährten des BSV der UOKG, Vertreter aus Stadt und Land sowie Bürger der Stadt versammeln sich hier zum würdigen Gedenken und zum Gedankenaustausch.

Bitterkeit kommt allerdings auf, da die Gedenktafel sich vom gleichfarbigen Untergrund der Mauer kaum sichtbar abhebt und nicht in das Blickfeld der Menschen fallen kann.

Jahrelang bemühte ich mich um eine diesbezügliche Verbesserung, natürlich im Namen der Versammlungsteilnehmer. Endlich – zum 60. Jahrestag – die würdevollere Gestaltung der Erinnerungsstätte.

Allen Beteiligten, vor allem der Gleichstellungsbeauftragten der Stadt Eisleben, Frau Hahn, möchten wir für ihre Bemühungen unseren Dank sagen.

Ehrhardt Schmidt

Schillerstraße 7

06295 Eisleben
Lutherstadt Eisleben, 15.4 2013
Anlage: sieben Belege

Die notwendige Verbesserung an der Erinnerungsstätte mit der jetzt gut zu erkennenden Gedenktafel wurde nur durch mein beharrliches Drängen bei den alljährlich dort stattfindenden Gedenkveranstaltungen am 17. Juni erreicht.

Denn die ausgewechselte bronzene Tafel, die vorübergehend, wie ich hoffe, eingelagert wurde, hob sich kaum von der gleichfarbigen Mauer ab und konnte dadurch von der Umwelt kaum wahrgenommen werden.

Die anwesenden Vertreter der Opferverbände und Persönlichkeiten der Stadt forderten mich spontan dazu auf, die Enthüllung der neuen Gedenktafel gemeinsam mit dem stellvertretenden VOS-Landesvorsitzenden Stiehl vorzunehmen. Denn laut Einladung zu dieser Gedenk-

Lutherstadt Eisleben
Der Bürgermeister

Stadtverwaltung Lutherstadt Eisleben • Postfach 01331 • 06282 Lutherstadt Eisleben

	Amt: Dezernat 1/Hauptamt
Herrn	
Eberhardt Schmidt	Bearbeiter(in): Herr Kubica
Schillerstraße 7	Telefon: 03475 / 655 160
	Aktenzeichen:
06295 Lutherstadt Eisleben	H:\2002\Herr Kubica\Allgemeines\
	Antwortschreiben 17. 06. 1953.lwp

Ihr Zeichen	Ihre Nachricht vom	Unser Zeichen	Datum
		ku-eh	2002-11-29

Ihr Schreiben vom 22. 11. 2002

Sehr geehrter Herr Schmidt,

im Namen des Bürgermeisters der Lutherstadt Eisleben bedanke ich mich für Ihr oben genanntes Schreiben. Ihre darin enthaltenen Anregungen, wie wir den 50. Jahrestag im Jahre 2003 hier in Eisleben begehen können bzw. wie an diesem Tag in Zukunft erinnert werden kann, werde ich in einer der nächsten Stadtratsitzungen den Stadträten nahe bringen.

Wir hoffen nur, dass weitere Gedanken von umittelbar Betroffenen bzw. von Zeitzeugen bei uns eingehen werden. In diesem Zusammenhang möchte ich bemerken, dass Sie bisher der Einzigste sind, der auf unseren Aufruf im Amtsblatt bzw. auch im Internet reagiert hat.

Mit freundlichen Grüßen
i. A.

K u b i c a
Stadtamtsrat

Anschrift: Bankverbindungen:
Stadtverwaltung Lutherstadt Eisleben   Dresdner Bank AG Lutherstadt Eisleben   BLZ 800 800 00 • Konto-Nr. 797 152 700
Markt 1 • 06295 Lutherstadt Eisleben   Sparkasse Mansfelder Land   BLZ 800 550 08 • Konto-Nr. 335 003 5662
Email: bm@lutherstadt-eisleben.de   Deutsche Bank   BLZ 860 700 00 • Konto-Nr. 832 852 800
Internet: www.lutherstadt-eisleben.de   Volks- und Raiffeisenbank   BLZ 800 637 18 • Konto-Nr. 260 00

Gedenkveranstaltung

zum 50. Jahrestag
des
17. Juni 1953

Aus Anlass des 50. Jahrestages des Volksaufstandes am 17. Juni 1953 laden wir Sie am

20. Juni 2003, ab 14.30 Uhr

recht herzlich ein.

Folgende Veranstaltungen werden stattfinden:

14.30 Uhr   Enthüllung einer Gedenktafel an der Mauer zum Andreaskirchplatz

15.30 Uhr   Erinnerungsveranstaltung im Kulturhaus der Mansfelder Bergarbeiter
- Zeitzeugen werden über Erlebtes berichten -
Hauptreferent: Hr. Bohse, Doktorand an der MLU Halle-Wittenberg

Peter Pfützner
Bürgermeister

Dr. Marion Ebruy
Mansfelder Heimatverein e. V.

veranstaltung hatte der Rat der Stadt Eisleben nur den Vertreter des Opferverbandes für die Enthüllung benannt.

Ich betrachte die mir zuteil gewordene Ehrung auch als Lohn, der historischen Wahrheit gedient zu haben.

Statt der Einlagerung der bronzenen Tafel schlug ich dem Vertreter der Stadt, Frau H., eine bessere Verwendung vor: nämlich an der Fassade des ehemaligen Gebäudes der Volkspolizei, im Zentrum der Stadt am Markt. Hier wäre tatsächlich ein historischer Ort für die Gedenktafel. Hier hatten wir Bergleute, vom Fortschrittschacht kommend, die Staatsdiener aufgefordert, sich uns Streikenden anzuschließen. Rotarmisten versuchten an dieser Stelle, sich uns entgegenzustellen. Sie wurden von uns so an die Fassade gedrückt, daß sie ihre Waffen nicht einsetzen konnten.

Bis zur Verwirklichung meines Vorschlages wird aber wieder Zeit vergehen, denn die bürokratischen Hürden müssen ja erst überwunden werden.

Im „Handeln gegen das Vergessen" sollten wir Deutschen auch in unserem Gedächtnis dankbar bewahren, daß Moskau unter der Führung von Gorbatschow die einzige Siegermacht des Zweiten Weltkrieges ist, die Deutschland auch faktisch die volle Souveränität zurückgegeben hat. Denn bereits 1994 wurde die russische Besatzungsarmee aus Mitteldeutschland mit Marschrichtung Heimat abgezogen.

Somit hatte der westlichste Satellitenstaat der UdSSR, die DDR, ihre Existenz verloren. Seit diesem Zeitpunkt sind fast 20 Jahre vergangen. Wann werden die anderen Siegermächte dem von uns Deutschen sehnlichst erwarteten und erhofften Beispiel folgen?

Oder bleibt der deutsche Staat ewig ein Feindstaat und „Anhängsel" Amerikas, nur ein Bollwerk gegen den Osten? Deutschland wartet bereits Jahrzehnte auf den noch ausstehenden Friedensvertrag.

Hier müßten unsere Politiker Aktivitäten entwickeln, um den geleisteten Eid mit Leben zu erfüllen.

Die laufend verkündeten Demuts- und Dankbarkeitsbekundungen Amerika gegenüber sind eine völlige Verzerrung der Wirklichkeit.

Denn auch der Marshallplan war für die USA nur eine geplante ge-

Titelseite – Bild-Zeitung

Feierliche Kranzniederlegung in der Lutherstadt Eisleben

Am Mittwoch, dem 17.06.2008, wurde durch den BSV - VOS, vertreten durch Herrn Wendt an der Gedenktafel des 17. Juni 1953 ein Kranz angebracht. Mit dabei war der Zeitzeuge Herr Schmidt aus der Lutherstadt Eisleben.

Anwesend war die Oberbürgermeisterin der Lutherstadt Eisleben, Frau Fischer, und einige interessierte Bürgerinnen und Bürger.

Mit sehr energischen Worten warnte Herr Jantos in seiner Ansprache vor der Gefahr des Vergessens.

Zitat: „... dem entgegenzuwirken, ist die gesamte Gesellschaft gefragt.

Die Opfer und die Verfolgten des Stalinismus haben ihr Bestes gegeben, sie haben sich dafür eingesetzt, dass wir heute wie selbstverständlich in einer freiheitlichen Demokratie leben, dafür danken wir ihnen.

Es ist jetzt an der Zeit, dass die nächsten Generationen dafür sorgen, dass dies auch so bleibt."

Herr Schmidt, Frau Fischer, Herr Wendt und Herr Jantos (v. l.)

winnbringende Investition zu Lasten des deutschen Volksvermögens. Dieser Plan war nie eine Hilfe oder Initialzündung für die Entwicklung des deutschen Wirtschaftswunders.

Vor einigen Tagen konnten wir, meine Frau und ich, im Beisein fast aller lieben Kinder bei Kaffee und Kuchen in friedlicher und besinnlicher Runde meinen 86. Geburtstag begehen. Besonders bei solchen familiären Ereignissen denkt man an Vergangenes, aber nicht Vergessenes. Erinnerungen, wie schwer es damals unsere lieben Eltern hatten, wieviel Mühe aufgebracht werden mußte, damit alles gut gedeiht. Von ganzem Herzen Dank dafür.

Besonders ich habe dem guten Leumund meines Elternhauses zu danken, daß ich die politischen Hürden der Gefahren in der DDR-Zeit fast unbeschadet überwinden konnte. Sicher hat auch meine verdeckte, von mir aber nicht ausgeführte Funktion für die GPU in der Wismut-Zeit in hohem Maße die Vertreter des damaligen Machtinstrumentes verunsichert, bezüglich der Haftbarmachung meiner Person.

Meiner lieben, guten Griseldis habe ich für die schöne Zeit des Zusammenlebens, es sind bereits über 61 Jahre, von ganzem Herzen zu danken. Drei gesunde und hübsche Kinder hat sie zur Welt gebracht. Auf unsere Lieblinge Ralph, Konstanze und Birgit sind wir stolz und glücklich. Alle drei haben mit Bravour das Studienziel erreicht, ohne Mitglied der SED gewesen zu sein. Fleiß, Zielstrebigkeit und Können waren dafür die ausschlaggebenden Faktoren.

Das Fundament für eine Familienplanung, für ein schönes, sorgenfreies Leben war gelegt. Wir hoffen, daß allen der Frieden erhalten bleibt.

Tafel erinnert an Bergmann

OLKSAUFSTAND Im Mansfelder Land gedenken Bürger der Ereignisse rund um en 17. Juni 1953. Der Wimmelburger Kurt Arndt wurde auf der Flucht erschossen.

N JÖRG MÜLLER

LEBEN/HETTSTEDT/MZ - An den . Jahrestag des Volksaufstandes der DDR ist gestern mit mehre- n Veranstaltungen im Mansfel- r Land erinnert worden. In Eisle- n und Wimmelburg wurden Ge- nktafeln enthüllt; in Hettstedt d die evangelische Kirche zu ei- r Gesprächsrunde mit Zeitzeu- n ein; und in Gerbstedt versam- elten sich Bürger zu einer Ge- nkfeier in der Kirche und einer anzniederlegung am Denkmal r dem Rathaus.

Im Eisleber Rathaus sprach der storiker Hartmut Lauenroth über e „Stätten des Juni 1953 in r Lutherstadt sleben". Im hmen eines ojekts, das n der Bundes- ftung zur

farbeitung der SED-Diktatur, der iftung Rechtsstaat Sachsen-An- lt und der Vereinigung der Opfer s Stalinismus (VOS) gefördert orden ist, hat Lauenroth gemein- m mit Schülern der Katharinen- hule die damaligen Ereignisse in sleben und der Region in einer oschüre und einer Power-Point- äsentation zusammengefasst. ese werden die Eisleber Sekun- rschule und dem Gymnasium als terrichtsmaterial zur Verfügung stellt. Die etwa zehn bis zwölf hüler der achten bis zehnten asse haben außerhalb des Unter- hts an dem Projekt mitgearbei- t. „Ich interessiere mich sehr für schichte", sagte Robert Ludwig rlach, einer der beteiligten Schü- r. Über den 17. Juni habe er vor- r noch nichts gewusst. „Wir ha-

ben in Büchern nachgelesen und unter anderem im Stasi-Archiv ge- forscht", so der Neuntklässler.

Oberbürgermeisterin Jutta Fi- scher (SPD) hob die verständliche Darstellung und den regionalen Be- zug der Arbeit hervor. Wie sie sag- te, solle im Herbst dazu eine Veran- staltung für Geschichtslehrer und Stadtführer angeboten werden.

Am Andreaskirchplatz enthüll- ten Erhardt Schmidt und Wolfgang Stiehl eine neue Gedenktafel, die an den Volksaufstand erinnert. Schmidt, damals Bergmann auf dem Fortschrittschacht, war am 17. Juni im Demonstrationszug nach Eisleben mitmarschiert. Er hatte vor zehn Jahren die erste Gedenktafel ini- tiert, die mitt- lerweile aber verwittert und kaum noch sichtbar gewe-

> „Das Eisleber Projekt ist beispielhaft."
>
> *Wolfgang Stiehl*
> *Landesverband der Vereinigung der Opfer des Stalinismus*

sen war. Sie ist vorerst eingelagert worden. Stiehl, stellvertretender VOS-Landesvorsitzender, sagte, er freue sich besonders, dass für und mit Schülern gearbeitet worden sei. „Das Eisleber Projekt ist bei- spielhaft." Er müsse immer wieder feststellen, dass der DDR-Volksauf- stand oder der Mauerbau nicht im Unterricht behandelt würden. Der Verband fordere seit langem, dass die kommunistische Diktatur in der DDR ein Prüfungsthema an Sachsen-Anhalts Schulen sein müsse - so wie zum Beispiel in Nie- dersachsen. Die Gedenktafel möge die nachkommenden Generationen informieren und mahnen. „In jeder Diktatur gilt nur eine einzige rich- tige Weltanschauung. Alles andere wird mit Gewalt bekämpft", so Stiehl. *Kommentar Seite 8*

Herr Stiehl

2013

Ich   Herr Jantos   Herr Wendt

Je schöner und voller die Erinnerung, desto schwerer der Abschied von meinem innigst geliebten Ostpreußenmädel, meiner unvergessenen Griseldis, von unserer lieben, herzensguten Mutter, Oma, Uroma, Kusine, Schwägerin und Tante

Griseldis Schmidt

geb. Steinfeld

* 13. 12. 1925   † 14. 11. 2013

In tiefem Leid
ist Dein Ehrhardt,
sind unsere Kinder Ralph, Konstanze und Birgit
mit Helga und Monika, Peter und Klaus
sind unsere Enkel Cathleen, Mathias, Anne-Marie und Cora
mit Marko, Andi und Robert und dem Urenkelchen Helen-Isabella
und alle Angehörigen

Was man mehr als 61 Jahre tief in seinem Herzen besitzt, kann man nicht durch den Tod verlieren.

Eisleben, im November 2013

Die Trauerfeier findet im engsten Familienkreis in Thale/Harz statt.